21世纪职业教育规划教材·财经商贸系列
江苏省高校立项精品教材
江苏省一类精品课程配套教材

经济学基础教程
（第四版）

主　编　吴　冰　吴　雷
副主编　陈福明　殷　琴
主　审　顾建平

内 容 简 介

本书从经济学的基础——资源的稀缺性切入,论述了资源配置及其机制、消费者行为理论、成本和收益、企业制度及目标、博弈论和信息经济学、市场失灵、货币与银行及金融市场的运行、宏观经济运行中的失业、通胀和货币紧缩,以及政府调控经济的财政政策和货币政策,开放经济中的国际贸易和国际金融基本知识。

本书既有微观经济主体行为研究,又有宏观经济运行规律的探索;既有经济静态描绘,又有经济动态分析;既有实证研究,又有规范分析。本书反映了最新的经济学内容,在微观经济学部分增加了信息不对称、企业理论、博弈论等内容;本书对宏观经济学的体系与内容做了更新,和国外同类教材基本接轨。本书内容简明扼要,语言通俗易懂,文字活泼流畅,可读性强,每一章都提供了生动有趣的案例讨论和精美的多媒体课件。

本书既适宜作高职高专及应用型本科的经济学教材,也可供广大经济工作者阅读、参考。

图书在版编目(CIP)数据

经济学基础教程/吴冰,吴雷主编. —4 版. —北京:北京大学出版社,2020.2
21 世纪职业教育规划教材. 财经商贸系列
ISBN 978-7-301-30228-6

Ⅰ.①经… Ⅱ.①吴… ②吴… Ⅲ.①经济学—高等职业教育—教材 Ⅳ.①F0

中国版本图书馆 CIP 数据核字(2019)第 001221 号

书　　名	经济学基础教程(第四版)
	JINGJIXUE JICHU JIAOCHENG (DI-SI BAN)
著作责任者	吴 冰 吴 雷 主编
策划编辑	巩佳佳
责任编辑	巩佳佳
标准书号	ISBN 978-7-301-30228-6
出版发行	北京大学出版社
地　　址	北京市海淀区成府路 205 号 100871
网　　址	http://www.pup.cn 新浪微博:@北京大学出版社
电子邮箱	编辑部:zyjy@pup.cn 总编室:zpup@pup.cn
电　　话	邮购部 010-62752015 发行部 010-62750672 编辑部 010-62754934
印刷者	河北滦县鑫华书刊印刷厂
经销者	新华书店
	787 毫米×1092 毫米 16 开本 18.75 印张 445 千字
	2005 年 7 月第 1 版 2006 年 6 月第 2 版 2011 年 1 月第 3 版
	2020 年 2 月第 4 版 2023 年 8 月第 4 次印刷(总第 28 次印刷)
定　　价	48.00 元

未经许可,不得以任何方式复制或抄袭本书之部分或全部内容。
版权所有,侵权必究
举报电话:010-62752024 电子信箱:fd@pup.pku.edu.cn
图书如有印装质量问题,请与出版部联系,电话:010-62756370

前　言

　　经济学是一门理论性强且具有实践意义的课程，它提供了一套理解市场经济运行的概念体系、思维方式及分析方法。学生的经济学学得如何将直接影响到后续专业课的学习，并与学生的职业能力、对经济政策的理解水平以及社会实践能力都有密切联系。

　　但是，很多一线经济学的任课教师发现自己的努力并没有得到学生的认可。"对我来说，经济学只是一些枯燥乏味的曲线图和数学推导。上课的时候就没有弄明白，到现在还是没有弄明白。"这是一个三年级专科毕业生上完一个学期经济学课程后的感言。

　　那么，经济学课程到底有没有用？高职高专学生能不能学好经济学课程？我们说，经济学很有用。我们的学生毕业后大多面向基层，许多人也许正在筹划自我创业之路。我们要让学生会用一种新的思考方式——经济学的思维去理解所接触的商界环境。我们有理由相信，经济学课程是高职高专学生愿意学也一定能学好的一门课程。问题在于我们能不能提供给我们的服务对象——学生以适合的教材和恰当的教学方法。

　　很多经济学教材过多强调的是完整性、系统性，而忽视了另一个事实："过于完整"的内容和"过于科学"却往往枯燥乏味的语言扼杀了学生的兴趣——在他们还未接触到经济学领域有趣的内容之前就使他们丧失了学习该门课程的信心。从教学法来看，很多教师似乎更善于使用讲授法。讲授法有它的优势，如知识讲解更系统、完整，信息量大，课时含金量高等。但对这种垂直式教学，学生被动接收，参与性不强，时间稍长，学生容易疲倦，注意力难以集中。针对上述问题，本教材贯彻落实党的二十大精神，并充分借鉴了国外优秀经济学教材的长处。与国内其他教材相比，本教材的主要特色有：

　　（1）本教材立足于提供一个简明生动的叙述风格，语言力求言简意赅，生动活泼，避免现有教材普遍存在的枯燥、晦涩倾向。

　　（2）在内容安排上，我们试图尽可能多地提供生动有趣的案例，正文中尽量不出现数学分析，而把相关内容放到"延伸阅读"中，以适应更多初学者的需求。在多数章节中都提供了案例讨论。这些案例和故事可在课堂教学中组织小组讨论，讨论的模式可以是：原理介绍→案例小组讨论→小组反馈三个步骤。

　　（3）每一章都提供了精美的多媒体课件，这些课件可用作教师课堂教学，也可为学生自学提供方便。

　　（4）经济学的发展日新月异，教材也应当与时俱进，反映最新的内容。本教材的微观经济学部分增加了信息不对称、企业理论、博弈论等内容，这些内容都是近些年来备受关注的；宏观经济学的体系与国外同类教材基本接轨。

　　本教材可供三年制高职高专学生每周4～6课时的课程使用一学期。本教材带 * 的章节为选用内容。对于二年制专科或每周只有2课时的介绍性课程，或因其他原因须最大限度地压缩内容的课程，我们建议微观经济学部分可删除第3章（弹性理论）、第4章（消费者行为理论）和第7章（微观经济政策）；宏观经济学部分可以学到第11章

（开放经济）结束，第 12 章（国民收入的决定）可以删去不讲，第 13 章（货币与经济：IS-LM 模型）和第 14 章（宏观经济政策）则要根据所教专业决定是否删减（金融和国际贸易专业的学生要注意和后续专业课"无缝对接"）。

根据教育部对高校哲学社会科学教材严把政治关的要求，主编及其他各位编者参照初版的分工对各章节和配套课件进行了多次修订：

吴　冰（苏州经贸职业技术学院）负责第 1 章、第 4 章、第 5 章、第 6 章、第 7 章的编写，并对所有章节的修订进行了审阅

吴　雷（苏州经贸职业技术学院）负责第 2 章、第 3 章、第 11 章、第 14 章的编写和部分章节的修订

殷　琴（苏州旅游与财经高等职业技术学院）协助编写第 1 章、第 7 章和部分章节的修订

陈福明（苏州经贸职业技术学院）编写第 13 章

任丽萍（山西旅游职业学院）编写第 12 章

宋治萍（山西旅游职业学院）协助编写第 5 章

潘百翔（湖州职业技术学院）编写第 8 章

高志坚（苏州经贸职业技术学院）编写第 9 章、第 10 章

陈家闯（苏州经贸职业技术学院）协助编写第 4 章

邱晓玲（苏州经贸职业技术学院）协助编写第 8 章

冯　瑞（苏州经贸职业技术学院）负责所有配套课件的修订与审阅

徐　娟（苏州越吴人力资源股份有限公司）负责部分案例的编写和审定

一本教材的成功，除了作者的劳动之外，更凝聚了许多人的支持和帮助，我对他们的贡献感激不尽。首先要感谢本书的主审——苏州大学经济学系主任、我的导师顾建平博士，他对本书再版给予了大力支持，他不光提供了大量极有价值的资料，还和每个编者一起进行了逐章修订；感谢潘百翔、任丽萍、马立对本书的支持；感谢北京大学出版社编辑巩佳佳为本书做了出色的编辑。没有他们的努力，本教材的出版是无法想象的。

作为一门专业基础课，经济学对培育学生的专业素养乃至人文素质极为重要，教育部门和各高校也很重视这门课程。我在编写本教材时也感到责任重大，尽管自己做了最大努力，但肯定还有欠缺之处，望同行、读者批评指正。我院"经济学基础"是江苏省一类精品课程，其网站（www.szjm.edu.cn）提供该教材的配套课件。本人的电子信箱（wubingszjm@163.com）随时向您敞开，您对本教材的每一条意见或批评都是对本教材再版修订最宝贵的支持。

吴　冰
2023 年 8 月

目　　录

第1章　经济学基本知识 ·· 1
　1.1　概述 ··· 1
　1.2　经济学的出发点：个体理性和资源稀缺 ·· 2
　1.3　经济学研究的方法 ··· 8
　1.4　经济学思维 ··· 11
　复习与练习 ·· 16

第2章　供需法则与市场均衡 ··· 23
　2.1　需求 ·· 23
　2.2　供给 ·· 29
　2.3　供需均衡与价格机制 ··· 33
　复习与练习 ·· 39

第3章　弹性理论 ··· 46
　3.1　弹性理论 ·· 46
　3.2　弹性理论的应用 ·· 52
　3.3　价格管制 ·· 56
　*3.4　征税与补贴 ··· 59
　复习与练习 ·· 62

第4章　消费者行为理论 ··· 68
　4.1　欲望、偏好与效用 ·· 68
　4.2　效用最大化与消费者均衡 ··· 72
　4.3　消费者行为理论的应用 ·· 74
　复习与练习 ·· 83

第5章　生产与成本理论 ··· 88
　5.1　企业的形式与目标 ·· 88
　5.2　时期、生产成本和利润 ·· 90
　5.3　短期中的生产和成本分析：短期生产决策 ·· 96
　5.4　长期中的产量和成本分析：长期投资决策 ·· 104
　5.5　范围经济和学习效应 ·· 109
　复习与练习 ·· 111

第6章 企业行为理论 ·· 117
6.1 收益与利润最大化 ·· 117
6.2 市场结构 ··· 118
6.3 完全竞争市场 ·· 120
6.4 完全垄断市场 ·· 121
6.5 垄断竞争市场 ·· 123
6.6 寡头垄断市场 ·· 124
6.7 商界应用：航空公司个案 ····································· 128
复习与练习 ··· 129

第7章 微观经济政策 ·· 132
7.1 市场失灵和政府失灵 ·· 132
7.2 公共物品 ··· 136
7.3 外部性 ·· 140
7.4 信息不对称 ··· 144
7.5 垄断与反垄断政策 ··· 146
7.6 不公平与反贫困 ·· 148
复习与练习 ··· 152

第8章 宏观经济学概览 ··· 156
8.1 宏观经济问题 ·· 156
8.2 宏观经济指标 ·· 158
*8.3 宏观经济概念 ·· 163
复习与练习 ··· 166

第9章 长期经济增长 ·· 169
9.1 经济增长与经济发展 ·· 169
9.2 国内生产总值的核算 ·· 176
9.3 国内生产总值的局限性 ······································· 178
复习与练习 ··· 182

第10章 短期经济波动 ·· 187
10.1 经济周期 ·· 187
10.2 失业 ··· 189
10.3 通货膨胀 ·· 193
10.4 通货膨胀与失业的关系 ······································ 198
复习与练习 ··· 200

第11章 开放经济 ·· 205
11.1 国际收支 ·· 205

11.2　汇率 …… 209
11.3　开放条件下的宏观经济目标 …… 214
复习与练习 …… 217

*第12章　国民收入的决定 …… 221
12.1　凯恩斯革命 …… 222
12.2　总需求模型：宏观经济学的凯恩斯主义基础 …… 223
12.3　总供给模型：经济波动的基本模型 …… 233
复习与练习 …… 239

第13章　货币与经济：IS-LM模型 …… 243
13.1　货币与货币市场 …… 243
13.2　货币的供给 …… 245
13.3　货币的需求 …… 250
*13.4　货币市场均衡和商品市场均衡与国民收入的决定 …… 253
复习与练习 …… 260

第14章　宏观经济政策 …… 265
14.1　宏观经济政策概况 …… 265
14.2　财政政策 …… 270
14.3　货币政策 …… 274
14.4　宏观经济政策选择 …… 278
复习与练习 …… 287

参考文献 …… 291

第 1 章　经济学基本知识

> **【导学】** 本章将引领大家走进经济科学的殿堂，并解释经济学是怎样产生的，经济学研究什么，用什么方法来研究经济学，经济学思维是怎么回事……这些都是大家在学习这门课程之前需要弄清楚的问题。通过本章的学习，大家可以对这门学科有一个整体性、框架性的认识，并可结合具体的例子和实际生活现象加深理解。

1.1　概　　述

在本书的开篇，你将初步领略到西方经济学（以下简称"经济学"）的魅力。本节一开始所要强调的是：经济学绝不是死记硬背的教条，也不仅仅是"说钱的理论"。学习经济学能获得一种新的思考方法和行为方式，它将有助于人们提高对生活中许多问题的洞察力，帮助人们做出正确的决策。正如爱尔兰戏剧家萧伯纳所说的：经济学是最大限度地享受生活的艺术。

经济学，顾名思义是研究经济事务的科学。至今，经济学的学科体系已相当庞杂，有微观经济学、宏观经济学、国际经济学、产业经济学、区域经济学、发展经济学、转型经济学、公共经济学等。在汉语中，经济有"经世济民"之意，但在西方，经济一词"Economy"源于希腊语，意为"管理一个家庭"。一个家庭总要面临许多决策，比如，在资金有限的情况下，买房还是租房？供子女出国留学还是投资股票？要不要雇保姆？……一家之长必须充分考虑到每个成员的愿望、能力和努力空间，在既有约束条件下做出恰当的安排和选择。这便是经济学的核心问题——经济选择。"Economy"一词后来又衍生出"政治经济学"和"经济学"，用来指研究人类社会经济活动的科学。

"政治经济学"一词最早出现于 17 世纪。那时，欧洲的国家在经济活动中的作用日渐显要。于是，最初在法国，"Politique"被冠以"Economie"而构成"政治经济学"一词，用来指对国家事务的公共管理。在那期间，人们除了研究公共管理的经济政策之外，还研究经济活动本身，如生产、消费、交换等的规律。但所有这些研究都包含在"政治经济学"这一名词之下。

到 19 世纪中叶，政治经济学的含义受到两方面的批判。马克思和恩格斯批评政治经济学的研究范围太狭隘，认为它应该是关于整个资本主义社会的理论，因此，还得研究除经济活动以外的社会政治活动和关系。而另一种观点则认为"政治经济学"一词令人误解，主张以"经济学"一词来定义研究经济活动内在规律的理论科学，而把"政治经济学"定义为研究经济政策的应用经济学。但当时及以后的一些经济学家仍将"经济学"和"政治经济学"视为同义词。虽然马克思经济学与西方经济学都来源于古典政治经济学，都是对资本主义经济的分析和研究，但是，由于两者立场不同，研究的目的、对象也不同，因此，分别得出资本主义必然灭亡和资本主义将永恒存在两种截然不同的结论。

到19世纪末，"政治经济学"一词在西方经济学界逐渐为"经济学"（Economics）一词所替代。现代经济学家通常都用"经济学"或"现代经济学"一词。从一定意义上说，政治经济学与经济学具有相同的内涵，政治经济学也可简称为经济学。而在中国，因为历史的原因，有时候将马克思主义经济学称为政治经济学，将非马克思主义经济学称为"西方经济学"。其实，在马克思的《资本论》和其他著作中，也常把政治经济学与经济学通用。在此，我们不做意识形态的区分，开宗明义只说明一点：经济学不是一门纯意识形态学科。资本家是否贪婪不是经济学讨论的中心。**经济学乃是探讨人类社会如何经济地利用自然资源和社会资源，以达到某种目标或满足某种欲望的科学**。更一般地说，经济学研究的是人类个体和集体在生产、消费、交换等社会活动中的理性行为，以及他们在这些活动中的相互关系。

1.2 经济学的出发点：个体理性和资源稀缺

经济学的两个最基本的假设：一是经济个体是理性的，二是经济资源是相对稀缺的。整个经济学体系可以说是在这两个基本假设上建立和发展起来的。

1.2.1 个体理性

经济学家过去经常采用的人类行为假设是：人是自利的，即人总要追求自己的利益。人类利己假设不仅必要，而且符合基本现实。更重要的是：即使这一自利假设有误，也不会造成严重后果；相反，如果采用利他性假设，那么所造成的后果比前者严重得多，甚至可能是灾难性的。例如，我国改革开放前所采用的计划经济体制，强调"一大二公"，否认个人利益，那时甚至宣称"要跑步进入共产主义"，到"文化大革命"结束时，中国经济几乎处于崩溃的边缘。之所以出现这种后果，是因为当时的制度安排是基于"人是利他无私"假设之上的。然而，经济学家相信，在一个法治社会，只要保证严格的法律和秩序，每个人在追求自身利益的同时，也就是在为社会利益服务。不管是爱财如命的商人，还是视金钱如粪土、只将社会贡献作为自己精神收益的科学家，都是"主观为自己，客观为别人"。正如经济学鼻祖——英国经济学家亚当·斯密在《国富论》中所说的，面包商提供给我们可口的面包，不是因为面包商的仁慈，而是因为他出于自利的考虑……在他追求个人利益的同时，有一只"看不见的手"引导他促进了社会利益的发展，并且其客观效果要比他主观上想促进社会利益发展时好得多。

在现代经济学中，比利己更好的行为假设是人的理性假设或最优化假设。个体理性（Rationality）假设体现为在既定的约束条件下，最优化个人既定目标（或效用目标）的行为。理性意味着要根据成本-收益准则进行决策，即采取某项行动的收益必定超过其成本。个体理性行为可分两个层次：第一，人的理性表现在每个人都有自己的幸福追求，即其所追求的效用目标；第二，一旦目标选定，理性就表现在实现目标的过程中，即人们会力求以最小的代价实现这些效用目标。通俗地说，因为人是自利（不是"自私自利"）的，所以消费者总是力图以最少的钱获得最大的满足，生产者总是力求以最低的成本获得最大的利润，求职者总是希望找到待遇好、地位高而又轻松的工作。依照这一解释，对于烟瘾大的人，饿着肚子抽烟也是理性行为。

在市场经济中，个体被假设为"理性人"，每一个人都寻求个体效用最大化，但这一假设并非等于人都"自私自利"。我们身边发生过很多感人的故事：有人因发明了某种特效药，获得了巨额的收入，但却将巨款捐献给慈善机构；有人为了他人的健康，甘愿将自己的骨髓无偿捐献给素不相识的白血病人；有人为了伸张正义，不顾个人安危与歹徒搏斗而身受重伤；也有人冒着极大的危险跳进冰河将落水儿童救出……我们应该如何理解上述表面上似乎背离"理性人"假设的英雄行为呢？可以说，个人效用最大化既包括物质上的满足，更包括精神上的满足，最佳的选择不应局限于收入的最大化或利润的最大化。经济学家所谓的效用最大化，对效用函数，收入、风险、休闲、名誉乃至精神追求等都可包括在内，而且这些内容之间可以有一定的替代。

人是非常复杂的个体，一个纯粹的自利者不仅对身心健康有影响，而且会被文明社会所孤立。自利动机尽管可以解释人类理性行为的大部分，但绝对不能解释人类复杂行为的全部。

1.2.2 资源稀缺

假如我们生活在一个物质财富极度丰富的天国里，所有物品都像沙漠中的沙子和大海中的海水一样免费，那么所有物品的价格也都为零，市场也因此无所作为。如果任何资源都取之不尽、用之不竭，人们都能免费获得自己需要的所有东西，那么，节俭就没有必要，经济学也不会产生。但在现实生活中，经济个体在追求其目标时，其理性行为往往是受限制的。经济学之所以能够产生并得到发展，是因为人类一切活动都受资源的相对有限性或资源稀缺性（Scarcity）的约束。

但若仅仅是因为上面所说的资源有限，也不一定要研究经济学。资源稀缺的另一面是资源的多用性。如果野果只能供人果腹，树干只能燃烧供暖，原始人就不必为如何使用这些资源作权衡选择，经济学也就无用武之地。相反，假如果子既可供现在食用，也可用作种子以结出更多的果子，还可作为饲料喂养牲畜以换取动物蛋白，那么，人们就需要考虑如何分配果子，将其用在不同的地方，从而在给定技术条件下换取更多的食物，这就是经济问题。**既有限而又有多种用途的资源称为相对稀缺资源，简称为稀缺资源**。稀缺资源是在零价格条件下需求量大于供给量的资源。

资源稀缺性产生于人类欲望的无限性与资源的有限性这对矛盾。资源稀缺性强调的不是资源绝对数量的多少，而是相对于欲望无限性的有限性。人们的欲望总是超过实际的生产能力，资源稀缺性是人类社会永远存在的问题。任何人在任何社会、任何时候都无法摆脱资源稀缺性。对于乞丐来说，缺少的是温饱；但是对于一个极其富有的人，他可以获得任何他所需要的东西，我们是否可以认为他就不存在资源稀缺性问题了呢？并不是。当他把时间和政治权利也当作一种资源来考虑时，情况就不同了。他必须决定每天把有限的时间花费在哪些更有价值的事情上面，他可能还想拥有比现在更多的政治权利。因此，如果将时间和政治权利当作资源考虑，那么资源稀缺性就是每一个人在生活中所必须面对的问题。经济学正是由于资源稀缺性的存在而产生的。

所以，资源稀缺性既是个绝对的概念，也是个相对的概念。绝对是指在任何社会、任何时代都存在资源稀缺性问题，并且此问题无处不在、无时不有；相对是相对于人无穷的欲望而言的，物质资源极度富有的人若能做到清心寡欲，就不存在资源稀缺性问题了。

案例讨论

下面是一首诗歌：

> 终日奔波只为饥，方才一饱便思衣。
> 衣食两般皆俱足，又想娇容美貌妻。
> 娶得美妻生下子，恨无天地少根基。
> 买到田园多广阔，出入无船少马骑。
> 槽头扣了骡和马，叹无官职被人欺。
> 县丞主簿还嫌小，又要朝中挂紫衣。
> 做了皇帝求仙术，更想登天跨鹤飞。
> 若要世人心里足，除是南柯一梦西。

讨论：如何通过上面这首诗歌理解经济学的两大前提：个体理性和资源稀缺？

提示：

(1) 从诗歌内容看，诗歌主人公的欲望是不断增长的，在满足了低层次需求之后，就会出现更高层次的需求。从这一角度来看，人的欲望是无限的。

(2) 在实际生活中，社会资源及使用社会资源所生产的物品是有限的，这里的有限并不是指其绝对数量少，而是指相对于人的无穷欲望，显得相对有限。资源稀缺性就是指相对于人的无穷欲望而言，经济物品或生产它的社会资源总是不足的，这种资源的有限性就是稀缺性。

(3) 经济学产生的直接原因正是社会资源的相对稀缺性和人类个体的无限欲望。

1.2.3 权衡：机会成本与经济选择

资源的稀缺性迫使人类必须做出选择，但任何选择都是有代价的。一旦选择已定，就会产生机会成本（Opportunity Cost）。人们面临权衡取舍时有必要比较可供选择的行动方案的成本与收益。但是，在许多情况下，某种行动的成本并不像乍看时那么明显。例如，当你大学毕业时，是去工作，还是继续深造（如读研究生）？这是个困难的选择。因为你的时间有限，不能两全。每一种选择都有其成本和收益，应该如何权衡？如果继续深造，其收益是可以预期的，譬如将来会得到一个高薪又体面的工作，尽管这一点仍有风险和不确定性，但可以作为一个期望值估计。继续深造的成本有哪些呢？除了要缴纳学费外，一个更大的代价是将失去工作带来的相关收益。因为如果去工作，就会有收入，会积累工作经验，并获得一定的职位升迁机会。在职场非常注重工作经验的情况下，等你读完研究生，也许很多好的职位已被占据，这就是继续深造的机会成本。机会成本是为了得到某种东西所放弃的东西，继续深造有机会成本，直接工作也有机会成本。一般而言，应选择预期收益最高、机会成本最小的行动方案。

实际上，人们通常是知道这一点的。资源的有限性和多用性是经济学的一对基本矛盾。一片土地，可以用来耕耘种植，也可用来建筑厂房、居民住宅甚至是高尔夫球场；一个成人的时间，可以用于看戏打牌（消费），也可以用于做工挣钱（生产），还可以用于听课学习（深造）。一定的资源被用于某一活动，就不能同时被用于其他活动。当你决定将资源用于活动甲时，你就放弃了活动乙、丙、丁等所带来的收益。所以，用于活动甲的资源的成本，就是该资源用于其他活动所能创造的最大价值（经济品的次优使用价值），这一成本就叫作**机会成本**。例如，你的经济学课安排在每周一上午 8 点，可替代上课的两个方案分别是：继续在宿舍的床上睡一个小时或去郊外游玩一个小时。但是不能既在宿舍里睡懒觉又去郊外游玩。听课的机会成本就是将听课时间用于其他活动所能创造的最大价值。对于一个爱睡懒觉的人来说，听课的机会成本是放弃在床上再睡一个小时；对于一个爱好旅游的人来说，听课的机会成本就是放弃去郊外游玩。

显然，机会成本与资源的相对稀缺性是密切相关的。只有相对稀缺的资源才有机会成本，相对不稀缺的资源的机会成本为零。当使用取用不尽或毫无其他用途的资源时，人们无须放弃任何活动，也无须做出任何牺牲。以后我们将学到，相对不稀缺的资源的均衡价格为零，在经济分析中可以忽略不计。只有相对稀缺的、机会成本大于零的资源，才是经济学研究的对象。事实上，经济学的发展跟资源的相对稀缺性有着密切的联系。人类早期的经济活动主要受到有限劳动力的约束，高效率地利用有限的劳动力是当时经济发展的关键。因此，早期的各种经济理论都建立在劳动的基础上。后来，土地、资本的相对稀缺日渐显著，经济学便又去研究土地和资本，从而产生了新的理论。随着人类社会的继续发展，海洋、大气都相对稀缺起来，因而现代经济学的注意力又转向生态、环境等稀缺资源。可见，随着越来越多的资源变得相对稀缺，经济学的研究对象越来越广泛，理论也越来越丰富。一个普遍采用的经济学的定义是：经济学是研究如何将有限的资源有效率地配置于多种需求和欲望的科学。

当今世界上，可以"取之不尽、用之不竭"的物质并不多。空气也许取之不尽，但清洁的空气却十分有限，这就是为什么在一些大都市的街头上会有花一些钱吸一口新鲜空气的生意。正因为几乎所有的资源都是相对稀缺的，所以经济学原理便无所不在。

资源稀缺性迫使人类做出选择，所以经济学又被称为选择的科学，即研究人类社会在面对稀缺的资源和无限的人类欲望时，就生产什么、生产多少、怎样生产、为谁生产，以及谁来决定做出选择的科学。

1. 生产什么，生产多少（what）

这主要指用可得到的资源来生产什么产品，生产多少产品。比如，一块地是用来耕种玉米，还是用来办工厂制造汽车或改为高尔夫球场为人们提供休闲服务？在市场经济中，生产什么是由消费者的"货币选票"所决定的。在过去的半个世纪里，消费发生了重要的变化，食物开支下降，医疗费用上升。发生这种变化的原因何在？在市场经济条件下，需求决定生产，也就是说消费者的偏好对厂商生产什么、生产多少起引导作用。那么，厂商怎样了解消费者的偏好？消费者的偏好又是如何显示出来的呢？一个简便的办法是观察价格的变动，反映供求关系的价格指示着各种商品的紧缺状况，并引导着生产。价格不仅包含了社会成员的偏好和志趣，还体现着不同商品在生产成本上的差异。这是由资源的可得性、技术的成熟程度等因素决定的。价格的变化既反映供求关系的变化，又是供求关系的平衡器。

2. 怎样生产（how）

对于同种产品，在不同情况下，人们使用的生产技术和生产方式常有所不同。以纺织品为例，从手工生产（劳动密集型）到机器生产（资本密集型）再到计算机控制生产（技术密集型），哪种技术会被采用？是先进技术还是劳动密集型技术？是什么决定着技术进步的速度？成本是人们选择生产方式的主要考虑因素。劳动、土地、资本等要素的相对价格在不同地区和不同国家是不同的。因此，生产同种产品，人们会选择不同的生产技术和不同的生产方式，关键是考虑哪种方式能使产品以最低的成本生产出来，从而实现资本资源的优化配置。

3. 为谁生产（for whom）

产品生产出来后，就出现了分配问题。收入水平高的人可以消费更多、更好的商品。在美国，医生的收入是一般非熟练工人的10倍以上。那么，除了教育程度外，还有哪些因素影响一个人的赚钱数量呢？政府的作用应该是什么？因此，在效率和公平之间寻找适度的平衡是现代经济学的重要课题之一。

4. 谁来决定（who decide）

上述三个问题都属于资源配置的问题。那么，资源配置究竟由谁来决定呢？是由政府决定，还是由市场决定？这就是下面所要涉及的经济制度问题。

1.2.4　经济制度：市场的角色和选择机制

经济制度就是一个社会做出选择的方式，或者说是解决资源配置和资源利用问题的方式。任何一种社会的经济制度都面临着如何把它既定的稀缺资源有效率地分配使用的问题。但解决这个问题的原则和方式差别很大。当前世界上解决资源配置与资源利用问题的经济制度类型基本上有以下三种。

1. 完全自由市场经济制度

1776年，亚当·斯密在其经典著作《国富论》中提出了通过市场"无形之手"的调节来决定生产什么、如何生产和为谁生产的说法。亚当·斯密深信价格信号和市场反应在配置资源方面比任何政府都做得更好。完全自由市场经济制度通常与纯粹的资本主义制度有关，在这种经济制度中，土地和资本归私人所有，所有的经济决策由家庭和企业做出，家庭和企业的行为假定都出于自利动机，他们通过价格机制的激励来做出反应。完全自由市场经济制度在保证充分竞争的同时，却存在着道德缺陷。那就是过于鼓励自利行为，从而导致自私、贪婪和物质至上主义。19世纪的英国接近于该模式。

2. 完全计划经济制度

亚当·斯密所赞同的完全自由市场经济制度总是伴随着各种批评。马克思在其经典著作《资本论》和《共产党宣言》中认为，政府必须拥有所有生产资料并应有计划地决定怎样使用这些生产资料，即通过政府的计划来决定生产什么、生产多少和为谁生产，而不是由市场来决定这些，最终目的是建立"各取所需的共产主义社会"。计划经济也叫指令性经济。比如，苏联的经济模式和改革开放前中国的经济模式就比较接近于该制度。该制度的优点是政府可以直接影响分配不公问题。能够说明该制度缺陷的例子很多，这里只举两个。1989年，苏联当局做了一项调查：为什么生产机车发动机的某工厂没有完成计划规定的任务？调查结果是生产发动机的工厂没有足够的原料来实现它的生产目标。那么为什么该工厂不能得到足够的原材料？原因又恰恰在于铁路的落后和机车短缺。此例说明计划经济缺乏市场经济那种"无形之手"的价格反馈机制，仅靠政府计划这只"有形的手"来调控经济的结果往往是短缺经济。在农业中，苏联政府允许农民拥有一小块自留地，同时，政府限制农民在自留地上的劳动时间。但是具有讽刺意义的是，占苏联耕地3%的自留地上所生产的农产品数量却占苏联全部农产品数量的25%。

3. "混合经济"制度

现实世界中，纯粹的市场经济制度或纯粹的计划经济制度并不存在。许多国家都是通过市场经济与计划经济不同程度的结合来解决资源配置和资源利用问题的。把市场经济和计划经济的优点有效地结合起来，更有利于经济的发展。正如邓小平的精辟论述："计划多一点还是市场多一点，不是社会主义与资本主义的本质区别。计划经济不等于社会主义，资本主义也有计划；市场经济不等于资本主义，社会主义也有市场。计划和市场都是经济手段……"①

---

① 邓小平．邓小平文选：第三卷 [M]．北京：人民出版社，1993：373.

以市场调节为基础，又有政府适当干预的经济制度被经济学家称为混合经济制度或现代市场经济制度。混合经济制度不是计划经济制度与市场经济制度的混合，而是对市场经济制度的改进。当今世界，绝大多数国家采用的都是混合经济制度，但各种混合经济制度之间也有差别。有一些经济体的经济制度似乎更接近于计划经济制度（如朝鲜、古巴），而另一些经济体的经济制度则更接近于市场经济制度（如美国）。即便是英国和美国，其市场化程度也不同。例如，在英国，大多数的企业是私有的，但国民保健（医疗卫生服务）却主要是由政府来承担的；而在美国，医疗卫生服务的私有化程度则更高。

综上所述，解决资源稀缺问题离不开一定形式的经济制度形式，经济学应放置在一定经济制度下来讨论和研究。起源于西方发达国家的经济学，其研究的总背景是市场经济。市场经济体制是人类迄今发现的最为有效的资源配置方式，目前世界上绝大多数国家和地区都在实行市场经济体制。经济学不去研究自给自足的自然经济和完全的计划经济分别是如何运行的，也没有过多关注于自然经济或计划经济如何过渡到市场经济的进程，它要去研究在市场经济条件下，人们决定生产什么、怎样生产，以及为谁生产的问题。

1.3 经济学研究的方法

经济学同其他学科一样，有自己的研究方法。常用的经济学研究方法有以下几种。

1.3.1 实证分析与规范分析

从研究方法的角度，经济学可分为实证经济学（Positive Economics）和规范经济学（Normative Economics）。**实证经济学**只研究经济现象，即只研究"是什么"（what is）；**规范经济学**则研究经济活动"应该是什么"（what ought to be）。

实证分析不带价值判断，所表述的问题可以用事实、证据或从逻辑上加以证明或证伪。例如，政府扩大一定财政支出可能会增加多少个就业机会，就属于实证分析法研究的问题。

规范分析以一定的价值判断为基础，提出分析问题的理论标准，并研究如何才能符合这些标准。它研究的内容没有客观性，其结论也无法通过事实来直接检验。例如，赤字财政会增加就业，但同时会引发通货膨胀，那么到底应该把消除失业摆在优先地位，还是应该把防止通货膨胀摆在优先地位？这是规范分析法研究的问题。规范分析法的结论以研究者的阶级地位和社会伦理观为基础，不同的研究者对同样的问题可能会得出不同的结论。

1.3.2 微观分析和宏观分析

自1936年英国经济学家约翰·梅纳德·凯恩斯出版了《就业、利息和货币通论》

一书后,经济学开始分为两个部分:微观经济学和宏观经济学。微观经济学和宏观经济学是根据研究对象进行划分的。

微观经济学的研究对象是单个经济单位的经济行为。例如,单个企业如何把有限资源分配在各种商品的生产上以取得最大利润(利润最大化);单个家庭或消费者如何把既定收入分配在各种商品的消费上以取得效用最大化。微观经济学的核心理论是价格理论,研究方法是个量分析。

宏观经济学则着眼于国民经济的总量分析,考察整个国民经济的活动情况,是以国民经济总体(整个社会经济活动)为研究对象的。例如,宏观经济学分析的是一般物价水平、国民生产总值和国民收入、总的就业情况,而不是个别商品的价格、个别厂商的收入、个别厂商中的就业情况等。宏观经济学的核心理论是国民收入决定理论。

经济学的研究目的是要实现社会经济福利的最大化。为了达到这一目的,既要实现资源的最优配置,又要实现资源的充分利用。微观分析和宏观分析从不同的角度分析社会经济问题,从这一意义上说,二者是互相补充的,它们共同组成经济学研究的基本方法。

1.3.3　最优化与均衡分析

微观经济学所采用的分析工具主要是最优化和均衡分析。这两个工具正好用来解决微观经济学的两类基本问题:一是经济个体的理性行为或决策行为,二是它们之间的相互作用和相互关系。前者是优化问题,后者是均衡问题。例如,一名高中生毕业后,是上大学还是直接参加工作?这属于第一类问题,即从各种可能中选择达到某一目标的最佳行为,因此要借助于最优化理论。如果越来越多的高中毕业生想考大学,那么录取分数线将提高还是降低?这里所要解决的问题是:经济个体各自在做出最优决策时,他们之间是如何互相影响、互相约束,从而达到一定的平衡的,这属于第二类问题。

关于均衡问题,我们还有以下两个例子。例如,你去市场买鸡蛋,卖主的要价是每斤7元,你的出价是每斤6元,最后以每斤6.5元成交3斤,每斤6.5元这一均衡价格实现的背后,意味着任何高于或低于6.5元的价格,买卖双方中总有一方会受损,因而难以达成交易,而每斤6.5元的价格是双方都能接受的,这就是均衡。再如,一个企业选择A技术而不是更先进的B技术,同样也是由企业内外部综合因素决定的最佳选择,也是均衡的结果。

1.3.4　边际分析

边际的原意为边界、边缘。从经济学角度来说,边际是指自变量发生微小变动时,在边际上"因变量"的变化率。**经济学引进边际分析,一般指增加最后一个单位自变量时所带来的因变量的变动量。**在日常生活中,人们习惯于计算总量和平均量,如利润总额、人均收入等,在早期的经济学分析中也是这样。但随着微积分研究的成熟,经济学家发现,运用增量分析,更能洞察经济活动变化的趋势。有了边际分析法,可以为上述的均衡分析提供有力的工具。

例如，大学毕业后是否应该继续深造？进一步讲，一个人接受学校教育的年限多长最合适呢？答案当然是因人而异的。精确的分析要借助于边际分析，接受教育要付出成本（包括显性成本和机会成本），并且随年龄的增长，每增加一年教育的成本一般是会上升的；与此同时，从小学、中学、大学，乃至硕士、博士，每一个阶段结束后参加工作所带来的收益都是不同的。只有当继续接受教育导致的新增收益大于等于新增的成本时，继续接受教育在经济上才是合算的，也是一个理性的决策者应该采取的行动。

再如，你为了明天早晨上课不迟到，打算把闹钟定到几点？如果你必须在早上8:00上课，或许你应该把闹钟定到6:30，这使得你有充裕的时间来起床、洗漱和吃早餐。但这意味着你的睡眠时间减少了。也许你决定把闹钟定到7:30，这会使你的睡眠时间增加，可是早晨起来你就会忙得焦头烂额，甚至放弃吃早餐。那么，起床的闹钟到底应该定到几点钟？你实际上就要估量多睡一会儿的成本和收益。闹钟定得每晚一分钟，你就可以多一分钟睡眠（边际收益），但起床后你会更加匆忙（边际成本）。因此，多睡一会儿的成本和收益不是由整个晚上睡眠的总成本和总收益做出的决定。边际分析的应用，使经济学研究更加精密化，推动了经济学的发展，因此被人们称为"边际革命"。

1.3.5 经济模型与数学

经济模型用来描述所研究经济现象的有关经济变量之间依存关系的理论结构。它一般可以采用语言文字、几何图形、数学符号三种方式表示。一个实证的经济模型主要包含定义、假设、假说和预测四个部分。建立一个经济模型的步骤是：明确定义、做出假设、提出假说、进行预测。经济学所建立的理论（或模型）多是从一系列假设中推导出来的。

模型在科学研究和日常生活中比比皆是。在物理学中，牛顿的力学三大定律是描述物质机械运动的模型，它建立在抽象的、无摩擦的理想状态下，这种抽象便于人们理解和揭示机械运动的一般规律。地图是我们日常生活中常用的模型，地图上虽然没有标出每幢房屋、每棵树木，却不失为指路的好向导。经济模型对经济现实的概括，同样将有助于人们对经济规律的认识和理解。例如，利用经济模型我们可以预测在其他条件不变的情况下，若原材料的价格上升10%，厂商的产量将会下降多大幅度。

对经济模型的分析离不开经济量，实证经济学所涉及的基本上是经济量之间的关系。在经济模型中，人们对经济量的特征做了若干规定。例如，把经济量分为常量（Constant）与变量（Variable）、内生变量（Endogenous Variable）与外生变量（Exogenous Variable）、存量（Stock Variable）与流量（Flow Variable）等。这里我们简单介绍一下存量和流量。存量是指某一时点上观测或测量到的变量。例如，别人问"你家里现在有多少不动产"，这就是存量。流量是指一定时期内发生或产生的变量。例如，别人问"你收入多少"，你可以回答每月的收入或每年的收入，这就是流量。流量就像某时期内自来水管道里通过的水量。关于存量和流量，本书第 8 章会做详细介绍。

经济学研究有一个重要特征，就是会大量运用数学这一分析工具。经济文献中充斥着大量的表格、图形、公式和数字。可以说，如果经济学研究没有采用数学，那么经济学就不可能成为现代经济学。诺贝尔经济学奖获得者中，有不少人本身就是数学家。

我们可以将数学在经济学研究中的作用或影响归结为以下两点。

(1) 数学使经济学研究和叙述更为精致和高效。

美国经济学家萨缪尔森指出，数学是一种高效的语言，用低效的文字叙述会降低思想的效率，并导致无谓的争议。在经济学研究中大量运用数学工具不仅仅是欧美数理经济学家的特点，华人经济学家杨小凯指出，数学是各学科的超级语言。马克思在其经济学名著《资本论》中也用了许多数学公式，使人过目不忘的公式 $C + V + M = W$ 就远比其文字意义（不变资本消耗加可变资本消耗加剩余价值等于产品价值）更为精炼。

(2) 数学的引入，使经济学知识的保存和传播更加便利的同时，也带来某种困惑。

由于经济理论有时过于追求数学化方向，使得数学在当代经济学中有时候显得有些喧宾夺主，有时甚至出现了脱离基本经济事实的现象。譬如，一种精深的经济思想，如果不能用数学模型来叙述，就不容易被理解，进而可能会被遗忘；相反，一种浅薄的经济学思想，如果能用数学方法表述得非常精致完美，就有机会进入主流经济学而被代代相传。

数学之于经济学，说到底也只是一种分析工具，而不是经济学本身。数学的引入，只是使人们在表述经济学思想时更简洁。套用一句俗话，数学对于经济学来说不是万能的，但是经济学家不懂数学却是万万不能的。

1.4　经济学思维

经济学本身并不是解决经济问题的一套现成答案，而是为分析、解决经济问题提供的一种方法，这种方法有时甚至可以用来分析其他非经济学问题。比如，利用经济学方法可以分析研究政治学、法学甚至生物学等领域的一些问题。这种分析方法的显著特点之一是对成本和收益的比较。因此，我们一般把运用成本和收益比较的经济学分析方法称为**经济学思维**（Thinking Economically）。

能够运用"经济学思维"来分析问题和研究问题，是我们学习经济学最重要的目的。因此，学习和掌握经济学知识，有助于大家形成"经济学思维"。下面我们将通过两个典型的例子来介绍"经济学思维"。

1.4.1　票证买卖

买卖政府发放的、禁止有偿转让的票证是违法的。但自有票证始，便有票证买卖。我国在 20 世纪六七十年代，粮票相当值钱，粮票的买卖也几乎是半公开的。由于存在大量的买者和卖者，市场接近完全竞争，因此，粮票的价格也趋于稳定。据说，当时面值为一斤的直辖市或省级粮票约值一角钱,而全国粮票的价格则更高些。城市居民常用粮票向农民换鸡蛋、鸡、花生等农副产品。后来,随着我国粮食产量的增长,人们的食物结构不断得到改善,粮票就不值钱了。而当粮食可以在自由市场上出售时,粮票的价格也明确无误地由市场决定了:它正是自由市场粮价与国家配给粮价的差额。在此期间,一些城市的糕饼点心商店和饭馆(当时国营)向没带粮票的顾客多收几分钱,更是公开承认了粮票的市场价格。

政府发放票证是为了实现一定的社会经济目标。票证的非法买卖显然阻碍、破坏了政策的实施。那么,为何不严明法纪,重罚违者?下面,让我们对这一问题做比较深入的经济分析。

首先,在一定程度上,票证买卖对计划配给起到一定的辅助作用,它使资源从不太需要的使用者手中转移到迫切需要的使用者手中,因此促进了资源的有效配置。粮票的配给是根据平均需求水平而定的。既然是平均需求水平,就一定存在有些人的需求高于平均水平,而又有些人的需求低于平均水平的情况。票证的买卖可以使吃不饱的人能多买一些粮食,使另一些人多一些收入,这是两全其美的事。

其次,发放票证有时是为了追求某种社会目标,如保证每位公民都有一定的生活保障。票证买卖在一定程度上阻挠了政策的执行,但这并不等于说严禁票证买卖就一定对社会有利。任何政策的实施,都会有一定的社会成本,要衡量一项措施的效用,必须比较其对社会的贡献及相应代价。

最后,严禁票证买卖可能产生一些间接的、隐蔽的不良经济问题和社会效应。例如,可能使票证的黑市价格因此大幅度上涨。只要有人急需票证,而又有人有多余的票证,其中便有潜在的经济利益可图,只要潜在的利益足够大,尽管法律严明,仍然会有冒险者从事票证贩卖交易。由于这种行为面临着较大的风险和严厉的惩罚,只有以较高的价格才能引诱人们出售多余的票证,而票贩子为了赚取超额利润并补偿潜在的风险和损失,必然以更高的价格出售票证。严禁票证买卖的本意是为了维护票证的非货币化地位,其结果却可能将价格推了上去。正如中国历史上的一句俗话——"私盐越禁越好卖"。

以上分析并不意味着支持禁止票证买卖,更不是主张票证买卖。发现和指出某方案的消极、不良后果并不等于反对、拒绝该方案。经济学家应该对方针政策所导致的社会、个人的利弊得失进行分析和比较,指出各种有利的和不利的后果,以供决策部门参考。

1.4.2 排队问题

排队问题似乎离经济学很远,但却可以非常具体地介绍经济学中一个十分重要的概念——均衡。

在学校的食堂打饭时,你常常得排队付款。有时你会觉得你所站的队位移动得特别慢,于是你会左顾右盼,有时会下决心离开原队而站到旁边你认为移动得快的队列之后。可是，往往没过几分钟后，你会发觉你新站的队与原先所站的队一样慢！让我们看看经济学思维是否可以帮助你思考这一问题。我们假定食堂一字排开有十多个打饭窗口，又假定你站在队列里只能看到你附近的两三个队列。问题在于：在你进入队列之前，你会观察一番，在所有队列中挑最短的队列站，还是只从你所能看到的几个队列中挑较短的一个队列站？

实际上多数人往往会选后者。只要每个人都能看到至少两个队列，而且每个人都站到他所能看到的最短队列里，那么，所有队列的长度都大致相同。如果你站在第二列，看得到第一列和第三列，而看不到第四列，你不必怀疑第四列会比你所看到的第一、第二、第三列更短。因为，如果第四列队伍更短，那么站在第三列的人会看到并且会走过去，直到两个队列的长度大致相等。这种情况对每对相邻的队列都适用。因此，你大可不必花时间兜一圈，"综观全局"之后再做决定。

这里我们并没有假设各位打饭师傅的服务速度一样快。如果5号窗口的打饭师傅的速度比其他师傅快一倍，那么，站在5号队列里的人将很快吃到饭。当大家逐渐发现了这一事实后，知情者都喜欢站到5号队列中，尽管该队列比其他队列更长。久而久之，大家都知道了这一事实。于是，在均衡状态时，5号队列的长度将是其他队列的两倍。

排队一例给了我们两个十分重要的启示。一是要达到均衡，资源的自由流动是十分关键的。在这个排队的例子中，如果各队列之间用栏杆隔开，排入某队之后便难以离开去改排其他队列，那么上例中的种种结论便不能成立。这一道理，在市场机制中特别重要。如果资金、劳动力及物资甚至信息由于各种阻碍不能畅通自由地从一种经济活动流向另一种经济活动，那么资源的配置就无法达到有效的均衡。在以后的一些章节中，我们将介绍，无论在计划经济中，还是在市场经济中，资源配置的低效和浪费几乎都可以归咎于资源的流动受到阻碍。而阻碍的原因可能是经济的，也可能是技术的、政治的或法律的。

排队例子的另一个启示是，人们的相互作用本身会产生或披露新的信息，而这些信息又将影响参与者的行为。例如，5号窗口的打饭师傅通过对学生的服务，把"我手快"这一信息经由队列变化的速度传递给学生，使他们在做站队决策时对5号队列做出特殊的考虑。我们可以将此例再发展一层：5号窗口的打饭师傅发现他面前的队列比其他队列长一倍，尽管他埋头苦干，看不见其他同事的操作情况，他也可以推断出自己的工作效率是其他同事的两倍，这些信息对5号窗口的打饭师傅不会没有经济价值，他可以据此要求提高工资或放慢速度。

案例讨论

学习经济学并像经济学家一样思考

在开始经济学课程之前，我们先来阅读20世纪英国著名的经济学家凯恩斯的一段忠告：经济学研究似乎并不需要任何极高的特殊天赋。与更高深的哲学或纯学科相比，经济学是一门比较容易掌握的学科，但学这个学科的人中很少有人能出类拔萃！

这个悖论的解释也许在于杰出的经济学家应该具有各种天赋的罕见的结合。在某种程度上他应该是数学家、历史学家、政治学家和哲学家。他必须了解符号并用文字表达出来。他必须根据一般性来深入思考特殊性，并在思绪奔放的同时触及抽象与具体。他必须根据过去、为着未来而研究现在。他必须考虑到人性或人的制度的每一部分。他必须同时保持果断而客观的状态，像艺术家一样冷漠而不流俗，但有时又要像政治学家一样脚踏实地。

为什么经济学值得学习？经济学值得一学是因为它能带来的巨大的益处：对世界了解更深刻，扩展你的职业发展机会。就像物理学一样，经济学具有广泛的应用价值。为了在生意上或其他领域获得成功，人们需要理解经济生活中基本的原则，而不是只在工作中操作。原则将在明天的未知世界发挥作用！凯恩斯曾说过，经济学家的想法，无论正确与否，其作用往往比我们想象的还要重要。的确，有什么能像经济学那样对我们的社会产生重大的影响呢？那些相信自己不受学识支配的实干家通常是一些已故经济学家的奴隶。凯恩斯是正确的。人们不能忽视经济学理论，因为这些理论就在大家的周围。在每天的生活和工作中，人们都在应用这些理论。当你与朋友辩论时，你在使用它们，但你不必是一些已故经济学家的奴隶。通过学习经济学，你将学会如何发展自己的思想，并与其他人的想法相比较。随着学习的不断深入，在听新闻或读报纸时，你将对当前的时事有更深刻的理解。面临经济决策时，你将发现自己会越来越多地应用到正在学习或已经学过的经济学理论。

大多数学生不会把研究经济学作为他们终身的职业。他们将工作在不同的领域，如商业、管理、金融、保险、房地产、销售、法律、政府、新闻业、保健和艺术等。

要学会像经济学家一样思考现实生活中的经济问题，一旦掌握了方法，现实世界就是一本活的经济学教科书。经济学是一个很大的研究学科。对很多职业来说，能训练相关思维。有学者认为学习经济学能为从事商业、法律和与决策相关职业的人提供最好的训练。

为了有效地学习，请遵循以下学习顺序：阅读、听课、实践、交谈、自我测试。

(1) 在每节课之前阅读本教材。在课前，对阅读的内容列出一个提纲。

(2) 上课仔细听讲。不要试图写下教师说的每一句话。记住：听课比记笔记更重要，理解经济学基本思想比死记硬背经济学的条文更重要。

(3) 在每节课后积极实践，并做好课后练习和课后测试。

(4) 每周进行讨论。组建一个讨论小组，讨论所学到的知识。

(5) 每完成一章后，进行自我测试。分析做错的每一道题。是因为疏忽，还是因为不理解？如果对习题不理解，建议先阅读网上的注释和答案，然后再复习一遍。

讨论：请大家试着用经济学思维来思考并讨论下列问题：

(1) 大学毕业后，你会去充满机会，但竞争激烈、生活成本高的大城市工作，还是去小城镇发展？

(2) 发展中国家和地区争相引进外资，有利也有弊吗？

(3) 最低工资标准的实施能增进年轻人和不熟练工人的就业机会和改善福利状况吗?

(4) 劳动力在区域间自由流动,对输出地和输入地的经济发展和居民福利有什么影响?

(5) 既然自由贸易能增进双方的福利,为什么还要打贸易战呢?

延伸阅读

经济学发展的里程碑:亚当·斯密、马克思和凯恩斯

过去的众多杰出经济学家的思想对当今社会的大多数意识形态都产生了非常深远的影响。其中,具有里程碑意义的人物主要包括亚当·斯密、马克思和凯恩斯。

1. 亚当·斯密和《国富论》

很多经济学家认为,现代经济学始于1776年。那一年,英国人亚当·斯密出版了他的经典著作《国富论》。亚当·斯密认为,国家不应该干预经济运行,应该采取"自由放任"的经济制度。他的名言是:面包商提供给我们可口的面包,不是因为面包商的仁慈,而是因为他处于自利的考虑……在他追求个人利益的同时,有一只"看不见的手"引导他促进了社会利益的发展,并且其客观效果要比他主观上想促进社会利益发展时好得多。

2. 马克思和《资本论》

马克思为创作《资本论》几乎耗费了毕生的精力,从1843年马克思开始研究政治经济学,到1867年《资本论》第1卷出版,前后经历了20多年。在西方经济学界,《资本论》被公认为一部引起争议最多的著作。尽管很多人对它的评价很高,也有人对它的评价较低,但几乎没有人否认它是一部具有里程碑意义的学术著作。事实上,一些经济学家不接受《资本论》阐明的各种理论,常常并不是因为不接受这些理论的经济学论述,而是因为不接受这些理论的社会学的和政治学的含义。几乎所有的大经济学家,都不会忽略《资本论》的存在。

对《资本论》给予高度评价的国外代表是恩格斯和列宁。因为他们的评论人们都很熟悉,这里就不做详细介绍了。在对《资本论》评价较低的国外经济学家中,最著名的是英国经济学家凯恩斯。他认为《资本论》是一本陈旧的经济学教科书。在他看来,《资本论》中的观点和理论不仅在科学上是错误的,而且对世界毫无益处或没有用处。但是,后来当他的代表作《就业、利息和货币通论》(简称《通论》)问世时,他在该书一开始却谦虚地注明"经典学派"一词是马克思创造的,自己对这个词的别种用法可能是犯了文法错误。同时,凯恩斯在该书中对劳动价值论给予了肯定。可见,在凯恩斯的内心深处,对《资本论》的学术价值和应用价值是有所承认的。

彻底否定《资本论》在当代的有用性,特别是否定其在研究我国社会主义市场经济中的有用性,将使我国的经济学说丧失极为重要的洞察力基础和基本立场,不利于我国经济理论的发展,也将对我国社会主义市场经济的发展和体制建设带来不必要的负面影响。

3. 凯恩斯和《通论》

英国经济学家凯恩斯与亚当·斯密、马克思一起被称为经济学的三位巨人。亚当·斯密看到了市场带给资本主义经济的繁荣;马克思认为资本主义的问题会带来其自身的毁灭,主张无产阶级通过暴力革命推翻资产阶级;凯恩斯则认为可以通过政府政策来挽救资本主义。1883年,马克思逝世,一位巨人倒下去了,另外一位巨人诞生了。这一年凯恩斯出生在剑桥。

自18世纪以来,以亚当·斯密为代表的经济学家们一直坚信市场上"看不见的手"的原则,主张采取放任自流的经济政策,认为"商品供给自行创造需求"。但是,西方资本主义世界在1929—1933年爆发了一场历史上从未有过的深刻、持久、广泛的世界性的经济危机,整个资本主义世界都陷入了同样的困境。传统经济学对于这一现象无法给出一个理性的、全面的解释。正是在这样的历史背景下,凯恩斯创作了《通论》,对当时的经济现象给出了一个系统的解释,并提出了自己的对策,即加强政府的宏观管理。这一理论得到了当时以美国为首的西方国家的认可,并被付之于实践,这就是所谓的"凯恩斯革命"。《通论》是经济学发展史上的又一个里程碑,它实际上宣告了宏观经济学的诞生。第二次世界大战后,凯恩斯主义已被西方各国普遍接受,成为正统西方经济学的一个重要组成部分。

但是,关于是"自由放任"还是"政府干预"的争论在政治学和经济学领域一直没有停息。争论的钟摆从自由放任(亚当·斯密)摆到中央政府集权(马克思),又摆到中间派(凯恩斯)。某种程度上,对于市场和政府之间的长久争论不仅反映出经济观点,更反映出不同的政治观点和政治立场。

研究经济学既要有方法,也要有立场。站在大多数人民利益的立场上,关注弱势群体,是正直的经济学者应有的良心,是不能丢弃的。诺贝尔奖获得者、美国经济学家舒尔茨曾说:世界大多数是贫困人口,如果你懂得了穷人的经济学,那么你就会懂得经济学当中许多重要的原理。

复习与练习

【关键概念复习】

在B栏中寻找与A栏中术语相应的解释,并将序号填在术语前边。

A	B
稀缺	1. 经济学的一个分支,研究国民经济的总体运行情况
宏观经济学	2. 为了得到某种东西而放弃的其他东西;是经济品的次优使用价值

微观经济学	3. 不带价值判断（的研究），所表述的问题可以用事实、证据，或者从逻辑上加以证明或证伪
规范分析	4. 人们需要的物品和资源（或者禀赋）是有限的
实证分析	5. 经济学的一个分支，研究单个经济单位的经济行为
机会成本	6. 以一定的价值判断为基础（的研究），提出分析问题的理论标准，并研究如何才能符合这些标准。它研究的结论以研究者的阶级地位和社会伦理观为基础，不同的研究者对同样的事物会得出不同的结论。其结论往往无法通过事实来直接检验

【思考与练习】

（一）填空题

1. 稀缺性就是指资源的相对_____。
2. 经济学被称为"选择的科学"，就是人类社会面对_____时如何决策的科学。
3. 为了得到某种东西而放弃的另一种东西就是做出决策的_____。
4. "生产什么、生产多少""如何生产"和"为谁生产"是人类社会所必须解决的基本问题，这几个问题被称为_____问题。
5. 稀缺性迫使人类做出选择，所以经济学又被称为"选择的科学"，即研究人类社会在面对稀缺资源和无限的人类欲望时就_____，_____和_____做出选择的科学。
6. 经济制度就是一个社会做出选择的方式，或者是解决_____和_____问题的方式。
7. 当前世界上解决资源配置和资源利用问题的经济制度基本有三种：_____，_____和_____。
8. 以市场调节为基础，又有政府适当干预的经济制度被经济学家称为_____。
9. 西方经济学是研究_____制度下资源配置和利用的科学。
10. 经济学根据其研究对象的不同，可分为_____和_____；根据其研究方法的不同，可分为_____和_____。
11. 微观经济学的研究对象是_____，核心理论是_____，研究方法是_____。
12. 在微观经济学的研究中，假设家庭和企业经济行为的目标是实现最大化，即家庭要实现_____，企业要实现_____。
13. 宏观经济学的研究对象是_____，核心理论是_____，研究方法是_____。
14. 经济学研究中的实证分析法要解决的问题是_____，规范分析法要解决的问题是_____。

15. 一个实证的经济模型包括_____、_____、_____、_____四个部分。

(二) 单项选择题

1. 经济学中所说的稀缺性是指（　　）。
   A. 欲望的无限性　　　　　　　　B. 资源的绝对稀缺性
   C. 资源的相对有限性　　　　　　D. 欲望的相对有限性

2. 稀缺性问题（　　）。
   A. 只存在于依靠市场机制的经济中　B. 只存在于依靠中央计划机制的经济中
   C. 存在于所有经济中　　　　　　D. 只存在于发展中国家

3. 稀缺性的存在意味着（　　）。
   A. 必须做出选择
   B. 人们的生活水平会不断下降
   C. 一个人不应该把今天能买到的东西留到明天来买
   D. 需要用政府计划来配置资源

4. 稀缺性的存在意味着（　　）。
   A. 竞争是不好的，必须消灭它　　B. 政府必须干预经济
   C. 不能让自由市场来做重要的决策　D. 决策者必须做出选择

5. 当资源不足以满足所有人的需要时（　　）。
   A. 消费者必须具有完全信息　　　B. 政府必须决定谁的要求能被满足
   C. 必须有一套市场系统起作用　　D. 必须做出选择

6. 当资源有限而欲望无限时，人们必须（　　）。
   A. 做出选择　　　　　　　　　　B. 降低期望
   C. 使公共利益优先于个人利益　　D. 自给自足

7. 选择具有重要性，基本上是因为（　　）。
   A. 人们是自利的，他们的行为是为了个人私利
   B. 相对于人类社会的无穷欲望而言，所需要的资源总是不足的
   C. 一个经济要靠市场来解决稀缺性的问题
   D. 政府对市场的影响有限

8. 因为资源是稀缺的，所以（　　）。
   A. 除了富人之外所有人都要做出选择　B. 政府必须分配资源
   C. 某些人必须忍受贫穷　　　　　D. 必须做出选择

9. 由政府来解决生产什么、生产多少，如何生产和为谁生产这三个经济学基本问题的经济制度属于（　　）。
   A. 混合经济　　　　　　　　　　B. 计划经济
   C. 市场经济　　　　　　　　　　D. 有计划的商品经济

10. 作为经济学的一个分支，微观经济学主要研究（　　）。
    A. 国际贸易　　　　　　　　　B. 不发达国家的经济增长
    C. 通货膨胀和失业　　　　　　D. 家庭和企业的经济行为
11. 作为经济学的一个分支，宏观经济学主要研究（　　）。
    A. 作为总体经济组成部分的个体的行为
    B. 经济总体状况，如失业和通货膨胀等
    C. 市场经济
    D. 单个消费者和企业的相互作用
12. 宏观经济学要解决的问题是（　　）。
    A. 资源配置　　　　　　　　　B. 资源利用
    C. 整个经济如何实现最大化　　D. 国民收入的决定
13. 宏观经济学的核心理论是（　　）。
    A. 国民收入决定理论　　　　　B. 失业与通货膨胀理论
    C. 经济周期与经济增长理论　　D. 开放经济理论
14. 研究单个经济单位经济行为的经济学称为（　　）。
    A. 实证经济学　　B. 规范经济学　　C. 微观经济学　　D. 宏观经济学
15. 经济学根据其研究对象的不同可分为（　　）。
    A. 实证经济学和规范经济学　　B. 微观经济学和宏观经济学
    C. 西方经济学和政治经济学　　D. 理论经济学和应用经济学
16. 作为经济学的两个组成部分，微观经济学与宏观经济学是（　　）。
    A. 互相对立的　　　　　　　　B. 没有任何联系的
    C. 相互补充的　　　　　　　　D. 完全相同的
17. 经济学研究方法中的实证方法是（　　）。
    A. 研究如何做出评价　　　　　B. 对做出评价没有帮助
    C. 主要研究"是什么"的问题　　D. 主要研究"应该是什么"的问题
18. 下列说法中属于实证分析的是（　　）。
    A. 低利率会刺激投资　　　　　B. 应该降低利率以刺激投资
    C. 现在的存款利率太低　　　　D. 税收太高
19. 下列说法中属于实证分析的是（　　）。
    A. 目前的社会救济金太少　　　B. 医生挣的钱比工人多
    C. 男女应同工同酬　　　　　　D. 降低失业率比抑制通货膨胀更重要
20. 经济学研究方法中的规范分析法（　　）。
    A. 描述经济如何运行　　　　　B. 研究"是什么"的问题
    C. 研究"应该是什么"的问题　　D. 预测行动结果
21. 下列说法中不属于规范分析的是（　　）。
    A. 治理通货膨胀比增加就业更重要
    B. 利率上升有利于增加储蓄

C. 经济发展中出现的收入差距拉大这种现象是正常的

D. 效率就是生产率的提高

22. 下列说法中属于规范分析的是（　　）。

　　A. 20 世纪 80 年代的高预算赤字导致了贸易逆差

　　B. 低利率会刺激投资

　　C. 应该降低利率以刺激投资

　　D. 扩张的财政政策会降低利率

23. 经济学所建立的理论（　　）。

　　A. 是从一系列假设中推导出来的

　　B. 是凭空产生的

　　C. 是基于一些不现实的假设，因此对解释现实世界的现象没有什么价值

　　D. 没有什么价值，因为它不能在试验室中得到验证

24. 经济理论或经济模型是（　　）。

　　A. 对经济发展的预测

　　B. 数学等式

　　C. 根据经济学规律提出的政府政策改革建议

　　D. 基于若干假设以及由这些假设推导出来的结论

25. 在经济分析中常用的变量有内生变量与（　　）。

　　A. 存量　　　　B. 流量　　　　C. 变量　　　　D. 外生变量

（三）判断题

1. 如果社会不存在资源的稀缺性，也就不会产生经济学。（　　）
2. 只要有人类社会，就会存在稀缺性。（　　）
3. 资源的稀缺性决定了资源可以得到充分利用，不会出现资源浪费现象。（　　）
4. 因为资源是稀缺的，所以产量是既定的，永远无法增加。（　　）
5. "生产什么、生产多少""如何生产"和"为谁生产"这三个问题被称为资源利用问题。（　　）
6. 在不同的经济制度下，资源配置与资源利用问题的解决方法是不同的。（　　）
7. 混合经济就是计划经济和市场经济的混合而不是对市场经济的改进。（　　）
8. 经济学根据其研究范围的不同，可分为微观经济学与宏观经济学。（　　）
9. 微观经济学要解决的问题是资源利用，宏观经济学要解决的问题是资源配置。（　　）
10. 微观经济学的核心理论是价格理论，宏观经济学的核心理论是国民收入决定理论。（　　）
11. 微观经济学和宏观经济学是相互补充的。（　　）
12. 经济学按其研究方法的不同可以分为实证经济学与规范经济学。（　　）

13. 是否以一定的价值判断为依据是实证分析法与规范分析法的根本区别之一。
( )
14. 实证分析法要解决"应该是什么"的问题,规范分析法要解决"是什么"的问题。
( )
15. 对"人们的收入差距大一点好还是小一点好"的研究属于实证分析研究。
( )
16. 规范分析法的结论以研究者的阶级地位和社会伦理观为基础,不同研究者对同样的问题可能会得出不同的结论。 ( )
17. 某国 2018 年 12 月 31 日的人口数量是存量。 ( )
18. 某国 2018 年的国内生产总值是存量。 ( )
19. 某国 2018 年 12 月 31 日的外汇储备量是流量。 ( )
20. 某国 2018 年的出口量是流量。 ( )

(四) 问答题

1. 许多人认为,经济学是说钱的。你认为这种观点对吗?请简要说明经济学的概念,以及微观经济学与宏观经济学的区别与联系。

2. 为什么生活在极端奢华之中的富豪也会面临资源稀缺问题?人们都希望有更多的钱,可政府为什么不印更多的钞票?印更多的钞票能够解决资源稀缺问题吗?有人认为:社会生活中许多资源是取之不尽、用之不竭的,如空气、水、森林等,所以社会资源稀缺的观点不完全妥当。你对这些观点怎么看?试分析说明。

3. 你大学毕业时总会遇到一些选择,如继续上学深造、找工作挣钱等。请运用机会成本概念分析当时面临的权衡取舍决策过程。

4. 在下列陈述中,请分析哪些是实证分析,哪些是规范分析,并将答案写入对应括号中。

(1) 降低利率,会增加投资量。( )
(2) 政府应当提高利率,以防汇率下跌。( )
(3) 消费者的收入增加会促进商品的需求增加。( )
(4) 经济增长会提高一个国家的综合实力,因此经济增长是好事。( )
(5) 目前的社会救济金太少。( )
(6) 医生挣的钱比工人多。( )
(7) 男女应同工同酬。( )
(8) 降低失业率比抑制通货膨胀更重要。( )
(9) 应该降低利率以刺激投资。( )
(10) 现在的存款利率太低而税收太高。( )

5. 请简要说明实证分析法与规范分析法的区别与联系。
6. 请简述经济模型包括哪些内容,其表示方式有哪些。
7. 请分析下列哪些问题是宏观经济问题,哪些是微观经济问题,并将答案写入括号中。

(1) 通货膨胀问题。(　　　　)

(2) 某些服务行业的低工资问题。(　　　　)

(3) 人民币和欧元的汇率问题。(　　　　)

(4) 白菜的价格波动比汽车的价格波动大的原因。(　　　　)

(5) 本年度与上年度经济增长率之比。(　　　　)

8. 试论述完全自由市场经济和完全计划经济各自的优点和缺点。

第 2 章 供需法则与市场均衡

> 【导学】微观经济学研究家庭与企业的行为，要说明价格如何配置资源、调节经济。价格理论是微观经济学的核心。在市场经济中，价格是由供求关系决定的，所以需求与供给就是最重要的概念。本章主要介绍需求、供给，以及供需均衡与价格机制。

19世纪英国著名的历史学家和作家卡莱尔曾经说过："只要你教鹦鹉学会说需求与供给，就可以把它培养成一个经济学家。"尽管卡莱尔的说法有些夸张，但它却十分形象地强调了需求与供给在经济学中的重要作用。

2.1 需　　求

2.1.1 需求与影响需求的因素

1. 需求

经济学中所讲的**需求**（Demand）是指消费者（家庭）在某一特定时期内，在每一价格水平时愿意并且能够购买的某种商品的数量。简单地说，**需求**就是有支付能力的购买欲望（需要）。

我们在理解这个概念时应该注意以下两点。

（1）消费者必须要有购买欲望。

只有购买能力而无购买欲望则构不成需求。例如，对于一个不喜欢吃羊肉的人来说，即使收入再高，羊肉再便宜，他也不会对羊肉有需求。

（2）消费者的需求还必须建立在一定的购买能力的基础上。

只有购买欲望，而没有购买能力，也构不成需求。例如，卖火柴的小女孩看见"一只烧鹅突然从盘子里跳出来，背上插着刀叉，摇摇晃晃地向她走来"，这说明她需要这只烧鹅，但这并不能代表她就有对烧鹅的需求。要构成需求，购买欲望和购买能力缺一不可。

2. 需求表与需求曲线

这里，我们借助一个现实中的例子。某一年的第四季度，在江苏某地市场上，当牛肉的价格为每千克 12 元时，需求量为 120 千克；当价格为每千克 13 元时，需求量为 110 千克；当价格为每千克 14 元时，需求量为 90 千克；当价格为每千克 15 元时，需求量为 80 千克。根据这些数字，我们可以做出当时该市场牛肉的需求表（Demand Schedule），如表 2-1 所示。

表 2-1　某市场牛肉需求表

序　号	价格（元/千克）	需求量（千克）
A	12	120
B	13	110
C	14	90
D	15	80

根据表 2-1，我们可以进一步做出当时该市场中牛肉的需求曲线（Demand Curve），如图 2-1 所示。

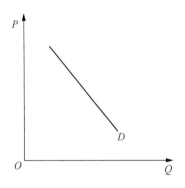

图 2-1　某市场牛肉需求曲线

在图 2-1 中，横轴 OQ 代表消费者对牛肉的需求量，纵轴 OP 代表牛肉的价格，D 即为需求曲线。需求曲线是根据需求表做出的，是用来表示某种商品的价格与需求量之间关系的曲线，它向右下方倾斜。

3. 影响需求的因素：需求曲线移动的原因

一个消费者在给定商品价格、收入等条件下所购买某商品的数量，便是消费者在上述给定条件下对该商品的**需求量**。同一价格下所有消费者需求量的总和就是**市场需求**。需求由多种因素共同决定，其中主要的因素包括商品本身的价格、相关商品的价格、消费者的收入、消费者的偏好，以及消费者的期望等。

（1）商品本身的价格。

一般情况下，商品的价格越高，人们的购买量就越少，这几乎是众所周知的现象。这一现象在经济学中被称为需求规律。其原因在于，价格上升对消费者的需求产生了两种效应：一种是**替代效应**（Substitution Effect），即在消费者实际收入不变的情况下，某种商品价格变化对其需求量的影响。例如，如果猪肉太贵，消费者就会转而购买鸡肉（或其他肉类）来替代猪肉，这就降低了消费者对猪肉的需求。另一种是**收入效应**（Income Effect），即在消费者货币收入不变的情况下，某种商品价格变化对其需求量的影响。当商品价格上涨时，相对来说，消费者的实际收入就会下降（人们变穷了）。由于收入的约束，消费者就无法在商品价格较高时购买与原先一样多的商品。在现实的商战中，商家公开降价销售可能会导致竞争对手的报复性价格战，同时也会降低产品在消费者心目中的形象。所以，很多商家经常采取"买一送一"的促销活动。这种促销活动看似价格没变，但事实上的变相降价促进了消费需求，增加了销售额，扩大了市场份额。

（2）相关商品的价格。

一种商品的需求量除了受到其本身价格的影响之外，还受到其他相关商品价格的影响。例如，当猪肉价格上涨时，人们可能会多买鸡肉少买猪肉，这两样商品叫作**替代品(竞争性商品)**。再如，公交车票价格上涨，出行坐地铁的人数就会上升。还有一些商品往往同时消费，如汽车和汽油、牙膏和牙刷、网球和网球拍等，这些商品叫作**互补品**。如果汽油的价格上升，人们对汽车的需求量便会降低，汽车的需求量降低后，汽油的需求量也相应减少。

（3）消费者的收入。

消费者的收入对需求的影响也是显而易见的。一般来说，消费者的收入增加了，人们对一些商品的消费量也会增加。例如，对文化娱乐活动方面的消费，从横向来看，高收入家庭的文化娱乐活动多于低收入的家庭；从纵向来看，随着消费者财富的不断积累，人类社会对文化娱乐活动的需求在质和量两方面都越来越高。像文化娱乐活动这样，需求随消费者收入增加而增加的商品叫作**正常品**。还有一些商品，当人们的收入增加时，对这些商品的需求反而会降低，这种商品叫作**低劣品**。

（4）消费者的偏好（嗜好）。

消费者的消费行为很大程度上与其偏好有关。消费者的偏好受时尚、广告等因素影响。例如，对健康和健美的重视增加了人们对健身设施、健康食品和体育设施的需求，同时也减少了人们对香烟、肉制品的需求；对着装的个性化需求，使时尚人士更偏好于购买高档时装。

（5）消费者的预期。

消费者的预期对需求也起着一定的影响作用。这在股市上表现得最为显著。例如，如果股民由于某种原因对某只股票看涨，可能就会追购这一股票；当股价下跌时，人们也往往选择持币待购。

除以上列举的因素之外，需求还受到其他因素的影响，如季节、温度、市场规模（人口数量及结构）、消费信贷政策、广告和营销支出等。现实生活中经常有许多需求预测的问题。例如，媒体经常有"在未来几年中需要多少律师、多少儿科医生、多少注册会计师等"的预测，但是这些预测往往没有考虑到替代品、文化、价格等因素造成的这些需求的动态变化。

下面，我们以小汽车为例，分别列出随着各种因素的变化，小汽车的需求将发生的变化，如表 2-2 所示。

表 2-2　随着一些因素的变化，需求将发生的变化（以小汽车为例）

影响需求的因素	需求变化
越野车（替代品）价格上升	小汽车需求增加
汽油（互补品）价格上升	小汽车需求减少
消费者的平均收入水平上升	小汽车需求增加
小汽车厂家广告数量和营销支出上升	小汽车需求增加
社会人口数量上升或青年人口数量增多	小汽车需求增加
拥有新车成为社会地位的象征：消费者偏好程度提高	小汽车需求增加
预期小汽车的未来价格将上升	小汽车需求增加

案例讨论

英国商人的失算——消费欲望与需求

鸦片战争以后，英国商人为能打开中国这个广阔的市场而欣喜若狂。当时英国棉纺织业中心曼彻斯特的商人估计，中国有 4 亿人，假如有 1 亿人晚上戴睡帽，每人每年用两顶，整个曼彻斯特的棉纺厂日夜加班也不够，何况还要做衣服呢！于是他们把大量所谓洋布运到中国。结果与他们的预想相反，中国当时仍然处于一种自给自足的封建经济状态，在此基础上形成了保守、封闭甚至排外的社会习俗。虽然鸦片战争打开了中国的大门，但没有改变中国人的消费习惯。当时，中国的上层人士穿丝绸，一般老百姓以穿自家织的土布为主，中国人晚上没有戴睡帽的习惯。因此，所谓洋布根本卖不出去。

替 代 品

父母在带婴儿乘坐飞机旅行时，航空公司是应该允许他们把婴儿放在他们的膝盖上，还是应该要求他们为婴儿单独购买机票，并用安全带保证婴儿安全地坐在座位上？美国的一项要求为婴儿购买单独机票和将婴儿放置在单独座位上的法律将会使他们喜忧参半。喜的是：由于婴儿在他们自己的座位上会更安全，因而死于飞机事故的婴儿将会减少。而忧的是：更多的人将死于车祸。要求父母为其婴儿单独购买一张机票的法律会增加消费者的旅行成本，这导致使很多父母选择乘坐汽车去旅行，从而使汽车旅行的事故增多了。多次研究后，人们得出的结论是：对于更多的人来说，上述法律的出台是个坏消息。美国联邦航空管理局于是在 1992 年做出规定：父母在带婴儿乘坐飞机时，可以将其婴儿放置在他们的膝盖上。

互 补 品

在某些休闲茶吧（或酒吧）里，白开水是收费的，但却提供免费的瓜子。瓜子的成本显然比水高，这是怎么回事呢？

由于茶水（或酒精饮料）和瓜子是互补品，顾客瓜子嗑得越多，要点的各种饮品也就越多。既然瓜子相对便宜，那么免费供应瓜子显然能提高商家的利润。反之，白开水和茶水、酒水互为替代品。如果顾客白开水喝得越多，点的其他饮品自然就越少。所以，即便白开水廉价，商家还是要定个高价，以打消顾客的消费意愿。

讨论：随着移动支付方式的普及，人们对奢侈品牌钱包的需要会有变化吗？为什么？

2.1.2 需求规律

从需求表和需求曲线中可以看出，一种商品的需求量与其自身价格呈反方向变动关系，这种现象被称为**需求规律**（The Law of Demand）。其基本内容是：在其他条件不变的情况下，一种商品的需求量与其自身价格之间存在着反方向变动的关系，即需求量随商品自身价格的上升而减少，随商品自身价格的下降而增加。

需求规律与我们经常在市场上看到的现象基本相符，并不深奥。但在理解这个规律时，要注意"在其他条件不变的情况下"这句话。所谓"其他条件不变"，是指除了商品自身的价格以外，其他任何能够影响需求的因素都保持不变。也就是说，需求规律是在假定影响需求的其他因素都不变的情况下，研究商品自身价格和需求量之间的关系的。离开了"其他条件不变"这个前提，需求规律也将不复存在。例如，冷饮在夏天的需求量比较大，到了冬天，同一种冷饮即使价格下降，其需求量可能还是会减少。

参考资料

需求规律的例外：吉芬商品与凡勃伦商品

需求规律是说当其他条件不变时，商品的价格上升，人们对该商品的需求量将减少；反之，商品的价格下降，人们对该商品的需求量将增加。反例是很少见的。只发现有两种还说得过去的例外。一种是吉芬商品，另一种是凡勃伦商品。

爱尔兰经济学家罗伯特·吉芬发现在1845年爱尔兰大灾荒时，尽管土豆价格上涨，人们对土豆的需求量仍然不断增加。这一特殊情况可用土豆价格变化时所发生的收入变化的程度来解释。土豆不仅是劣等品，而且其消费占用了爱尔兰人收入的很大比例。因而土豆价格的上升大大减少了他们的实际收入。爱尔兰人被迫压缩其他奢侈食品的消费，以购买更多的土豆。这个历史事件令人难以置信，但商品价格上升导致其需求量增加的可能性仍被称为**吉芬之谜**（Giffen's Paradox）。

几代经济学家经过研究，得出这样的结论：穷人收入低，生活必需品的替代品的购买能力低，就只能买得起土豆这一类最低生活必需品。越吃不起肉，买土豆的数量就越多。而土豆的资源有限，于是靠价格上升来调剂供需。富人有钱，可以多吃肉而少吃土豆。年景好，人们收入多时，连穷人都可以买点肉吃，因此，土豆的需求就会减少，价格也会下降。经济学家们对吉芬之谜的最后解释是吉芬商品就是低劣品。

19世纪的吉芬商品，在现代社会也会出现，但似乎不能再称之为低劣品了。例如，20世纪五六十年代，我国居民大多穿棉布服装。20世纪70年代，出现了"的确良"布料，它做成的衬衫洁白、挺括，尽管价格很高，大家还是争相购买。随着现代纺织业的发展，后来的确良越来越普及，但人们发现了它存在不透气、刺激皮肤等缺点。从20世纪80年代开始，国内又恢复流行全棉服装，全棉衬衫及其他全棉服装价格上扬，但需求量不但没有下降，反而大幅上升。

社会心理因素有时也会导致某些商品的需求量与价格的变化规律出现"反常"。例如，一些家庭为了显示其地位尊贵，愿意购买价格昂贵的名画、古董等；而当这些商品价格下跌到不足以显示其身份时，就会减少购买。款式、皮质差不多的一双皮鞋，在普通的鞋店卖80元，买者并不多；进入大商场的柜台，就要卖到几百元，却总有人愿意买。1.66万元的眼镜架、6.88万元的纪念表、168万元的顶级钢琴，这些近乎"天价"的商品，往往也能在市场上走俏。实际上，消费者购买上述高价商品的目的并不仅仅是为了获得直接的物质满足和享受，更大程度上是为了获得心理上的满足。具有这种"炫耀性消费"特征的商品被称为"炫耀性商品"。这就出现了一种奇特的经济现象，即一些商品价格定得越高，就越能受到消费者的青睐。由于这一现象最早由美国经济学家凡勃伦注意到，因此被命名为**凡勃伦效应**。

实际上，这两种需求规律的例外只是表面上的，而不是真正的例外。因为在严格的意义上，需求规律是假定其他条件不变时，商品的价格与其需求量之间的关系。而所谓例外的情形，一般都是由于不能满足需求规律所要求的前提条件（吉芬商品当中收入变化或预期变化）或理性人假定（如炫耀性商品）。

2.1.3 需求量变动与需求变动：沿需求曲线移动与需求曲线的平移

在经济分析中要注意区分需求量变动与需求变动。其他条件不变，由商品本身的价格变动引起的其需求量的变化，称为**需求量变动**，表现为在一条既定的需求曲线上点的位置的移动。除了商品价格以外的其他因素的变动引起的商品需求量的变动，称为**需求变动**，表现为整条需求曲线的平移。例如，政策制定者设法使人少吸烟有两种办法：一是通过税收政策提高香烟价格，这是使香烟需求量在同一条需求曲线上左移（减少需求量）的办法；二是增加公益广告，这是使香烟的需求曲线整体向左平移（减少需求）

的办法。

图 2-2（a）反映了需求的增加，而图 2-2（b）则反映了需求量的增加。

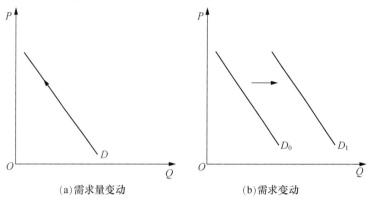

图 2-2　需求量变动与需求变动

2.2　供　　给

2.2.1　供给与影响供给的因素

供给、供给表、供给曲线等概念与需求的几个概念几乎是对应的，在此我们不再做详细介绍。这里，我们只对影响供给的因素做简要的介绍。

厂商的供给也是供给欲望与供给能力的统一。决定供给的关键因素是生产成本，影响厂商生产成本的因素主要是商品本身的价格，生产要素的价格，相关商品的价格，生产技术、管理水平和厂商目标，以及预期等。

1. 商品本身的价格

随着商品本身价格的上升，企业会愿意提供更多的商品，所以，商品本身的价格是决定供给的重要因素之一。这种现象也是我们在日常生活中经常能够见到的。例如，当市场上冰激凌的价格上涨时，制造冰激凌的厂商就会加班加点生产更多的冰激凌，以增加冰激凌的供给。

2. 生产要素的价格

生产要素的价格与商品的供给负相关。生产要素价格的涨落将直接影响企业的生产成本。在其他条件不变的情况下，随着生产要素价格的上升，厂商的利润会减少，商品的供给也会减少；反之，随着生产要素价格的下降，厂商的利润会增加，商品的供给也会增加。例如，最近几十年来，越来越多的厂家选择用机器来替代人工，原因就在于机器价格的不断下降。

3. 相关商品的价格

如果相关商品的价格发生变化,将可能导致生产要素被重新配置,从而对产品的供给产生间接影响。

4. 生产技术、管理水平和厂商目标

在生产要素既定时,生产技术越先进,管理水平越高,企业的生产效率就越高,所能提供的商品就越多。因此,在生产中提高生产技术和管理水平非常重要。同时,追求利润最大化的企业和追求其他目标(如销量最大化)的企业供给量是不一样的。

5. 预期

这里主要是指厂商对未来商品价格的预期。如果厂商预期未来商品价格会上升,就可能把已生产出来的商品储存起来,或者减少当前的生产量,这样就会减少当前供给。

以上主要是从个别企业的角度分析影响供给的因素。如果分析某种商品的行业供给,还应考虑该行业厂商的数量、政府的产业政策、气候条件等因素。

我们可以把除价格之外的所有因素作为背景因素。在背景因素不变的条件下,供给量与价格之间的关系可以用如图2-3所示的供给曲线来表示。

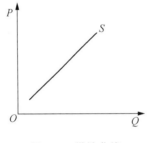

图2-3 供给曲线

在图2-3中,横轴OQ代表商品的供给量,纵轴QP代表商品的价格,S即为供给曲线。显然,供给曲线是向右上方倾斜的。

2.2.2 供给规律

从供给曲线中我们可以看出,在背景因素不变的条件下,某种商品的供给量与其价格是呈同方向变动的。这种现象普遍存在,被称为**供给规律**(The Law of Supply)。供给规律对于我们理解价格的形成很有帮助。

供给规律是说明商品本身价格与其供给量之间关系的理论。其基本内容是:在其他条件不变的情况下,一种商品的供给量与其价格之间呈同方向变动关系,即供给量随着商品本身价格的上升而增加,随商品本身价格的下降而减少。

在理解供给规律时，也同样要注意"在其他条件不变的情况下"这个前提。离开了这一前提，供给规律就无法成立。例如，当技术进步时，即使某种商品的价格下降，其供给量也会增加。这在计算机等电子信息业中体现得非常明显。

供给规律所说明的供给量与价格的同方向变动关系可以用生产成本来解释。在经济活动中，作为生产要素的资源总是有限的。增加某种商品的供给，就需要更多的生产要素，为了把生产要素从其他商品的生产中吸引过来，就要提高生产要素的价格，从而增加成本。因此，当一种商品价格升高时，其供给就会增加。下面，我们仍以小汽车为例，分别列出随着一些因素的变化，小汽车的供给将发生的变化，如表2-3所示。

表2-3 随着一些因素的变化，供给将发生的变化（以小汽车为例）

影响供给的因素	供给变化
技术进步	利用计算机化的制造工艺降低了成本，会增加小汽车的供给
生产要素（投入品）的价格	削减工人工资或钢材价格下降降低了成本，会增加小汽车的供给
相关商品的价格	卡车价格下降，会增加小汽车的供给
政府政策	取消进口汽车的配额和关税，会增加小汽车的供给
其他特别因素	网络购物可以让消费者更便利地购车并将高成本的厂商淘汰，会增加小汽车的供给

2.2.3 供给量变动与供给变动：沿着供给曲线移动与供给曲线的平移

在经济分析中要注意区分供给量变动与供给变动。我们首先来说明供给量与供给的区别。

在经济分析中，**供给量**是指在某一特定价格水平时，厂商计划提供的量。表现在供给曲线中，供给量就是供给曲线上的一个点。**供给**是指在不同价格水平时的不同供给量的总称。在供给曲线图中，供给是指整个供给曲线。

如图2-4（a）所示，当某商品的价格为每单位10元时，其供给量为20单位（A点），若该商品价格上升为每单位15元时，则供给量增加到24单位（B点），这种变动我们称之为供给量变动。供给量的变动在供给曲线上表现为某一个点在供给曲线上位置的移动。

现在，我们假设生产这种商品的原材料的价格下降了。原材料价格下降会使厂商的生产成本降低，即使商品的价格保持不变，厂商也愿意增加生产，以获取更多的利润。如图2-4（b）所示，在价格保持在每单位14元的基础上，由于原材料价格下降，厂商可能会把供给量由原来的20单位（A点）增加到24单位（B点）。若原材料价格上升，则厂商可能会减少供给量。我们发现，A、B两点在不同的供给曲线上，这种变动我们称之为**供给变动**。供给变动由商品本身的价格以外的因素引起，它表现为供给曲线整体上的左右平移。

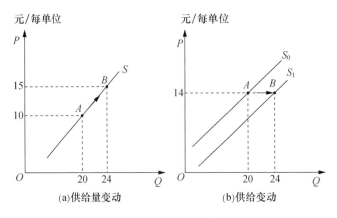

图 2-4 供给变动与供给量变动

有关供给量变动和供给变动这两个问题，我们必须牢记：由商品自身价格变化引起的供给量的变动，称为**供给量变动**，它表现为一个点在同一条供给曲线上的移动；由商品自身价格以外的任何因素引起的供给量的变动，称为**供给变动**，它表现为整个供给曲线的左右平移。

案例讨论

技术进步与电脑供给

在供给理论中，我们的分析以供给量和价格的关系为中心。但应该看到，在今天，决定供给的关键因素还有技术。电脑的供给就充分说明了这一点。

在我国，由于电脑的价格昂贵，加上汉字输入电脑的方案长期以来没有得到很好的解决，因此，到了20世纪80年代，电脑在我国内地还是"稀罕物儿"，许多人连见都没见过，更谈不上普及。到20世纪90年代后期，由于电脑价格的不断下降，再加上汉字输入法已得到解决，电脑在国内的普及率不断提高。现在，在工薪阶层家庭中有一台电脑，甚至家长、孩子各拥有一台电脑，也已经是很常见的事情了。电脑价格下降了很多，但供给量却大幅度增加了。

电脑供给的这种增加不是由价格的变动引起的，而是由技术进步引起的。从20世纪80年代末开始，电脑行业的生产技术发生了根本性变化。集成电路技术的发展、硬件与软件技术标准的统一、规模经济的实现与高度专业化分工使电脑的生产成本迅速下降，而质量日益提高。这种技术变化引起电脑的供给曲线向右移动，而且移动幅度相当大。因此，尽管电脑价格下降了，但其供给还是大大增加了。

技术是影响某些商品供给的重要因素。正因为如此，经济学家越来越关注技术进步。

黄金的向后弯曲的供给曲线

1970年，世界的黄金交易水平和价格自由波动，从那时起，黄金的价格和产量之间的关系相当反常：20世纪70年代，矿业公司减少黄金产量时，金价暴涨；而当20世纪80年代金价下跌时，黄金产量实际上增加了。供给规律是说商品的价格上升将鼓励生产者生产更多的商品。对于黄金来说，价格和产量的关系形成了一条向后弯曲的供给曲线——价格越高，产量越低，反之亦然。如何对这种现象进行合理的解释呢？

如果金价上升，并且这种上升被看作对黄金需求的持久增加，那么，虽然短期内黄金产量在减少，但是矿业公司将增加它们的勘探和开发活动，因而对于高金价的最初反应就是较低的产量。采矿专家们注意到，世界最大的黄金生产国南非有一条政策，就是在现行金价下采掘最低等级的矿石。因为高金价，挖掘低品位矿体是合算的，这是因为以前边际损失的矿藏现在也许是边际获利的。金价的上升鼓励矿业公司勘探开发新矿藏，而这些矿藏将来会生产更多的黄金。事实上，这就是实际发生的情况。20 世纪 70 年代，当金价由一盎司 35 美元暴涨为一盎司 800 多美元时，各地都在开采新矿。20 世纪 80 年代，新矿最终开始生产黄金。到 20 世纪 80 年代金价开始回落时，黄金的供给不断增加，这种状况持续了整个 80 年代和 90 年代。

现在这个看起来困难的问题的解释清晰了——黄金市场是一个垄断竞争的市场，矿业公司很清楚只有低产量才能维持高价格，如果短期内对高价格做出增加产量的决策，那反而是不明智的。即便在高价格情形下矿业公司有提高产量的动力，但因黄金的勘探、开采需要一个周期，因此，黄金供给对高价格的反应在时间上不是同步的，而是滞后的。如果预期未来金价是上升的，将资源由当前生产移至将来生产，以黄金产量的短期减少换取黄金产量的长期增加是合适的。黄金的向后弯曲的供给曲线实际上显示的是黄金的短期供给情况，而其长期供给曲线依旧是正常的。

讨论：随着工业机器人、人工智能技术的发展和应用，你所学专业未来的人力资源供给将会有什么样的变化？

2.3 供需均衡与价格机制

在市场经济中，价格是由需求与供给这两种因素决定的，这种价格又称均衡价格。这一节我们就来分析均衡价格是如何形成的，又是如何变动的。

2.3.1 均衡价格的形成

1. 均衡

在经济学中，**均衡**（Equilibrium）是指经济活动中各种对立的、变动着的力量处于一种力量相当、相对静止、不再变动的状态。

2. 均衡价格

需求说明了商品在既定价格下的需求量，而供给说明了商品在既定价格下的供给量。要说明商品价格的形成，就必须将需求和供给结合起来考虑。在竞争性的商品市场中，对于某种商品的任一价格,其相应的需求量和供给量并不一定相等,但在该商品各种可能的价格中,必定有一个价格能使其需求量和供给量相等,从而使该商品市场达到一种均衡状态。

均衡价格(Equilibrium Price)是指一种商品的需求量与供给量相等时的价格。这时,该商品的需求价格与供给价格相等。我们将商品的需求量与供给量相等时的需求量(或供给量)称为**均衡数量**(Equilibrium Quantity)。如图2-5所示,需求曲线 D 与供给曲线 S 相交于点 E_0,商品的需求和供给在这一点就实现了均衡,E_0 所对应的价格 P_E 即为均衡价格,所对应的供给量 Q_E 即为均衡数量。

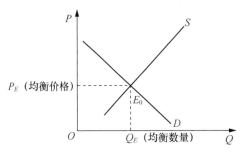

图2-5 需求与供给的均衡

3. 均衡价格的形成

均衡价格是在市场上供求双方的竞争过程中自发形成的,均衡价格的形成就是价格决定的过程。需要强调的是,均衡价格完全是在市场上供求双方的竞争过程中自发形成的,在外力干预下形成的价格不是均衡价格。

在市场上,需求和供给对价格变化做出的反应是相反的。由于均衡是暂时的、相对的,而不均衡是经常的,因此,供过于求或供不应求经常发生。

如图2-6所示,当商品供过于求时,其价格会下降,从而会导致供给量减少,而需求量增加;当商品供不应求时,其价格会上升,从而会导致供给量增加,而需求量减少。供给与需求相互作用,最终会使商品的需求量和供给量在某一价格水平上正好相等。这时,相对于市场需求,商品的供给既没有过剩(供过于求),也没有短缺(供不应求),市场正好均衡。这时的价格就是供求双方都可以接受的均衡价格,市场也只有在这个价格水平上才能达到均衡。

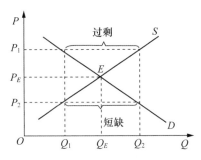

图2-6 均衡价格的形成

图 2-6 所示的模型相对比较简单,但却不失一般性。作为一种近似,这个模型适用于许多市场——农产品市场、商品市场、证券市场、政府债券市场、汇率自由浮动的外汇市场等。该模型是这些市场及其他类似市场的概括。这个模型注意的是所有市场都有的和基本的力量。最好是设想需求曲线和供给曲线在不停地运动着,这样新的均衡价格总在形成之中,每一时刻需求曲线和供给曲线的位置关系,则好似活动事物的一张快照。

2.3.2 供需变动对均衡价格和均衡数量的影响

既然均衡价格是由需求和供给两方面共同决定的,那么,均衡价格的变化也自然是由需求和供给的变化所引起的。

在分析各种因素如何影响均衡价格时,我们可以分三步进行:第一步,分析某因素的变化影响的是需求还是供给;第二步,分析某因素的变化使需求或供给发生了怎样的变化,即需求曲线或供给曲线向哪个方向移动;第三步,分析需求和供给变化的结果是什么,即均衡价格与均衡数量如何变动。

1. 需求变动对均衡价格和均衡数量的影响

如前所述,需求变动是指在价格不变的情况下,影响需求的其他因素发生变化时所引起的需求量的变动,这种变动在需求曲线上表现为需求曲线的平行移动。

在供给曲线一定的条件下,需求增加会使需求曲线右移,使均衡价格提高,使均衡数量增加如图 2-7 所示;而需求减少则会使需求曲线左移,使均衡价格下降,使均衡数量减少。

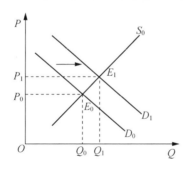

图 2-7 需求增加对均衡价格的影响

例如,在图 2-7 中,若鸡蛋的供给曲线为 S_0,则当需求曲线为 D_0 时,均衡点为 E_0。当媒体向消费者宣传"多吃鸡蛋可以使人体内的营养更加均衡",引起鸡蛋的需求增加时,需求曲线将向右平移到 D_1,这时均衡价格上升($P_1 > P_0$),均衡数量增加($Q_1 > Q_0$)。这表明由于需求的增加,均衡价格上升了,均衡数量也增加了。相反,当禽流感发生,导致消费者对鸡蛋的需求减少时,需求曲线会向左平移,这时均衡价格下降,均衡数量减少。这表明由于需求的减少,均衡价格下降了,均衡数量也减少了。

因此,在供给曲线一定的条件下,需求增加会引起均衡价格上升,需求减少会引起均衡价格下降;需求增加会引起均衡数量增加,需求减少会引起均衡数量减少。

由此,我们可得出结论:需求变动将引起均衡价格和均衡数量发生与需求同方向的变动。

2. 供给变动对均衡价格和均衡数量的影响

如前所述，供给变动是指在价格不变的情况下，影响供给的其他因素发生变化时所引起的供给量的变动。这种变动在供给曲线上表现为供给曲线的平行移动。

在需求曲线一定的条件下，供给增加将会导致供给曲线向右平移，使均衡价格下降，使均衡数量增加（如图2-8所示）；而供给减少将会导致供给曲线向左平移，使均衡价格上升，使均衡数量减少。

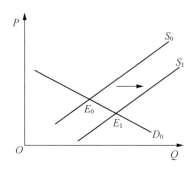

图2-8 供给增加对均衡价格的影响

例如，在图2-8中，若鸡蛋的需求曲线为 D_0，则当供给曲线为 S_0 时，均衡点为 E_0。当饲料价格由于粮食大丰收而下降时，生产要素的价格下降导致养鸡成本降低，进而使鸡蛋的供给增加，使供给曲线向右平移到 S_1，这时均衡价格下降，而均衡数量则增加。这表明由于供给的增加，均衡价格下降了，均衡数量却增加了。相反，如果饲料价格上升，则鸡蛋的供给会减少，鸡蛋的供给曲线会向左平移，这时均衡价格上升，而均衡数量却减少。这表明由于供给的减少，均衡价格上升了，均衡数量却减少了。

因此，在需求曲线一定的条件下，供给增加会引起均衡价格下降，供给减少会引起均衡价格上升；供给增加会引起均衡数量增加，供给减少会引起均衡数量减少。

因此，我们可得出结论：供给变动将引起均衡价格反方向变动、均衡数量同方向变动。

我们将需求、供给的变动对均衡价格和均衡数量的影响归纳如表2-4所示。

表2-4 需求、供给的变动对均衡价格和均衡数量的影响

需 求	供 给	均衡价格	均衡数量
增加	不变	上升	增加
减少	不变	下降	减少
不变	增加	下降	增加
不变	减少	上升	减少

需求、供给变动对均衡价格和均衡数量的影响还有第三种情况，即需求和供给同时

变动，这种情况相对比较复杂，这里不做介绍，有兴趣的读者可尝试着自己研究。

2.3.3 供需定理

上述两个方面的影响总和就是**供需定理**。从以上关于需求变动和供给变动对均衡价格的影响的分析可以得出以下结论。

第一，在供给一定的条件下，需求的增加将引起均衡价格上升，需求的减少将引起均衡价格下降。

第二，在供给一定的条件下，需求的增加将引起均衡数量增加，需求的减少将引起均衡数量减少。

第三，在需求一定的条件下，供给的增加将引起均衡价格下降，供给的减少将引起均衡价格上升。

第四，在需求一定的条件下，供给的增加将引起均衡数量增加，供给的减少将引起均衡数量减少。

这就是经济学中的供需定理。供需定理是我们运用供需关系分析经济现象的重要工具。这个工具看起来简单，但却能说明许多问题。

案例讨论

不同歌手门票差别之谜

演唱会门票价格也就是歌手劳务的价格。在经济学中，劳务是一种无形的物品，其定价规律与有形的物品的定价规则是一样的。

我们一定会注意到，在现实生活中，美声唱法演唱者演唱会的门票并不很高；但流行歌手演唱会的门票有时却很昂贵。

我们先试着用演唱这种劳务中所包含的劳动量来分析一下这种差别。提供某种劳务的劳动量包括为此而用的培训时间和提供劳务所耗的活劳动。美声唱法是一种复杂劳动，需要长期专业培训，演唱也颇费力；与此相比，流行歌手的劳动要相对简单一点。这就是说，同样一场演唱会，美声唱法付出的劳动量要大于流行唱法。看来劳动量的差别并不能解释演唱会票价为何有时会有巨大的差距。

学过价格理论后你就会知道，决定不同歌手演唱会门票差别的关键在于需求与供给，引起这种门票差别的也在于需求与供给。美声歌曲是阳春白雪的高雅艺术，然而曲高和寡，能欣赏它的是少数音乐修养较高的听众。流行歌曲是大众的艺术，能欣赏它的人很多，尤其是众多的青少年对它爱得发狂。这就是说，当美声唱法歌手和流行歌手供给相当时，由于流行歌曲的需求远远大于美声歌曲，流行歌曲演唱会的门票自然就高多了。

讨论：你身边还有类似于该案例的例子吗？请与小组同学讨论其原因。

2.3.4 价格机制

在市场经济中，经济的运行、资源的配置都是由价格这只"看不见的手"来调节的，价格对经济的调节过程就是价格机制发生作用的过程。**价格机制**（Mechanism of Price）又称**市场机制**，是指价格调节社会经济生活的方式与规律。

美国经济学家米尔顿·弗里德曼把价格在经济中的作用归纳为以下三个方面：

第一，传递信号；

第二，提供刺激，促使人们采用最节省成本的生产方法，把可得到的资源用于最有价值的目的；

第三，决定谁可以得到多少产品，即配给手段。

这三方面的作用是密切关联的。

我们举个例子来说明。例如，在市场上某种商品的需求增加了，那么在原有价格下会导致该商品供不应求。此时，该商品的价格会上升，从而引起市场需求量的减少（配给手段），价格上涨也刺激了现有厂商增加产量（提供刺激），并使得更多厂商加入该行业（传递信号）。而当市场上该商品供过于求时，该商品的价格就会下降。这样，一方面可刺激消费，使需求增加；另一方面可抑制生产，使供给减少，最终使供需相等，资源达到合理配置。

当价格确定在需求等于供给时，任何人可以在这个价格上买到他所要买的东西，并且任何供给者可以在这个价格上卖掉他所要卖的东西。此时，市场处于出清（Market Clearing）的状态。

但也存在市场不能出清的情况。短缺意味着消费者想要买某些东西，但他们不能按照现行价格来买到这些东西，过剩意味着售卖者想要出售他们的产品，但他们不愿按照现行价格卖掉他们的产品，这里的问题在于现行价格不是市场均衡价格。

在有些市场上（如股票市场），价格对需求和供给的影响和调节非常迅速；而在其他一些市场上（如住房市场），价格对需求和供给的影响和调节比较缓慢。当价格对需求和供给的影响和调节比较缓慢时，在此过程中就可能会出现短缺或过剩。

当均衡价格的形成不是很快时，经济学家就会说，这时的价格具有黏性。即使在这种情况下，均衡价格分析仍然是有用的，因为它指出了价格变化的方向——如果均衡价格超过当前价格，则当前价格趋向于上升；如果均衡价格低于当前价格，则当前价格趋向于下降，而且当前价格上升或下降的幅度往往和当前价格所产生的需求与供给的差距有关。

应该指出，价格机制是自发地调节经济的，我们称之为价格机制的**自发性**。自发性是价格机制发挥作用的基本特点，没有自发性就没有价格机制的作用。在市场经济中，没有任何外力的干预，价格也可以调节经济。但是，自发性因其不可避免的缺点，会引起"市场失灵"。价格机制并不是十全十美的，它需要适当的经济政策加以调控，这涉及我们以后要讲的价格政策。

案例讨论

如果没有价格机制

在市场中,商品的价格是由供给和需求共同决定的。

在清朝李汝珍所写的《镜花缘》一书中,作者描写了"好让不争"的君子国。在热闹喧哗的市场上,买者手中拿着货物,高叫价格太便宜了,非要卖者加价不可。卖者却觉得价格太高,已经很过意不去了。争执许久,卖者坚决不肯提高价格,买者只得按原价付钱,但只取走了一半货物。买者刚要举步,却被卖者一把拉住,说是"价高货少",死活不肯放手。路旁走过两个老翁主持公道,让买者照价拿了八成货物,方才使一场风波平息下来。

200多年来,"君子国"一直被人们认为是李汝珍杜撰出来的理想王国,纯属子虚乌有,甚至作者本人也借书中人物唐敖之口说是"罕见"。

价格机制还有助于解释钻石与水的悖论。有些使用价值(Value in Use)很大的东西,往往具有极小的交换价值(Value in Exchange),甚至没有交换价值;反之,交换价值很大的东西,往往具有极小的使用价值,甚至没有使用价值。比如,人们的生存需要水,没有什么东西比水更有用的了,但是我们很难用水购买什么东西,也不会拿什么东西跟水交换;反之,钻石几乎无使用价值可言,却需要大量其他物品才能与之交换。在世界上大部分有人居住的地方,水都是容易得到的,因而以很低的价格大量供给。然而,在沙漠地区,水的供给有限,结果是水的价格相当高。

讨论:请同学们思考后分析讨论:航空公司如何运用经济学原理解决机票超卖问题?(提示:因为不少预约的人可能最终没来登机,商业航班接受的机票预约数,往往比航班上的座位数要多。可如果来登机的人超员,航空公司会找出愿意放弃座位的乘客,以现金或免费机票等替代方式作为补偿。航空公司会不断提高出价,找出足够多的愿意主动放弃座位的乘客。这种解决办法的好处在于,它允许乘客自行判断此次行程是否紧迫。有要务在身的人自然会拒绝放弃座位。总有人在几百美元或免费夏威夷之旅的诱惑下,愿意多等几个小时。)

复习与练习

【关键概念复习】

在B栏中寻找与A栏中术语相应的解释,并将序号填在术语前边。

A	B
需求	1. 其他条件不变，由商品本身的价格变动引起的需求量的变化
需求规律	2. 在其他条件不变的情况下，一种商品的供给量与价格之间呈同方向变动
需求变动	3. 指经济中各种对立的、变动着的力量处于一种力量相当、相对静止、不再变动的状态
需求量变动	4. 由于商品自身价格以外的任何因素引起的供给量的变化
供给	5. 由于商品自身价格引起的供给量的变化
供给规律	6. 消费者（家庭）在某一特定时期内，在每一价格水平时愿意并且能够购买某种商品的数量
供给变动	7. 指在不同价格水平时的不同供给量的总称
供给量变动	8. 除商品价格以外的其他因素的变动引起的需求量的变动
均衡	9. 在其他条件不变的情况下，一种商品的需求量与其自身价格之间存在着反方向变动的关系
均衡价格	10. 指一种商品需求量与供给量相等时的价格

【思考与练习】

（一）填空题

1. 需求是消费者_____和_____的统一。
2. 需求表表示某种商品的_____与_____之间的关系。
3. 需求曲线是一条向_____倾斜的曲线，它表明某种商品的价格与其需求量之间呈_____变动关系。
4. 决定需求的因素主要是_____、_____、_____、_____和_____。
5. 某商品的需求与其互补品的价格呈_____方向变动，与其替代品的价格呈_____方向变动。
6. 需求规律说明在其他条件不变的情况下，某种商品价格下降，该商品的_____增加。
7. 替代效应是指_____的情况下某种商品价格变化对其需求量的影响，收入效应是指_____的情况下某种商品价格变化对其需求量的影响。
8. 在图形上，需求变动表现为_____，需求量变动表现为_____。

9. 需求规律表明的商品价格与其需求量反方向变动的关系是_____效应和_____效应共同作用的结果。

10. 同一条需求曲线上的点的移动被称为_____，需求曲线的平行移动被称为_____。

11. 需求曲线向左平移是需求_____，向右平移是需求_____。

12. 供给是生产者_____和_____的统一。

13. 供给曲线向_____倾斜，表示某种商品的价格与其供给量之间呈_____变动关系。

14. 决定供给的因素主要是_____，_____，_____，_____，以及_____。

15. 在图形上，供给量变动表示为_____，供给变动表现为_____。

16. 在同一条供给曲线上，点向上方移动是供给量_____，点向下方移动是供给量_____。

17. 供给曲线向左平移是供给量_____，向右平移是供给量_____。

18. 在供给与供给量的变动中，价格变动引起_____变动，而生产技术的变动引起_____变动。

19. 均衡价格是某种商品的_____与_____相等时的价格。

20. 需求变动引起均衡价格_____方向变动，引起均衡数量_____方向变动。

(二) 单项选择题

1. 需求是指消费者（　　）。
   A. 在每一价格水平上愿意而且能够购买的某种商品的数量
   B. 在市场上能够购买的商品量
   C. 实现最大限度满足所需要购买的商品量
   D. 在一定价格水平上愿意出售的商品量

2. 经济学上的需求是指人们的（　　）。
   A. 购买欲望
   B. 购买能力
   C. 购买欲望和购买能力的统一
   D. 根据其购买欲望所决定的购买量

3. 当家庭年收入为 1 万元时，能作为需求的是（　　）。
   A. 价格为 1 万元的笔记本电脑　　B. 价格为 20 万元的一套经济适用房
   C. 价格为 2000 元左右的彩电　　D. 价格为 20 元的半导体收音机

4. 需求曲线是用（　　）的形式来表述需求这个概念。
   A. 数字格式　　B. 图形　　C. 模型　　D. 叙述

5. 需求曲线是表示（　　）。
   A. 需求量与供给之间关系的曲线　　B. 需求量与货币之间关系的曲线
   C. 需求量与价格之间关系的曲线　　D. 需求量与收入之间关系的曲线

6. 如果其他各种条件均保持不变，当商品 X 的互补品 Y 的价格下降时，商品 X 的需求量将（　　）。
  A. 增加　　　　　B. 减少　　　　　C. 不变　　　　　D. 无法确定

7. 在其他条件不变的情况下，当影碟机的价格上升时，碟片的需求量将（　　）。
  A. 减少　　　　　B. 不变　　　　　C. 增加　　　　　D. 难以确定

8. 如果其他各种条件均保持不变，当商品 X 的替代品 Y 的价格上升时，商品 X 的需求量将（　　）。
  A. 增加　　　　　B. 减少　　　　　C. 不变　　　　　D. 无法确定

9. 在其他条件不变的情况下，当咖啡的价格急剧升高时，茶叶的需求量将（　　）。
  A. 减少　　　　　B. 不变　　　　　C. 增加　　　　　D. 没有影响

10. 当消费者预期某种商品的价格将来会上升时，则该商品当前的需求量将（　　）。
  A. 减少　　　　　B. 增加　　　　　C. 不变　　　　　D. 难以确定

11. 需求规律表明（　　）。
  A. 随着汽油价格的提高，小汽车的需求量将下降
  B. 药品的价格上涨会使药品的质量得到提高
  C. 在其他条件不变的情况下，计算机的价格下降会引起其需求量增加
  D. 随着乒乓球价格下降，球拍的需求量会增加

12. 需求规律意味着，在其他条件不变的情况下（　　）。
  A. 随着汽车价格上升，汽车需求量将增加
  B. 随着汽车价格上升，汽车需求量将减少
  C. 随着汽车价格上升，汽车需求量仍保持不变
  D. 随着汽车价格上升，汽车的需求量可能增加，可能减少，也可能不变

13. 在其他条件不变的情况下，牛奶的价格下降将导致牛奶的（　　）。
  A. 需求增加　　　B. 需求减少　　　C. 需求量减少　　　D. 需求量增加

14. 通常一个人在一种商品价格低时的购买量比该商品价格高时的购买量多，这意味着需求曲线（　　）。
  A. 向右上方倾斜　　　　　　　　B. 向右下方倾斜
  C. 是一条水平线　　　　　　　　D. 是一条垂直线

15. 根据需求规律，需求曲线是一条（　　）。
  A. 与横轴垂直的线　　　　　　　B. 与横轴平行的线
  C. 向右上方倾斜的线　　　　　　D. 向右下方倾斜的线

16. 需求曲线向右下方倾斜，表示当一种商品价格_____时，该商品的需求量将_____横线处应填的是（　　）。
  A. 上升，增加　　　　　　　　　B. 下降，减少
  C. 上升，不变　　　　　　　　　D. 上升，减少

17. 需求曲线向右下方倾斜，表示当一种商品价格_____时，该商品的需求量将_____横线处应填的是（　　）。
  A. 下降，增加　　　　　　　　　B. 下降，减少

C. 上升，不变　　　　　　　　　　D. 上升，增加

18. 在消费者实际收入不变的情况下，某种商品价格的变化导致的该商品需求的变化叫作（　　）。

A. 收入效应　　B. 替代效应　　C. 溢出效应　　D. 挤出效应

19. 光盘价格上升的替代效应是（　　）。

A. 光盘价格相对其他商品价格的上升对光盘需求的影响
B. 光盘价格上升带来的消费者实际收入减少对光盘需求的影响
C. 光盘价格上升引起光盘供给的增加
D. 光盘需求的价格弹性

20. 某商品价格下降的替代效应是会引起消费者消费较多的该商品，这是因为（　　）。

A. 该商品相对其他商品价格上升了
B. 该商品相对其他商品价格下降了
C. 价格下降引起消费者实际收入增加了
D. 现在消费者可花费的钱多了

21. 某商品价格上升的替代效应是会引起消费者消费较少的该商品，这是因为（　　）。

A. 该商品相对其他商品价格上升了
B. 该商品相对其他商品价格下降了
C. 价格上升引起消费者实际收入减少了
D. 价格上升引起消费者实际收入增加了

22. 房价上升的替代效应是（　　）。

A. 由于房价上升引起的消费者实际收入减少而带来的对住房消费的影响
B. 房价相对于其他商品价格的上升对住房消费的影响
C. 因房价上升而引起的住房消费的增加
D. 住房需求的价格弹性

23. 由于一种商品价格上升而引起的消费者减少该种商品消费量的收入效应来源于（　　）。

A. 在货币收入不变时，消费者实际收入的减少
B. 这种商品相对于其他商品变得便宜了
C. 在货币收入不变时，消费者实际收入的增加
D. 这种商品相对于其他商品变得昂贵了

24. 价格上升的收入效应是会引起消费者对该商品消费量的减少，这是因为（　　）。

A. 价格上升引起消费者实际收入减少
B. 价格上升引起消费者实际收入增加
C. 这种商品的价格相对于其他商品变得便宜了
D. 这种商品价格相对于其他商品变得贵了

（三）判断题

1. 需求量是流量。（　　）
2. 需求就是家庭在某一特定时期内，在每一价格水平时愿意购买的商品量。（　　）
3. 根据调查，青年人中有80%的人希望自己有一辆车，我国有3亿多青年人，因此，我国的汽车需求极大。（　　）
4. 根据国外相关研究的估算，当家庭年收入与汽车价格之比为1.5∶1时，汽车就会进入家庭。假设某国一辆中档小汽车的价格约为12万元。该国家庭年收入在18万元以上的家庭占全国总家庭数的5%，按全国4亿个家庭计算，则共有2000万个家庭年收入在18万元以上。因此，该国私人汽车拥有量约为2000万辆。（　　）
5. 当咖啡的价格上升时，茶叶的需求就会增加。（　　）
6. 当出租汽车更为方便和便宜时，私人购买汽车的行为会减少。（　　）
7. 世界石油价格下降有助于增加汽车的需求量。（　　）
8. 当录像机的价格上升时，录像带的需求就会减少。（　　）
9. 当某国妇女流行穿平跟鞋时，其他国市场对这种鞋的需求可能也会增加。（　　）
10. 在任何情况下，商品的价格与需求量都是反方向变动的关系。（　　）
11. 在人们收入增加的情况下，某种商品价格上升，该商品的需求量必然会减少。（　　）
12. 需求曲线是一条向右上方倾斜的曲线。（　　）
13. 替代效应使价格上升的商品需求量增加。（　　）
14. 收入效应使价格上升的商品需求量增加。（　　）
15. 重视学习外语引起更多消费者购买随身听和复读机，这称为需求增加。（　　）
16. 一场台风摧毁了某地区的荔枝树，市场上的荔枝少了，这称为供给量减少。（　　）
17. 苹果的价格下降引起人们购买橘子减少，在图上表现为橘子的需求曲线向左方平移。（　　）
18. 供给量是存量。（　　）
19. 并不是所有商品的供给量都随价格的上升而增加。（　　）
20. 假定其他条件不变，某种商品价格的变化将导致它的供给量变化，但不会引起供给的变化。（　　）

（四）问答题

1. 旅游业的发展可以带动旅馆、餐饮、交通、娱乐等行业的相应发展，为什么？
2. 在20世纪70年代的美国，战后生育高峰期出生的人进入了劳动年龄，而且有孩子的已婚妇女参加工作也变得更加普遍。试预测：工人人数的增加对均衡工资和均衡就业量可能产生什么影响。试画出供给曲线和需求曲线进行说明。

3. 需求定理告诉我们,某种商品的价格与其需求量成反比,但是高档奢侈名牌服装打折销售反而卖不出去。试从影响需求的因素角度去分析其原因。

4. 收入增加和价格下降可使空调的销售量增加。从经济学角度看,这两种情况引起空调销售量增加的因素有什么不同?

5. 假如今年某市的夏天和往年相比特别炎热,这将如何影响该市冰激凌市场?假如今年因供电不足造成了几家冰激凌工厂停工,又将如何影响该市冰激凌市场?假如这两种情况同时发生呢?试画出供给曲线和需求曲线来进行说明。

6. 下列情况发生时,某种蘑菇的需求曲线会如何移动?
   A. 卫生部门发布一份报告,称长期食用这种蘑菇会致癌
   B. 另一种蘑菇的价格下降了
   C. 消费者的收入增加了
   D. 生产蘑菇的菜农的家庭收入增加了

7. 什么是均衡价格?它是如何形成的?供求定理的基本内容是什么?

8. 20世纪80年代,美国东部一些大学为了避免石油价格的波动,购买了昂贵的新型供暖设备,将石油供暖改为天然气供暖。1990年秋,伊拉克入侵科威特,石油价格果然攀升。这些大学的新供暖设备启用,校方期望新的供暖方式可以帮他们节省费用。结果,根本没有省钱。因为公用事业公司的账单显示:天然气价格和石油价格一样升高。大学管理者一气之下控告公用事业公司搞价格欺诈。因为他们认为伊拉克入侵科威特不会影响天然气的供给,天然气价格不该上升。请问,大学管理者的想法是否正确?公用事业公司是否搞了价格欺诈?为什么?

复习与练习
参考答案

第 3 章 弹 性 理 论

> 【导学】需求规律描述的是价格和需求量之间的反向变动关系，即价格越低，需求量就越多，但究竟多多少？多很多？还是只多一点？同样地，价格越高，需求量就越少，是少很多？还是只少一点？回答这类问题，就需要利用需求价格弹性这一概念。概括地说，如果说需求规律和供给规律使我们可以预测供需与价格的变化方向，弹性理论则能使我们预测它们会变动多少（量值）。弹性分析是典型的边际分析。

需求规律告诉我们，在其他条件不变的情况下，商品的价格上升，则其需求下降；商品的价格下降，则其需求上升。但在现实生活中，我们常常会发现一些现象，仅仅用需求规律无法得到合理解释。例如，当大米、食用油等生活必需品的价格以 15% 的幅度上涨时，消费品市场总体需求量却依然平静；再如，当全国房地产全面升温、楼盘价格一次次高开时，房产市场的抢购风暴却愈演愈烈。

仅仅知道影响某种商品需求的因素并进行定性分析是不够的。为了更好地将供求曲线转化为真正有用的工具，我们还要知道供给和需求对价格的变动会做出多大程度的反应。经济学家经常用弹性分析法对供需与价格的互补影响进行定量分析。

3.1 弹 性 理 论

3.1.1 弹性与需求弹性

弹性（Elasticity）是一个十分有用且非常直观的概念。**弹性**描述的是因变量对自变量变化的反应程度，即计算当自变量变化一个百分点时，因变量要变化几个百分点。**需求弹性**（Elasticity of Demand）描述的是一种商品的需求量对与其需求相关因素的反应程度。在这里我们需要明确的是，需求的相关因素比较合理的表达方式是相对变化的大小，而不是绝对变化的大小。例如，大白菜每斤涨价 1 元，绝对变化数量 1 元虽不大，但相对大白菜的原价，这却是"剧烈变动"；小汽车每辆涨价 100 元，绝对变化数量 100 虽比大白菜的绝对变化数量大得多，但相对小汽车的原价，这只是微小变动。需求

弹性的计算表达式为

$$需求弹性 = \frac{需求量变动的比例}{相关因素变动的比例}$$

需求弹性的图形如图 3-1 所示。在图 3-1 中,纵坐标表示需求的影响因素,横坐标代表需求量。

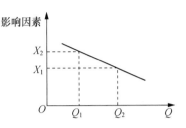

图 3-1 需求弹性

在需求弹性分析中,一般认为产品价格,消费者的消费心理、收入水平,相关产品的价格及其对产品价格的反应的程度等是影响市场需求的基本变量。所以,需求弹性主要有需求价格弹性、需求收入弹性、需求交叉价格弹性等。下面我们将着重讨论这三种需求弹性。

3.1.2 需求价格弹性

1. 需求价格弹性的概念与计算

在市场经济中,不同行业的厂商会采用不同的价格策略来改变现有的需求状况,以达到企业经营目标,谋求最大利益。有些行业会采用提升或降低价格的策略来获得更大的利益,如家电、汽车、手机、旅游等;而有些行业却很少使用价格变动策略来实现更大的利益,如盐、大米等生活必需品。这就需要引入需求价格弹性理论。

需求价格弹性(Price Elasticity of Demand)衡量的是某商品的需求量对其价格变动的反应程度。其计算公式为

$$E_d = \frac{需求量变动的比例}{价格变动的比例} = \frac{\Delta Q/Q}{\Delta P/P}$$

例如,当某品牌彩电的价格从 400 元上涨至 500 元时,其需求量就会从 100 万台下降到 50 万台,则该彩电的需求价格弹性为

$$E_d = \frac{需求量变动的比例}{价格变动的比例} = \frac{\Delta Q/Q}{\Delta P/P} = \frac{(50-100)/100}{(500-400)/400} = -2$$

由于需求价格弹性一般都是负数,为了便于研究,我们通常只取其绝对值。如在上例中,我们就说该彩电的需求价格弹性为 2,这意味着当价格变化 1 个单位时,该彩电的需求量会发生 2 个单位的变化。

2. 需求价格弹性的类型

(1) 富有弹性。

当$|E_d|>1$时，称为富有弹性——消费者对价格变化的反应很强烈。这类商品在价格变化时，需求量变动幅度比较大，即当价格相对变动时，需求量的相对变动比价格的相对变动大。例如，在手机话费方面，几乎所有的电信运营商都采用非常接近的价格标准。因为手机话费的需求价格弹性属于富有弹性，假如其中一家运营商提价，其客户就可能会转向其他价格相对较低的电信运营商。这类商品的需求曲线相对比较平缓，如图 3-2 所示。

(2) 缺乏弹性。

当$|E_d|<1$时，称为缺乏弹性——消费者对价格变化的反应很小。这类商品在价格变化时，需求量变动幅度比较小，即当价格相对变动时，需求量的相对变动比价格的相对变动小。例如，石油输出国组织（Organization of the Petroleum Exporting Countries, OPEC）1960 年成立以来限制石油供应，导致 1973—1974 年石油价格上涨了 4 倍，但因为石油需求价格弹性很小，属于缺乏弹性，所以价格的大幅变动并未使需求也大幅变动，涨价导致消费者支出增加，生产者收入增加。这类商品的需求曲线相对比较陡峭，如图 3-3 所示。

(3) 单位弹性。

当$|E_d|=1$时，称为单位弹性。这类商品的价格变化时，正好引起需求量相同程度的反向变动，即当价格变动时，需求量的变动幅度等于价格的变动幅度。这类商品的需求曲线是一条双曲线，需求量乘价格等于常数，如图 3-4 所示。

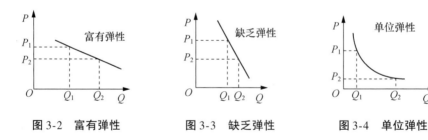

图 3-2　富有弹性　　　图 3-3　缺乏弹性　　　图 3-4　单位弹性

(4) 完全弹性。

当$E_d \to \infty$时，称为完全弹性——在既定价格下，需求量可以任意变动这类商品的需求曲线是一条与横坐标轴平行的直线，如图 3-5 所示。这种情况是比较罕见的。在现实生活中，完全竞争市场上的同质产品，由于竞争的原因，都按同一价格出售，其需求价格弹性基本就属于完全弹性。

(5) 完全无弹性。

当$E_d=0$时，称为无弹性——不管价格发生怎样的变化，需求量固定不变。这类商品的需求曲线是和纵轴平行的垂线，如图 3-6 所示。例如，特殊的战略物资的需求，如特效药等，可近似地看作完全无弹性。

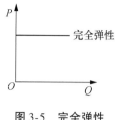
图 3-5 完全弹性

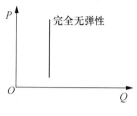
图 3-6 完全无弹性

3. 影响需求价格弹性的因素

影响商品的需求价格弹性的因素主要有以下几个。

（1）商品的需求程度。

通常，我们把食物、日用家电、医疗服务、学生教材等称为必需品，把出国度假旅行、高档轿车、贵重首饰等称为奢侈品。必需品的需求程度高，需求价格弹性小。例如，生活必需的日用家电（如冰箱、电饭煲、洗衣机）在日常生活中少不了，坏了得修或换，缺了得添。奢侈品不是生活必须有的用品，需求程度低，需求价格弹性大，例如，"五一"长假不是非得要外出旅游，高档家具如果价格高，也可以选择不购买。

（2）商品价格占消费者收入的比重。

一般情况下，商品价格占消费者收入的比重越大，该商品的需求价格弹性就越大。例如，住房价格变化 10%，对于人们的家庭预算冲击很大，人们会尽量节省住房开支，这说明住房的需求价格弹性大。商品价格占消费者收入的比重越小，该商品的需求价格弹性就越小。例如，食盐、牛奶等商品的价格占消费者收入的比重很小，它们的需求价格弹性很小。

（3）商品定义的宽窄。

定义较窄的商品的需求价格弹性较大。例如，"可口可乐"因为其范围单一，替代品很多，需求价格弹性很大。定义较宽的商品的需求价格弹性较小。例如，"饮料"包罗内容广泛，需求价格弹性小。

（4）需求时间的长短。

一种商品的需求常常存在于某个时期，可以是一天、一周、一个月、一个季度、一年或几年期限。商品的需求价格弹性随该商品需求时间的长短而不同。一般来说，需求时间越长，需求价格弹性越大。因为需求时间越长，消费者和厂商越容易找到替代品。只要有足够长的时间，进行调整总是比较容易的。为此，经济学家区分了短期和长期。长期是指在这个时期内可以进行所有的调整，短期是指在这个时期内至少有些调整是无法进行的。因此，需求在短期中比在长期中（即消费者有时间适应时）更缺乏弹性（对价格变化不敏感）。设想电费下降后人们的反应。一两个星期内，家庭耗电量可能不会有太大变化，但时间一长，情况就不一样了，如一两年后，家里增加了一些新电器（如空气净化器等），用电习惯也渐渐改变，如开灯较往常早了。这样一来，时间越长，家庭耗电量便越来越多。诺贝尔奖获得者、美国经济学家贝克尔运用长期弹性和短期弹性的区别，解释了为什么美国20世纪90年代出台的香烟消费税政策是错误的。因为白宫假定香烟价格上涨10%，其消费量将下降4%；而贝克尔认为这只反映了提价后第一年消费者做出的反应，而没有反映吸烟者若干年后调整的行为。在3年内，香烟价格每上涨10%，其消费量很可能下降8%——是政府当局估计的两倍。因此，增税后所带来的收益比预计的要少得多。

（5）替代品。

商品可替代程度的大小以及替代品是否容易得到和商品的需求价格弹性直接相关。商品的可替代程度越大，替代品越容易获得，商品的需求价格弹性就越大；反之则越小。例如，在手机市场，如果某品牌手机降价，将会使该手机的市场需求快速增长；而香烟对于特定消费群体来说是缺乏需求价格弹性的，烟民很少因为香烟涨价而去戒烟。

3.1.3 需求收入弹性

前面我们谈论的需求价格弹性，是指当消费者的收入、偏好和其他商品价格保持不变时，商品本身的价格变动引起的其需求量的变动。本节我们将研究消费者收入所起的作用。**需求收入弹性**（Income Elasticity of Demand）**衡量的是需求量对消费者收入变动的反应程度**。其计算公式为

$$E_I = \frac{需求量变动的比例}{消费者收入变动的比例} = \frac{\Delta Q/Q}{\Delta I/I}。$$

假设你的收入增长了20%，你会把增加的收入全部用来买食物吗？肯定是不会的，但你在娱乐生活上的支出可能会超过你总收入的20%。如果把你对某种商品或劳务购买数量增加的百分比除以你收入增加的百分比，就能算出你自己对于所讨论的商品或劳务的需求收入弹性。但是，当个别消费者的收入变动时，他们的购买能力如何，以及为何变动的问题，则属于消费者行为理论部分。

在现实生活中，我们计算出来的需求收入弹性一般为正值。这是因为当消费者的收入增加时，往往会出现需求量与之按同方向变动的情况。因此，一般而言，当人们收入增加时，需求量也增加；收入减少时，需求量也减少。正常商品的 $E_I > 0$，且大多数商品属于正常商品，如表3-1所示。但也有少数商品是例外的，它们的需求收入弹性为负值，即 $E_I < 0$。这类商品一般被称为低劣品，即当消费者收入增加时所放弃购买的商品，也就是过时淘汰品。

表3-1 一些常见商品的需求收入弹性

商　　品	需求收入弹性	商　　品	需求收入弹性
航空旅行	5.82	香　　烟	0.86
电　　影	3.41	家　　具	0.53
出国旅行	3.08	衣　　服	0.51
理　　发	1.36	电　　话	0.32
汽　　车	1.07	食　　品	0.14

3.1.4 需求交叉价格弹性

在现实生活中，我们经常发现两种商品看上去相关性不大，但一种商品的价格变化却会对另外一种商品的需求量产生巨大影响。例如，汽车降价销售，使得玻璃厂、轮胎厂、标准件厂生意火爆。这种现象说明商品间的价格与需求存在着某种关系，我们把这种关系称为需求交叉价格弹性。

需求交叉价格弹性（Cross-price Elasticity of Demand） 衡量的是某商品的需求量对另一种商品价格变动的反应程度。设两种相关商品分别为 X 和 Y，计算 Y 商品的需求交叉价格弹性（E_{YX}）的一般公式为

$$E_{YX} = \frac{Y 商品需求量变动的比例}{X 商品价格变动的比例}。$$

需求交叉价格弹性与商品间的关系，如表 3-2 所示。

表 3-2 需求交叉价格弹性与商品间的关系

需求交叉价格弹性系数	X、Y 商品间的关系	X、Y 商品间的特征	实 例
$E_{YX} > 0$	替代关系	X 商品的价格 P 上升（下降）将引起 Y 商品的需求量 Q 上升（下降）	牛肉与羊肉、租房与买房、坐公交车与打出租车等
$E_{YX} < 0$	互补关系	X 商品的价格 P 上升（下降）将引起 Y 商品的需求量 Q 下降（上升）	汽车与汽油、鞋油与鞋刷、三明治与火腿等
$E_{YX} = 0$	互相独立	X 商品的价格变动不会引起 Y 商品需求量的变化	牛肉与汽车、打火机与鞋子等

表 3-2 中 X、Y 两种商品之间的三种关系说明，替代品是竞争关系，商家需要密切关注竞争者的产品价格的变化，从而制定相应策略；互补品是战略同盟关系，相关利益群体要统筹定价，追求共赢下的利益最大化；而互相独立的商品间则基本没有关系，或者关系非常微小，企业可单独订立相关策略或方案。

普通行业间的需求交叉价格弹性一般都比较固定，如运输业与娱乐业的需求交叉价格弹性为 -0.05，食品与娱乐业的需求交叉价格弹性为 0.15，衣着与食品的需求交叉价格弹性为 -0.18。

3.1.5 供给弹性

供给弹性与需求弹性一样重要，而且有着相似的定义。**供给弹性**是供给价格弹性的简称，它是一种商品的供给量对其价格变动的反应程度。其计算公式为

$$供给弹性 = \frac{供给量变动的比例}{价格变动的比例}。$$

影响供给弹性的主要因素有以下几方面。

(1) 行业中增加生产的难易程度。

行业中，增加生产较容易时，供给弹性就较大，如纺织服装业，扩大生产比较容易，供给弹性就大；行业中，增加生产较困难时，供给弹性就小，如南非金矿开采量增加困难，供给弹性就小。

(2) 生产规模及规模变化的难易程度。

资本密集型企业，生产规模较难变动，供给弹性小。随着产量的提高，只引起单位成本的轻微提高（规模经济）的商品，则供给弹性大。

(3) 时间。

正像区分短期和长期中需求对价格变化的反应一样，经济学家对供给也做了同样的区分。厂商在长期中可以对价格上升做出某些反应，而这些反应是他们在短期中做不到的。这意味着长期中的供给弹性大于短期中的供给弹性。我们把短期供给定义为在机器和建筑当前存量不变条件下的供给；与此不同，在长期供给中，我们假定机器和建筑存量是可以调整的。因此，供给在短期中是缺乏弹性的，而在长期中则是富有弹性的，如图3-7所示。

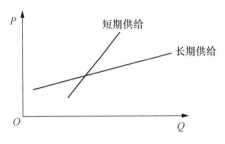

3-7　随着时间推移而变化的供给弹性

3.2　弹性理论的应用

3.2.1　需求价格弹性与厂商价格决策

不同行业商品的需求价格弹性是不同的，到底价格如何变化，变化多大才是最合理的呢？假如你是一个大型艺术博物馆的馆长，你的财务经理告诉你，博物馆缺少资金，并建议你改变门票价格以增加总收入。你是要提高门票价格，还是降低门票价格呢？回答取决于需求价格弹性。运用需求价格弹性理论，我们可以把商品简单地分为以下两种。

(1) 宜降价促销的商品。

降价促销也称作"薄利多销"，即通过降价实现总收入增加。这是企业合理借用需求价格弹性的营销策略。其根本的运作原理是，价格下降，虽然单个商品的利润是减少的，但需求量的变化幅度远远大于价格的变化幅度，这样，商品的总利润是增加的。此类商品比较多，如汽车、电视机等。

（2）宜涨价增利的商品。

这类商品缺乏需求价格弹性，宜采用提价销售的营销策略。当降低商品价格时，其需求量增加而使总收入增加的幅度小于由于价格上升而使总收入减少的幅度。这类商品价格上调时，总收益增加，对生产者有利；价格下调时，总收益减少，对生产者不利。此类商品也很多，如大米、面包、蔬菜等。

不同需求价格弹性对企业价格策略的影响如表3-3所示。

表3-3 不同需求价格弹性对企业价格策略的影响

需求价格弹性	$|E_d|>1$	$|E_d|=1$	$|E_d|<1$
降价的影响	销售收入增加	销售收入不变	销售收入减少
涨价的影响	销售收入减少	销售收入不变	销售收入增加
企业价格策略	适当降价	针对不同情况涨价或降价	适当涨价

企业的管理部门似乎常常认为商品是缺乏需求价格弹性的。一般的经验认为，价格增加，随之而来的一定是收益增加；而价格降低，总收益便会减少。这是因为企业常常在需求增加（需求曲线移向右边）时提高价格，在需求减少（需求曲线移向左边）时降低价格。这使得人们很容易误解，把需求曲线的平移误以为是价格在一条需求曲线上位置的移动，从而做出商品是缺乏需求价格弹性的错误判断。

一家企业生产并销售多种不同的商品时，经常会发现不同的商品在需求价格弹性方面有明显的差别。各种商品在不同的市场上出售，每种商品都面对着不同的替代品。如以三种钢材——钢轨、不锈钢和马口铁为例。钢轨没有相近的替代品，因此，它是缺乏需求价格弹性的，但它不是完全无弹性，如果钢轨价格太高，消费者可能会将使用旧钢轨的时间延长。不锈钢在某些用途上有相近的替代品，其需求价格弹性就较大。马口铁则面对着来自塑料、玻璃、铝和其他包装材料的竞争，还包括用作罐装啤酒、油脂、油漆和某些食物产品容器的竞争，其需求价格弹性更大。

案例讨论

需求价格弹性在不同行业中的应用

无论是航空公司，还是农民，都需要决定是否通过提价（或降价）来获得更多利润。例如，因公务出差者对飞机票价的需求弹性较低，因此，提高这些人的票价有助于增加总收益。相反，闲暇度假的游客对于飞机票的需求弹性则高得多，因为他们对旅行的时间和方式有很大的选择余地。因此，对这部分人适当降价会有助于增加航空公司的总收益。在理想的情况下，航空公司希望向因公务出差者尽可能收取高价，而向闲暇游客提供足够低廉的票价，以填补飞机上的空座位。但是问题在于如何识别不同类型的乘客？如何避免因公务出差者购买到为闲暇游客准备的便宜机票？又如何避免闲暇游客占用了因公务出差者本来愿意出高价的座位？

美国的许多航空公司对于因公务出差者的飞机票和休假旅行者的飞机票实行价格区分政策:提前预订票和低峰时刻订票打折扣,周末票和最后时刻机票不打折扣。公司为什么这样做?因为许多公务往来事先是没有计划的,而是为了处理突发事件——这是另外一种缺乏弹性的情况。

在医药行业,为什么处方药比非处方药品贵?答案在于处方药需要医生开处方才能购买,消费者对于价格不敏感,厂家涨价可以提高收益;而那些非处方药(如阿司匹林、维生素),消费者可在药店中自由买到,因此可以采取降价销售的办法增加收益。

讨论:怎样理解经济学中著名的丰收悖论——谷贱伤农的现象,即为什么农业的好年景或大丰收年往往是农民收入的歉收年?(提示:这主要是因为人们对粮食的需求缺乏弹性,收成好时,农作物产量提高进而使其价格降低,但价格下跌不会使消费者的粮食需求增加很多,所以好收成常常伴随着低收益。)

3.2.2 需求收入弹性与企业经营

需求收入弹性为投资决策、经济规划甚至个人理财提供了十分有用的信息。

一般来说,当经济繁荣、社会收入增加时,企业就应努力增加需求收入弹性大的商品(如高档商品、汽车、旅游服务等)的生产,减少低档品的生产,以取得更大的销售收入。对于需求收入弹性较小的生活必需品,可大体上维持产量,因为即使社会收入有较大增长,生活必需品销量也不会增加很多。对于个人而言,如果预期经济快速发展,则可以考虑购买产品需求收入弹性大的企业的股票。

当经济萧条、社会收入减少时,高档品需求量会迅速下降,企业应及时减产。生活必需品(如食品、日用百货、教育、医药)则不太受经济是否景气的影响,经营比较平稳。低劣品的需求量会迅速上升,企业应及时增产。对个人而言,如果感觉经济萧条,则可以考虑将资金从需求收入弹性大的企业股票中抽出,转投到产品需求收入弹性小的企业,如日用百货的生产和销售企业。

基于现代企业自身的特性,在运用需求收入弹性时,应切记以下三点:

第一,需求收入弹性大的商品,利润大、风险也大;

第二,需求收入弹性小的商品,利润小、风险也小;

第三,不同需求收入弹性商品的组合,可降低风险,保证一定的利润。

3.2.3 需求交叉价格弹性与产品差别化策略

企业在经营过程中,如果拥有相当的经营管理能力和丰富的产品组合策略,那么就应该合理利用需求交叉价格弹性,使自己在市场中分得更大一块"蛋糕"。企业的产品组合中,如果其中一部分产品之间存在替代关系或互补关系,那么在制定价格时就要充分考虑到替代品或互补品之间的相互影响。就某一种单独产品而论,提高价格可能会对企业有利，但如果把它放在相关产品群中考虑，即考虑企业综合利益时，可能会导致企业总利润的减少。

1. *互补品的产品差别化策略*

产品组合中的两种产品，如果其需求交叉价格弹性为负值，说明这两种产品互补。互补产品一般可以通过综合定价策略来实现市场的突破。互补产品往往可以分为基本产品和配套产品两种，通常的定价策略是：对基本产品定低价，让大量的消费者来购买该产品，而对配套产品定高价。这样成功的案例非常多。例如，吉列手动剃须刀架的免费赠送，就不失为营销策划的经典。

2. *替代品的产品差别化策略*

如果两种产品的需求交叉价格弹性为正值，说明这两种产品互为替代品。互为替代品的产品可以分为两种情况。

（1）两种产品在同一家企业生产。

如果两种产品是同一家企业生产的，那么企业应该按照产品的市场生命周期、市场饱和程度、产品技术含量等因素进行综合决策，使企业获得最高利益。例如，可口可乐公司正在考虑是否降低"雪碧"的价格，那么，该公司不仅要知道雪碧的需求价格弹性，还要了解雪碧销售量增加后会对可口可乐造成多大的影响，即雪碧销量增加的收入会"吃掉"多少可乐的销售收入。

（2）两种产品不在同一家企业生产。

如果两种产品不在同一个企业生产，那么说明两家企业是竞争关系，我们可以用需求交叉价格弹性来分析产品之间的竞争关系。需求交叉价格弹性越大，说明两家企业产品之间的竞争越激烈，企业必须时刻密切注意对方企业的策略变化，时刻准备应对。我国家电企业之间、国内外手机生产企业之间的竞争就充分体现了这一点。

需求交叉价格弹性在执行反垄断法中获得了重要的应用。垄断（包括想要垄断）一种产品的生产和销售是非法的。某一个企业的产品是否是垄断性产品，要看购买者在选择上是否被限制地只能从一个企业购买而别无他法。对于任何产品，都会有一种或几种替代品。可是，如果它们是蹩脚的替代品，它们和这个产品的需求交叉价格弹性就是低的。这是给垄断产品下定义的一种办法。类似的情况是，一个被指控为违反反垄断法的企业将设法证明：它的产品和其他类似的产品之间的需求交叉价格弹性是高的，因此替代品是相近的，购买者确实能有效地进行选择。

美国联邦法院 1953 年通过的著名的对杜邦公司玻璃纸的裁决就是一个好的例证。1947 年，美国司法部对杜邦公司非法垄断玻璃纸的产销提出诉讼。法律程序十分冗长，最后，法院坚持认为，政府的指控不能成立。法院裁决：在销售玻璃纸方面杜邦公司不是一个垄断者。玻璃纸是"柔性的包装材料"中的一种，其他还有包装用蜡纸、铝箔、聚乙烯及许多别的材料。换句话说，法院接受了这样的论点，即玻璃纸和别的柔性包装材料的需求交叉价格弹性是高的，它们都是相近的替代品，所以杜邦公司没有垄断市场。政府则争辩说，在某些重要的用途上，玻璃纸与其替代品之间的需求交叉价格弹性是低的，那些替代品是蹩脚的或不受欢迎的，所以杜邦公司确实是垄断。但从判决的结果看，政府的争辩是徒劳的。

3.3 价格管制

通过对第 2 章的学习，我们知道市场机制是自发地调节经济的。价格由市场决定，随供求的变动而变动，价格在这一过程中自发地调节经济。在这里，价格有着信息传递、行为指导的功能：生产者根据商品价格的涨跌来判断市场的供求变化，从而调整自己的产量；消费者也根据商品价格的起落来合理安排自己的商品消费组合，从而使自己的利益最优。因此，价格机制就像是一只"看不见的手"，指挥着人们的经济活动。然而，纯粹的竞争性市场只是一种理论上的假设，在现实经济活动中，某些政治、经济、社会因素的介入会影响均衡价格的形成及供求关系的调整。这些因素包括政府的价格限制、供求量限制及税收等。我们可以运用均衡价格理论来分析这些因素对现实经济生活的影响。

在市场经济中，经常会出现买者认为价格过高而卖者又总抱怨价格太低的现象。由于对市场决定的均衡价格不满，不同的利益群体可能会要求政府为某些产品确定价格。政府操纵的价格称为**价格管制**（Price Control）。价格管制主要有支持价格和限制价格两种。

3.3.1 支持价格

支持价格（Price Floor）又称**价格下限、最低限价、地板价格**，是政府为了扶持某一行业的生产，对该行业产品规定的高于市场均衡价格的最低价格。例如，政府为了扶持农业的发展，常实行农产品支持价格。支持价格政策所产生的后果可以用图 3-8 来说明。

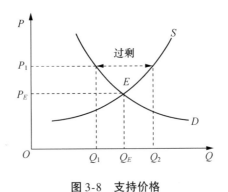

图 3-8 支持价格

在图 3-8 中，商品由需求和供给决定的均衡价格是 P_E，均衡数量是 Q_E。但政府认为这一价格不合理，它规定了一个高于均衡价格的最低限价——价格下限 P_1。按照这一价格，需求量为 Q_1，供给量为 Q_2，$Q_2 > Q_1$。实行这一价格的必然结果就是供过于求，即出现部分剩余产品。根据均衡价格理论,若一种商品供过于求,其价格就有下降趋势,趋向于均衡价格。但在有价格下限的情况下,商品价格下降是不可能的,一旦降价就意味着违法。

但商品的供过于求却是客观存在的,它对商品的价格始终有一个向下的拉力。为了维持最低限价,政府通常可以采取的措施有两个:一是限制生产(补贴限产),二是处置剩余产品(政府采购)。

(1) 补贴限产。

通过限产,可以使供给曲线向左平移,使新的供给曲线与原有的需求曲线相交于新的均衡点。这时,均衡价格与政府规定的价格下限一致,使得供求平衡。在实施这种政策时,政府须有较强的指令性且有一定的代价。例如,政府对农业生产者提供一定的补贴,促使供给减少。

(2) 政府采购。

这是指政府收购过剩商品,或者用于储备,或者用于出口(包括国际援助等)。在出口受阻的情况下,收购过剩商品必然也会增加政府的财政开支。政府通过收购过剩商品,人为地使市场需求增加,使需求曲线向右平移,新的需求曲线与原有的供给曲线相交于新的均衡点。这时,均衡价格与政府规定的价格下限一致,也实现了新的均衡。

许多国家实行的农产品支持价格和最低工资都属于价格下限。就农产品支持价格而言,目的是稳定农业生产和农民的收入,有其积极意义;但这也增加了农产品过剩的情况,不利于市场调节下的农业结构调整。政府实行农产品支持价格,过剩的农产品要由政府收购,这也增加了财政负担。就最低工资而言,有利于维护低收入者的利益,但增加了劳动供给,减少了劳动需求,有增加失业的副作用。

3.3.2 限制价格

限制价格(Price Ceiling)又称**价格上限**、**最高限价**、**天花板价格**,是政府为限制某些商品的价格而对它们规定低于市场均衡价格的最高价格。其目的是为了稳定经济生活和保护消费者的利益,有利于安定民心。

限制价格政策一般是在战争或自然灾害等特殊时期使用,但也有许多国家对某些生活必需品或劳务,长期实行限制价格政策。例如,法国在第二次世界大战后对关系国计民生的煤炭、电力、煤气、交通与邮电服务等,都实行了限制价格政策。英国、瑞典、澳大利亚等国,则对房租实行限制价格政策。还有一些国家,对粮食等生活必需品实行限制价格政策。此外,规定利率上限等做法也属于限制价格政策的一种形式。

如果说最低限价政策是保护生产者的利益,那么最高限价政策则是保护消费者的利益。如图 3-9 所示,由需求和供给决定的均衡价格是 P_E,均衡数量是 Q_E。由于政府不想让商品的价格达到这个水平,就规定了一个低于均衡价格的最高限价 P_1,在此价格下,需求量为 Q_2,供给量为 Q_1,$Q_2 > Q_1$。

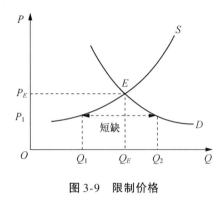

图 3-9 限制价格

实行限制价格的结果是造成供不应求，必然产生商品的短缺。限制价格政策的主要影响如下。

（1）非价格配给。

如发放购物券，中华人民共和国成立之初，因生产力水平低，5.7 亿人口只有 3200 亿斤粮食，只能实行统购统销，搞票证制，其结果只能是形成卖方市场。

（2）排队购买。

由于商品短缺，定量配给数量必然不足。因此，不得不采取"先到先供应"，即排队的办法来获得消费品。排队是以到达指定地点的次序（或以提出要求的次序）作为唯一标准的，因此先来的人比后来的人有利。这从表面上来看是很公平的，但也正因为如此，它又是不公平的，毕竟对于不同的人来说，时间的边际效用是不一样的。

（3）黑市交易。

这发生在价格超过法律规定的价格上限的非法市场，在价格受控制时就可能出现黑市，如活跃在体育比赛和演唱会门口的票贩子。

限制价格会挫伤企业的生产积极性，使短缺变得更加严重，一旦停止价格控制，价格上涨就会变得更加厉害。因此，经济学者一般反对长期采用限制价格政策，因为他们认为这不利于经济的发展。

比如，房屋租金控制。在这一政策下，房租被压得很低，以至于人们忘记了房屋是被修建起来并要加以维修的。人们都渴望租到大面积的房子，而如此低的房租又使得可以提供的房屋十分有限，使新房屋的修建受到影响，住房紧张长期得不到缓解。欧洲一位批评家曾说了句挖苦的话：在破坏城市方面，除了轰炸之外没有什么能比房屋租金控制更有效了。

价格调节经济活动是市场经济的核心，因此，市场经济的基本原则是，能够交给价格调节的尽量要放开价格，让价格自发调节。当然，我们也不能把价格的这种作用绝对化。市场经济仍然离不开政府，在有些情况下，也需要有政府对价格的干预。

我们在分析价格的作用时，仅仅是从经济的角度来说明价格的调节作用的，但政府在制定政策时还要考虑到社会、政治等各种因素。经济理论是政府制定政策的重要依据，但并不是唯一依据。从这个角度来理解价格机制才更全面，也才更有利于实现经济学改善世界、增进社会福利的目的。

📖 案例讨论

美国联邦最低工资

美国联邦政府依照《公平劳动标准法》（Fair Labor Standard Act）制定最低工资，1997 年制定的最低工资是每小时 5.15 美元。

但这个政策却导致了失业，它到底造成了多大程度的失业呢？大多数经济学家相信，最低工资上升 10% 将使青少年的就业率下降 1%～3%。

加利福尼亚大学的戴维·卡德（David Card）和普林斯顿大学的艾伦·克鲁格（Alan Krueger）对上述观点提出了挑战。他们指出，在加利福尼亚州、新泽西州以及得克萨斯州，最低工资的每一次上调都导致低收入人群就业率上升。他们提出了最低工资上升导致就业率上升的三大理由。

（1）工人的工作态度变得认真，生产率更高。
（2）工人较少有可能放弃工作，因此，昂贵的劳动力转换费用下降。
（3）管理者使企业运转得更有效率。

大多数经济学家对上述观点表示怀疑。这些经济学家认为，如果更高的最低工资使得生产率更高、劳动转换率下降，那么企业将会自愿支付工人更高的工资。他们认为卡德和克鲁格所发现的就业率上升有其他方面的原因。

得克萨斯大学的丹尼尔·哈默迈什（Daniel Hamermesh）认为他们在时间问题方面出了错。企业预测到最低工资的上升，他们会在上升之前就裁员了，所以，观察最低工资上升之后的就业变化便没能考虑其主要效应。得克萨斯 A&M 大学的菲尼斯·韦尔奇（Finis Welch）认为，卡德和克鲁格所发现的就业效应是由于地区经济增长方面的差异所致，而不是由于最低工资的变化所致。

另外，仅仅关注就业会忽略最低工资的供给方效应，它导致了高中阶段退学去寻找工作的人数增加。

讨论：人口增长会引起工资率的变化吗？为什么？

*3.4 征税与补贴

3.4.1 征税和补贴的影响

政府干预市场的一个例子是对商品征税。对商品征的税一般都可以转嫁为由消费者承担的间接税，包括增值税和对香烟、汽油、酒类等特定商品征收的消费税税种。按税收计征标准的不同来分,间接税又可分为从量税和从价税。

从量税（Specific Taxes）是按商品的单位销售量征收一个固定的数额税,其计算公式为

$$从量税额 = 商品销售数量 \times 从量税/单位。$$

从价税（Ad Valorem Taxes）是以商品价格（或增值额）作为征税标准计征的税收,其计算公式为

$$从价税额 = 商品价格 \times 从价税率。$$

间接税主要作用于供给曲线,在征收从量税的情况下,供给曲线向左平行移动;在征收从价税的情况下,消费者的收入相应减少,供给曲线旋转上升。

政府干预市场的另一个例子是对商品进行补贴。对于一些关系到国计民生的行业,为了避免社会动乱,政府必须给那些没有自生能力的企业一定程度的补贴和保护。这一方面可以使企业获得一定的生存空间,另一方面也有利于降低价格,提高社会福利。

3.4.2 供求弹性与征税负担

税负分摊（Tax Incidence）是指在买者和卖者之间分配某一税收的负担。

当政府决定对某一产品的销售征税时,该产品价格的上升有可能等于或小于这笔税款,或者价格一点也没有变化。如果价格的上升等于这笔税款,那么买者承担了完全的税负。如果价格的上升小于这笔税款,那么买者和卖者分别承担了部分税负。如果价格没有变化,那么税负就完全由卖者承担了。

为了理解税收的决定因素,我们做以下分析。假定政府对每盒香烟征收 1 元的税（实际上对不同的香烟所征收的税款是不一样的）,这笔税收对香烟的价格和数量有什么影响呢?为了回答这个问题,我们需要知道香烟市场的需求和供给发生了什么变化。

我们把图 3-10 中的纵轴定义为买者支付的价格,即含税的价格。一旦对香烟征税,价格就会发生变化,需求量也会改变,但需求不变。也就是说,会发生沿着需求曲线的移动,但需求曲线本身并不会平移。

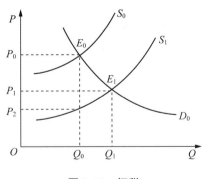

图 3-10 征税

但现在香烟的供给变动了,供给曲线会发生平移。税收相当于供给成本的增加,因

此供给减少，供给曲线由 S_0 向左移动至 S_1。为了确定这个新的供给曲线的位置，我们把税收加到每一销售量所愿意接受的最低价格之上。P_1 为消费者支付的价格，P_2 为生产者的实际所得，$(P_1 - P_2)$ 即为税收，税收由生产者和消费者共同承担。在图3-10中，曲线 S_1 描述了卖者在有税收的情况下愿意出售香烟的条件。

这时，均衡出现在新的供给曲线 S_1 与原有的需求曲线 D_0 的交点上。相对于点 E_0，点 E_1 所代表的均衡价格上升，而均衡数量则减少了。

当政府决定对某一行业或产品进行补贴时，其效果与征税相反，如图3-11所示。

由于农业的基础地位和农业生产本身的弱质性，各国普遍采取提高农产品价格以扶持农业发展的政策，中国也不例外。实证研究表明，大多数农产品是缺乏需求价格弹性的。农产品缺乏需求价格弹性解释了为什么农产品"丰产不丰收"——丰产反而使生产者总收入减少。政府制定的较高的农产品价格使农户获得了较高的收入。而要支持农产品的高价格，相应的配套措施是政府收购大于实际需求的那部分农产品。假设某种特定农产品有较大的需求价格弹性，要提高生产这类农产品生产者的收入，政府是否需要通过使某些产品不进入市场的办法来提高这种农产品的价格呢？答案显然是否定的，因为对一种有需求价格弹性的商品来说，这样做将减少总收入。

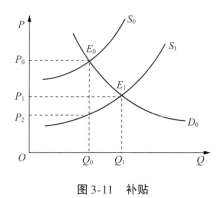

图3-11 补贴

如果制定经济政策的目的在于增加出口，那么这时也必须考虑需求价格弹性。假设一国降低商品的出口价格，如通过货币贬值来扩大出口的实物量，但不凑巧的是，这些出口商品的需求大多是缺乏弹性的，结果将事与愿违——出口的实物越多，货币收入反而越少。

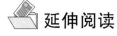延伸阅读

恩格尔和恩格尔系数

恩格尔（Ernst Engel, 1821—1896），德国经济学家和统计学家。

恩格尔认为，收入是影响需求结构变化的重要因素。一个家庭（国家）的收入越低，其总支出中用于食物消费的份额就越大。随着收入的上升，食品的支出在总支出中

所占的比重是下降的。这就是著名的恩格尔定律（Engel's Law）。恩格尔还发现，随着收入的提高，衣着、住房的支出在总开支中的比重基本维持不变，而奢侈品、教育、娱乐、储蓄的支出在总开支中的比重是上升的。

从统计结果来看，小至家庭、大至国家，基本上都遵循这一规律。因此，我们常常将恩格尔系数，即食品开支在总开支中的比重作为衡量经济发展水平的一个指标。

根据正常品与低劣品的定义，正常品的需求收入弹性为正，即其需求随着收入的上升而上升；而低劣品正好相反，其需求收入弹性为负，即其需求随着收入的增加而下降。若以收入作为纵坐标，商品需求量作为横坐标，所画出的商品需求量随着收入变化而变化的曲线即为恩格尔曲线。正常品的恩格尔曲线向右上方倾斜，低劣品的恩格尔曲线则向右下方倾斜。但应注意，在同一条恩格尔曲线上，消费者偏好和商品价格必须保持不变。

此外，需要强调的是：某一商品是正常品还是低劣品，取决于消费者的无差异曲线（对消费者偏好的刻画）的形状。同一件商品，对一些人来说是正常品，对另一些人则是低劣品；甚至对同一个人来说，某些商品在其收入水平较低时是正常品，而当其收入提高后则成了低劣品。由此可见，一个商品是正常品还是低劣品，主要受收入水平影响，该商品的消费占收入的比重是随着收入的变化而变化的，与商品本身的好坏或优劣无关，即与商品本身的属性无关。

各种商品的需求收入弹性是做经济决策时要认真考虑的。根据需求收入弹性可以确定优先发展的行业或部门。因为需求收入弹性大的行业，其需求量的增长要快于国民收入的增长，应优先发展，而需求收入弹性小的行业，发展速度应控制得适当慢些。

根据恩格尔系数，食品支出占家庭总支出 60% 以上为绝对贫困，占 50%～60% 为温饱，占 40%～49% 为小康，占 30%～39% 为富裕，占 30% 以下为最富裕。许多国家都把恩格尔系数作为衡量一个国家劳动者生活水平的重要指标。

复习与练习

【关键概念复习】

在 B 栏中寻找与 A 栏中术语相对应的解释，并将序号填在术语前边。

A	B
弹性	1. 需求量对消费者收入变动的反应程度
需求弹性	2. 政府为了扶持某一行业的生产，对该行业产品规定的高于市场均衡价格的最低价格
需求收入弹性	3. 在买者和卖者之间分配某一税收的负担
需求价格弹性	4. 商品的需求量对其价格变动的反应程度
需求交叉价格弹性	5. 因变量对自变量变化的反应程度

供给弹性　　　　　　6. 政府为限制某些商品的价格而对它们规定低于市场均衡价格的最高价格

支持价格　　　　　　7. 以商品价格（或增值额）作为征税标准计征的税收

限制价格　　　　　　8. 一种商品的需求量对与其需求相关因素的反应程度

从价税　　　　　　　9. 一种商品的供给量对其价格变动的反应程度

税负分摊　　　　　　10. 一种商品的需求量对另一种商品价格变动的反应程度

【思考与练习】

（一）填空题

1. 需求价格弹性是_____和_____的比值。
2. 需求收入弹性是指_____变动的比例所引起的_____变动的比例。
3. 一般来说，需求收入弹性为正值的商品是_____商品，需求收入弹性为负值的商品是_____商品。
4. 在需求价格弹性大于1的情况下，卖者适当降低价格能_____总收益。
5. 恩格尔系数是用于_____的支出与全部支出之比。
6. 一般来说，生活必需品的需求价格弹性_____，而奢侈品的需求价格弹性_____。
7. 若某种商品的需求价格弹性属于完全弹性，则其需求曲线是一条_____的线。
8. 需求价格弹性是指_____变动的比例所引起的_____变动的比例。
9. 供给弹性是指商品的_____对其_____变动的反应程度。
10. 如果某种商品缺乏需求弹性而富有供给弹性，则税收主要落在_____身上。
11. _____反映需求量对价格变化的反应程度，它的计算公式是_____。
12. _____衡量需求量对收入变动的反应程度，它的计算公式是需求量变动的比例/收入变动的比例。
13. 假定商品X和Y互为替代品，当商品Y价格下降时，商品X的需求量将_____，X和Y的需求交叉价格弹性是_____值。
14. 假定商品X和Y是互补品，当商品Y价格下降时，商品X的需求量将_____，需求的交叉弹性是_____值。
15. 如果某种商品是正常商品，它的需求收入弹性是_____值。
16. 如果某种商品的需求收入弹性是负值，这种商品是_____品。
17. 富有需求价格弹性表示需求量变化的百分比_____价格变化的百分比。
18. 单位弹性表示需求量变化的百分比_____价格变化的百分比。
19. 影响供给弹性最重要的因素是_____。

20. 在缺乏需求价格弹性的情况下，企业适当提高价格会使其总收益_____。

(二) 单项选择题

1. 需求价格弹性是指（　　）。
   A. 一种商品的需求量变动对另一种商品价格变动的反应程度
   B. 商品的需求量变动对其价格变动的反应程度
   C. 价格变动对需求变动的反应程度
   D. 需求量变动对收入变动的反应程度

2. 计算需求价格弹性的一般公式是（　　）。
   A. 需求量与价格之比
   B. 需求量变动的百分比除以价格变动的百分比
   C. 需求量变动的绝对值除以价格变动的绝对值
   D. 价格变动的百分比除以需求量变动的百分比

3. 某种商品的价格变动10%，其需求量变动20%，则它的需求价格弹性为（　　）。
   A. 10%　　　B. 30%　　　C. 50%　　　D. 2

4. 如果某商品的需求价格弹性为 −1/3，当其价格上升30%时，其需求量将（　　）。
   A. 增加10%　　B. 减少10%　　C. 增加90%　　D. 减少90%

5. 如果（　　），我们就说这种商品的缺乏需求价格弹性。
   A. 需求量变化百分比大于价格变化百分比
   B. 需求量变化百分比小于价格变化百分比
   C. 需求变化大于价格变化
   D. 价格变化大于需求变化

6. 如果一种商品的价格变化5%，其需求量因此变动2%，那么该商品（　　）。
   A. 富有需求价格弹性　　　　B. 缺乏需求价格弹性
   C. 有无限需求价格弹性　　　D. 无弹性

7. 如果一种商品缺乏需求价格弹性，其需求价格弹性（　　）。
   A. 大于1　　B. 大于0小于1　　C. 等于1　　D. 为0

8. 如果一种商品缺乏需求价格弹性，则当该商品价格上升5%时，将导致其（　　）。
   A. 需求量的增加超过5%　　　B. 需求量的增加小于5%
   C. 需求量的减少超过5%　　　D. 需求量的减少小于5%

9. 若某商品的需求量下降的百分比大于该商品价格上升的百分比，则该商品的需求价格弹性（　　）。
   A. 大于1　　B. 小于1　　C. 等于1　　D. 等于0

10. 下列商品的需求价格弹性最小的是（　　）。
    A. 小汽车　　B. 时装　　C. 食盐　　D. 化妆品

11. 下列哪个商品的需求价格弹性最大？（　　）
    A. 面粉　　B. 大白菜　　C. 报纸杂志　　D. 高档化妆品

12. 需求收入弹性衡量的是（　　）。
    A. 需求量对收入变动的反应程度　　B. 需求量变动对价格变动的反应程度
    C. 价格变动对需求量变动的反应程度　D. 收入变动对价格变动的反应程度
13. 如果某商品需求量变动的百分比大于其收入变动的百分比，那么我们说该商品（　　）。
    A. 富有需求收入弹性　　　　　　　B. 缺乏需求收入弹性
    C. 无需求收入弹性　　　　　　　　D. 收入单位弹性
14. 缺乏需求收入弹性是指（　　）。
    A. 需求量变动的百分比大于收入变动的百分比
    B. 需求量变动的百分比小于收入变动的百分比
    C. 需求量变动的百分比等于收入变动的百分比
    D. 需求量的变动与收入的变动成反方向变化
15. 恩格尔系数是指（　　）。
    A. 用于食物的支出与全部支出之比　B. 用于衣服的支出与全部支出之比
    C. 用于住房的支出与全部支出之比　D. 用于储蓄的支出与全部支出之比
16. 一般来说，低劣品的需求收入弹性（　　）。
    A. 小于1　　B. 大于1　　C. 为正值　　D. 为负值
17. 正常商品的需求收入弹性（　　）。
    A. 是正值　　B. 是负值　　C. 大于1　　D. 小于1
18. 当某种商品的需求与收入同方向变化时，该种商品是（　　）。
    A. 正常商品　　B. 劣等商品　　C. 替代品　　D. 互补品
19. 两种商品 X 和 Y 的需求交叉价格弹性系数为 -2.8，说明这两种商品之间（　　）。
    A. 存在替代关系
    B. 存在互补关系
    C. 没有关系
    D. 可能存在替代关系，也可能存在互补关系
20. 供给弹性的计算公式是（　　）。
    A. 供给量变动的百分比除以价格变动的百分比
    B. 供给量的变动除以价格的变动
    C. 价格变动的百分比除以供给量变动的百分比
    D. 价格的变动除以供给量的变动
21. 下列情况属于富有供给弹性的是（　　）。
    A. 供给的变动大于价格的变动
    B. 供给量变动的百分比大于价格变动的百分比
    C. 供给量变动的百分比小于价格变动的百分比
    D. 价格变动的百分比大于供给量变动的百分比

22. 如果一种商品缺乏供给弹性，则当这种商品的价格上升 10% 时，会使该商品（   ）。
    A. 供给量的增加小于 10%   B. 供给量的增加大于 10%
    C. 供给量的减少超过 10%   D. 供给量的减少低于 10%
23. 影响一种商品供给弹性的因素中最重要的是（   ）。
    A. 商品生产所采用的技术   B. 所需要的资源状况
    C. 商品生产所采用的设备状况   D. 时间因素
24. 供给弹性的大小与时间有关，一般来说，（   ）。
    A. 短期高于长期   B. 长期低于短期
    C. 长期高于短期   D. 在长期与短期中一样
25. 如果一种商品富有需求价格弹性，则（   ）。
    A. 无论价格如何变动，总收益都增加   B. 价格上升时总收益增加
    C. 价格下降时总收益增加   D. 价格下降时总收益减少

(三) 判断题

1. 需求价格弹性是指需求的变动对价格变动的反应程度。（   ）
2. 需求价格弹性是价格变动的绝对量与需求量变动的绝对量的比率。（   ）
3. 如果大白菜的需求收入弹性为负值，那么它是低劣品。（   ）
4. 完全弹性意味着需求曲线是一条水平线。（   ）
5. 当某种商品的价格上升 8%，而其需求量减少 7% 时，则该商品是富有需求价格弹性的。（   ）
6. 某种商品越是易于被替代，其越缺乏需求价格弹性。（   ）
7. 食盐缺乏需求价格弹性。（   ）
8. 药品的需求价格弹性都是相同的。（   ）
9. 恩格尔系数是耐用品支出与食物支出之比。（   ）
10. 如果大白菜的需求收入弹性为正值，那么它就是低劣品。（   ）
11. A 商品价格上升 10% 引起 B 商品的需求量增加 6%，那么 A、B 两种商品之间的需求交叉价格弹性为 0.6。（   ）
12. 肯德基与麦当劳之间的需求交叉价格弹性为负值。（   ）
13. A 商品价格上升 10% 引起 B 商品的需求量增加 6%，那么 A 商品与 B 商品之间必定是互补关系。（   ）
14. 某种商品价格下降 5% 引起其供给量减少 12%，那么该商品缺乏供给弹性。（   ）
15. 一般情况下，长期内的供给比短期更富有弹性。（   ）
16. 卖者提高价格肯定能增加总收益。（   ）
17. 卖者提高价格可能会增加总收益。（   ）
18. 农产品一般缺乏需求价格弹性，这意味着当农产品的价格上升时，农民的总收

益将增加。 ( )
19. 富有需求价格弹性的商品可以薄利多销。 ( )
20. 缺乏需求价格弹性的商品可以薄利多销。 ( )

（四）问答题

1. 简要说明需求价格弹性有哪些类型及影响需求弹性的因素有哪些。

2. 试说明需求收入弹性的分类。

3. 试用供给弹性说明：在情人节为什么玫瑰价格猛涨，而巧克力、贺卡价格涨幅甚微。

4. 根据弹性理论作图分析"薄利多销"和"谷贱伤农"的现象。

5. 美国某大学的校门口有一家烟草店，出售各式雪茄、香烟、烟丝及烟斗。经济系的 R. Clower 教授酷爱抽雪茄，并且他买雪茄烟时从不问价钱，每次到店里都跟老板说："给我拿 100 美元的古巴牌雪茄。"经济系另一位教授 A. Leijonhvud 一样喜欢抽雪茄，在买雪茄时也从来不问价钱，每次到店里时都说："给我拿两盒古巴牌雪茄。"如果说经济学家对价格较敏感，消费行为应该具有弹性，那么，你觉得他们两人谁更像是真正的经济学家？

6. 为什么化妆品可以薄利多销，而处方药品却不行？

7. 如何判断一种商品是富有需求价格弹性，还是缺乏需求弹性？

8. 在通货膨胀严重时采用限制价格政策有什么好处？会带来什么不利后果？

9. 假设你是一个农民。你去年的收入来自你出售的粮食。如果新闻报道，因为很多地方运用了研究人员培育出来的一种小麦杂交新品种，预计今年小麦平均产量将增加 20%。你对这一条新闻有什么反应？你是否也应该采用新的杂交品种？如果又有新闻报道，今年粮价预计将上涨 5% 左右，你将如何安排今年的种植业？

10. 如果有些地方规定电影票价最高不得超过 25 元，最低不得低于 10 元。你认为这种做法会引起什么后果？这种做法对电影事业的发展是有利还是有害？

复习与练习
参考答案

第4章 消费者行为理论

> 【导学】需求与供给是经济学中两个极为重要的概念。需求来自于消费者，是由消费者的行为决定的；供给来自于生产者，是由生产者的行为决定的。因此，要更深入地了解需求与供给，就必须了解消费者与生产者的行为。本章介绍消费者行为理论。

消费者一般是能做出统一消费决定的单位，如家庭。消费者通过提供生产要素获得相应的收入，他们把这些收入用于消费和储蓄，目的是实现人生的最大幸福。消费者行为理论正是要说明这一问题的。

4.1 欲望、偏好与效用

消费是人类社会最基本的经济活动之一。调查显示，全世界每年私人消费支出大概占到新创造财富总额的 60% 以上。这么巨大的消费支出锁定在无数个产品和服务上，而且体现了全球几十亿消费者的选择，这种巨大的诱惑足以吸引任何人。

每个人都必须面对这样一个事实：怎样用口袋中有限的钱，买到更多自己喜欢的东西，达到最大的幸福。比较任意两名消费者的购物车就会发现，消费者的消费行为存在非常显著的差异。为什么张三会把番茄、黄瓜和牛奶放在他的购物车里，而李四会把盐、汽水和饼干放进他的购物车里呢？为什么张三没有买些石榴和方便面呢？为什么李四没有把可乐和白菜放入他的食品采购单里呢？

下面我们就来研究影响消费者消费行为的因素。

消费者面临的情境可以分为几个方面。第一，欲望。由于每个自然人都依赖外界物品来满足自己的需要，对外界存在着渴望，因此人的欲望是其消费行为的原动力；第二，偏好。人的欲望是受其主观判断来支配的，这就是偏好。第三，预算约束。由于资源的客观稀缺性，人不可能随心所欲，即每个人的消费行为都受其可支配收入的约束。第四，效用最大化。消费者是理性人，总是试图使用自己的收入来最大限度地满足自己的需求。第五，商品的价格。它使消费者并不能买到所想要的一切，这使每个消费者都理解了稀缺的客观现实性。下面，我们具体讲一下欲望和偏好。

4.1.1 欲望

现实生活中，我们常说"人有七情六欲"。这"六欲"就是指欲望（或需要）。其实，自然界中并非只有人才有欲望，任何有机个体或群体都有对客观事物（或存在与发展的条件）的欲求。就人类而言，**欲望**是人们为了延续和发展生命，以一定的方式适应生存环境而对客观事物的要求。因此，人的欲望实质上是一种缺乏的感觉和求得满足的愿望。它是一种心理感觉，即人们内心的不足之感与求足之愿的统一。

人的欲望是无限的，但又有轻重缓急之分，有不同的欲望层次。美国人本主义心理学家马斯洛提出的需求层次理论被人们广泛认同。他将人的需求分为以下五个层次。

第一层：基本生理需要，包括食物、住房、交通、衣服等人的基本欲望。

第二层：安全的需要，包括生命安全、财产安全、职业安全等。

第三层：社交、归属感和友情的需要，包括社会人的需求、与人建立情感的需求等。

第四层：尊重的需要，包括自尊和受人尊重、威望、名誉等。

第五层：自我实现的需要，包括自我发展、自我理想的实现等，是人类最高层次的欲望。

马斯洛认为，人的需要是按从低到高的层次组织起来的，只有当较低层次的需要得到某种程度的满足时，较高层次的需要才会出现并要求得到满足。一个人生理上的迫切需要得到满足后，才能产生对安全的需要，只有在基本的安全需要获得满足之后，社交、归属感和友情的需要才会出现，并要求得到满足，依次类推。马斯洛还认为，人的需要随着层次的上升，其满足需要的迫切强度会减弱。

4.1.2 偏好

所谓偏好，是指人们通常在产生某种欲望的紧迫感后，通过购买某种（或某些）商品或服务而表现出来的一种内在的心理倾向，具有一定的趋向性和规律性。偏好存在于个体自身内部，是难以直接观察到的，受个体的心理状况、文化、职业、民族、收入及社会等因素的影响。购买食品能满足充饥的欲望，多穿衣服能满足御寒的欲望，看电影能满足精神享受的欲望。那到底最后是购买红薯还是汉堡，棉衣还是羊绒衫？这在一定程度上取决于不同消费者的偏好。现实生活中，有些人爱喝啤酒，有些人只喝可乐；有些人总是西装革履，有些人则常穿T恤、球鞋。正如俗话讲的：萝卜青菜，各有所爱。也如另一句谚语所说：甲之砒霜，乙之佳肴。

4.1.3 效用与边际效用递减规律

通俗地讲，**效用**就是人们从某商品（或某些商品）的消费中得到的满足感、幸福感。效用具有以下两个特征。

（1）主观性。

效用具有主观性。一种特定产品的效用在不同的人之间可能变化很大。例如，徐悲鸿的《八骏图》可以给艺术鉴赏家提供很大的主观效用，但在不懂欣赏画的人看来，除了可以用来遮挡墙上的裂纹外没有什么更大的用处；一辆越野车对于崎岖路上驾驶的人来说可能有很大的效用，但对于一个老得连车都爬不上去的人来说则没有什么效用；一支香烟对于吸烟者来说有很大的效用，而对于不吸烟者来说则毫无效用。效用的大小取决于每个人的主观评价，而且效用很难量化。例如，尽管同一支香烟的使用价值是客观存在的，但对于烟瘾程度不同的人来说，其效用大小也不一样。

（2）相对性。

相对性是指产生满足感是因人、因时、因地而异。例如，民间有此传说：1900年，八国联军打到北京，慈禧携光绪逃往西安。慈禧在京用膳，有105道菜肴，逃难途中，别说菜肴，饭都吃不饱。快到西安时，慈禧饿得不行，命李莲英寻找食物，好不容易找来一个玉米面窝窝头，吃一口，觉得从未吃到过这么好吃的东西。第二年，《辛丑条约》签订，慈禧回京城，又是105道菜，却觉得没有一道有玉米面窝窝头那么好吃，命李莲英再去弄。李莲英用栗子粉做了几个小窝窝头呈上，慈禧曰："还是西安的玉米面窝窝头好吃。"

效用的衡量单位是任意的。我们假设：一单位的效用代表消费者得到了一份主观上的满足感。由此即可区分这样两个概念：总效用和边际效用。

总效用是指消费者在某一特定时间内从商品全部消费中获得的满足感的量。**边际效用**是指消费最后一个单位商品或服务所带来的满足感的增量。"边际"从字面上讲，意思是"边缘"或"超出部分"。在经济学中，边际意味着"额外"和"增加"，用于描述目前状态下微小改变所带来的影响。**边际效用**的计算公式为

$$MU = \frac{dTU}{dX}。$$

其中，MU表示边际效用，TU表示总效用，X表示消费某种商品的数量。

下面我们以橘子的消费为例具体介绍一下边际效用。

即使非常喜欢吃橘子的人也不会在同一时间内无限量地吃下去，因为他（她）发现，第二个橘子不如第一个橘子的味道好，而第三个橘子又不如第二个橘子的味道好，最后一个橘子的味道总是最差的。也就是说，随着消费某种商品数量的增加，人们从消费中得到的满足感（边际效用）是逐渐减少的。

表4-1给出了某人在吃橘子方面与一定消费数量对应的总效用和边际效用，TU_B和MU_B分别表示吃橘子的总效用和边际效用。假定某人吃了4个橘子，那么总效用就是这4个橘子分别产生的效用的总和，即28个单位，而边际效用则是指吃最后一个橘子，也就是第4个橘子带来的效用，即4个单位。

表4-1 一定消费数量对应的总效用和边际效用（以吃橘子为例）

橘子（个）	TU_B	MU_B
0	0	—
1	10	10
2	18	8
3	24	6
4	28	4

续表

橘子（个）	TU_B	MU_B
5	30	2
6	30	0
7	28	-2

用表 4-1 中的数据分析总效用与边际效用的关系可得到此人吃橘子时的效用曲线，如图 4-1 所示。

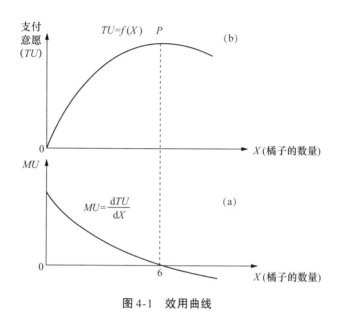

图 4-1　效用曲线

在图 4-1 中，分图（b）显示了随着消费数量的增加，总效用会越来越慢地增加，直到边际效用为 0 时达到最高点（最大值），然后会逐渐减少。分图（a）清楚地显示了边际效用的变化情况：随着消费数量的增加，边际效用逐渐减小。

① 当 $MU_B>0$（正数）时，TU_B 上升。
② 当 $MU_B=0$ 时，TU_B 最大（最高点 P），处于上升、下降的拐点（P 点）。
③ 当 $MU_B<0$（负数）时，TU_B 下降。

价格是消费者在边际上愿意付出的代价。一个人愿意支付更多并不等于他必须支付更多。他必须支付多少取决于市场价格，他愿意支付多少仅仅反映了他的偏好。

试想，吃橘子的人假如能够自己决定每个橘子的价格，他会怎样决定呢？

在 20 世纪 30 年代的美国，剩余食品通过各种方式被分配给困难家庭。有一次，剩余食品是橘子，一些人看到贫困家庭的孩子把一些橘子当球踢着玩，感到震惊和气愤。然而，之所以出现这种情况，是因为行政官员分给贫困家庭的橘子显然是"太多了"，多到边际效用等于零，甚至为负数。

从前面吃橘子的例子我们可以看到，边际效用是递减的，这种情况普遍存在于一切物品的消费中，被称为**边际效用递减规律**。其基本意思为，在某一特定的时间内，随着消费者对某种物品消费量的增加，他从该物品连续增加的消费单位中所得到的边际效用是递减的。

边际效用递减规律可以用以下两个理由来解释。

第一，生理或心理的原因。消费一种物品的数量越多，即某种刺激的反复，使人生理上的满足或心理上的反应减少，从而满足程度减少。

第二，物品本身用途的多样性。几乎每一种物品都有多种用途，这些用途的重要性不同。消费者一般总是先把物品用于最重要的地方，而后用于次要的地方。当他有若干这种物品时，他常常会把第一单位用于最重要的地方，其边际效用最大，把第二单位用于次要的地方，其边际效用小了一点。以此顺序用下去，用途越来越小，边际效用也就越来越小了。需要说明的是，时间也是很重要的，如果第一个橘子是去年吃的，而第二个橘子是现在吃的，那么它们的味道可能一样棒。故边际效用递减规律适用于较短的时间周期。

假如，农民靠收获粮食来维持生计，他自己用于生存只需要 2 个单位的粮食。如果他收获了 3 个单位的粮食，那么他可以用 2 个单位来维持生存，1 个单位用于改善生活，提高生活质量。如果他收获了 4 个单位粮食，那么他除了用前 3 个单位粮食维持生计和提高生活质量外，可以用第 4 个单位粮食养一条狗，因为狗可以在一定程度上保障他的人身安全和财产安全。如果他收获了 5 个单位粮食，那么他可能会养一只鸟，养鸟是他的个人爱好，用于增添生活乐趣。当他粮食的收获变少时，他首先选择放弃的是养鸟，因为与其他几个效用相比，鸟对他的效用是最低的，爱好可有可无。

4.2 效用最大化与消费者均衡

人们的需求一般取决于两个要素：主观偏好和客观购买力。其中偏好是人们对于商品的喜好程度，属于主观评价，是欲望的直接体现。它的扩张率非常大，可无限延伸。商品的价格和手中的钱是客观因素，对人们无穷的欲望起限制作用。这就形成一个人们必须面对的事实：欲望无边与价格高昂、囊中羞涩的矛盾。理性的消费者会在有限的客观条件下满足欲望，实现效用最大化。此时消费者最大限量地得到满足，就是常讲的**消费者均衡**。

在运用边际效用分析法来说明消费者均衡时，消费者均衡的条件是：消费者用全部收入购买的各种商品所带来的边际效用，与为购买相应商品的价格的比例相等，或者是消费者购买不同商品时每 1 单位货币所得到的边际效用相等。

假设某消费者口袋里有 10 元钱（收入），他去某个小餐馆喝啤酒、吃炸鸡，假定啤酒与炸鸡的单位价格分别为 1 元与 2 元。表 4-2 列出了购买不同数量啤酒和炸鸡时各自的边际效用及相关数据。其中，第 2 列表示他从每 1 单位连续增加的啤酒中所得到的边际效用量，第 4 列表示他从每 1 单位连续增加的炸鸡中所得到的边际效用量。理性的消费者一般会把每种产品的边际效用与它的新增成本（也就是它的价格）加以比较。为了使不同价格商品的额外效用具有可比性，边际效用必须放到每 1 元支出的基础上，表中第 3 列和第 5 列分别列出了啤酒与炸鸡每 1 元的边际效用。

表 4-2　购买不同数量啤酒和炸鸡所产的边际效用

产品数量	啤酒：单位价格=1元		炸鸡：单位价格=2元	
	边际效用（单位）	每1元的边际效用（MU/价格）	边际效用（单位）	每1元的边际效用（MU/价格）
第1单位	10	10	24	12
第2单位	8	8	20	10
第3单位	7	7	18	9
第4单位	6	6	16	8
第5单位	5	5	12	6
第6单位	4	4	6	3
第7单位	3	3	4	2

通过观察表4-2我们发现，该消费者应该首先花2元购买1单位炸鸡，因为这样做使所花费1元的边际效用为12，高于啤酒的每1元边际效用10。但是，接下来他会发现，购买第2单位的炸鸡和购买第1单位的啤酒没有区别，因为两者每1元的边际效用均为10。于是，该消费者决定两种产品各买1单位。此时花在每种商品上的最后1元所产生的边际效用相等，但并不代表获得的是最大效用，因为还有5元没有用完。

于是继续观察，我们发现应该再花2元购买第3单位的炸鸡，因为它的每1元边际效用为9，而第2单位的啤酒的每1元边际效用只有8。接着我们发现在第2单位的啤酒和第4单位的炸鸡之间又没什么区别了，因为两者每1元的边际效用都是8，于是又各买了1个单位，此时，花在每个商品上的最后1元产生的边际效用相同，10元也正好用完。

上例可以达到效用最大化的商品组合是2单位的啤酒和4单位的炸鸡，最后，我们通过加总，得出被最优支出的10元产生的最大效用是96。

假设有A、B两种商品，对于消费者均衡，可以用公式表示为

$$\frac{A 的边际效用}{A 的价格} = \frac{B 的边际效用}{B 的价格}。$$

同时，消费者的收入必须恰好用完。

从表4-2所列数据我们可以看出，2单位啤酒和4单位炸鸡的组合满足条件，用公式表示为

$$\begin{cases} \dfrac{8}{1 \text{元}} = \dfrac{16}{2 \text{元}}, \\ 1 \text{元} \times 2 + 2 \text{元} \times 4 = 10 \text{元}。 \end{cases}$$

如果所消费的不是两种商品，而是多种商品，我们可以假设各种商品的价格分别为 P_1，P_2，P_3，…，P_n，购买量分别为 Q_1，Q_2，Q_3，…，Q_n，所产生的边际效用分别为 MU_1，MU_2，MU_3，…，MU_n，则消费者均衡的条件写为

$$\begin{cases} P_1 \cdot Q_1 + P_2 \cdot Q_2 + P_3 \cdot Q_3 + \cdots + P_n \cdot Q_n = M, \\ \dfrac{MU_1}{P_1} = \dfrac{MU_2}{P_2} = \dfrac{MU_3}{P_3} = \cdots = \dfrac{MU_n}{P_n}。 \end{cases}$$

4.3 消费者行为理论的应用

在社会生活的各个领域，许多现实都能真实地反应消费者行为理论。本节从特定的视角来分析生活中的消费者行为理论。

4.3.1 消费者剩余

我们在购物中心闲逛时，可能常会见到自己特别喜欢的东西。比如，你看到一支精美的口红，并且非常喜欢它，看了标价后你可能会说："才 200 元，太实惠了！"你的意思是"我喜欢这支口红，但还不到我预期价格的最大承受度，只有 200 元，而不是我所能承受的最高价格 280 元"。然后你可能会欣然地买下这支口红，并且认为自己省了 80 元。这种情况下，我们说你得到了 80 元的消费者剩余。

消费者剩余（Consumer Surplus）这一概念是英国经济学家马歇尔在 19 世纪末 20 世纪初提出的。他认为，消费者在购物时，往往会出现宁愿付出而不愿得不到此物的价格，该价格往往会高于他实际购买时该商品的价格，超出的这个部分就称为消费者剩余。消费者剩余可以用货币来衡量，也可以用效用来衡量。

消费者剩余就是消费者愿意为某商品支付的价格上限与实际支付的价格的差额。需要说明的是，消费者剩余只是消费者的一种心理感觉，感觉得到预料之外的实惠，但不是真正得到这笔钱。现实中消费者剩余常常被用来研究消费者福利状况的变化，以及评价政府的公共支出与税收政策。

案例讨论

周杰伦的签名 CD 拍卖

假如你有一张崭新的周杰伦专辑的签名 CD。因为你不是周杰伦的歌迷，你决定把该 CD 以拍卖的方式卖出。四个周杰伦的歌迷 A、B、C、D 出现在你的拍卖会上，他们都想拥有这张 CD，但每个人愿意付出的价格不一。我们将每个人愿意付出的最高价格称为支付意愿。周杰伦的签名 CD 拍卖情况如表 4-3 所示。

表 4-3 周杰伦签名 CD 的拍卖情况

意愿购买者	支付意愿
A	100 元
B	80 元
C	70 元
D	50 元

拍卖开始，你从 10 元开始叫价。由于四个人愿意支付的价格远高于此，所以价格

很快上升。当 A 报价 80 元时，叫价停止，因为在这一点上另外三个人不愿叫出高于 80 元的价格。A 付出 80 元得到了这张 CD。但是 A 愿意支付的最高价（心理价位）是 100 元，于是 A 得到了 20 元的消费者剩余。

讨论：请以宿舍或小组为单位，模拟拍卖一本书或某种纪念品，并将拍卖过程与结果与其他组分享讨论。

人物介绍

阿尔弗雷德·马歇尔——新古典学派的创始人

阿尔弗雷德·马歇尔（Alfred Marshall，1842—1924），近代英国最著名的经济学家，新古典学派的创始人，19 世纪末和 20 世纪初英国经济学界最重要的人物。微观经济学的奠基者一般认为是新古典经济学派（或称剑桥学派）的创立者马歇尔。他自 19 世纪 60 年代后期起，花费几十年时间埋头于经济理论的研究，而不参加任何社会政治活动。他所提出的供求均衡理论以及与其相关的生产成本理论、分配理论，辅之以精深细微的数量分析和简明的几何图形表达形式，对读者具有很强的吸引力，被认为是继古典经济学之后的具有里程碑性质的成就。

马歇尔的最主要著作是 1890 年出版的《经济学原理》。该书在西方经济学界被公认是具有划时代意义的著作，也是继《国富论》之后最伟大的经济学著作。该书所阐述的经济学说被看作英国古典政治经济学的继续和发展。以马歇尔为核心而形成的新古典学派在长达 40 年的时间里在西方经济学中一直占据着非常重要的地位。马歇尔经济学说的核心是均衡价格论，他的《经济学原理》正是对均衡价格论的论证和引申。他认为，市场价格决定于供、需双方的力量均衡，犹如剪刀的两翼，两方面是同时起作用的。《经济学原理》一书的主要成就在于建立了静态经济学。作为最有才华的数学家之一，马歇尔在他的著作里力求用最简洁的语言表达思想，把数学的定量材料仅仅作为附录和脚注。他独自开创边际效用理论，但在未把该理论完全纳入他的体系之前他并未公开。马歇尔的经济学说集 19 世纪上半叶至 19 世纪末经济学之大成，并形成了自己独特的理论体系和方法，对现代西方经济学的发展有着深远的影响。

4.3.2 消费者行为与需求规律

某种商品的需求量取决于其价格，并与价格呈反方向变动。这是我们前面讲过的需求规律。那时，我们并没有解释需求规律产生的原因。学过消费者行为理论后，我们就可以用这一理论来解释需求规律了。

在研究消费者行为时，有一个很重要的假设，就是货币的边际效用是不变的。只有当货币的边际效用不变时，才能用货币的边际效用去衡量其他物品的边际效用。

消费者为购买一定量的某商品所愿意付出的价格取决于他从这一定量商品中所获得的效用。效用大，愿意付出的价格就高；效用小，愿意付出的价格就低。根据边际效用递减规律，随着消费者购买某商品数量的增加，该商品给消费者带来的边际效用是递减的，而货币的边际效用是不变的。这样，随着购买的商品数量的增加，消费者所愿付出的价格也在下降。因此，需求量与价格必然呈反方向变动。

4.3.3　消费者行为对企业决策的启示

在市场经济中，企业要根据消费者的需求进行生产。消费者行为理论告诉我们，消费者购买商品的原则是效用最大化，而且商品的效用越大，消费者愿意支付的价格越高。

根据消费者行为理论，企业在决定生产什么时，首先要考虑商品能给消费者带来多大效用。由于效用是一种心理感觉，取决于消费者的偏好，因此，企业要想把商品卖出去，而且能卖高价，就要分析消费者的心理，要明白消费者的偏好。企业可以合理运用传播策略、广告等方式引导消费时尚，培养并引导消费者的偏好，这也是现代企业要通过广告等形式宣传企业产品的原因之一。

企业在开发一种新产品时，一定要先明确是为谁服务的，这个服务对象的特定消费偏好是什么。不同消费者的收入、受教育程度及文化程度等不同，偏好也不相同。不可能全社会所有人都有共同偏好，企业也不要奢望某种产品能满足所有消费者的偏好。因此，企业在开发产品时要定位于某一消费者群体，根据特定群体的偏好来开发产品。这就是现代市场营销理论中所说的市场细分与市场定位。

消费者行为理论还告诉我们，商品的边际效用是递减的。如果一种商品仅仅是消费数量增加，那么它带给消费者的边际效用就在递减，消费者愿意支付的价格就在降低。因此，企业要不断创新，要使产品多样化，才有可能避免边际效用递减。例如，把巧克力做成不同的形状、加入不同的作料或者改变其包装方式等，均能使新产品与原产品有所不同，可有效避免边际效用的递减。

4.3.4　消费者的其他决策

1. 消费与储蓄决策

家庭在获得收入之后，常常要把收入分为消费和储蓄两个部分。把多少收入用于消费，多少收入用于储蓄，取决于目标的效用最大化。

如果家庭把收入用于现在购买商品以获得其效用，就是**现期消费**。如果家庭把收入用于储蓄，以便将来再消费，就是**未来消费**，这种未来的消费就是储蓄。未来消费是为了将来获得某些商品的效用。所以，消费与储蓄决策取决于消费者一生的效用最大化。

影响消费者储蓄决策的一个因素是利率。当消费者面对消费1元钱还是储蓄1元钱的选择时，他要考虑的一个问题是：现在消费 1 元钱带来的效用与储蓄 1 元钱加上利息在未来所带来的效用哪个更大？如果后者大，消费者可能就会放弃消费，选择储蓄。

2. 投资决策

消费者如果把收入中消费之后剩下的钱存入银行，我们称为**储蓄**；如果用于购买股票或债券，则称为**投资**。家庭投资可以采取多种形式，包括购买股票与债券的金融资产投资，购买房地产、艺术品等的实物资产投资，以及用于教育等支出的人力资本投资。消费者决定以什么形式进行投资也是消费者的重要决策之一。

决定人们采取什么投资形式的是每种投资形式的未来收益率。在现实生活中，由于风险的不确定性，人们往往不会只选择某一种投资形式，就像不把所有的鸡蛋放在同一个篮子里一样。这就是说，消费者往往会将风险与收益不同的资产进行组合，以使投资的未来收益率最大。

3. 劳动供给决策

劳动供给决策就是人们在自己所有的时间中选择把其中的多少时间用于劳动。一个人把多少时间用于工作，多少时间用于闲暇，一定程度上取决于工资。工资的变动通过替代效应和收入效应来影响劳动供给。**替代效应**是指工资增加引起的工作对闲暇的替代。因此，随着工资的增加，替代效应使劳动供给增加。另外，随着工资的增加，人们的收入增加，收入增加会引起人们对闲暇的需求也增加。但增加闲暇时间必定会减少劳动时间，这就是工资增加引起的**收入效应**，收入效应使劳动供给随工资的增加而减少。

工资增加引起的替代效应和收入效应对劳动供给起着相反的作用。如果替代效应大于收入效应，则随着工资增加，劳动供给增加。如果收入效应大于替代效应，则随着工资增加，劳动供给减少。工资作为劳动的价格影响着人们的劳动供给决策。

4. 犯罪行为

虽然经济分析并不特别关注某些暴力行为和谋杀等恶性犯罪，也不负责对其进行解释，但理性消费者行为理论经过扩展，确实对诸如抢劫、盗窃财产等犯罪行为提供了有趣的分析视角。

守法的消费者和罪犯都在努力使各自的总效用最大化。例如，从校园里的书店里拿走一本书，如果是通过购买而得到这本书的，那么行为是合法的，因为已经为这本书向书店做了充分的补偿；如果是偷的这本书，那么就违反了法律，偷窃之所以被宣布为非法，是因为它对其他人强制施加了未得到补偿的成本。这上面的例子中，偷窃的行为减少了书店的收入和利润。

某些人为什么会从事像偷窃这样的犯罪行动呢？正如在商品的边际效用与价格之间进行比较的理性消费者一样，潜在的罪犯也在他们行动的边际收益与价格（或者成本）

之间进行比较。如果边际收益（对罪犯来说）超过了价格（或成本）（也是对于罪犯而言的），那么这个人很可能会采取犯罪行为。

然而，绝大多数人并不会从事犯罪行为。为什么呢？原因在于他们认识到从事这些非法行为的个人价格相对于边际收益来说太高了。对于潜在罪犯，这一价格或边际成本有多个方面。首先，存在着"内疚成本"，这对于许多人来说都是实质性的，这样的人即使在偷盗不会遭到惩罚的情况下也不愿意偷盗，相对于从偷盗中获得的收益而言，他们关于对与错的道德感会给他们施加太高的内疚成本。其他类型的成本包括犯罪行为的直接成本（如工具），以及放弃合法行为所损失的收入（犯罪行为的机会成本）。

不幸的是，内疚成本、直接成本和机会成本有时都不足以阻止某些人从事犯罪行为。因此，社会对违法者施加了其他的成本，其中主要是罚款和监禁。被罚款的潜在可能性增加了罪犯的边际成本，被监禁的潜在可能性更是大大提高了犯罪的边际成本。绝大多数人都对自己的人身自由估价很高，而且都能认识到如果被关进监狱，会损失相当多的合法收入。

在给定上述这些成本的条件下，潜在的罪犯者会估计从事犯罪的边际成本和收益。例如，假定偷窃一本80元教科书的直接成本和机会成本是零，被抓住的概率是10%，而且一旦被抓住，将被罚款500元。潜在的罪犯者就会估计偷窃这本书的边际成本为50元（500元罚款×被抓住的概率10%）。内疚成本为零的人可能会选择偷窃这本书，因为其边际收益80元超过了边际成本50元。相反，内疚成本（比如说）是40元的人就不会去偷这本书，因为边际收益80元小于边际成本90元（50元的惩罚成本＋40元的内疚成本）。

这种解释非法行为的视角包含了一些有趣的含义，如在其他条件相同的情况下，当犯罪的成本下降时，犯罪行为将会增加。这就解释了为什么某些在正常情况下不会去商店偷窃的人会在发生骚乱时参与对商店的抢劫，因为他们认为这种情况下被逮捕的边际成本显著下降了。

因此，社会可以通过增加"犯罪的成本"来减少非法行为。

5. 闲暇与时间的最优配置

我们必须合理地做好自己的时间预算，正如对开支要进行预算一样。假定在完成所有的学业和工作之后，你一天有3个小时的自由时间，那么，你分配时间的最佳方法应该是怎样的呢？消费者对分配时间方案的一般判断标准是：当花费在每一种活动上的最后一分钟的边际效用相等时，就能最佳地利用时间。

例如，你想要在有限的时间内最大限度地提高各门功课的成绩，那么，是否应该在每一门功课上花费相同的学习时间呢？当然不是。如果花费在英语上的最后一分钟产生的边际知识量要大于经济学，那么，就应把学习时间从经济学转移到英语上面，直到花费在两门功课上的最后一分钟所产生的知识增量相等为止，这时就会最大限度地提高你的知识总量。

6. 价格悖论

什么决定一种商品的市场价格？我们已经知道了这个答案，那就是供给和需求。有些经济学家，如马克思和李嘉图，他们主要关注供给方面。在他们看来，价格取决于商品包含的必要劳动时间，"劳动价格论"本质上是"成本决定论"，是以供给为中心的。而另外一些经济学家则主要从需求角度考虑这个问题。但是，他们遇到一个难题。

200年前，亚当·斯密在《国富论》中提出了钻石与水的悖论：人生存需要水，没有什么比水更有价值的了，但是我们很难用水购买或交换什么东西；反之，钻石虽没有什么使用价值可言，它的市场价格却为什么这么高呢？

直到19世纪70年代发生了边际效用革命，人们才知道，其原因在于商品的价格是由边际效用决定的，而不是由总效用决定的。水具有很高的总效用，即使用价值很大。但在世界上大部分地方，水都是容易得到的，巨额数量的水使其边际效用大大减少，可以在很低的价格上大量供给，因而降低了水的价格。相反，钻石虽然具有很低的总效用，即使用价值很有限，但其具有很高的边际效用。如果我们能发明某种技术大量生产钻石，那么钻石的市场价格就会很快下降。因为人们可以拥有很多钻石，其边际效用会很快递减。

西方经济学关于商品价格理论是以需求为中心的"效用决定理论"，即价格是由边际效用决定的。商品的需求曲线向右下方倾斜说明商品的边际效用在下降，供给曲线的移动说明了商品稀缺的程度。

 延伸阅读

消费者均衡的证明

消费者均衡所研究的是消费者在收入既定的情况下，如何实现效用最大化的问题。由于边际效用随着商品消费量的增加而递减，消费者要想获得最大效用，就必须合理确定各种商品的购买数量。消费者均衡正是要解决这一问题，即在消费者收入和消费者偏好、市场商品价格既定的情况下，消费者购买一定量组合的商品，最终得到最大效用。

1. 无差异曲线

无差异曲线（Indifference Curve）可以理解为在一定偏好条件下的效用等高线或等效线。为了便于说明，这里我们假设社会上只有X、Y两种商品，那么，我们完全可以通过一条描述在既定的偏好条件下，关于X、Y两种商品消费量点的集合来绘制出一条等效线，如图4-2所示。

2. 无差异曲线的特征

（1）无差异曲线是一条从左上方向右下方倾斜的线，斜率为负（不考虑中性商品和负商品）。

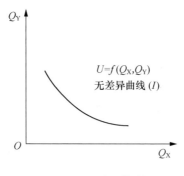

图 4-2 无差异曲线

（2）同一个平面上可以有无数条无差异曲线。同一条无差异曲线代表相同的效用，不同的无差异曲线代表不同的效用。根据"多比少好"原则，近原点的效用小，远离原点的效用大。

（3）任意两条无差异曲线不能相交，这是由偏好的可传递性决定的。如图 4-3 所示，I_1、I_2、I_3 分别表示的是不同要素条件下消费者均衡的三条无差异曲线。

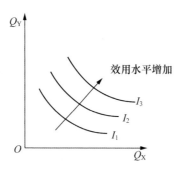

图 4-3 三条无差异曲线

（4）无差异曲线凸向原点。这一特征不能从偏好的三大性质推导，它是由一条普遍适用的规律决定的，即边际替代率递减规律。

3. 消费可能线

资源稀缺是客观存在的，因此，由各种途径分配到每个人手中的可支配资源也是有限的。这就使得我们经常要做出各种决定（或决策），即如何合理配置所拥有的有限资源，实现最大的效用（消费均衡）。由于收入、财富和时间等资源有限，使人们不可随心所欲地购物，不能尽情享受。每一个决策都有得必有失（机会成本），也就是选择了一种可能而放弃了其他选择可能带来的收益。例如，今晚你如果选择去观看一场精彩的足球比赛，去体会团队拼搏的激情，那么你就不能在知识海洋中遨游；反之，得到学习的快乐，也会失去观赏的幸福。

消费可能线也称预算约束（Budget Line or Budget Constraint）、家庭预算线或等支出线，它是一条表明在消费者收入、商品价格既定的条件下，消费者有限的预算所能购买到的商品和服务的组合。或者是指这样一条曲线,在它上面的每一点,X、Y两种商品数量的组合不同,但是所支出的货币是相等的。预算约束的概念并不局限于货币,也包括劳动、时间等各种资源。其数学表达式为:$X \cdot P_X + Y \cdot P_Y = M$(其中,X、Y为两种假设的商品数量,M为拥有的资源)。

我们通过下面的例子来说明消费可能线的含义。假定你每月平均有100元零用钱(总预算),你有两大爱好:吃零食和看书,而你每月的预算全部用于消费食品和书。食品每一个单位为5元,书每一个单位为10元。如果全部预算花在食品上,最多可以买20个单位;如果全部用来买书,可以买10个单位。但是,我们往往选择将部分预算花费在书上,另一部分预算花费在食品上。

在这种条件下,食品和书的购买组合方式如表4-4所示,消费可能线如图4-4所示。

表4-4 食品和书的购买组合方式

组合方式	食　品	书
A	0	10
B	4	8
C	8	6
D	12	4
E	16	2
F	20	0

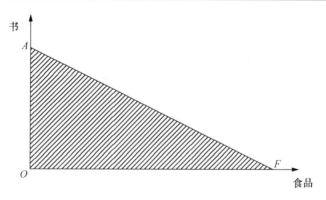

图4-4 食品和书的消费可能线

在图4-4中,预算线AF下面和左面所有点都是可以支付的组合,即图中画斜线区域。预算线上面和右面所有点都是无法支付的组合,也就是超出了所拥有的资源范围。A点表示全部买书,无法买食品;F点表示全部买食品,无法买书。假如多购买1个单位的书,其所失去的食品就是多买1单位书的机会成本。

消费可能线是以所拥有的资源和商品价格不变为前提的。现实生活中,个人的资源(即收入)和商品价格都会变化,那么,当其中有一个发生变化时,消费可能线会如何变动呢? 我们分以下两种情况讨论。

(1) 当两种商品的价格不变，消费者收入发生变化时，消费可能线会产生平行移动。收入增加使消费可能线向右上方移动，收入减少使消费可能线向左下方移动。消费可能线的移动是平行的，该线的斜率不变，如图4-5所示。

需要说明的是，除了收入变化可使消费可能线产生平行移动外，当两种商品的价格同时、同比例变化时，消费可能线也会出现上下平行移动的情况。当两种商品价格同时、同比例上升时，消费可能线向左下方平行移动；当两种商品价格同时、同比例下降时，消费可能线向右上方平行移动。

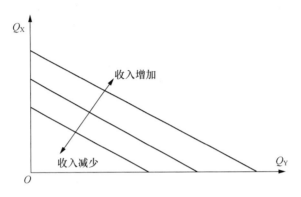

图4-5 消费可能线随收入变化而平行移动

(2) 当消费者的收入和一种商品的价格不变，而另一种商品的价格发生变化时，消费可能线的变化如图4-6所示。

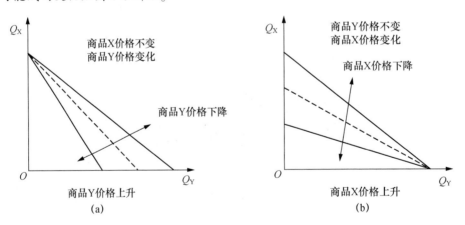

图4-6 当一种商品价格发生变化时消费可能线的移动情况

4. 消费者均衡模型及分析

在一定收入的约束条件下，假定消费者的偏好不变，为了得到最大的消费满足，消费者有许多可选择的购买组合方式。

无差异曲线与消费可能线相切时，商品的组合 E (M, N) 是消费者在既定支出水平 AB 线上，所能实现的最大化效用，即 I_2 （如图4-7所示）。

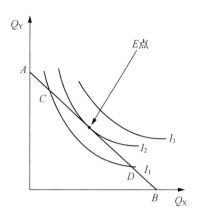

图 4-7 消费者均衡模型

下面我们来具体分析一下。如果 I_1 与 AB 相交于 C、D 两点，在 C 和 D 的商品组合中，消耗的钱是相等的，但按照无差异曲线特征第二点，C、D 两点的效用 I_1 小于 E 点的效用 I_2，也就是说，消费者需以较多的钱实现较低的满足程度，这种组合肯定会被放弃。从图 4-7 中我们可以了解到，$I_1 < I_2 < I_3$，如果选择了 I_1 的商品组合，则 $I_1 < I_2$，显然说明浪费了；如果想选择 I_3 的商品组合，$I_3 > I_2$，优于选择 I_2 的组合，但由于 AB 预算约束线的存在而无法实现。通过分析，我们可以明确得出 E 点是最优的商品组合。

消费者均衡的数学表达可为：当该点的两种商品组合的边际替代率等于两种商品的价格之比时，达到最优的商品数量的购买组合，公式为

$$MRS_{XY} = \frac{dQ_Y}{dQ_X} = \frac{P_X}{P_Y}。$$

复习与练习

【关键概念复习】

在 B 栏寻找与 A 栏中术语相对应的解释，并将序号填在相应术语的前边。

A	B
偏好	1. 从某一商品的消费中所能得到的满足感
边际效用递减规律	2. 消费者愿意为某商品支付的价格上限与实际支付的价格的差额
效用	3. 人们在购买一种或多种商品或服务时而表现出来的一种内在心理倾向
总效用	4. 消费者在某一特定时间段内从商品全部消费中获得的满足感的量

边际效用　　　　　5. 理性消费者实现效用最大化的状态

消费者剩余　　　　6. 消费最后一个单位的商品或服务时所带来满足感的增量

消费者均衡　　　　7. 在某一特定的时间段内，随着消费者对某种物品消费量的增加，他从该物品连续增加的消费单位中所得到的边际效用是递减的。

【思考与练习】

（一）填空题

1. 边际效用递减规律普遍存在于一切物品的消费中，对于这一规律可以用_____和_____两个理由来解释。
2. 消费者买衣服时，愿意购买原价 180 元的一件衣服，但是付款时发现商家做活动，这件衣服打折优惠至 160 元，那么我们把那 20 元称作_____。
3. 效用是人们从消费某种物品或服务中所得到的_____。一般来讲，效用具有_____和_____的特征。
4. 消费者的_____表示为对几种物品组合的排序。
5. 当边际效用为正时，总效用_____；当边际效用为零时，总效用_____；当边际效用为负时，总效用_____。
6. 边际效用是指消费最后一个单位商品或服务所带来的_____。
7. 消费者愿意对某种物品所支付的价格与他实际支付的价格的差额称为_____。
8. 在劳动供给决策中，随着工资的增加，替代效应使劳动供给_____，收入效应使劳动供给_____。

（二）单项选择题

1. 按马斯洛的需求层次理论，最高层次的需要是（　　）。
   A. 生理需要　　　　　　　　　　B. 安全需要
   C. 自我实现的需要　　　　　　　D. 尊重的需要
2. "萝卜白菜，各有所爱"体现了效用的（　　）。
   A. 相对性　　　B. 同一性　　　C. 主观性　　　D. 客观性
3. "书到用时方恨少"体现了效用的（　　）。
   A. 相对性　　　B. 同一性　　　C. 主观性　　　D. 客观性
4. 影响消费者消费行为的因素中，（　　）使得"甲之砒霜，乙之佳肴"成为可能。
   A. 欲望　　　　B. 偏好　　　　C. 预算约束　　　D. 价格
5. （　　）是劳动供给决策的决定因素。
   A. 劳动者的偏好　　　　　　　　B. 劳动者的身体素质

C. 工资　　　　　　　　　　　　D. 劳动市场需求

6. 根据边际效用递减规律，数量的增加会引起消费者需求的降低。企业为了克服商品销售量的下降，最可采取的措施是（　　）。

　　A. 多做广告　　B. 降低成本　　C. 产品不断创新　　D. 促销

7. 随着消费者购买某商品数量的增加，该商品给消费者带来的边际效用_____，而货币边际效用_____。（　　）

　　A. 递增，递增　　B. 递减，不变　　C. 递增，递减　　D. 递增，不变

8. 随着商品消费量的增加，一般来说，消费者获得的（　　）。

　　A. 总效用递减
　　B. 边际效用递减
　　C. 边际效用递增
　　D. 边际效用不变

9. 如果消费某种商品的边际效用为零，则这时消费该商品所得到的总效用（　　）。

　　A. 等于零　　B. 等于1　　C. 降至最小　　D. 达到最大

10. 如果消费者取得的货币效用大于所购入的商品效用，则它会（　　）。

　　A. 继续购买
　　B. 停止购买
　　C. 退掉已购入的商品
　　D. 观望

11. 如果消费者消费15个面包获得的总效用是100个效用单位，消费16个面包获得的总效用是106个效用单位，则第16个面包的边际效用是（　　）个效用单位。

　　A. 112　　B. 100　　C. 106　　D. 6

12. 消费者剩余是指消费者从商品的消费中得到的（　　）。

　　A. 满足程度
　　B. 满足程度超过他实际支出的价格部分
　　C. 边际效用
　　D. 满足程度小于他实际支出的价格部分

13. 某人愿意用20元买一件衬衫，愿意用35元买两件衬衫，愿意用45元买三件衬衫。那么由此可知，第三件衬衫的边际效用是（　　）。

　　A. 100　　B. 25　　C. 10　　D. 15

14. 消费者均衡是研究消费者在既定收入条件下，如何实现（　　）。

　　A. 欲望最大化　　B. 偏好最大化　　C. 利润最大化　　D. 效用最大化

15. 工资的变动通过替代效应和收入效应来影响劳动供给，当工资增加导致劳动供给也增加时，（　　）。

　　A. 替代效应大于收入效应　　B. 替代效应等于收入效应
　　C. 替代效应小于收入效应　　D. 替代效应和收入效应起相同的作用

16. 一个消费者愿意为第一杯啤酒支付11元，为第二杯啤酒支付7元，为第三杯啤酒支付4元，为第四杯啤酒支付2元，为第五杯啤酒支付1元。如果每杯啤酒的价格为2元，则此消费者消费这5杯啤酒得到的消费者剩余是（　　）元。

　　A. 25　　B. 23　　C. 16　　D. 15

（三）判断题

1. 边际效用递减规律是由于消费者生理或心理的原因决定的，与物品本身用途的多样性无关。（　）

2. 需求来自于消费者，是由消费者的行为决定的；供给来自于生产者，是由生产者的行为决定的。（　）

3. 消费者剩余可以用货币来衡量，也可以用效用来衡量。（　）

4. 在纷繁复杂的消费者群体中，消费者偏好可以观察获得，但不具有规律性。（　）

5. 边际效用递减规律启示企业要不断创新。（　）

6. 在劳动供给决策中，工资增加引起的替代效应和收入效应对劳动供给起着相同的作用。（　）

7. 在劳动供给决策中，工资效应是指工资增加引起的工作对闲暇的替代。（　）

8. 随着消费者购买某商品数量的增加，该商品给消费者带来的边际效用递减，而货币的边际效用不变。（　）

9. 根据马斯洛的需求层次理论，受人尊重的需要是人类最高层次的需要。（　）

10. 边际效用递减是指消费最后一个单位的商品或服务所带来的满足感的增量下降。（　）

11. 消费者剩余是一种心理感觉，但剩余仍使得消费者的实际收入增加。（　）

12. 徐悲鸿的《八骏图》给艺术鉴赏家提供的效用更体现了效用的相对性而非主观性。（　）

13. 一辆需要四个轮子才能开动的车子有了三个轮子，那么当有了第四个轮子时，这第四个轮子的边际效用似乎超过了第三个轮子的边际效用，这说明了边际效用递减规律也有不合理的漏洞。（　）

14. 消费者要获得最大的效用，就应该把某种商品平均地分配到不同的用途中去。（　）

15. 消费者剩余是商品价格与价值之间的差额。（　）

16. 偏好取决于消费者的收入和商品的价格。（　）

（四）问答题

1. 请把表4-5中的空格补充完整，然后回答问题。

表4-5　一定量的总效用与边际效用

消费的单位数	总效用	边际效用
0	0	Ⅰ____
1	10	10
2	Ⅱ____	8

续表

消费的单位数	总效用	边际效用
3	25	Ⅲ___
4	30	Ⅳ___
5	Ⅴ___	3
6	34	Ⅵ___

（1）从表 4-5 可以看出，总效用是按照（　　）速率递增的。

　　A. 固定速率　　　B. 递减速率　　　C. 递增速率　　　D. 无法确定

（2）"一个理性的消费者只会购买一个单位的由以上这些数据所代表的产品，因为这一数量的边际效用最大。"你同意这个说法吗？请加以解释。

2. 简要说明总效用和边际效用之间的关系。

3. 假设某人每天的收入是 90 元，他要用这 90 元全部用来购买 A 和 B 两种商品，A、B 两种商品的购买数量及对应的边际效用如表 4-6 所示，A、B 两种商品的单价分别为 20 元和 10 元。那么为了实现效用最大化，此人分别需要购买多少 A 商品和 B 商品？

表 4-6　A、B 两种商品的购买数量及对应的边际效用

物品单位数	MU_A	MU_B
1	10	8
2	8	7
3	6	6
4	4	5
5	3	4
6	1	3
7	−1	1

4. 小王准备花费 9000 元买一把 Ibanez RG3120F 电吉他，到了琴行才发现只有 Ibanez RG2620 的电吉他了，于是花了 6000 元买下。请问中间差价 3000 元是消费者剩余吗？如果是，请说出理由；如果不是，请指出如何才算是消费者剩余。

5. 200 多年前，亚当·斯密在《国富论》中提出了价值悖论："水与钻石的价值之谜"——没有什么能比水更有用，然而水很少能交换到任何东西。相反，钻石几乎没有什么用处，但却经常可以交换到大量的其他物品。那么，我们应该怎样对价值悖论做出合理的解释呢？（提示：商品的价值或价格是由边际效用决定的，而不是由总效用决定的；商品的相对稀缺性由供给决定，并影响价格。）

6. 简述边际效用递减规律的内容。

7. 消费者行为理论对企业决策有什么启示？

复习与练习
参考答案

第 5 章 生产与成本理论

> **【导学】** 我们在学习了决定需求的消费者行为理论之后，接下来要学习的是决定供给的生产者行为理论。通过本章的学习，大家要掌握的知识点主要有：经济学中短期与长期的区别；机会成本、生产成本、显性成本、隐性成本以及利润、经济利润和会计利润的含义和区别；边际收益递减规律及短期内产量与各类成本之间的关系；长期内产量和成本的变动关系。

假如你开了一家面包店，你希望面包的销量越多越好，因为销量增加后，固定成本就会下降。但是这是否意味着面包的产量越高面包店就越赚钱，规模（门店数量）越大面包店越赚钱呢？通过本章的学习我们会发现：短期分析下的产量递增存在边际收益递减的规律；而长期分析下将出现规模不经济的现象。

5.1 企业的形式与目标

从经济学角度看，一切能够创造和增加效用的活动都是生产。生产是一个投入生产要素、产出产品的过程。生产在经济学中是一个具有普遍意义的概念，它不仅包括生产出有形的物质，如炼出一吨钢材或纺出一匹布，而且还包括提供无形的服务，如提供法律咨询服务、为病人看病、经营一家公司等。

生产的主体是厂商（Firm）。厂商可称为企业，是在市场经济中为生产和销售商品而进行经营决策的营利性组织。

在现实中，按照法律组织形式不同，企业通常有三种：一是单人业主制企业（Proprietorships），二是合伙制企业（Partnerships），三是公司制企业（Corporations）。股份制公司是公司制企业最重要的组织形式。无论厂商采取上述何种形式，都是以获取最大利润为经营决策目标的。

1. 单人业主制企业

单人业主制企业是由一个人所有并经营的企业。其特点是所有者和经营者是同一个人。这种企业产权明确，责权利统一在一个人身上，激励和制约显而易见，效率很高。

农业、零售业、服务业等行业中都有这种形式。其缺点是在市场上竞争能力弱、利润低、存在寿命短。这种企业数量大，但难以成为对经济状况有影响力的实体。

2. 合伙制企业

合伙制企业是由若干人共同拥有、共同经营的企业。这种企业的规模可能比单人业主制企业大，但由于实行法律上的无限责任，即所有合伙人以企业和个人的全部财产来对企业承担全部责任，因此，每个人的风险都很大，企业也很难发展壮大。合伙制企业内部产权并不明确，责权利不清楚。合伙人容易在利益分配和决策方面产生分歧，从而影响企业发展。这种企业形式只存在于一些法律规定必须采用合伙制的企业中，如律师事务所或注册会计师事务所。

3. 公司制企业

我国目前公司制企业有有限责任公司和股份有限公司两种形式。**股份制公司**是现代市场经济中最重要的公司制企业形式。它是由投资者（股东）共同所有，并由职业经理人经营的企业。每个股东拥有的产权表现为拥有股份的多少，而股份的多少决定了每个股东在公司中的责权利。在决定公司大事的股东大会上，实行一股一票制。股东也按股份多少分红。一般而言，公司的股份是多元的，但相对集中，大股东组成董事会来控制公司。大股东用"手"投票，小股东用"脚"投票，即可以转卖股份。这种公司数量并不多，但在经济中起至关重要的作用。股份制公司的优点有以下几点。

① 公司是法人。股东可以改换，股份可以转手，但公司可以无限存在。

② 公司实行有限责任制，即每个股东仅以自己的股份担当责任，这样投资风险就减少了。

③ 实行所有权和经营权分开的管理方式，由职业经理人实行专业化、科学化管理，提高了公司的管理效率。

股份制公司也有缺点，主要表现在以下几个方面。

① 由于公司只负有限责任，为防范机会主义倾向，公司的设立和歇业要通过复杂的法定程序，这一点尤其表现在公开上市的股份有限公司上。

② 公司内部存在复杂的委托代理关系，尤其是在股权高度分散的公众公司，股东只为取得股利或从股票升值中获利，因为单个股东对监督公司提高绩效的付出与回报不对称，所以，谁如果真这么做了，他也只是一个被动的关心者。

③ 所有与控制的分离，导致内部人控制现象的出现。随着公司规模的增大，大股东亲自担任高层经理的做法也越来越不能适应新的形势，于是愈来愈多的大公司将经营权委托给职业经理人。而经理阶层又不是股东，其效用目标往往与所有者的目标相冲突。并且在股东与经理的博弈中，经理拥有信息优势，企业往往被经理层控制，出现所谓的"内部人控制问题"。

古典经济学对企业内部的权利和运作安排是漠不关心的。企业被看作一个人格化的主体，一个生产函数，一个追求利润最大化的"黑箱"。但这种边际主义在解释现实企业的行为时，却遇到了困难。大量调查和实证分析发现，现实中的公司制企业并不在边际产量等于边际成本处生产。或者说，需求的瞬息万变，使企业根本无法知晓边际收益、边际成本及其相交的产量在哪里，收益和成本曲线也许是不连续的。另外，企业也不总是根据需求来调整价格，而是通常采用成本加成定价法，而且在不同的场合，企业会实行有针对性的差别定价。

20 世纪 50 年代以来，面对上述问题，经济学家分别提出了两种新的思路，即经理主义和行为主义。

在经理主义看来，利润最大化只是企业所有者的目标。在现代公司制企业中，职业经理实际上控制了企业，但他并非企业的所有者，为什么要去追求利润最大化呢？经理也许不一定会尽心竭力地去赚每一分钱、省每一个铜板。他们也许会利用上班时间处理私事，他们会要求宽敞的办公室、豪华的家具、大量的秘书、公司专车甚至专机。这些行为显然与利润最大化相背离。经理们往往喜欢扩大企业规模、扩大销售量，因为企业规模越大，其经理的收入和社会知名度也越高。而一个合理的假说正是：经理把销售额最大化而非利润最大化作为其职业目标。

而在行为主义看来，如果说企业有行为目标，那就是利润满意化。其精髓是，企业并不刻意也不可能追求某个指标的最大化，边际主义认为的边际收益等于边际成本的利润最大化条件只是在信息完备和确定性环境下的理论假设而已。

综上所述，似乎可以达成这样的折中性共识，那就是描述企业行为，利润最大化目标不可或缺，但又不是全部。利润动机是支配企业行为最普遍、最持久、最强大的力量。事实上，无论是经理主义还是行为主义，都没有完全离开这一目标。

5.2 时期、生产成本和利润

5.2.1 投入与产出

一提到生产，人们往往会联想到轰鸣的车间或现代化的生产线。其实日常生活中也有不少重要产品的生产，其过程却十分简单，煮饭就是一例。在经济学中，凡提供效用的物品，无论是有形的还是无形的，都是产品。煮饭也是一个生产过程，它需要投入大米、水、热量和劳动力等，经过一定时间，生产出米饭。

1. 投入（生产要素）

投入（生产要素） 是指生产中所使用的各种资源。生产是对各种生产要素（Factors of Production）进行组合以制成产品的行为。在生产中要投入各种生产要素并生产出产品，所以，生产也就是把投入变为产出的过程。例如，面包烘烤店使用的生产要素包括工人的劳动和面粉、糖等原材料，以及投资在烤炉、搅拌器和其他一些设备上的资本，通过烘烤店老板的管理和协调，生产出面包和蛋糕。

我们把生产面包的投入品（Input）分为劳动、原料、资本三类，每一类又可以进行更具体的划分。例如，劳动包括工人的劳动，以及企业管理人员的创造性行为（即企业家才能）；原材料包括面粉、电力、水及企业购买的其他能转化为最终产品的商品；资本包括建筑物、设备和存货等。

一般而言，**生产要素包括劳动、资本、土地和企业家才能**。劳动是指劳动者所提供的劳务，可分为脑力劳动和体力劳动。资本是生产中所使用的资金，这里指的是有形的物质资本，包括厂房、设备、原材料等。土地是指生产中所使用的自然资源，是自然界所存在的诸如土地、森林、水、自然状态的矿产等。企业家才能是指企业家对整个生产过程的组织和管理工作。经济学家特别强调企业家才能，认为把劳动、资本、土地组织起来，让其"表演"一场有声有色的"戏剧"的关键是企业家才能。生产是这四种要素合作的过程，**产品**则是这四种要素共同努力的结果。

2. 产出（生产函数）

生产中的投入和最终产出之间存在一定的依存关系，这种关系可用生产函数来描述。**生产函数**描述的是在一定技术水平之下，生产要素的数量与某种组合和它所能生产出来的最大产量之间依存关系的函数，是某一特定的投入品组合下企业的产出。因为任何生产方法（如技术、生产规模）的改进都会产生新的投入产出关系，所以，不同的生产函数代表不同的生产方法。换言之，技术进步推动经济资源以更有效的方式被利用。

若用 Q 代表总产量，用 L、K、N、E 分别代表劳动、资本、土地、企业家才能，则生产函数的一般表达式为

$$Q = f(L, K, N, E)。$$

3. 柯道函数

美国经济学家 C. 柯勃与 P. 道格拉斯在 1928 年根据美国 1899—1922 年的工业生产统计资料，研究这期间美国的资本与劳动这两种生产要素对产量的影响，得出这一时期美国的生产函数为

$$Q = AK^\alpha L^\beta \quad (\alpha + \beta = 1)。$$

该生产函数被称为柯勃-道格拉斯（Cobb-Douglas）生产函数（简称柯道函数）。式中，A 代表既定的技术水平，K、L 分别代表资本与劳动，K 和 L 是相互替代又不完全替代的。α、β 分别是资本和劳动对产量的贡献，其中 $0 < \alpha < 1$，$0 < \beta < 1$，$\alpha + \beta = 1$，因此，柯道函数是线性齐次函数，它具有规模报酬不变的性质。柯道函数是从美国经济增长的历史过程中总结出来的，并经受了无数的统计验证。

分析表明，产量的增加中，大约 3/4（$\beta = 3/4$）是劳动的贡献，1/4（$\alpha = 1/4$）是资本的贡献，并计算出 A 为 1.01，所以，柯道函数可以具体表示为

$$Q = 1.01 K^{0.25} L^{0.75}。$$

人物介绍

道格拉斯

道格拉斯是美国芝加哥大学教授,他对经济学最重要的贡献是对生产的研究,他参与研究所形成的"柯勃–道格拉斯生产函数"($Q = AL^{\alpha}K^{\beta}$)已为经济学家所熟知。

道格拉斯是一位极其有趣的教师。有一天,他进教室时提着一包橙子,为了向大家解释边际效用递减规律,他依次将橙子一个又一个地抛给学生,直到学生们大叫"别给了"。这样一来,他班上的学生谁还会忘记边际效用递减规律呢?

5.2.2 短期和长期

假如我们自己创业开办一家小公司,只考虑两样生产要素:劳动力(招聘用工数)和资本(办公场所、计算机设备等)。我们发现随着公司业务的增多,若需增加新员工,可在一周内迅速完成;但随之增加办公场所和相应的计算机设备则需要一些时日。经济学中,需要我们来区分固定要素和可变要素。固定要素和可变要素的区分可以帮助我们区分短期和长期。

经济学中的短期和长期不是指一个具体的时间跨度,而是指能否使厂商来得及调整生产规模(固定的生产要素和生产能力)所需要的时间长度。经济学规定,**长期**是指时间长到可以使厂商通过调整生产规模来达到调整产量的目的,或者说在此段时间内,所有的投入要素都可变。**短期**则是指时间短到厂商来不及通过调整生产规模来达到调整产量的目的,也是指在此段时间内至少有一种生产要素是无法变更的。我们把不可变更的生产要素称为**固定要素**。短期与长期,并没有一个特定的时段标准,要视具体情况而定。例如,对一个冷饮摊而言,长期可能意味着一两天,而对一家钢铁厂而言,长期则意味着五年甚至更长。在生产过程中,有些投入在一定时期内是很难改变的。例如,飞机厂、汽车厂、钢铁厂的厂房数量(生产规模)不可能在一个月之内改变,其设备数量也很难在一周之内改变;而另外一些投入则可随产量而变化,如原材料、电能、劳动力等。

生产中最重要的两种投入是劳动与资本。因此,在经济分析中,通常假定企业只使用这两种要素。假定某一企业突然增加一笔大的订单,需要在一周之内完成生产并交货,此时企业添加设备和新建厂房都不现实,只能采取增加工人、加班加点的方法。所以,我们假设在短期内资本数量不变,只有劳动可以随产量变化,则生产函数可以表示为

$$Q = f(L, \bar{K}) = f(L)。$$

我们把这种生产函数称为**短期生产函数**。在这个函数式中,因为只有劳动一个生产要素可变,所以我们又称之为只有一个可变生产要素的生产函数。

在长期内,资本和劳动都可变,则生产函数可表示为

$$Q = f(L, K)。$$

我们把这种生产函数称为**长期生产函数**。在这个函数式中,因为资本和劳动都可变,所以我们又称之为具有两个可变生产要素的生产函数。

5.2.3 成本

研究生产厂商的生产行为必然要涉及成本,因为这是关乎厂商获利与否、获利多少的重要因素。

1. 固定成本和可变成本

前面的知识已经告诉我们,短期和长期的划分不以时间的长短为依据,而以生产要素是否可变为标准。需要注意的是,虽然在短期和长期之间没有确切的时间概念,但短期成本和长期成本有明显的区别。短期内厂商从事生产所发生的成本称为**短期成本**。在短期内,厂商的固定资产(如厂房、设备)等要素的投入量是固定的,厂商只能通过改变其他要素的投入量(如增减工人和原材料)来改变产量。所以厂商的短期成本有固定成本和可变成本之分。随着产量的变化而发生变动的成本是**可变成本**(Variable Costs,VC);不管产量如何变化,保持不变的成本是**固定成本**(Fixed Costs,FC)。以超市为例,不管超市每天接待1个顾客还是接待1000个顾客,其店铺的开办和维护费用都是固定成本,但柜台收银员的招聘数量可根据顾客人数多少而调整,因此收银员的工资支出是可变成本。

2. 会计成本与经济成本

会计成本是指在购买或生产某种物品的过程中过去和现在发生的财务费用或历史成本,指的是购买所有权归他人的生产要素而形成的成本,包括工资、利息、租金、原材料购买费用等。会计人员需要回顾企业财务状况,记录资产和负债,对以往经济活动做出评价。

经济学家对成本的看法与会计人员对成本的看法有所不同。经济学家所关心的是将来成本预计是多少,企业如何通过重组资源来降低生产成本以提高企业利润率。**经济成本**是企业生产经营中应该支付的代价,包括企业生产经营过程中利用自有要素和他人要素的费用总和。经济成本不仅包括会计成本,还包括购买所有权归企业主所有的生产要素所形成的成本。经济学对成本概念界定的第一个特点,是把它看作机会成本。

3. 机会成本与沉没成本

在第1章我们已经介绍过机会成本,其经济分析的目的在于考察如何将稀缺的生产资源有效率地使用在各种途径上。对于生产要素的所有者来说,如果一种生产要素被用于某一特定用途,他便放弃了在其他替代用途上可获取的种种收益,所放弃的收益中最大的收益就是这一特定用途的机会成本。产生机会成本的原因是生产要素是稀缺的,而其用途却具有竞争性(或称用途的多样性)。这一概念虽然抽象,但在经济学中非常重要，又被称为**经济成本**。机会成本的存在，提醒生产要素的所有者要尽可能有效地使用有限的资源。

由于考虑到了机会成本，在处理工资、房租和折旧方面，经济学家和会计人员存在着区别。如果一个女店主自己管理其零售店，她并不给自己支付工资，尽管并未发生任何现金交易（因为这不会反映在会计成本中），然而她的生产经营是有机会成本的，因为该店主可以通过在别处工作获得一份收入。如果某企业拥有自己的大楼，就无须交付办公室房租。会计人员认为办公室成本为零；而经济学家不这么认为，他们知道，如果将办公室租给其他公司会带来租金，这项放弃了的租金收益便是使用办公室的机会成本，应该包含在经营活动的成本之中。

经济学还把成本区分为可回收成本与沉没成本两种类型。在已经发生的成本中，有的可以通过出售或出租的方式在很大程度上得以回收，这类成本属于可回收成本；有的则不可能回收，属于沉没成本（又称沉淀成本）。因此，**沉没成本**是指已经支出且无法收回的成本。在经济生活中，沉没成本的例子俯拾皆是，如企业因为广告支出发生的成本，企业购置的专用设备因转产而闲置，银行的呆账、坏账等。在经济学家看来，真实成本可能会因忽视机会成本而被低估，也可能会因对沉没成本揪住不放而被高估。

经济决策中对于成本的考虑，与人们的日常思维方式可能有一点不同——经济学重视普通人可能会忽略的机会成本，忽略普通人可能不愿忽略的沉没成本。换言之，就是向前看——对机会成本要"斤斤计较"，对沉没成本则要"随它去"，不让沉没成本影响对未来生产或销售的决策，避免一错再错。

4. 外显成本与内隐成本

根据机会成本的定义，生产中的经济成本由两种类型的成本构成：一是外显成本，二是内隐成本。

外显成本（Explicit Cost）也叫**显性成本**，是企业从市场上购买生产要素而支付货币所构成的成本。外显成本不仅包括支付给雇员的工资，购买原料、购置机器设备的费用，支付的利息、租金、燃料、动力和运输等费用，还包括保险费、广告费及税金等。这些都在企业的会计核算中作为成本项目记入账册。

内隐成本（Implicit Cost）又称**隐性成本**，是使用自有生产要素而必须支付的费用（又称自有要素的影子价格），如自有机器设备的折旧费，自有原料、燃料的费用（按市价计），使用自有资金的利息（按市场利率计），企业主自身的报酬（如同聘用他人也要支付酬金那样）。对于内隐成本，企业表面上并没有发生货币支付，似乎使用自有要素不用花钱，但这些要素如果不是自己使用，用在他处照样可以得到报酬。例如，企业主可以通过到别处工作而得到报酬；自有厂房、设备可以通过租给他人而得到租金；资金可以通过借予别人而得到利息。这些都是企业使用自有要素的机会成本，都应计入企业的生产成本中。在经济学中，又把内隐成本称为**正常利润**。正常利润之所以作为产品的一项成本，是因为从长期看，这是企业主继续留在该行业（相关产品得以生产出来）的必要条件。否则，假如产品的售价仅能补偿员工工资、原料成本和固定资产的折旧费，企业主将把他的资金转移到别的行业，相关生产将不能进行，相关产品也生产不出来。而且自有要素的报酬应该与其他行业正常的利润水平相当，否则企业主会选择退出，会将自有要素转入做其他事情。

5.2.4 利润

1. 总收益、总成本与利润

我们知道，厂商进行生产的目的是获得利润。而厂商获得的利润是由总收益和总成本决定的。利润（Profit）、收益（Revenue）和成本（Cost）之间存在如下关系：

$$利润 = 总收益 - 总成本，$$
$$总收益 = 销售量 \times 产品价格，$$
$$总成本 = 投入量 \times 要素价格。$$

2. 经济利润与会计利润

在前面，我们把成本分为显性成本和隐性成本。这样，由于总成本包括的内容不同，也就形成了不同的利润。

经济利润（Economic Profit）是企业的总收益减去生产所售物品与劳务的所有成本，即总收益减去显性成本和隐性成本所得的利润，如图 5-1（a）所示。这是经济学家眼中的利润。

会计利润（Accounting Profit）是企业的总收益减去显性成本所得的利润，如图 5-1（b）所示。这是会计人员眼中的利润。

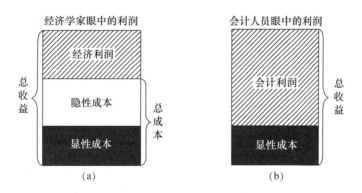

图 5-1　经济利润和会计利润

经济学家眼中的总成本包括了显性成本和隐性成本，而会计人员只衡量显性成本，所以，经济利润小于会计利润。

案例讨论

如何以经济学的成本理论来分析读大学的代价

上大学是要花钱的,即是有成本的。根据目前的状况,每位大学生大学期间的学费、书本费等各种支出约为3万～4万元。这些钱是要实实在在支出的,称为会计成本。

然而,上大学的代价不仅如此。为了上大学,要放弃工作的机会。因放弃工作而放弃的工资收入就是上大学的机会成本。假设一个人不上大学而去工作,每年可得到1万元的收入,4年的机会成本就是4万元。上大学的代价就是会计成本4万元和机会成本4万元之和,共计8万元。

通常情况下,一般人通过上大学可提高工作的能力,以后会得到更多收入。例如,假设没有上过大学的人,一生中每年收入1万元,自18岁工作到60岁退休,共计收入42万元;上过大学的人,一年收入为1.5万元,自22岁工作到60岁退休,38年共计收入57万元。上大学的人一生总收入比没有上大学的人高出15万元。上大学的会计成本和机会成本之和为8万元。15万元减去8万元为7万元。这就是上大学的经济利润。所以,上大学是合适的。

但也有特殊情况。例如,一个有篮球运动天赋的人,若在高中毕业后去打篮球,每年可获得200万元收入。这样一来,他上大学的机会成本就是800万元。远远高于一个普通大学生一生的收入。因此,他可能放弃去上大学,而选择去打篮球。所以,一个人到底上不上大学一定要考虑自己的机会成本。

讨论:请从经济学成本理论的角度来和小组同学一起分析讨论你未来职业规划各种选择分别有哪些机会成本。

5.3 短期中的生产和成本分析:短期生产决策

5.3.1 短期中的产量分析:边际产量递减规律

假设你要开一个面包店。除了租赁房屋、注册、购买设备和面粉之外,还要开始雇用劳动力。问题在于,你自己忙不过来的时候到底需要几个员工?员工是不是越多越好?

在短期中(规模不变),我们把投入要素分成固定投入和可变投入。面包店在开张之前,需要店铺、面包生产间和机器设备,另外还须雇用个别人从事管理(如财务)。这些都是固定投入(Fixed Inputs),这些投入的数量不依赖于总产量水平。还有一些投入,如雇用的生产工人、购买的原料,这些就是可变投入(Variable Inputs),这些投入的数量随总产量变化而变化。

除了投入要素外,我们还需要了解总产量、平均产量和边际产量的概念及它们之间的关系。

总产量(Total Product,TP)是在一定技术条件下,既定数量的一种可变投入要素所形成的最大产量。其计算公式为

$$TP = Q = f(L)。$$

例如,面包店所有工人生产面包的总量就是总产量。假设面包商雇用 1 个工人,面包店日产面包数量是 20 个,这时面包店每日的总产量就是 20 个;若雇用 2 个工人,面包店日产面包是数量 46 个,这时面包店每日的总产量就是 46 个……

平均产量(Average Product,AP)是指每单位投入要素的产出。其计算公式为

$$AP = Q/L。$$

例如,在面包店的例子中,平均产量是指每一个工人生产面包的平均数量,即 1 个工人的平均产量是 20 个面包,而 2 个工人的平均产量是 23 个面包……

边际产量(Marginal Product,MP)是指增加一个单位的投入要素所带来的产量变化。其计算公式为

$$MP = dQ/dL。$$

例如,在面包店的例子中,边际产量是指最后增加的一个工人所生产的面包增量($MP = dQ/dL$),即新增的第 1 个工人的边际产量是 20 个面包,而新增的第 2 个工人的边际产量是 26 个面包……

表 5-1 列出了面包店的例子中,劳动投入与总产量、平均产量和边际产量的关系。我们看到,劳动的边际产量(MP)会随着雇用工人数量的增加而先增后减。随着雇用工人的增加,边际产量先是递增,原因在于专业化分工可以提高效率。起初一个人既要和顾客谈话,又要收款,还要加工面包,增加人手后可以节约任务转换的时间,提高工作效率。但是,随着工人数量增加到一定的程度,出现了边际产量递减的情况。那是因为,随着雇用的工人越来越多,面包房的工作环境就越拥挤不堪,工人就要更多地和别人共用设备,工作效率就会下降。以致原来专业化分工的产量越来越少,最终还会减少。

表 5-1 劳动投入与总产量、平均产量和边际产量的关系

面包店工人数 (人数)	总产量 TP (面包个数)	平均产量 AP (面包个数)	边际产量 MP (面包个数)
0	0	0	0
1	20	20	20
2	46	23	26
3	72	24	26
4	92	23	20
5	100	20	8
6	90	15	−10

这一规律就是**边际产量递减规律**：当把一种可变生产要素（如劳动）投入到几种固定的生产要素上时，一开始总产量会增加，边际产量也是递增的。但当这种可变生产要素增加到一点时，边际产量开始递减，到最后甚至出现负值，从而使得总产量也减少。

请注意，边际产量递减规律假设劳动力都具有同样的工作效率、教育培训和工作经验。边际产量的递减并非因为新增工人素质差，而是因为相对固定资本而言，使用的工人过多了。

总产量，平均产量和边际产量与劳动投入的关系可用图 5-2 所示曲线表示（我们已用实线将图中各点连接成平滑的线）。从图 5-2 我们可以总结出以下几点。

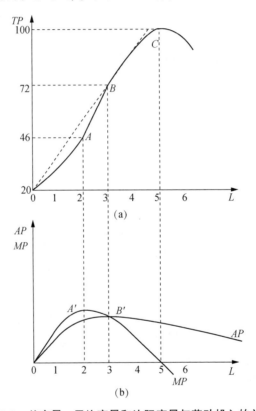

图 5-2 总产量、平均产量和边际产量与劳动投入的关系

第一，随着劳动投入量的增加，总产量 TP、平均产量 AP 和边际产量 MP 开始时都呈上升趋势，各自达到最大值之后，又均呈下降趋势。

第二，当总产量 TP 最大时，边际产量为零。

第三，平均产量 AP 在等于边际产量 MP 时（B'）达到最大值。

第四，总产量曲线上各点的斜率等于边际产量 MP_L，总产量曲线上各点和原点连线的斜率等于平均产量 AP_L。

第五，产量变化规律——总产量 TP、边际产量 MP 与平均产量 AP 的关系包括以下两个方面。

① 总产量和边际产量的关系：

当边际产量大于零时，总产量递增，即当 $MP>0$ 时，TP 是递增的；

当边际产量等于零时，总产量最大，即当 $MP=0$ 时，TP 最大；

当边际产量小于零时，总产量递减，即当 $MP<0$ 时，TP 是递减的。

② 平均产量和边际产量的关系：

当边际产量大于平均产量时，平均产量递增，即当 $MP>AP$ 时，AP 递增。

当边际产量等于平均产量时，平均产量最大，即当 $MP=AP$ 时，AP 最大。

当边际产量小于平均产量时，平均产量递减，即当 $MP<AP$ 时，AP 递减。

边际产量递减规律能够解释许多生产现象。例如，我国江浙地区农村人口密度较高，耕耘方式多为精耕细作。在这种情况下，多一个农民在田里耕作，虽还可增加一点产量，但其增量（劳动的边际产量）却微不足道。在工业部门，一个车间里有5台机床4个工人，若增加1个工人，第5个工人可以操作那台闲置的机床，产量可以增加。此时若再增加1个工人，第6个工人可作为前5个工人的助手，或趁他们休息时接替他们操作机床，虽然他还能增加产量，但不会太多。设想往车间里继续增加第7个、第8个、第9个工人，第7个工人也许还可以帮些忙，那第8个、第9个工人无疑是多余的。他们非但无事可干，还可能碍手碍脚、干扰生产，导致总产量降低。这就是说，当车间里的工人数不断增加超过某一点时，劳动的边际产量会越来越小，甚至可能为负。

5.3.2 短期成本分析

1. 固定成本（FC）、可变成本（VC）和总成本（TC）

前面我们已经介绍过固定成本和可变成本，这里我们简要回顾一下。

固定成本是指总成本中不随着产量的变动而变动的成本，如厂房、机器设备、租金等。校园中的固定成本有建设报告厅、图书馆、实验室、管理费用等和招生多少无关的支出。同样开设一个讲座，50个学生听还是250个学生来听，其固定成本基本上是一样的。

可变成本是指总成本中随着产量的变动而变动的成本，如劳动力等可变要素。大学中水电费用是随着学生人数的增加而上升的。

总成本是指一定产量水平下的总支出，即固定成本与可变成本之和。

2. 平均固定成本（AFC）、平均可变成本（AVC）和平均总成本（ATC）

平均固定成本是总固定成本除以相应产量。其计算公式为

$$AFC = \frac{FC}{Q}。$$

平均可变成本是总可变成本除以相应产量。其计算公式为

$$AVC = \frac{VC}{Q}。$$

平均总成本则是用总成本除以相应产量，也就是平均固定成本与平均可变成本之和。其计算公式为

$$ATC = \frac{TC}{Q} = AFC + AVC = \frac{FC}{Q} + \frac{VC}{Q}。$$

3. 边际成本

边际成本（Marginal Cost，MC）也称作**增量成本**，是增加一单位产品生产所引起的总成本的增加量。边际成本也是产量的函数，其计算公式为

$$MC = \frac{\Delta TC}{\Delta Q}。$$

由于固定成本不随企业产出水平的变化而变化，因此，边际成本就是每增加额外的一单位产出所引起的可变成本的增加量，故边际成本的计算公式还可写成

$$MC = \frac{\Delta VC}{\Delta Q} = \frac{dVC}{dQ}。$$

边际成本可以告诉我们企业要增加多少成本才能增加一单位的产出，这是成本理论中一个重要的概念。

4. 总成本、平均成本和边际成本与产量之间的关系

表 5-2 列出了一个固定成本为 100 美元的面包店的总成本、平均成本和边际成本随产量的增加而变化的相关数据。当已知第 2 列的固定成本和第 3 列的可变成本后，其他的成本变量均可依次算出。

第 4 列的总成本 = 固定成本 + 可变成本。

第 8 列的边际成本可由第 3 列的可变成本或第 4 列的总成本计算而得。例如，总产量由 2 增至 3 时，因为可变成本由 170 美元增至 240 美元，总成本也由 270 美元增至 340 美元，二者均增加了 70 美元，所以，第 3 单位产量的边际成本为 70 美元。

第 5 列的平均固定成本 = 固定成本/总产量。

第 6 列的平均可变成本 = 可变成本/总产量。

第 7 列的平均总成本 = 平均固定成本 + 平均可变成本，

或者， = 总成本/总产量。

表 5-2 总成本、平均成本、边际成本与产量之间的关系

总产量 (Q)	总成本数据			平均成本数据			边际成本 (MC)
	固定成本 (FC)	可变成本 (VC)	总成本 (TC)	平均固定成本 (AFC)	平均可变成本 (AVC)	平均总成本 (ATC)	
0	100	0	100	—	—	—	—
1	100	90	190	100	90	190	90
2	100	170	270	50	85	135	80
3	100	240	340	33.33	80	113.33	70

续表

总产量 (Q)	总成本数据			平均成本数据			边际成本 (MC)
	固定成本 (FC)	可变成本 (VC)	总成本 (TC)	平均固定成本 (AFC)	平均可变成本 (AVC)	平均总成本 (ATC)	
4	100	300	400	25	75	100	60
5	100	370	470	20	74	94	70
6	100	450	550	16.67	75	91.67	80
7	100	540	640	14.29	77.14	91.43	90
8	100	650	750	12.5	81.25	93.75	110
9	100	780	880	11.11	86.67	97.78	130
10	100	930	1030	10	93	103	150

成本函数的几何图形是成本曲线。在短期内,各成本与产量之间的关系可以用图 5-3 表达出来。

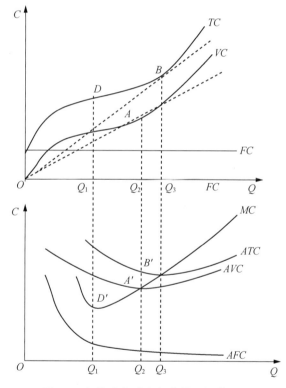

图 5-3 短期内各成本与产量之间的关系

需要指出的是,边际成本曲线总是穿过平均总成本曲线和平均可变成本曲线。其原因在于边际成本和平均成本之间的算数关系。例如,假设你的"经济学"课程过去几次测验的平均成绩是 50 分,那么,你下一次测验成绩就是你的边际考试成绩。如果得分是 70,你的平均成绩就会上升;如果得了 30 分,你的平均成绩就会下降。也就是说,边际分数若低于原来的平均分数,新平均分数就会下降;边际分数若高于原来的平均分数，新的平均分数就会上升。所以边际成本曲线穿过平均总成本曲线的最低点。

平均固定成本曲线则情况不同。它总随着产量的增加而下降。例如，微软公司花费10亿美元来开发 Windows XP 操作系统，并耗费2.5亿美元来推出该产品，即固定成本是12.5亿美元。而用于复制一张光盘的花费（可变成本）不过0.15美元。假如只有两位消费者来购买 Windows XP 操作系统，则每一个消费者要花费至少6.25亿（12.5亿/2）美元。事实上，微软公司的预测是在头5年内 Windows XP 操作系统销售量是5亿份，这样算来，每张光盘的平均固定成本仅为2.5（12.5亿/5亿）美元，加上可变成本之后的总成本为2.65美元。

5. 边际产量递减和成本曲线

从表5-2中可看出，固定成本为100美元，无论产量是多少它都不会增加。在图5-3中，除 AFC 曲线是不断向右下方倾斜的曲线外，其他三条曲线（MC、ATC、AVC）都是先降后升，呈 U 形。对 MC 曲线呈 U 形的一般经济解释是边际收益递减规律。在雇用数量较少的工人时，工人之间通过劳动协作可能会提高劳动效率，从而使新增工人带来的产出增加大于此前每个工人能够创造出的产量。由于新增工人数量能够在边际意义上提高劳动效率，结果使边际成本在产出数量较低阶段下降（生产效率提高即边际成本下降）。然而，随着雇用工人数的增加，更多的工人在一起干活会出现"窝工"现象，劳动的边际产量递减规律发生作用，劳动边际产量下降。劳动边际产量下降意味着生产边际成本上升。所以边际成本呈现先降后升的状况，构成 U 形曲线。

5.3.3 企业短期中的产量决策

在理解了成本在短期生产中的作用后，我们来分析企业愿意生产多少产品来获得最大收益的问题。

我们用 TR 代表总收益，VC 代表可变成本，P 代表定价，那么，企业的决策可以有以下两种。

① 平均总成本 ATC 的最小值对应的产量是收支相抵点，也称盈亏平衡点产量。P 小于 ATC 则企业亏损。

② 平均可变成本 AVC 的最小值对应的产量是停止营业点，也称关门点。P 小于 AVC 时，企业停止营业。

问题在于，当 P 小于 ATC 时，为什么企业明明知道生产已经亏损还要继续生产呢？也就是说，当你走进一家餐馆吃午饭，发现你是唯一的一个顾客时，为什么餐馆还要继续营业呢？答案是，在做出是否经营的决策时，餐馆老板要注意固定成本和可变成本的区分。餐馆中的许多成本（包括房屋租金、厨房设备、餐具等）都是固定成本。午餐停止营业并不能减少这些固定成本，相反，唯有继续营业才能减少一点亏损。当老板考虑是否提供午餐时，只有当你点的菜价 P 小到无法弥补可变成本 AVC 时，老板才会在午餐时停止营业。

案例讨论

进入房屋粉刷业

房屋粉刷是一个夏季经营的行业，因为天气炎热而且白天很长，高中生和大学生正好放假，因而有大量的低技能的劳动力。为了挣点钱，小明同学打算在修满经济学入门课之后，在夏季开设一家粉刷公司。

开设粉刷公司需要一笔固定成本。小明把办公室设在自己家中，因而没有租借办公室的成本。他把固定成本列入表5-3中。

表5-3　小明开设粉刷公司需要的固定成本

成本项目	固定成本（元）
旧车	5000
涂料和其他用品	2000
宣传单和招牌	1200
名片和估价单据	500
电话线路和录音电话机	300
总计	9000

小明雄心勃勃地开展工作。他接顾客打来的电话，预估上门粉刷房屋需要多少钱，然后报价。当然，他也需要面对许多竞争对手，因此他的价格必须与竞争对手的价格差不多，不然就揽不到活儿。

小明发现，劳动的现行价格是每小时10元。在现实世界中，劳动并不是粉刷房屋所需的唯一可变成本，添加刷子和油漆的成本也属于可变成本。但是为了简便，我们假设他在夏天开工前就已经有了刷子和油漆。因此，他的可变成本只与他所雇用的工人有关。

可变成本还与粉刷一间房屋所耗费的时间有关，这又取决于他所雇用的工人的工作技能。小明的粉刷公司的可变成本如表5-4所示。

表5-4　小明的粉刷公司的可变成本

粉刷的房屋数	雇用工人的小时数（小时）	工资支付（元）
5	100	1000
10	300	3000
15	600	6000
20	1000	10 000
25	1500	15 000
30	2100	21 000

根据这些信息，小明可以计算出其公司的总成本、平均总成本和边际成本，如表5-5所示。

表 5-5　小明的粉刷公司的总成本、平均总成本与边际成本

粉刷的房屋数	总成本（元）	平均总成本（元）	边际成本（元/间房屋）
0	9000	—	—
5	10 000	2000	200
10	12 000	1200	400
15	15 000	1000	600
20	19 000	950	800
25	24 000	960	1000
30	30 000	1000	1200

鉴于该公司的边际成本数据和平均总成本数据，小明计算出：如果市场条件允许他每粉刷一间房屋收取 1000 元，那么他至少要粉刷 25 间房屋才能开始赚取利润。这也就是他夏天的打算：粉刷 25 间房屋，每间 1000 元，最后他一共能赚取 1000 元。

但在表 5-5 中，并没有考虑到小明的机会成本。假设还有一份餐厅侍者的工作在等着小明。他可以在 12 周的暑期，每周工作 40 小时，每小时挣 6 元（含小费）。那么，他可以在暑期挣 2880 元，而且没有压力和风险。如果将这一机会成本计算在他自己开设公司的固定成本中，那么，按他上面的打算，他显然会亏本。由于开办公司不能赚回小明的机会成本并补偿他经营公司所承担的风险和压力，因此，对小明来说，与其开设一家粉刷公司替人粉刷房屋，不如去做餐厅侍者，这在经济上更划算。

讨论：如果毕业后父母给了你一间房，你准备出租还是用这间房进行创业？与小组成员讨论不同方案的费用和收入情况。

5.4　长期中的产量和成本分析：长期投资决策

5.4.1　长期中的产量分析：规模报酬

在短期中，一种生产要素（劳动）可变，其他生产要素（资本）不变，厂商仅通过增工来增产，但当可变要素增加到一定程度后，生产就会出现边际产量递减的情况。而在长期中，劳动和资本这两种生产要素都可变，公司可同时调整用工数（劳动力）和办公场地（资本），这时候投入和产出之间的变动关系就不能用边际产量递减规律来解释了，只能用生产规模报酬来解释。

规模报酬（Return to Scale）探讨的是这样一种投入产出关系：当生产规模发生变动，即两种生产要素同时增加或同时减少一定的比例（如增加 100% 或减少 100%）时，产量可能出现的变化。假定一个服装厂商日产服装 100 件，需要投入的资本为 10 个单位（如 10 台机器），需要投入的劳动为 5 个单位，投入的资本和劳动的比例是 2∶1。如

果该厂的服装销路看好,厂商想扩大规模,把资本和劳动各扩大了一倍——资本变为20个单位,劳动变为10个单位,这时,产量会出现三种可能:一是日产量可能大于200件,二是日产量为200件,三是日产量可能不足200件。

由此,我们可知规模报酬有以下三种类型。

1. 规模报酬递增(Increasing Return to Scale)

规模报酬递增是指生产要素投入增加一倍,产量的增加超过一倍,表明产量增加的速度大于生产要素增加的速度。这种情况的生产函数可表示为:

$$2f(L,K) > f(2L,2K)。$$

其中,L 表示劳动,K 表示资本。

规模报酬递增的典型例子是输油管。例如,把输油管直径扩大一倍时,所需材料增加一倍,但截面却比原来扩大四倍,输油量就会大于一倍。当今世界很多经营规模较大的厂商都属于该种情况,也就是通常所说的规模经济(Economy of Scale)或规模效益。

规模报酬递增产生的原因可以归结为以下几点。

(1)生产专业化程度的提高。

当生产要素同时增加时,可以提高生产要素的专业化程度。生产规模扩大,使用劳动较多,劳动者可以进行专业分工,从而提高劳动效率。亚当·斯密列举的工场手工业制针业劳动分工的情形即为较明显的例子。资本设备随生产规模的扩大也可以用效率更高的专门化设备来替代非专门化设备。然而,专业化差不多总是意味着比例的某种改变。比例的改变与严格的字面意义所说的规模,即投入量的等比例变动并不一致。

(2)生产要素的不可分性。

有些生产要素必须达到一定水平才能被有效率地使用。当经营规模很小时,把这些生产要素分割为更小的单位,不是完全丧失它们在生产程序中的有用性,就是丧失一部分效率。因此,规模报酬递增要以生产要素不可无限细分为必要前提。生产要素的不可分性意味着对于最低使用规模的要求,当达到最低使用规模之后,产量增加的边际成本很低,甚至可以忽略不计,这时便产生了规模经济效应。例如,城市供水系统中的管道系统是一项不可分的生产要素,投入是一次性的。在达到供水能力的极限以前,多增加一个用户,就多一份收益,但固定成本并没有增加。一般来说,资本密集型行业不同程度地具有规模经济效应,如汽车、钢铁业等;而在劳动密集型行业中,规模经济效应则不明显。

(3)管理更合理。

规模扩大更有利于采用现代化的管理方式,从而形成一种新的生产力,进一步发挥生产要素的组合功能,带来更高的效率和更大的收益。

2. 规模报酬不变(Constant Return to Scale)

规模报酬不变是指生产要素投入增加一倍,产量也增加一倍,表明产量增加的速度等于生产要素增加的速度。这种情况的生产函数可表示为

$$2f(L,K) = f(2L,2K)。$$

许多手工业（如理发业、手工纺织业）常表现为规模报酬不变。

3. 规模报酬递减（Decreasing Return to Scale）

规模报酬递减是指产量增加的比例小于生产要素增加的比例。生产要素增加一倍，产量增加小于一倍，表明产量增加的速度小于可要素增加的速度。这种情况的生产函数可表示为

$$2f(L,K) < f(2L,2K)。$$

在电力行业、城市纯净饮用水行业中有这样的例子，当企业规模变得过大时，设备利用可能反而变得低效。

需要强调的是，规模报酬递增或规模报酬不变现象与边际产量递减规律并不矛盾。一种生产技术既显示出递增或不变的规模报酬，又显示出每种生产要素的边际产量递减是完全可能的。规模报酬由工厂的规模决定，工厂规模一旦确定，如相对于某种技术而言，该工厂规模恰巧是处于规模报酬不变或规模报酬递增的阶段（有一个产量区间），这时持续增加一种投入要素，产量开始可能是递增的，但达到一定限度后必然会出现边际产量递减的情况。

5.4.2 长期成本分析：规模经济和规模不经济

1. 长期成本曲线与短期成本曲线的关系

经济学家在讨论长期成本时，往往认为长期成本函数并不是长期本身所形成的，它实际上是在各个不同经营规模的短期成本函数的基础上形成的。为了使问题具体化，我们把"工厂规模"（Size of Plant）作为一种可变要素来考虑，并用 K 表示，K 的值越大，工厂规模也就越大。前面讨论的短期问题主要在于如何最佳地利用既定规模的工厂。在长期，可以自由变动 K 值，选择一个最佳规模的工厂，而一旦厂商选定 K 的值，所面临的问题也就转化为短期优化问题了。因此，只要厂商可以自由变动工厂规模，则其长期总成本函数就给出了生产各种产量水平的产品的最小成本。对于一种既定的产量水平，就可以计算出各种可能的工厂规模总成本，然后确定总成本最小的工厂规模。

因此，长期总成本（LTC）是厂商在长期中生产特定产量的产品所花费的成本总量，它由产量水平和工厂规模决定。长期总成本曲线是不同规模下的最低成本曲线，是短期总成本曲线的包络线，如图5-4所示。**包络线**是指厂商的长期总成本曲线把无数条短期总成本曲线（每条短期总成本曲线对应一个可供选择的生产规模）包围起来，每条短期总成本曲线都和长期总成本曲线相切，但不相交。

图5-4中包含了对应于三种不同生产规模 K_1、K_2、K_3 的三条短期总成本曲线 TC_1、TC_2、TC_3。当厂商准备生产的产量在 Q_1 内时，由于成本曲线中 TC_1 的成本最低，因此选择第一种生产规模；当生产的产量超过 Q_3 时，厂商会选择第三种生产规模。如果时

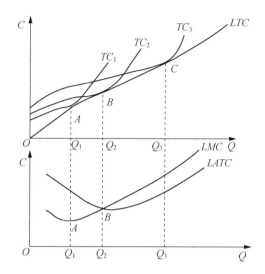

图 5-4 长期总成本曲线（LTC）、长期平均总成本曲线（LATC）和长期边际成本曲线（LMC）

间可以缩短，规模可以细分，即假定生产规模 K 是连续变量，那么就有无限条短期总成本曲线。长期总成本曲线与无限条短期总成本曲线中每一条曲线都有且只有一个切点，包络线就是这些切点的连线，它也成为一条连续平滑的曲线，即图中所示的 LTC。

既然厂商在长期中可以调整规模，那么厂商就可以按不同的产量水平来选择不同的生产规模，以使付出的成本最小。因此，长期总成本曲线就是不同规模下的最低成本曲线。它与每一条短期成本曲线相切，但从不与它们相交。

2. 长期平均总成本（LATC）与最低有效规模

长期平均总成本曲线是与规模经济状况相适应的。长期平均总成本曲线的形状是先下降，达到最低点后再上升。经济学对这一现象的解释一般涉及规模经济（Economies of Scale）和规模不经济（Diseconomies of Scale）的概念。具体而言，就是用规模经济可以解释 LATC 曲线起初为何下降，用规模不经济可以解释 LATC 曲线后来为何上升。

当企业处于规模经济状态时，LATC 随生产规模的扩大而降低，LATC 曲线呈向右下方倾斜的状态。当企业处于规模不经济状态时，LATC 随生产规模的扩大而上升，LATC 曲线呈向右上方倾斜的状态。当企业处于规模报酬不变状态时，随生产规模的扩大，LATC 不再变动，LATC 曲线呈水平状态。

通常，随着生产规模的扩大，企业最初会出现规模经济，再出现规模报酬不变，最后出现规模不经济，因此，LATC 曲线是一条 U 形线，如图 5-4 中的 LATC 曲线。对于 LATC 曲线，产量水平不同，生产成本也不同，最佳工厂规模是唯一的，只有选择最佳工厂规模，才能使长期平均总成本最低。最佳工厂规模或最低有效规模就是实现单位成本最低的最小规模。很多行业的 LATC 曲线呈锅底形，如图 5-5（a）所示，在这些行业中，随着工厂规模的扩大，很快就能获得规模经济，而在达到一定程度之前，都不会出现规模不经济；有些行业（如电话服务、网络、计算机软件）在非常大的产量范围内存在规模经济，如图 5-5（b）所示，当 LATC 曲线为 L 形时，最低有效规模都不是单一的。由于具有一系列的最佳规模，因而它意味着在这些行业中，产量水平不同的大、中、小企业可以并存。但企业规模越大，单位成本越小。

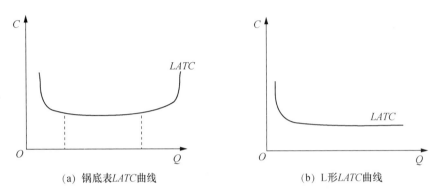

(a) 锅底表LATC曲线　　　　　(b) L形LATC曲线

图 5-5　锅底形 LATC 曲线和 L 形 LATC 曲线

理论上，经济学家通常把**规模经济**定义为由于生产规模扩大而导致长期平均成本降低的情况。这可以归结为两条。第一，因产量扩大而分担了单位产品的固定成本（FC）。具体来说，随着生产规模的扩大，厂商可以使劳动分工更合理，生产的专业化程度更高，大型机器和高科技设备的应用使各种生产要素得到充分利用，上述这些都可以帮助厂商提高劳动生产率，降低固定成本。在这种情况下，大厂商比小厂商生产的成本更低，这在汽车制造业中非常典型。例如，美国福特汽车公司日产量曾为 1000 辆，而这是法拉利汽车公司的年产量。福特汽车公司采取了大规模汽车生产技术，一人负责装胎、一人负责排气……这样一来，就提高了产量，降低了成本。而法拉利汽车公司因不采用大规模汽车生产技术，所以生产规模很小。第二，平均可变成本（AVC）随着产量增加而下降。例如，天然气管道的输送能力取决于管道的横截面面积，这一面积随着横截面半径平方的变化而变化。

但是，长期平均总成本的降低不会一直持续，当规模持续扩大时，一定会达到一个点，在这一点上，规模的经济因素和非经济因素会相互抵消。从这一点开始，就会出现规模不经济。

规模不经济是指企业由于规模扩大使得管理无效率，从而导致长期平均总成本增加的情形。例如，厂商在增加一倍的各种投入要素后，产量的增加却达不到一倍。同样，由于假定要素价格不变，所以规模不经济就是指投入双倍的成本，却没有得到双倍的产出。规模不经济的产生，主要是由于企业规模过大，造成管理人员沟通协调问题，从而使管理成本上升、管理效率降低、内部产生官僚主义、职工士气低下、决策失误等，这些都使得长期平均总成本上升。

如果只有规模经济，我们所能看到的可能就是每个行业只有一家公司；如果只有规模不经济，我们所能看到的则可能都是一人公司的经济。实际上，我们所看到的是既有规模经济的情况，又有规模不经济的情况。在过去几十年里，美国经济出现了许多规模经济显著的初创企业，如英特尔（生产微型 CPU）、星巴克（经营咖啡）、微软（软件制作）、戴尔（电脑制作）等公司。但是美国通用汽车公司却曾被规模不经济的现实所困扰。与竞争对手相比，通用汽车公司因规模过大，造成成本上升，于是，它创立了五个汽车分部，以减少决策制定过程中的管理审批层次，试图以此降低成本。

参考资料

为什么经济学里有那么多的数学公式？

在经济学中使用数学模型已经有很长一段历史了，这使得经济学这一学科在越来越精密化的同时，也得出了不少有关市场如何运转的深刻见解。可到了 20 世纪中叶，经济学里的数学形式主义愈演愈烈，连好多业内人士都感叹说，经济学中的数学公式已滥用成灾。

为什么经济学家用数学公式会用到"走火入魔"呢？

数学形式主义的步步升级，可能与该领域学术性工作竞争越发激烈有关。在一个重视精确度的领域，如果有两名候选人，谁能让别人觉得更精确，谁就占了优势。熟练地运用、构建成熟的数学模型，没有接受严格的数学学术训练的人是办不到的。掌握了数学公式，候选人就能传达出有关自身学术权威性的可靠信号。所以，候选人很有理由在磨炼数学技能上大花时间和功夫。

当越来越多的经济学家在工作中提高了公式的应用程度时，表现智力的临界值也逐渐提高了。或许，就是这一竞争导致了经济学中数学公式的泛滥成灾吧。

5.5 范围经济和学习效应

5.5.1 范围经济

大多数企业生产的产品不止一种，决定生产哪些产品、生产多少及如何生产，是企业的经营者面临的中心问题。

企业生产的产品有时候会紧密相关。例如，养鸡场生产鸡和鸡蛋、汽车生产厂生产小汽车和卡车等。在这种情况下，企业往往拥有生产和成本的优势，这些优势的产生可能是缘于投入要素的共同分享、生产设备的联合使用、联合的市场计划和统一的管理，使企业能在日程安排、生产组织和财务计划处理等方面比各自单独管理更为有效。在有些情况下，几种产品很自然地被一起生产出来，我们称它们为**关联产品**（Joint Product），它们对企业是有用的。例如，养羊的农场生产羊毛和羊肉是十分自然的事，金属片生产厂商生产他们所能销售的剃须刀片。

范围经济（Economies of Scope）是指在相同的投入下，单个企业的联合生产超过两个各自生产一种产品的企业所能达到的产量，也就是单位产量的平均成本下降。如果企业的联合生产低于独立企业所能达到的产量，那么就是**范围不经济**（Diseconomies of Scope）。在这种情况下，一种产品的生产与另一种产品的生产往往是有冲突的。

规模经济和范围经济之间并无直接的联系，一家生产两种产品的企业可以在其生产过程中涉及规模不经济时获得范围经济。例如，一家企业联合生产长笛和短笛要比两家企业分别生产长笛和短笛成本相对要低。然而，该生产过程涉及高熟练的劳动，并非比以小规模生产时更富有效率。同样地，一家联合产品生产企业在各个单独产品生产方面具有规模经济，但不一定拥有范围经济。例如，一个拥有多家企业的联合企业可以大规模有效地生产，但它并不拥有范围经济的优势，因为这些企业是各自单独管理的。

在过去的 20 多年中，范围经济问题在有关规则的讨论中起着重要的作用。美国电报电话公司（AT & T）曾经控制着市话和长途业务及通信领域的研究，在分割 AT & T 时，有些经济学家就持反对意见，他们认为，AT & T 在这些活动中存在重要的范围经济。

5.5.2　学习效应

经济学家在解释长期平均总成本下降的原因时，还经常利用学习效应的概念。

学习效应（Learning Effect）是指在长期的生产过程中，企业的工人、技术人员和经理可以积累起有关商品生产、技术设计和管理方面的经验，从而有助于长期平均总成本的下降。由于管理者和工人在生产过程中掌握了经验，企业生产出既定的产量的边际成本和平均成本下降，其原因表现在以下几个方面。

① 工人们在起初几次完成一定的任务时，需要较多的时间。当他们越来越熟练时，他们的速度会加快，生产力就会提高。
② 经营者在生产实践中学会了如何使生产过程安排得更合理、更有效。
③ 产品设计师在设计中逐渐掌握了不降低产品质量而节约成本的方法。
④ 更为专业化的工具的使用。

正是上述原因，使得企业随产量的积累、增加而不断"学习"，经营者以这种学习过程来帮助制订生产计划和预测未来成本。

案例讨论

为什么如今大城市里的杂货店比 20 世纪少得多？

杂货零售业与其他零售形式一样，以规模经济为特征。家庭购物通常会在直接生产成本和运输成本之间进行权衡。在 20 世纪，多数家庭都没有车，只能走路或骑自行车去就近的杂货店购物。如今随着家庭汽车和网络购物的普及，使得越来越多的居民倾向于定期到位置远的大型超市或从网上采购价廉物美的商品。

讨论：你所在地区居民的主要购物渠道是什么？周边商店的经营情况怎样？和小组

同学讨论，两者有何关系，为什么？

延伸阅读

生产曲线和成本曲线之间的图形关系

生产曲线和成本曲线之间的图形关系如图 5-6 所示。

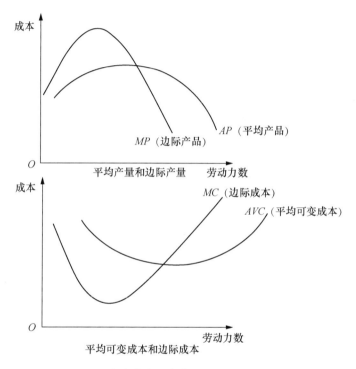

图 5-6　生产曲线和成本曲线之间的图形关系

复习与练习

【关键概念复习】

在 B 栏中寻找与 A 栏中术语相应的解释，并将序号填在术语前边。

A	B
生产要素	1. 从事生产的基本单位
	2. 由于生产规模扩大而使长期平均总成本降低的情况

企业	3. 指生产中所使用的各种资源，可以分为劳动、资本、土地与企业家才能
生产函数	4. 是使用自有生产要素而必须支付的费用，又称自有要素的影子价格
内隐成本（隐性成本）	5. 是在一定技术水平之下，生产要素的数量与某种组合和它所能生产出来的最大产量之间依存关系的函数
可变成本	6. 是指总成本中不随着产量的变动而变动的成本，如厂房和机器设备的折旧、租金的支出、企业债务的利息等
固定成本	7. 是指总成本中随着产量的变动而变动的成本，如原材料、燃料、辅助材料及劳动力等可变资源的支出
规模经济	
范围经济	8. 在长期的生产过程中，企业的工人、技术人员和经理可以积累起有关商品生产、技术设计和管理方面的有益经验，从而有助于长期平均总成本的下降
学习效应	9. 在相同的投入下，单个企业的联合生产超过两个各自生产一种产品的企业所能达到的产量，也就是单位产量的平均成本下降

【思考与练习】

（一）填空题

1. _____是指生产中所使用的各种资源，主要包括劳动、资本、土地与企业家才能。
2. _____是从事生产的基本单位。
3. 由于生产规模扩大而使长期平均总成本降低的情况称为_____。
4. _____是使用自有生产要素而必须支付的费用，又称自有要素的影子价格。
5. _____是在一定技术水平之下，生产要素的数量与某种组合和它所能生产出来的最大产量之间依存关系的函数。
6. _____是指总成本中随着产量的变动而变动的成本，如原材料、燃料、辅助材料及劳动力等可变资源的支出。
7. _____是指总成本中不随着产量的变动而变动的成本，如厂房和机器设备的折旧、租金的支出、企业债务的利息等。
8. 在长期的生产过程中，企业的工人、技术人员和经理可以积累起有关商品生产、技术设计和管理方面的有益经验，从而有助于长期平均总成本的下降，这种现象称为_____效应。

9. 相同的投入下，单个企业的联合生产超过两个各自生产一种产品的企业所能达到的产量，也就是单位产量的平均成本下降，这种现象称为_____经济。

10. 在市场经济中，企业一般采取_____、_____和_____三种形式。

11. 生产要素是指生产中所使用的各种资源，这些资源主要包括_____、_____、_____和_____。

12. 边际产量递减规律发生作用的前提是_____。

13. 边际产量曲线与平均产量曲线相交于_____曲线的最高点。

14. 总产量曲线、平均产量曲线和边际产量曲线都是先上升而后下降的，这反映了_____规律。

15. 边际产量曲线与平均产量曲线相交前，边际产量_____平均产量；相交时，_____达到最大；相交后，边际产量_____平均产量。

16. 在短期，管理人员的工资属于_____成本，生产工人的工资属于_____成本。

17. 短期边际成本曲线与平均可变成本曲线相交于平均可变成本曲线的_____点，这个点被称为_____点。

（二）单项选择题

1. 生产成本由（　　）。
   A. 外显成本加内隐成本构成　　B. 外显成本加可变成本构成
   C. 固定成本加可变成本构成　　D. 固定成本加内隐成本构成

2. 当产出增加时，LATC 曲线下降，这是属于（　　）。
   A. 规模不经济　　B. 规模经济
   C. 收益递减规律　　D. 上述都正确

3. 如果一个企业经历规模报酬不变阶段，则 LATC 曲线是（　　）。
   A. 上升的　　B. 下降的　　C. 垂直的　　D. 水平的

4. 已知产量为 19 单位时，总成本为 195 元，产量增加到 20 单位时，平均成本为 10 元，由此可知边际成本为（　　）元。
   A. 5　　B. 10　　C. 15　　D. 20

5. 随着产量的增加，平均固定成本（AFC）（　　）。
   A. 先递减后递增　　B. 先递增后递减
   C. 一直趋于递减　　D. 一直趋于递增

6. LATC 曲线（　　）。
   A. 当 LMC < LATC 时下降，而当 LMC > LATC 时上升
   B. 通过 LMC 曲线的最低点
   C. 随 LMC 曲线下降而下降
   D. 随 LMC 曲线上升而上升

7. MC 曲线与 ATC 曲线相交于（　　）。

A. *ATC* 曲线的最低点 B. *MC* 曲线的最低点
C. *ATC* 曲线上的任一点 D. *MC* 曲线上的任一点

8. 某厂商每年从企业的总收入中取出一部分作为自己所提供生产要素的报酬，这部分资金被视为（   ）。

　　A. 固定成本　　　　　　　　　B. 隐性成本
　　C. 会计成本　　　　　　　　　D. 生产成本

9. 经济学中短期和长期划分取决于（   ）。

　　A. 时间长短　　　　　　　　　B. 可否调整产量
　　C. 可否调整产品价格　　　　　D. 可否调整所有生产要素

10. 在长期中，不存在（   ）。

　　A. 固定成本　　　　　　　　　B. 平均成本
　　C. 机会成本　　　　　　　　　D. 隐含成本

11. 不随产量变动而变动的成本称为（   ）。

　　A. 平均成本　　　　　　　　　B. 固定成本
　　C. 长期成本　　　　　　　　　D. 总成本

12. 边际成本低于平均成本时（   ）。

　　A. 平均成本上升　　　　　　　B. 平均成本下降
　　C. 成本下降　　　　　　　　　D. 平均可变成本上升

13. 对应于边际产量的递增阶段，短期总成本曲线（   ）。

　　A. 以递增的速率上升　　　　　B. 以递增的速率下降
　　C. 以递减的速率上升　　　　　D. 以递减的速率下降

14. 长期总成本曲线是各种产量（   ）。

　　A. 最低成本点的轨迹　　　　　B. 最低平均成本点的轨迹
　　C. 最低边际成本点的轨迹　　　D. 平均成本变动的轨迹

15. 长期边际成本曲线呈 U 形的原因是（   ）。

　　A. 厂商的生产由规模经济向规模不经济变动
　　B. 边际效用递减规律
　　C. 生产规律
　　D. 劳动产出递减规律

16. 当生产要素增加 10% 时，产量的增加小于 10% 的情况是（   ）。

　　A. 边际成本递减　　　　　　　B. 长期平均成本曲线向右下方倾斜
　　C. 规模收益递增　　　　　　　D. 规模收益递减

（三）判断题

1. 某厂商每年从企业的总收入中取出一部分作为自己所提供生产要素的报酬，这部分资金被视为固定成本。（   ）

2. 经济学中短期和长期的划分取决于时间长短。（   ）

3. 长期成本分为长期固定成本和长期可变成本。　　　　　　　　　　(　　)
4. 在长期中，不存在固定成本。　　　　　　　　　　　　　　　　　(　　)
5. 不随产量变动而变动的成本称为平均成本。　　　　　　　　　　　(　　)
6. 厂商增加一单位产量时，所增加的总成本是边际成本。　　　　　　(　　)
7. 随着产量的增加，平均固定成本在开始时下降，然后趋于上升。　　(　　)
8. 边际成本低于平均成本时平均成本上升。　　　　　　　　　　　　(　　)
9. 短期边际成本曲线与平均可变成本曲线的交点是收支相抵点。　　　(　　)
10. 对应于边际产量的递增阶段，短期总成本曲线以递减的速率上升。(　　)
11. 如果边际产量递减，那么平均产量一定也是递减的。　　　　　　 (　　)
12. 如果某生产要素的边际产量大于平均产量，那么增加该生产要素的投入量时平均产量会上升。　　　　　　　　　　　　　　　　　　　　　　　　　　(　　)
13. 理论上存在两条等产量曲线相交的可能性。　　　　　　　　　　 (　　)
14. 长期总成本曲线是各种产量平均成本变动的轨迹。　　　　　　　 (　　)
15. 长期边际成本曲线呈 U 形的原因是边际效用递减规律。　　　　　 (　　)
16. 当生产要素增加 10% 时，产量的增加小于 10% 的情况是存在规模收益递减。
　　　　　　　　　　　　　　　　　　　　　　　　　　　　　　　(　　)
17. 平均固定成本在所有产量上都是不变的。　　　　　　　　　　　 (　　)
18. 规模报酬递减意味着长期平均成本下降。　　　　　　　　　　　 (　　)
19. 如果一个企业经历规模报酬不变阶段，则其 $LATC$ 曲线是水平的。 (　　)
20. 企业是以赢利为目的的，集合各种生产要素来从事生产经营活动，向社会提供产品和服务的独立经济组织。　　　　　　　　　　　　　　　　　　　　(　　)

（四）问答题

1. 经济成本与会计成本的区别是什么？对待沉没成本和机会成本的正确态度应是什么？
2. 试说明短期总产量曲线与短期总成本曲线的关系。
3. 试说明总成本曲线、总可变成本曲线、平均成本曲线、平均可变成本曲线、边际成本曲线的关系。
4. 经济利润与会计利润有什么不同？
5. 影响长期平均总成本变化的因素有哪些？
6. 当企业亏损时，为什么还要生产？
7. "小王有 10 000 元，如果存入银行一年可得利息 180 元，做小生意可以赚 500 元，炒股票可以赚 300 元，那么小王做小生意的机会成本就是 480 元。"这样的说法对吗？为什么？
8. 王小明有一个服装厂。他每年生产 1000 件服装，并以每件 100 元出售。他生产 1000 件服装耗用 2 万元原料。他在工厂和设备上投资 10 万元，5 万元来自他的储蓄，并以 10% 的利息借了 5 万元。王小明还可以到其他服装厂打工获得每年 4 万元的收入。请问：

(1) 王小明服装厂一年的会计利润是多少？

(2) 王小明服装厂一年的经济利润是多少？

9. 小张有一家小型造船厂。该造船厂每年制造 10 艘船，并以每艘 2.5 万元出售。该造船厂建造 10 艘船的原料成本是 15 万元。小张为了生产船而建厂和购买设备花费 40 万元，其中 20 万元为小张的储蓄，另外 20 万元为利息为 10% 的借款。小张若到别的船厂打工，每年可获 7 万元收入。请问：

(1) 小张的造船厂一年可获得的总收益是多少？

(2) 造船厂生产 10 艘船所引起的显性成本是多少？

(3) 造船厂生产 10 艘船的总机会成本（外显成本加内隐成本）是多少？

(4) 小张的造船厂的会计利润是多少？

(5) 小张的造船厂的经济利润是多少？

10. 小王有一个大花园，并种植了水果和蔬菜，以便在当地市场上销售。小王说："夏天，我雇了一个放暑假的大学生帮我，我的产量比翻了一番还多。明年夏天，我将雇用两三个帮手，那时我的产量将增加三四倍。"请问：

(1) 如果所有生产过程最后都表现出可变投入的边际产量递减，小王雇用的帮手数量第二年夏天翻一番，他的花园的水果和蔬菜产量也能翻一番吗？

(2) 他雇用的工人越多，所得到的收益就越大于工人增加的比例，这可能吗？为什么？

复习与练习
参考答案

第 6 章 企业行为理论

> 【导学】本章我们把生产者和消费者的行为结合起来，考察市场价格是如何被决定的。微观经济学的研究可以分为三个层次：一是假定价格给定（固定不变），考察消费者和生产者如何进行优化选择。二是从消费者和生产者相互作用的过程来看市场价格是如何被决定的，产量又是如何被决定的。但这种考察只限于对单个产品的市场价格，实质上只研究单个行业价格和产量的决定，这个层次的分析称为局部均衡（Partial Equilibrium）分析。三是从各个市场的相互联系的角度来研究全部产品的价格是如何同时被决定的，这称为一般均衡（General Equilibrium）分析。本章所讲内容属于第二个层次。

6.1 收益与利润最大化

生产企业生产的目的就是获得利润，而且是获得最大的利润。

6.1.1 收益函数

与总收益相关的两个概念分别是平均收益和边际收益。

平均收益是指企业平均销售一单位产品所获得的收益，如果用 AR 表示平均收益，TR 表示总收益，Q 表示销售量，则平均收益可用公式表示为

$$AR = TR/Q \text{。}$$

例如，某企业销售了 1000 件产品，获得 6000 元收益，则平均收益为 6 元。

边际收益是指企业每增加销售一单位产品所增加的收益，如果用 MR 表示边际收益，则边际收益可用公式表示为

$$MR = \Delta TR/\Delta Q \text{。}$$

由此可见，企业的收益与销售量有关，收益对销售量的关系被称为**收益函数**，用公式可表示为

$$R = R(Q) \text{。}$$

6.1.2 利润函数

在前面，我们分别讨论了生产函数、成本函数和收益函数。产量最大化、平均成本最小化和总收益最大化的最终目标是要实现利润最大化。

生产企业的生产分为短期和长期两种，无论是短期还是长期，目标都是要获得最大利润。其遵循的原则是：生产的产量要确定在边际收益（MR）等于边际成本（MC）之处。

利润是总收益（TR）与总成本（TC）的差额，当总收益超过总成本时，企业可获得利润；当总成本超过总收益时，企业出现亏损。如果用 π 表示利润，则有

$$\pi = TR - TC。$$

总收益和总成本都是产量的函数，因此，利润也是产量的函数，可表示为

$$\pi(Q) = TR(Q) - TC(Q)。$$

企业从事经济活动的目的是追求最大利润。因此，企业在决定产量，或者选择以什么样的价格与产量组合时，一方面要考虑增加产量能增加多少收益，即边际收益（MR）；另一方面要考虑增加产量会增加多少成本，即边际成本（MC）。当产销量的增加所带来的收益增量超过成本增量时，增加产量就是有利可图的；当产销量的增加所带来的成本增量超过收益增量时，增加产量就无利可图。我们说，只有当产销量的增加所带来的收益增量等于成本增量，即 $MR = MC$ 时，产量与价格组合才能给企业带来最大利润。当 $MR = MC$ 时，利润真的最大吗？我们来证明一下：

当 $MR > MC$ 时，只要产量增加，利润就会增加，因此利润还未达到最大值。

当 $MR < MC$ 时，只要产量增加，利润就会减少，因此利润也不可能达到最大值。

因此，只有当 $MR = MC$ 时，利润才是最大值。

上面的分析在形式上是正确的。但是，这种边际主义在解释现实企业的行为时，却遇到了困难。大量调查和实证分析发现，现实中的企业并不在 $MR = MC$ 处生产，或者说，需求的瞬息万变，使企业根本无法知晓边际收益、边际成本及其相交时的产量是多少，收益曲线和成本曲线也许是不连续的。另外，企业也不总是根据需求来调整价格，很多企业通常采用成本加成定价法，而且在不同的场合，企业会实行有针对性的差别定价。

6.2 市场结构

如果某加油站把汽油价格提高 20%，它的顾客很快就会转而去其他加油站加油，该加油站的销量将会大幅下降。如果某地的自来水公司将水价提高 20%，则会发现水的销量只有微不足道的减少，人们也许会买一个节水的水龙头，但他们很难将用水量大幅度减少。汽油市场和自来水市场的差别是显而易见的：不是只有一家企业卖汽油，但只有一家市政自来水公司在供水。这种市场结构的差别影响了这些市场经营的企业的生产与定价决策。

在我们生活的这个时代，每天都有大量的企业开张和停业，并涌现出可口可乐、宝

洁、波音等巨无霸型的现代企业王国，主导着世界范围内某一行业的经济活动。

企业的生存与发展都离不开市场，**市场**（Market）是指对某种产品有现实需求和潜在需求的消费者群，是企业生存和发展的基础。市场是各个经济单位产生经济关系、进行交易的制度框架。

市场结构（Market Structure）指的是某一个行业中垄断与竞争的程度。它主要包括市场中互相竞争企业的数量、企业的相对规模（集中程度）、技术和成本条件，以及企业进入和退出行业的难易程度等因素。不同的行业具有不同的市场结构，这些结构影响着管理者制定的决策。

传统上，按行业内部企业之间的竞争程度不同，可以将市场结构分为四类。一种极端类型是完全竞争，即存在着非常多的相互竞争的企业，每一个企业相对于整个行业来说都非常小，都没有影响价格的能力。另一种极端类型是完全垄断，即在该行业内只有一个企业，因此不存在来自本行业内部的竞争。处于中间状态的两种类型是垄断竞争和寡头垄断，前者是指行业中有很多的相互竞争的企业，新企业可以自由进入该行业；后者是指行业中只有几个企业，而且新企业的进入受到严格的限制。

为了更准确地区分这四种类型，我们需要引入市场集中度和绩效理论。

如果一个市场当中有无数家企业在竞争，那么会造成竞争过度和浪费过大，但完全垄断也不好。**市场集中度**（也称**市场集中率**）是指某一行业的生产和销售是集中在少数企业还是分散在众多企业中，或者说少数企业对该行业的控制程度。最常用的反映市场集中度的指标是四家集中率（CR4）和赫芬达尔-赫希曼指数（HHI）。

四家集中率（CR4），是指某一行业中排名前四的企业的市场销售额之和在整个市场销售额中所占的比例。

例如，某一市场中的总销售额为 2000 亿元，这个市场上排名前四的企业的销售额分别为 500 亿元、400 亿元、350 亿元和 300 亿元，则这个行业的四家集中率就是

$$CR4 = (500 + 400 + 350 + 300) \div 2000 \times 100\% = 77.5\%。$$

赫芬达尔-赫希曼指数（HHI）是计算某一市场上排名前 50 的企业（如果小于 50 家就是所有企业）的市场占有份额的平方之和。

例如，某市场上排名前 50 的企业的市场占有份额分别为 10%，9%，8%，…，0.1%，则有

$$HHI = 0.1^2 + 0.09^2 + 0.08^2 + \cdots + 0.001^2。$$

四家集中率和赫芬达尔-赫希曼指数都是反映市场垄断程度的指标。

表 6-1 总结了常见的四种市场结构类型和市场集中度的关系。

表 6-1 四种市场结构类型和市场集中度的关系

市场结构	企业数目和市场集中度	产品差别程度	接近市场	主要营销策略
完全竞争	企业极多，市场集中度为零	产品完全无差别	农产品市场和金融市场（期货、股票）	市场交易或拍卖

续表

市场结构	企业数目和市场集中度	产品差别程度	接近市场	主要营销策略
完全垄断	单一企业,市场集中度最高	唯一的产品,没有接近的替代品	公用事业(如水、电)	差别定价和广告
垄断竞争	企业较多	有许多真实的或虚幻的差别	零售业(如糖果、餐饮、食品、烟、酒、电影、化妆品等)	价格竞争、广告宣传制造差异化
寡头垄断	只有几个企业,市场集中度高	差别很小(如钢铁)或有差别(如汽车)	钢铁、汽车、石油、矿产品	相互勾结(公开或者隐蔽)

6.3 完全竞争市场

完全竞争(Perfect Competition)又称**纯粹竞争**(Pure Competition),是指一种不受任何阻碍和干扰的竞争。**完全竞争市场**是指没有任何垄断因素的市场。要形成这一市场,必须满足以下四个条件。

(1)市场中存在大量的生产者和消费者,每一个行为者只占极微小的市场份额,以至于没有谁能够独自影响市场价格。

市场中每一个行为者所面对的是一条完全水平的需求曲线。单个买者或卖者只是"价格的接受者"(Price Taker),而不是价格的制定者(Price Maker)。市场中的所有行为者只是根据自己的利益独自决定如何行动,这些行动汇集起来共同决定市场价格。

(2)市场上的产品是同质的(Homogenous),不存在产品差别。

这种产品差别不是指不同产品之间的差别,而是指同种产品在质量、包装、品牌、销售条件等方面的差别。例如,不是指自行车与汽车的区别,而是指自行车在质量、包装、品牌、销售条件等方面的差别。由于产品差别会形成垄断,因此只要不存在产品差别,企业之间的产品完全可以互相替代,企业就无法以自己产品的特点来形成垄断优势,在不存在垄断的情况下才能实现完全竞争。在这种市场中,消费者购买哪一个企业生产的产品不存在偏好,影响消费者选择的唯一因素是价格。这就意味着当某企业稍微提高产品的价格,所有的消费者就可能会转而购买其竞争者的产品。当产品的价格相同时,消费者在选择购买哪个企业的产品时则是完全随机的。

(3)生产要素的流动是自由的。

当外部条件(如产品价格或消费者的需求)发生变化时,行业会对产量进行相应的调整,而这种调整往往会带来部分资源流入或流出该行业。在完全竞争条件下,这种流动是自由的,生产要素的进入或退出没有人为的和自然的壁垒。人为的壁垒主要包括政府对进入某一行业要求的执照或特许、某种产品的生产专利等;自然壁垒主要包括行业的规模经济、自然条件等。在完全竞争市场中,企业可以根据自己的意愿,不受任何阻碍地进入或退出某个行业。

（4）市场信息是畅通的。

生产者和消费者都可以获得有关现在和将来的完整而充分的市场供求信息，他们可以据此做出正确的决策。对生产者来说，充分的信息包括产品的生产方法、投入要素的价格、产品的价格等；对消费者来说，充分的信息主要包括他们自己的偏好、收入、产品的价格。买卖双方的信息是对称的。

在上述四个条件中，前两个条件是最基本的。事实上，要寻找一种完全符合上述四个条件的市场是非常困难的，但是作为一种理想的市场结构，它提供了一个标准，基于这种标准，我们就可以比较一个实际产业部门所具有的特征。并且，这一理论模型分析说明了完全竞争以外的市场中所具备的各个变量之间的重要关系。因此，对它进行分析是非常有意义的。

现实中，接近于这些条件的市场是农产品市场。因为普通的农产品是由众多农户提供的，消费者也很多，农产品基本属于无差别产品，企业可以自由进入或退出该行业。除了农业以外，某种意义上还没有哪个市场是完全竞争的。

案例讨论

你见过黄金、股票等的广告吗？

我们每天听广播，看电视、报刊等都不得不接收泛滥成灾的广告。那你有没有见过关于黄金、股票或外汇市场的广告？

上述市场和大多数农产品市场一样都是接近完全竞争的市场。

讨论：美国三家运动鞋生产商 Nike、Reebok、Adidas 面临的市场和农产品市场是否一样？

6.4 完全垄断市场

完全垄断市场通常被称为**垄断市场**，与完全竞争市场相比，它是另一种极端的市场结构。在这种市场中，一种产品被某一家企业独家控制。从理论上讲，完全垄断具有以下几个特点。

（1）在一种产品市场中，由一家企业提供所有的产品，企业就是行业。市场中没有任何可以替代的产品，垄断企业不存在直接的竞争者。

（2）垄断企业是产品价格的制定者，而不像完全竞争市场中的企业那样是价格的接受者。垄断企业能够自行决定产品的产量和价格，以实现企业利润的最大化。

（3）垄断企业为实现利润最大化，可在不同的销售条件下对产品制定不同的价格，即实行差别定价。

(4) 非价格竞争。完全垄断市场中，企业生产的产品可能是标准化的（如天然气和电力），也可能是差异化的。生产标准化产品的垄断企业主要是开展公共关系的广告，而生产差异化产品的垄断企业有时候会为它们产品的品质和品牌形象做广告。

在现实经济生活中，完全垄断市场是较少存在的，除了文物、古董等少数产品外，大多数产品在一定程度上都可以找到替代品。

我们知道，要进入完全垄断市场的可能性是极其微小的。形成垄断的主要原因有以下几个方面。

(1) 规模经济的需要。

某些行业的生产，由于规模报酬递增的存在，当企业规模扩大时，它的平均成本会随着产量的增加而降低。换句话说，一个行业内，如果有一个企业能够比其他企业生产更多的产品，那么，它的平均成本就低于其他企业，这个企业就能在扩大生产的同时降低产品的价格，最终使其他企业在本行业内无利可图而退出，于是该企业就垄断了这个行业。这样的行业需要巨大的资本、完善的设备才能有效经营。由生产的技术特性造成规模经济引起的垄断，一般称为**自然垄断**。大规模公用事业，如供电、高速公路等都具有自然垄断的特点。

(2) 技术壁垒。

如果除垄断者之外再无其他企业掌握某种生产技术或诀窍，这个市场就可能成为完全垄断市场。当然，技术或诀窍一旦为他人所知，企业的垄断地位也将不复存在。在技术飞速发展、商业情报活动无孔不入的现代社会中，生产"绝技"是很难长期保密的。据说，可口可乐的配方是最长寿的商业机密，多少年来，尽管许多软饮料生产企业仿制了口味十分相近的饮料，但还是配制不出可口可乐的特色。

(3) 资源壁垒。

这是指由于资源分布的空间性、区域性，而使其他企业无法取得相应资源，而不能进入某一行业。这往往在某一特定资源被某企业独家控制的情况下发生。例如，第二次世界大战以前，"Alcoa公司"（美国铝土公司）控制了几乎全美国的所有铝矾土，由于铝矾土是生产铝的主要原料，因而该公司便垄断了美国的铝的生产。

(4) 法律壁垒。

有些独家经营的特权是由法律规定并受法律保护的，专利和版权便是法律特许的垄断。为了鼓励发明创造，保护发明家和投资者的利益，几乎所有的国家都制定了专利法。这些发明创造和版权一旦经过审核批准，就获得了独家经营的特权，在有效期内其所有者便是垄断者。例如，当玻璃纸刚刚发明出来时，美国的DuPont（杜邦）公司就凭借其专利权垄断了全部玻璃纸的生产。

(5) 策略壁垒。

有时候，企业可以通过制定某些策略，高筑壁垒，以确立或巩固其垄断地位，这就是策略性壁垒。我们可以通过下面三个案例来说明。

案例讨论

戴比尔斯公司为什么要限制供给量

据《纽约时报》披露，受控于戴比尔斯联合矿业公司（以下简称戴比尔斯公司）的中央销售组织很可能是世界上最成功的垄断者。该公司1880年在南非创立，在1990年以前，其天然钻石的产量占全球钻石产量的99%以上。

没有人怀疑戴比尔斯公司可以决定钻石的价格。但事实上，一旦钻石的需求出现下降（如20世纪80年代初），该公司便收购钻石，以便保持钻石的价格。除了限制供给量之外，该公司还推进其销售战略，将钻石与浪漫加以整合，其历经50年之久的宣传口号是"钻石恒久远，一颗永流传"。这样，即使在时势艰难时，变卖一种能滋润持久情怀商品的可能性也很小，这使公司得到了丰厚的回报，但消费者却要支付比竞争性钻石市场条件下更高的价格。

讨论：为什么占绝对垄断地位的戴比尔斯公司还要限制供给量，并不断推进其销售战略？

6.5 垄断竞争市场

如果你进入一家书店准备买一本假期读的书，并在书架上找到了一本古龙的武侠小说、一本琼瑶的爱情小说、一本安徒生的童话，还有许多其他可供选择的书。那么，当你挑选出一本并要买下时，你是在参与哪一种市场？

一方面，书的市场是极富竞争性的，当你观察书店书架上的书时，会发现了许多吸引你的作者和书籍。这个市场上有可供买者选择的成千上万种竞争的产品，而且任何一个人都可以通过写作和出版一本书而进入这个行业。另一方面，书的市场又极有垄断性，因为每本书都是独一无二的，出版商在某种程度上可以选择所收取的价格，这个市场上的卖者是价格决定者，而不是价格接受者。而且实际上，书的价格大大超过了书的边际成本。例如，某本典型的精装本小说的价格可能是40元左右，而多印一本小说的成本可能低于10元。

垄断竞争（Monopolistic Competition）是由许多出售相似而不相同产品的企业构成的既有竞争因素又有垄断因素的一种市场类型。垄断竞争市场主要有以下特点。

1. 同一行业中的每个厂商生产的是异质产品

在垄断竞争市场中，每个厂商生产的产品都具有自己的特色，不同厂商的产品之间存在着差异，这种差异可能是因为设计、技术不同或原材料不同而产生的，也可能是因为产品外观形状、包装、商标等不同而产生的，甚至厂商的地理位置、服务态度的不同也是产品产生差异的一个原因。同时，这些不同厂商生产的产品又是相似的，它们之间有很大的替代性。由于产品有差别，因此这些产品之间不能完全替代。经济学家认为，因为产品有差别，所以每个厂商生产的产品特色便构成了垄断因素，产品的差别越大，垄断程度也就越高。另外，因为产品之间有替代性，因此不同厂商之间存在着激烈的竞争，替代程度越高，竞争也就越激烈。

2. 同一个行业中有许多厂商

在垄断竞争市场中，同一行业有许多厂商，他们都能对市场价格产生一些影响，但这种影响是有限的。这些厂商是独立行动的，并不互相勾结以控制市场价格。由于同一行业中有许多厂商，因此，一个厂商的决策不至于引起其他厂商的对抗行动。

3. 厂商比较容易进出这个市场

一般说来，垄断竞争市场中的厂商主要是指日用工业品、手工业、零售商业及维修服务业等行业中的厂商，这些行业中的厂商规模并不太大，因而进出行业的障碍不大。

在现实经济中，垄断竞争是一种普遍现象，特别是在零售业和服务业中。略微想一下，就可以列出一系列具有垄断竞争特征的市场，如书籍、CD、电影、电脑游戏、餐饮及家具等。

6.6 寡头垄断市场

在中国，如果你要选择一家通信服务商，那么只能从中国移动、中国电信、中国联通三家当中选择。原因在于中国所有通信服务都是由这三家企业提供的。另一个例子是世界石油市场：中东少数几个国家控制了世界大部分石油储藏。类似地，当一个行业的市场中只有类似"三大""四大"或"六大"企业时，该市场就是一个寡头垄断市场。

寡头垄断（Oligopoly Competition）**市场**又称为**寡占市场**，是指少数几家厂商控制整个（或绝大部分）市场产品的生产和销售的一种市场类型。汽车工业、石油工业、钢铁工业等行业的市场，通常被认为是典型的寡头垄断市场。寡头垄断市场更偏重于垄断。

寡头垄断市场的特征主要有以下三个。

1. 极少数类似或屈指可数的大生产商

寡头垄断市场中一般只有极少数的大生产商，例如，美国汽车主要由通用、福特公司控制，电气设备主要由通用电气、威斯汀豪斯电气公司控制，零售业主要由好市多（Costco）、沃尔玛（Walmart）、塔吉特（Target）等几家大企业控制。

2. 头厂商对价格有控制力，但相互依赖

这是寡头垄断市场最基本、最突出的特征。这也导致了寡头垄断市场中产品的价格和产量的决定成为一个很复杂的问题。其主要原因在于：寡头垄断市场中企业数目很少，每个企业的产量在市场的总产量中都占有较大的比重，其价格和产量的变动会对其竞争对手以至整个行业的价格和产量产生举足轻重的影响。因此，在寡头垄断市场中，每个寡头厂商在采取某种行动前必须考虑其他厂商可能发生的反应，然后才能采取最有利的行动。这使得寡头厂商的决策在结果上具有很大的不确定性，也使寡头垄断市场的理论变得非常复杂。

3. 为了减少上述不确定性，寡头厂商之间会相互影响

在这方面，因条件假设的不同，会有许多不同的寡头垄断模型。所以，在寡头垄断市场中，产品的价格不是由市场供求决定的，而是由少数寡头厂商通过有形或无形的勾结、价格领导、形式不同的协议、默契等方式决定的。寡头厂商之间的竞争手段是多种多样的，一旦价格和产量确定下来，寡头厂商之间的竞争就具有相对的稳定性，所以，各个寡头厂商相互之间容易达成某种形式的相互勾结和妥协，也就是通常所说的在竞争中达成妥协，在妥协中展开竞争。本节介绍两种寡头厂商之间的关系模型：卡特尔和博弈。

（1）卡特尔（公开勾结）。

互相竞价势必导致寡头厂商两败俱伤，因而寡头厂商之间的勾结不可避免。**卡特尔**（Cartel）就是寡头厂商之间用公开和正式的方式进行勾结，是一个行业的独立厂商之间就价格、产量和市场划分等事项达成明确的协议而建立的垄断组织。在卡特尔中，参与市场活动的各个厂商往往签订关于价格、产量和销售区域等事项的明确协议。例如，石油输出国组织就是典型的卡特尔。1960 年，阿拉伯主要产油国家组成石油输出国组织，20 世纪 70 年代中东战争后，石油输出国组织联合行动，压缩石油产量，抬高价格，对世界石油市场产生了很大影响。假如一个卡特尔能够根据该行业产品的需求状况和各厂商的成本情况按利润极大化原则确定价格和产量，这样的卡特尔就可以视同完全垄断厂商了。

在确定了总产量后，卡特尔会按照事先达成的协议向各成员厂商分配产量配额，一般来说，为了整个组织的利润最大化，卡特尔会按照所有成员的边际成本都相等的原则分配产量，但是，由于各个成员的经济实力不同，因此各成员获得产量配额的机会也不均等。

卡特尔组织是不稳定的。上述的产量分配方式虽然是一种理想的分配方式，但在现实中很难实现。因为卡特尔成员厂商之间的产量分配受到各厂商的地位、已有的生产能力和销售规模的影响，而且卡特尔的成员可以避开卡特尔另做手脚，通过秘密的价格回扣等形式破坏协议中规定的限额。只要卡特尔的其他成员不对它进行制裁，该厂商就可以稳定地获得超额利润，但如果卡特尔的其他成员也这样做，卡特尔就会解体。

案例讨论

全国大学生体育协会是不是卡特尔组织

大学生体育运动也是一个很大和非常有利可图的产业。在美国，有一个组织名称为全国大学体育协会（National Collegiate Athletic Association，NCAA），它在许多重要的体育活动中限制竞争。为了减少学生运动员的讨价还价能力，NCAA 制定并执行关于补贴

资格和补贴标准的规则；为了减少企业之间的竞争，它限制各个赛季举办比赛的次数和各分区允许参赛的队数，并且限制价格竞争。直到1984年为止，NCAA一直是所有橄榄球转播合同的唯一谈判人，从而一直垄断着行业收益的主要来源。

讨论：NCAA是不是卡特尔组织？它能持久地限制大学体育活动中的竞争吗？

(2) 博弈。

在完全竞争市场中，相对于整个市场而言，每个企业如此之小，以至于相互之间的战略相关性无关紧要。在完全垄断市场上，由于市场中只有一家企业，因此也没有战略相互作用。但是，正如我们将要说明的，博弈论对理解寡头厂商的行为十分有用。

一个称为"囚徒困境"的博弈情景说明了维持合作的困难。在合作时，即使能使所有人状况变好，人们也往往选择不合作。"囚徒困境"的故事包含着一个一般性结论，这个结论适用于任何一个力图维持其成员合作的集团。

案例讨论

囚徒困境——小故事中的大理论

囚徒困境的基本模型是这样的：警察控制了两名合伙犯罪的犯罪嫌疑人，但却缺乏足够的证据指证他们所犯的罪行，如果其中有一个人供认犯罪，就能确认他们的罪名成立。为了得到所需的口供，警察将这两名犯罪嫌疑人分别关押以防止他们串供或结成攻守同盟，并给他们同样的选择机会：如果他们两人都拒不认罪，则他们会被以较轻的妨碍公务罪各判1年徒刑；如果两人中有一人坦白认罪，则坦白者会被立即释放，而另一人将被判8年徒刑；如果两人都坦白认罪，则他们将被各判5年徒刑，上述这几种选择如图6-1所示。

		嫌疑人1	
		坦白	不坦白
嫌疑人2	坦白	两个各被判5年徒刑	嫌疑人1被判8年徒刑，嫌疑人2被立即释放
	不坦白	嫌疑人1被立即释放，嫌疑人2被判8年徒刑	两人各被判1年徒刑

图6-1 囚徒困境故事中警察给犯罪嫌疑人的选择

嫌疑人面临着两难的选择——坦白或拒不认罪。显然最好的策略是双方都拒不认罪，结果是大家都只被判1年徒刑。但是由于两人处于隔离的情况下，无法串供，并且各自都追求自己的最大利益而不会顾及对方的利益，双方又都不敢相信或指望对方有合作精神，因此，只能实现对他们都不理想的结果（都坦白）。由于这种结果具有必然性，很难摆脱，因此这个博弈被称为"囚徒困境"。

讨论：寡头厂商是否经常需要像上面故事中的囚徒一样做出一些决策：是否应降价？是否应限产？

提示：例如，某寡头垄断市场中有两家企业 A 和 B，这两家企业都生产运动鞋，都面临两种定价策略：高价或低价。这两家企业根据对手的不同定价策略（高价或者低价）共有四种可能的策略组合，如图 6-2 所示。

	企业 A 的定价策略	
	高价	低价
企业 B 的定价策略 — 高价	两家企业可各赚 12 万美元	企业 A 可赚 15 万美元，企业 B 可赚 6 万美元
企业 B 的定价策略 — 低价	企业 A 可赚 6 万美元，企业 B 可赚 15 万美元	两家企业可各赚 8 万美元

图 6-2　企业 A 和 B 的定价策略组合

在寡头垄断市场中，每家企业的利润不仅取决于自己的定价策略，还取决于竞争对手的定价策略。通过图 6-2 我们不难发现：不管竞争对手采取什么定价策略，主动降价总对自己有利，共谋总难以维持。正如"囚徒困境"中的囚徒都坦白一样，利己也常常使寡头企业难以维持高价格和垄断利润。

案例讨论

沃尔玛的成功之路

沃尔玛是大型连锁店行业中一个极其成功的公司。沃尔玛创立于 1962 年，经过 50 多年的发展，沃尔玛公司已经成为世界上最大的连锁零售商，多次荣登《财富》杂志世界 500 强榜单。

沃尔玛的成功固然有各方面的因素，但关键在于其采取了成功的市场进入策略。大多数的经营者都认为，大型折扣店依靠较低的价格、较低的装修与库存成本经营，要赚钱就必须有足够大的市场容量，因此，这类商店无法在一个 10 万人口以下的城镇经营并获得利润。但沃尔玛的经营者山姆·华尔顿并不相信这种说法，他从美国西南部的小镇上开始他的实践，到 1970 年就开出了 30 家"小镇上的折扣店"，并获得了巨大的成功。一个 10 万人口以下的小镇所具有的市场容量并不太大，但却足够容纳下一个大型折扣店，并能让它获得一定的利润。

到 20 世纪 70 年代中期，当其他连锁店的经营者认识到这一点时，沃尔玛已经大量占领了这样的市场。特别是对这样的小镇来说，开出一家连锁折扣店可以赢利，因为这家折扣店可以成为小镇市场上的垄断者，但如果开出两家这样的店来，市场容量就不够大，单独一家店的利润与开一家店时相比肯定会有所下降，甚至出现亏损。因此，对小镇市场来说，连锁折扣店的竞争就面临一种市场进入的博弈。

讨论：请查找资料后分享，并与小组同学一起分析讨论当前沃尔玛的经营状况及其原因。

6.7　商界应用：航空公司个案

通过 6.1 节的学习，我们知道企业收益和成本决定其利润。因为企业收益和成本都和其产品价格有关：企业的收益由其售出产品的数量和价格决定，企业的成本由其购买的劳动力、资本和原材料等要素的数量和价格决定，而价格又取决于市场结构——市场垄断或集中的程度，所以，市场结构也对企业利润影响很大。

产品市场是企业销售其产品的市场，要素市场是企业购买生产要素（原料、资本和劳动力等）的市场。从企业销售产品的角度来看，为了追求高价，市场垄断程度越高越好；而从企业购买生产要素的角度来看，为了追求低价，则市场竞争程度越高越好。产品市场和要素市场的不同组合情况如图 6-3 所示。

	产品市场	
	完全竞争	完全垄断
要素市场 完全竞争	A. 低收益，低成本	B. 高收益，低成本
要素市场 完全垄断	C. 低收益，高成本	D. 高收益，高成本

图 6-3　产品市场和要素市场的不同组合情况

从图 6-3 中我们可以看出，企业最理想的组合方案是 B 方案。在 B 方案中，要素市场是完全竞争市场，产品市场是完全垄断市场。因此，B 方案中的企业利润最高（高收益、低成本）。我们再来看另外几种情况。A 方案中要素市场和产品市场都是完全竞争市场，在低收益和低成本的情况下企业利润很低；而 C 方案和 D 方案中的要素市场都是完全垄断市场，C 方案低收益、高成本，企业利润极低，甚至出现亏损，由于产品市场中 D 方案比 C 方案的垄断程度高，表面上看 D 方案收益更高，但高成本将使 D 方案中企业的利润也不高。D 方案中，企业的超额利润往往因为被其高度垄断的要素供应商所剥夺，因此，D 方案下的企业经常采用并购上游供应商（垂直合并）使其成为自身的一个企业的办法，这样一来可以最大限度地降低成本。

这里以航空公司为例进行说明。首先，航空公司的投入要素包括飞机、国际机场的降落权和飞行员的费用。世界上两大大型客机制造商分别是欧洲的空中客车公司和美国的波音公司，该市场是高度垄断的。世界上绝大多数城市只有一个机场，也是垄断的。飞行员的工资待遇很高并且受行业工会组织保护，工会组织可以有效地成为劳动力供应的垄断组织。因此，从要素投入角度来看，航空公司处于不利地位。至于产品市场，航空公司通过网上订票或其他代理机构出售机票。乘客可以自由选择更便宜的机票，所以航空公司的产品市场又是高度竞争的。显然，这是一个很不好的方案（图 6-3 中的 C 方案）。

如何来解决这一难题呢？航空公司通常采用联盟的办法来解决这一问题。联盟可以共享乘客，降低产品市场的竞争程度。除此之外，航空公司还可以互享不同机场的降落权并分享飞行员培训。至于购买飞机，可以采取集团购买的方式，因为大批购买可以降低成本。这样，航空公司就可以最大限度地将一个很不好的 C 方案逐渐转化为 B 方案。

复习与练习

【关键概念复习】

在 B 栏中寻找与 A 栏中术语相应的解释，并将序号填在术语前边。

A	B
市场结构	1. 又称纯粹竞争，是指一种不受任何阻碍和干扰的竞争。该市场是指没有任何垄断因素的市场
完全竞争	2. 某一个行业中垄断与竞争的程度
完全垄断	3. 由许多出售相似而不相同产品的企业构成的既有竞争因素又有垄断因素的一种市场类型
垄断竞争	4. 通常被称为垄断市场。在这种市场中，一种产品被某一家企业独家控制
自然垄断	5. 由少数几家厂商控制整个（或绝大部分）市场产品的生产和销售的市场组织
寡占市场	6. 由生产的技术特性造成规模经济引起的垄断

【思考与练习】

（一）填空题

1. 经济学家根据竞争与垄断的程度，把现实中的市场分为_____、_____、_____、_____四种类型。

2. 在完全竞争市场中，生产某种产品的厂商很多，他们的产品彼此之间_____差别，他们增减产量对价格_____影响。

3. 在完全垄断市场中，生产某种产品的厂商只有_____个，其产量的高低能够影响该产品的价格。

4. 在寡头垄断市场中，生产某种产品的厂商数目_____，他们可以通过勾结的方式制定产品价格。

5. 在垄断竞争市场中，生产某种产品的厂商_____，但他们的产品彼此之间存在差别。

6. 在完全竞争的条件下，平均收益曲线和边际收益曲线是_____的。

7. 在不完全竞争的条件下，平均收益曲线和边际收益曲线向_____方倾斜，并且平均收益曲线位于边际收益曲线的上方。

8. 在完全竞争市场中，厂商的产量和价格处于短期均衡的条件是_____。

9. 在_____市场上，厂商处于长期均衡的条件是 $MR = MC = AR = AC$。

10. 不论是长期还是短期，垄断厂商的产量和价格的均衡条件都是_____。

（二）单项选择题

1. 一个市场上只有一家厂商，生产一种没有替代品的产品，这样的市场结构称为（　　）。
   A. 垄断竞争　　　B. 完全垄断　　　C. 寡头垄断　　　D. 完全竞争

2. 一个行业中有很多厂商，每个厂商的产品都与其他厂商的产品略有差别，这样的市场结构称为（　　）。
   A. 垄断竞争　　　B. 完全垄断　　　C. 完全竞争　　　D. 寡头垄断

3. 下面不是垄断竞争的特征的是（　　）。
   A. 厂商数目很少　　　　　　B. 进出该行业容易
   C. 存在产品差别　　　　　　D. 厂商忽略竞争对手的反应

4. 厂商获取最大利润的条件是（　　）。
   A. 边际收益大于边际成本的差额达到最大值
   B. 边际收益等于边际成本
   C. 价格高于平均成本的差额达到最大值
   D. 以上都不对

5. 在完全垄断市场上，价格（　　）。
   A. 可由厂商任意决定　　　　B. 一旦确定就不能更改
   C. 受市场需求状况的影响　　D. 由消费者决定

6. 在完全垄断市场上，边际收益与平均收益的关系是（　　）。
   A. 边际收益大于平均收益　　B. 边际收益等于平均收益
   C. 边际收益小于平均收益　　D. 无法确定

7. 最需要进行广告宣传的市场是（　　）。
   A. 完全竞争市场　　　　　　B. 垄断竞争市场
   C. 寡头垄断市场　　　　　　D. 完全垄断市场

8. 一个行业中只有少数几家厂商，每家厂商都要考虑竞争对手的行为，这样的市场结构称为（　　）。
   A. 完全竞争　　　B. 垄断竞争　　　C. 寡头垄断　　　D. 完全垄断

9. 完全竞争市场上的企业不能控制的是（　　）。
   A. 产量　　　　　B. 价格　　　　　C. 成本　　　　　D. 生产技术

10. 在完全竞争市场上，价格与边际收益的关系是（　　）。

A. 价格大于边际收益   B. 价格等于边际收益
C. 价格小于边际收益   D. 以上都有可能

（三）判断题

1. 收益就是利润，因此，收益最大化就是利润最大化。（ ）
2. 完全竞争市场中厂商的边际收益等于市场价格。（ ）
3. 完全竞争市场中厂商的平均收益等于价格。（ ）
4. 完全竞争市场中厂商的需求曲线、边际收益曲线、平均收益曲线、价格曲线重合。（ ）
5. 完全竞争市场中的厂商不可能在亏损的状态下生产。（ ）
6. 垄断市场中的价格依赖于厂商的产量。（ ）
7. 完全竞争市场中的厂商可以影响市场价格。（ ）
8. 范围经济是指在相同的投入下，单个厂商的联合产出超过两个各自生产一种产品的厂商所能达到的产量，也就是单位产出的平均成本下降。（ ）
9. 四家集中率（CR4）和赫芬达尔-赫希曼指数（HHI）是衡量行业垄断程度的两个重要指标。（ ）
10. 在完全竞争市场上，厂商销售的产品是同质的。（ ）

（四）问答题

1. 试比较不同市场结构的经济效率。
2. 在一个行业中，最大的企业的市场占有份额为10%，第二家为9%，第三家为8%，第四家为7%，第五家为6%，第六家为5%，第七家为4%，第八家为3%，第九家为2%，第十家为1%。请计算：（1）该行业的四家集中率（CR4）；（2）该行业的赫芬达尔-赫希曼指数（HHI）。
3. A、B两家寡头厂商共同占有一个市场。如果A、B都做广告，则各获得利润30亿元；如果两家都不做广告，则各获得利润40亿元；如果一家做广告，另一家不做广告，则做广告者获得利润50亿元，不做广告者获得利润20亿元。请用博弈论矩形图分析这两家厂商广告行为的组合情况，博弈的结果会怎样？
4. 简要说明利润最大化原则。
5. 养鸡场与包子铺都是小企业，为什么养鸡场是完全竞争的，包子铺是垄断竞争的？假设你是一家包子铺的老板，你应该如何创造自己的产品差别？你能永远立于不败之地吗？
6. 在微软公司一案中，有人认为它是垄断者，所以应该解体；有人认为它虽是垄断者，但不应该解体。这两种观点的区别何在？你认为应该怎样处理？
7. 为什么在完全竞争市场上厂商的平均收益等于边际收益，而在完全垄断市场上却是平均收益大于边际收益？

复习与练习
参考答案

第 7 章 微观经济政策

> 【导学】18 世纪的经济学家亚当·斯密发明了"自由放任"一词，即让市场机制——"看不见的手"来配置资源。但即便是亚当·斯密也感到有时需要政府干预市场，来解决市场失灵的问题。本章将介绍市场失灵的几种情况以及应对这些市场失灵情况的对策。

在本章以前，我们论述的都是市场经济的优点，市场机制可以调节产品的供求数量，可以调节生产要素的供求数量并决定要素的收入分配，使资源得到有效配置，实现消费者效用最大化和生产者利润最大化。但在实际经济生活中，市场机制并不像理论中那样完美，市场机制有时也会失灵。因此，现代微观经济学认为，政府有必要通过制定和实施各种经济政策来纠正市场经济中存在的各种缺陷，发挥"看得见的手"的功能。

7.1 市场失灵和政府失灵

7.1.1 市场失灵

"看不见的手"通常会使市场有效地配置资源，实现消费者效用最大化和生产者利润最大化。但是，由于各种原因，有时"看不见的手"也会不起作用。在实际经济生活中，市场机制并不像理论中那样完美，它在很多场合并不能实现资源的有效配置，这种情况称为**市场失灵**（Market Failure）。

在车水马龙的十字路口，交通混乱，很容易发生车祸或意外。迫切需要交通信号灯来维持交通秩序。交通信号灯是为每个经过路口的人提供服务的，但是实际上购买交通信号灯的费用却不可能让路人来支付。因为你无法阻止任何一个没有支付费用的路人享受因交通信号灯带来的良好的交通秩序。这样，交通信号灯对大家来说就都应该是免费的、共享的。没有人愿意支付购买交通信号灯的费用，于是，市场机制的那只"看不见的手"在这里就失去了它的效力。

在我国西北地区，有一种野生食用藻类植物叫发菜，这种植物呈黑绿色细长丝状，像一头乱糟糟的头发，所以才有"发菜"这个名字。因为发菜是一种高蛋白低脂肪的营养品，名字吉利，产量又极低，所以价格十分昂贵。当地居民为了增加收入，就用特制的工具从草皮上采集发菜来卖。结果，因为大量采集发菜，土地上的草根都被破坏了，造成草原沙漠化，沙尘暴一年比一年严重。市场机制提高了当地部分居民的收入，却破坏了整个地区居民赖以生存的环境。

同时，"看不见的手"也不能确保永远公平地分配经济成果。市场经济根据人们生产其他人愿意购买的东西的能力来给予报酬。世界上最优秀的篮球运动员赚的钱比世界上最优秀的棋手多，只是因为人们愿意为看篮球比赛付更多的钱。"看不见的手"并没有保证每个人都有充足的食品、体面的衣服和充分的医疗保健服务。许多公共政策（如所得税和福利制度）的目标就是要实现更平等的经济福利分配。

当市场机制不能有效地配置社会资源时，就出现了市场失灵。概括地说，产生市场失灵的原因主要包括以下几个方面。

1. 公共性

因为公共物品本身的特点，使得如果公共物品依靠市场供给，那么就会出现零供给的情况。（想一下这是为什么）一旦当公共物品过于缺乏，就会影响到社会经济的正常运行，甚至导致整个社会生活无法正常进行。

市场机制难以在公共物品领域发挥作用，或在公共物品领域市场机制无法实现有效率的结果，需要由政府给予弥补。很多公共物品都具有极高的社会效益，在我们的经济和社会生活中不可或缺，但是，要想依靠市场机制把它提供出来，却是非常困难的。其主要原因有两个：一方面，公共物品的生产也要支付成本；另一方面，由于消费上的非排他性和非竞争性，使公共物品一旦生产出来，很难像普通的商品那样，实行谁付费谁消费的原则。所以通常认为，市场在这里失灵了。

2. 垄断性

我们知道，市场机制能够充分发挥作用需要一个重要的前提——完全竞争。然而在现实经济中广泛存在垄断和其他形式的市场结构，这些市场结构允许厂商具有决定价格的权利。一旦厂商可以自行决定价格，必然会导致其产品价格超过边际成本，出现高价格、低产量和垄断者超额利润。例如，某产业的产能过剩，如果让市场机制充分发挥作用，一部分资源就应从该产业中退出，但由于市场垄断扼杀了自由竞争，因此处于垄断地位的企业就有可能通过在暗地达成协议来限制产量，维持较高的价格，从而使这些企业在开工不足、设备闲置的情况下安然无恙地生存下去，不发生资源的移动。这显然是一种巨大的浪费。反过来，某一产业的产能不足，垄断者又可以通过设置种种进入壁垒，阻止资源的流入和新企业的出现，从而使自己安享超额利润。另外，一旦垄断价格得以形成，企业间的价格竞争就不存在了，垄断企业的市场地位就会相对稳定下来。竞争的压力大大减小了，企业追求技术进步的动力也就相应地减弱。因此，不完全竞争损害了资源的有效配置，需要由政府来加以干预。

3. 外部性

外部性是指某种经济活动给予这项活动无关的第三方带来的有利（正外部性）或不利（负外部性）的影响，而这些影响并没有支付任何报酬或进行任何补偿。这种活动是一种没有经济报酬或经济补偿的交易活动。这种活动会产生一些不由生产者或消费者承担的成本或不由生产者或消费者获得的利益。

例如，一个造纸厂的生产不但影响生产者和消费者，而且造纸引起的污染还会给附近居民带来不利影响，但生产者或消费者都不愿承担污染的成本，仅仅靠市场机制是无法消除这种负外部性的。这是因为在市场经济中，生产者考虑的是自己生产产品的成本和收益，即私人成本和私人利益，消费者只考虑自己从购买的物品中得到的效用和付出的价格，即私人利益和私人成本。当生产者和消费者通过市场调节实现供求平衡时，市场机制却无法解决因为造纸带来的污染问题。从社会角度看，要解决污染问题，必须增加投入，即社会成本增加了。在这个例子中，市场机制并没有实现资源的最优配置，这就是市场失灵的表现。

4. 信息不对称

现实市场中的信息存在两个特征：信息本身具有公共物品的特征，极容易导致在市场中的供给不足；同时，信息又是不对称的，市场交易中的买者和卖者关于所交换的商品信息可能是不同的。这就导致许多决策是在信息不充分的条件下做出的。

我们知道，完全竞争的前提是所有买者都面对相同的一组价格，而这种观念又是基于完全信息的假定。当市场中的一方无法获知另一方的相关信息时，就产生了信息的不对称。俗话说：买的总没卖的精。生产者总是比消费者对商品的信息知道得要多一些，这种信息的不对称性，使买家在与卖家讨价还价的过程中处于弱势地位，从而造成交易的不公平性，导致商品不能按照应有的价格交易，使买家受损。关于信息不对称下的市场行为，将在 7.4 中有详细介绍。

除上述四个方面之外，市场失灵还表现在失业、经济波动及收入分配不公平等方面。在市场经济中，会周期性地出现失业、通货膨胀现象，但市场机制对此则显得无能为力。同时，市场机制也只能保证经济效率，即通过市场竞争、优胜劣汰，或者按要素在生产中的贡献来分配收入，而不能保证收入分配的社会公平。因此，贫富差距必然会出现。

7.1.2 政府失灵

市场失灵的存在使得政府不得不采取某种干预行动。为了矫正市场失灵，几乎所有政府都使用它的"看得见的手"对市场进行调节，以达到促进效率、提倡公平和扶持经济增长及稳定的目的。政府调节在经济运行中起着重要作用，能弥补市场机制所存在的缺陷，使人们有理由对政府扮演的角色给予足够的重视。但是，我们必须注意到，政府的作用不能随意夸大，因为政府机制也存在失灵的问题。

公共政策是由政治程序制定的。政府在干预经济活动的过程中，由于信息的有限性以及官僚主义、腐败与寻租等原因，会造成政府失灵。简单地说，**政府失灵**就是政府为了矫正和弥补市场机制的功能缺陷所采取的立法、行政管理及各种经济政策手段，在实施过程中有时会出现各种事与愿违的结果，最终导致政府干预经济的效率低下和社会福利损失。

政府失灵主要表现在以下几个方面。

1. 有效信息不足

市场信息的不足是造成市场失灵的一个因素，政府往往要承担提供信息的职能或要替代某些交易者进行决策。但由于现实经济生活相当复杂并难以预计，因此，如果说私人难以掌握完全的信息，那么政府同样也难以做到。

2. 政府的社会控制能力有限

政府制定并实施某项公共政策后，对市场反应与可能采取的对策往往无能为力，从而削弱政府公共政策的实施效力。政府的社会控制能力主要表现在打击违法犯罪、维护正常的市场经济秩序和打击预防职务犯罪、遏制权力寻租这两个方面。由于法律法规不健全、不完善，不法商人钻法律法规的空子，加之"有法不依，执法不严"，致使市场经济环境还不是很理想。

例如，政府采取医疗保险或公费医疗政策，却无法控制医疗费用的急剧上升；一些国家为了吸引外资或鼓励投资，对外来资本或国内某些地区实行税收优惠政策，却没有料到许多不应享受优惠的投资者钻了政策的空子等。

3. 官僚主义

由于国家行政机关的制度存在一些缺陷，行政人员在执行公共政策过程中难免会产生官僚主义。官僚主义的表现之一就是政府制定出一项决策要比私人做出决策慢得多，因为当中要经过这样的几个时滞：第一是认识时滞，从问题产生到被纳入政府考虑日程的这一段时间；第二是决策时滞，从政府认识到某一问题到政府最后得出解决方案的这一段时间；第三是执行与生效时滞，从政府公布某项决策到付诸实施再到引起市场反应的这一段时间。大多数公共决策都难逃上述时滞。有时当针对某个问题的决策真正起作用时，该问题可能已不是什么重要问题了，而针对新问题的决策又需要经过上述时滞。

4. 公共政策的局限性

公共政策的决策权是由选民或选民代表投票选出的政治家掌握的，他们在做决策时会自觉不自觉地倾向于自己所代表的阶层或集团的偏好和利益，一旦既得利益集团形成，这种格局就很难被打破。即使政府的公共政策是通过投票制定出来的，也不一定就是最优的。即使是一人一票制，其结果也可能被少数决定规则的人操纵。

5. 寻租与腐败

寻租行为是现代社会中影响较广的非生产性经济行为，即个人或利益集团为了牟取自身经济利益而对政府决策或政府官员施加影响的行为。在现代社会中，寻租行为和政府行政干预存在着密切关系，而且，政府在寻租行为中未必扮演一个被动的或被利用的角色，政府有时也有政治创租和抽租的行为。在寻租的行为中，人们为获取行政干预的好处而贿赂讨好政府工作人员，在监督机制不健全的情况下，权钱交易极易发生。寻租行为的蔓延具有恶性循环的趋势，一旦遏止不住，人们就会为获得超额利润而投入更多资源去获取更多的寻租机会。寻租行为越盛行，政府干预造成的市场行为就越扭曲，社会经济的内耗就越大，资源浪费就越严重。

7.2 公 共 物 品

7.2.1 公共物品的特征和种类

公共物品是相对于私人物品而言的。在前几章里，我们讨论的主要是**私人物品**（Private Goods），即由市场提供给个人消费的商品和劳务，如吃的食品、穿的衣服、戴的首饰、用的工具等。这些商品或劳务在消费或使用上具有两个特点，即竞争性和排他性。**竞争性**是指同一单位产品在一个人享用时，如果其他人同时来享用，必然会降低使用者的效用。以吃苹果为例，桌上放着三个苹果，若两人分着吃，小张吃了两个，那么小李就只能吃到一个；反之，小李吃了两个，那么小张就只能吃到一个。这就是竞争性，即物品具有某一个人使用时能够减少其他人使用的特性。**排他性**是指一个商品或服务在购买者做出支付行为之后，购买者可以有效地把他人排除在消费该物品或服务的利益之外，即他人不能享用此商品或服务所带来的利益。还以苹果为例，若苹果归小张所有，则小张不让其他人消费这个苹果是很容易办到的。不让小李吃，小李就不能吃；反之，若小李吃了，那么小李就应该支付购买苹果的费用。也就是说，排他性是指物品具有可以阻止别人同时使用的特性。一般地，私人物品都具有竞争性和排他性。私人物品的竞争性和排他性决定了每个人只有通过购买才能消费某种物品，即消费者只有通过市场交易向生产者购买才能消费某种物品。

公共物品（Public Goods）是指既无排他性又无竞争性的物品或服务。公共物品一般是由政府部门生产或提供的，并由全体社会成员共同享用。例如，路灯是一种公共物品，任何人不能因为自己使用路灯照明而阻止其他人再使用路灯；而且任何人使用路灯也不影响别人使用路灯，路灯可以为所有过路人提供照明服务。提供公共物品的领域有很多，如国防、教育、法律、社会治安、环境保护、公共卫生、消防等。

公共物品不同于私人物品，它在消费上具有非排他性和非竞争性的特征。这里以人们喜爱看的烟花为例。每到中国农历正月十五的晚上，全国各地常常会举办娱乐性烟花表演,那五彩缤纷的烟花带给了人们很大的欢乐,此时有许多的家庭都会前去观看,共度美好时刻。赵先生和孙先生两家就在这许多观看烟花的家庭中,赵先生一家绝不会因为孙先生一家在看而不能看,这就是**非排他性**,即物品不能排除人们同时使用的特性。而且烟花也不会因为赵先生一家看了,使得孙先生一家看得少或效果不好,这就是**非竞争性**,即物品具有当一个人享用时并不能减少另一个使用的特性。

公共物品的种类是按其两个特征来划分的,既有非排他性又有非竞争性的物品称为**纯公共物品**。例如,一个城市的防空警报器是一种典型的**纯公共物品**,因为一旦警报器响起,某人听到了警报声并不能阻止其他人听到警报声,而且某个人得到警报的好处时,并不会减少其他人的利益。只满足非排他性和非竞争性其中之一的物品称为**准公共物品**。例如,海洋中的鱼是一种竞争性物品,当一个人捕到鱼时,留给其他人捕的鱼就少了,但海洋中的鱼并不是排他性物品,因为海洋无边无际,对捕到鱼的渔民收费实在是太困难了。有关公共物品和非公共物品的分类如图 7-1 所示。

	非竞争性	竞争性
非排他性	纯公共物品: 国防设备、红绿灯、灯塔等	公共资源: 海洋鱼类、免费公园
排他性	俱乐部产品: 有线电视、电影、俱乐部	私人物品: 汽车、衣服、食品等

图 7-1　(非)公共物品的分类

在图 7-1 中,只有左上角是纯公共物品;具有非排他性和竞争性的是公共资源,如免费开放的公园;具有排他性和非竞争性的公共物品是俱乐部产品,如到电影院看电影,看电影收门票,当然是排他性的,但电影院还有很多空位时不会由于增加一位观众而增加成本;同时具有排他性和竞争性的是私人物品。

7.2.2　搭便车问题和公共地悲剧

1. 搭便车问题

根据上述分析,一种物品要成为纯公共物品或准公共物品,必须具备非排他性和非竞争性两个特征或其中之一。由于有些公共物品具有非排他性的特征,因此难免会产生搭便车的问题。**搭便车**是指某些社会成员只愿意享用公共物品消费带来的效用,而不愿意为公共物品的生产付出代价,总是希望别的社会成员为公共物品的生产付出成本。如果所有的社会成员都如此打算,都希望别人来承担公共物品的生产成本,那么将没有一个私人生产者愿意提供相应公共物品,即使这种公共物品带来的收益远远大于生产成本。如果价格机制无法给公共物品的生产者带来刺激作用,那么它就在公共物品的供给上失灵了。在日常生活中我们就可以找到搭便车的例子,如许多居民小区的住户不肯向小区物业公司缴管理费,认为他们并不需要物业公司提供安全及其他方面的服务,但事实上他们却像其他缴费的住户一样，获得了同样的服务。

搭便车问题的存在，使得公共物品在私人经营的情况下，收费成为不可能。我们知道，在市场经济条件下，一种商品或服务的价格，不取决于它的平均成本，而取决于它的边际成本。例如，看烟花时，多一个人观看，并不会使烟花的成本有任何增加，也就是说边际成本为零。这样按照边际成本的等价原则，看烟花的每个人或家庭根本不该付费，免费消费成为应该，市场在这里就会失灵。因此，国防等各类公共物品就不能通过市场进行供给。

2. 公共地悲剧

我们再来看公共物品上出现的另一种现象——"公共地悲剧"。

一些公共物品在具有非排他性的同时，在消费上具有竞争性，这些物品被称为公共资源，如公共牧场上的草、公共河流中的鱼及无人看管的树林等。公共资源意味着有许多人可以共同使用一种稀缺资源，往往会发生过度使用的情况，如公共草地过度放牧、公共山林过度砍伐等。这些公共资源因过度使用而造成的后果，就是**公共地悲剧**。

如果说，公共物品的非排他性造成了搭便车行为的出现，那么公共资源的非排他性和竞争性则造成了公共地悲剧。在一片公共的草地上，牧民们都可以在那里放牧。对于每个牧民来说，都希望自己能够多养一头牛。因为牧民可以从中得到直接的收益，这个收益是别人无法享用的，是他的私人物品。但在他或其他人在牧场上过度放牧时，每个人又因公共牧场退化而承受延期成本，从而遭受更大的损失。这样，公共草地上被放养的牛会不断增加，直到草地因为无法承受过度的放牧压力而被破坏。草地上放养的牛因为吃不饱，最后都被饿死了。同样，公共河流里的鱼也会发生过度捕捞的情况；在一个无人看管的树林中，也同样会产生乱砍滥伐的现象。

公共地是一种典型的公共资源，由于它是开放的，要想排他性地使用非常困难。人人都想多占用公共资源，而对保护公共资源却没有动力。如公共草地资源，单靠个人是无法得到有效的维护的，即使你维护好公共草地资源，未参加维护者仍然可免费享用。维护的时间、成本、费用由维护者个人承担，而好处却由大家分享。因此大家都想坐享其成，都想搭便车。

案例讨论

鸡为什么不会绝种

在整个历史上，许多动物都遭受到了灭绝的威胁。但很少有人担心鸡会绝种。全世界现在有多少只鸡呢？恐怕谁也不知道，但是我们知道，鸡永远也不会绝种。鲸鱼正濒临绝种，那么为什么鸡多得不行而鲸鱼这么稀少呢？为什么母牛有很多而大象正越来越少呢？

当欧洲人第一次到达北美洲时，这个大陆上野牛的数量超过6000万头。但在19世纪期间猎杀野牛的行为非常广泛，以至于到1900年当地政府开始保护动物时，这种动物只剩下400头左右了。在现在的一些非洲国家，由于偷猎者为取得象牙而捕杀大象，大象面临着类似的困境。

有人把大象因被偷猎而减少的原因归结于象牙的商业价值。事实上并不是所有具有商业价值的动物都面临着这种威胁。例如，黄牛是一种有价值的食物来源，但很少有人担心黄牛会绝种。实际上，恰恰是人们对牛肉的大量需求保证了这种动物继续繁衍。

为什么象牙的商业价值威胁到大象，而牛肉的商业价值却是黄牛的护身符呢？原因是：大象是公共资源，而黄牛是私人物品。大象自由自在地漫步而不属于任何人。每个偷猎者都希望尽可能多地猎杀他们所能找到的大象，以获得更多的收益。由于偷猎者人数众多，却很少有偷猎者去保护大象种群，因此大象就越来越少。与此相比，黄牛生活在私人所有的牧场上。每个牧场主都努力维护好自己牧场上的牛群，因为他能从这种努力中得到更多、更长远的收益。

对于鸡不会绝种，牛也不会越来越少，而大象和鲸鱼却越来越少这个问题，简单的回答就是，人们可以把鸡和牛养起来，但是很难养大象和鲸鱼。人们有理由养鸡、养牛，照管这些动物，而那些不属于任何人的资源则被随意滥用，如空气、海洋。经济是可以自律的，但是自律的核心是私有财产。当所有权没有被清晰界定时，市场动力就消失了，社会规章制度的需求也就变得更加迫切。

讨论：请与小组同学分析讨论身边有哪些"搭便车"现象以及产生这种现象的原因。

3. 公共物品要政府来提供

上面提到的问题，如何解决才是最有效的呢？由谁来提供公共物品最合适呢？

事实上，由于所有公共物品的性质并非完全相同，因此，公共物品的提供方式也不一样。其基本原则是：纯公共物品由政府提供，准公共物品则要同时借助于政府和市场的力量由两者共同提供。

为什么纯公共产品要由政府提供？这是由政府运行机制和市场运行机制的不同决定的。市场是通过买卖关系提供产品和服务的。在市场上，谁有钱，谁就可以购买商品和享用服务，完全遵循自愿和对等的原则实现交易过程。由于纯公共物品具有非排他性和非竞争性的特征，对它的需要或消费是公共的或集合的。如果由市场提供，那么每个消费者都不会自愿掏钱去购买，而是等待他人去购买，自己则免费搭车。在这种情况下，纯公共物品显然是不能由市场提供的。与市场机制相比，政府的运行机制有所不同。政府主要通过无偿征税来提供纯公共物品。政府运用税收向社会提供纯公共物品时，由于这些物品的享用一般是不可分割、无法量化的，因此，每个人的纳税额与他所享用的公共产品是不对称的。换句话说，相对于市场买卖中利益边界的精确性而言，纳税人负担与纯公共物品享用之间的关系缺乏精确的经济依据。正是这种矛盾的存在，决定了纯公共物品的提供不能由私人去完成，而只能由政府来提供。

准公共物品提供方式如何选择，需要依照具体情况而定。一般来说，由于市场机制的提供方式更有利于提高供给效率、降低运行成本，而政府机制的提供方式虽然效率较低，却更加有利于社会公平目标的实现，因此，是选择市场机制提供还是选择政府机制提供，需要综合考虑社会在某一时期内对这些准公共物品的需求偏好。比如，在一条高速公路的建造上，如果人们认可通过交费的方式，就应该让市场机制在此发挥主要作用；如果人们对交费方式不予认可，就需要考虑采取政府收税筹集资金，建成后免费使用的方式。但对于许多准公共物品而言，采取由市场机制和政府机制协同提供的方式则是更加切实可行的。例如，卫生保健服务的费用一部分由政府提供，另一部分通过向当事人收费由当事人提供。这样既可以保障居民的医疗需要得到满足，又可以避免病床过分拥挤和药品的浪费。

那么回到上面提到的问题，应当由谁来对当地的牧场进行保护呢？有没有什么办法可以像对待鸡和黄牛一样对待大象呢？

事实上，各国政府一直试图用两种方法解决前面所述的大象的问题。一些国家（如肯尼亚、坦桑尼亚和乌干达）已经把猎杀大象并出售象牙列为违法行为。但这些法律措施一直很难得到有效实施，大象在继续减少。与此相比，另一些国家采取了保护自己土地上大象的措施，结果这些国家大象的数量开始增加了。在津巴布韦，政府发现了一个办法可以让村子拥有大象。他们给予村民向来到他们的地界观看大象的游客收费的权利，同时允许他们向在他们的地界内捕杀大象的猎人收费。从20世纪70年代中期开始实施这种所有权政策后，尽管允许捕猎，但津巴布韦的大象数量一直在上升，而同一时期，非洲的大象总数却由于偷猎而下降了一半。此政策的实施，使津巴布韦挣扎在贫困线上的村庄已经能够用他们赚来的钱修建学校和医疗站了。

人们喜欢吃鸡肉和牛肉，这就使人们有了饲养和照管这些动物的动力。当村民们认识到他们可以从活着的大象身上获得好处而不是仅从死象身上获得好处后，他们的动机就发生变化了。村民们就不想让所有大象都被猎杀掉了，因为那是一条短期内致富而长期后崩溃的道路。他们就想让大象越多越好，这样他们就可以向游客或猎人收取更多的费用。于是他们为大象留出更多的生存地带，并会积极配合警察阻止偷猎。

因此，我们有理由相信，由于所有权和利润动机在起作用，非洲大象会在某一天也像鸡一样安全地摆脱绝灭的厄运的。

7.3 外 部 性

7.1.1中我们已经介绍过外部性。在经济活动中，当事人之间的相互影响如能通过市场机制加以补偿，则这种影响不属于外部性。外部性主要是用来分析市场机制无法界定清楚的人与人之间的相互影响，这种影响无法通过价格机制来加以补偿，社会最多只能模仿价格机制来对此加以处理。例如，夜深人静时，你在睡梦中被对面建筑工地上的噪声吵醒；又如，马路上行人乱丢杂物，工厂排放有毒的废气、废水等，影响了其他人的正常工作和生活。迄今为止，人们还难以对这一类行为造成的影响进行准确度量，也难以通过市场交易的方式用价格来精确地反映社会成本。因此，外部性是用来分析市场机制以外的人与人之间的相互影响，但这种关系仍属经济关系。

7.3.1 正外部性和负外部性

根据对他人造成的影响是有利影响还是不利影响，外部性可分为正外部性和负外部性。

正外部性也称有利的外部性或外部经济，是指某个人的经济活动给社会上的其他成员带来好处，而受益者对此无须付出代价，带来好处的那个人也就不能由此得到补偿。例如，当某人打过流感预防针之后，自己患流感的可能性大大降低。而且，因为这个人避免了患上流感，周围与他接触的人虽未打流感预防针，却也因此更有可能保持健康。打流感预防针这种行为就产生了正的消费外部性。再如，一个养蜂人将蜂箱放置在一个梨园旁，蜜蜂从梨花中采集花粉和花蜜用来酿蜜，同时它们在花丛中传递花粉，这有助于花朵受精。于是在这个过程中产生了两个正的生产外部性。养蜂人从梨园主那儿获取了正的生产外部性，同时梨园主也从养蜂人那儿得到了正的生产外部性。如果梨园主扩大梨树的种植面积，养蜂人会因花粉更充足而得到更多、质量更好的蜂蜜，而养蜂人无须向梨园主付费。

如果某人从事的经济活动具有正的外部性，此时该经济活动所带来的社会收益大于私人收益，我们就可以认为该项经济活动产生了外部收益。

负外部性也称有害的外部性或外部不经济，是指某个人的经济活动会给社会上的其他成员带来不利影响，而受损者对此影响无法要求补偿，造成影响的一方也没有为此影响承担责任。例如，炼油厂在生产过程中排放的废水会给其他生产者与消费者造成损害，但污染物的排放者却没有给受害者应有的赔偿。这种损害就是负外部性。我们经常会看到有人在餐厅、电影院、公共汽车上或其他公共场所吸烟，这种行为会让不吸烟的很多人感到不适，而且不利于人们的健康，但吸烟者并未补偿其他人被动吸烟所遭受的损失。这就是吸烟人给不吸烟人带来的负的消费外部性。

如果某人从事的经济活动具有负外部性，此时这个人的私人成本就会小于该经济活动所带来的社会成本，我们就可以认为该项经济活动产生了外部成本。

外部性的例子很多，如嘈杂的聚会、户外摇滚演奏、家庭装修造成的声音污染等都属于负外部性；而种在居民住宅周围的花草给人们带来的愉悦属于正外部性。解决外部性问题是我们经济生活中的一个重要内容。

7.3.2 外部性的治理

外部性问题涉及的范围广、方面多，解决的方法也是多种多样的，有私人的解决方式，而更多的是政府部门的解决方式。下面重点介绍一下负的生产外部性的解决方法。

1. 政府行为

政府在解决外部性问题上主要有以下几种方式。

(1) 征税或收费。

对于负外部性,一般做法是由政府向引起负外部性的生产者征收税费。政府通过向产生负外部性的企业收税或收费的方式,加大企业的成本,从而达到减少或制止负外部性的目的。这种税费最初是由英国经济学家庇古提出的,因此也称为庇古税,以区别于其他税收。征收庇古税是把负外部性内在化,即把相关负外部性的成本转给引起该负外部性的生产者。这样,负外部性成为生产者成本的一部分,使得私人成本增加到与社会成本相等。生产者如果不想交纳这种税费,就要自己治理负外部性;反过来,如果生产者不愿意治理负外部性,那么就由政府用征收来的税费治理负外部性。假设对引起负外部性的企业征收税费后,生产者成本增加,收益减少,那么生产者会进行生产改良或自动减少生产甚至停止生产以减少负外部性。例如,政府向排污企业征收排污费,这样就加大了企业生产的边际成本,从而促使企业进行生产改良或减少产品生产,以达到减少污染的目的。

(2) 政府管制。

对于负外部性,政府还可以通过立法的方式来直接限制引起负外部性的行为。我们以经济活动中污染为例来说明。某些行业或企业,只要生产者有生产活动,就不可避免地造成污染,要想彻底消除污染,除非该行业的企业全部停产。政府为了消除这种负外部性,就可以通过制定有针对性的法律法规来限制或控制此类企业的生产。例如,强制高污染的造纸厂停产,但是这种执法需要相当高的费用,而且这些法规的实施、监督也有相当的难度。对整个社会而言,完全消除污染是不可能的,也是不现实的。我们不可能因为汽车尾气污染严重,就禁止生产和使用汽车。所以,政府要在现有技术水平下,确定最优的污染量,并以此作为制定排污标准的依据,制定排放标准。根据法律规定,如果生产者超过了这一标准,就要面临严重的经济处罚甚至刑事处罚。这种惩罚会迫使生产者遵守排污规定,安装降低污染的设备,从而保证污染符合社会最优标准。这就是为什么汽车的排放标准会有欧Ⅱ标准、欧Ⅲ标准及欧Ⅳ标准了。

许可证制度是政府控制负外部性的另一种办法。例如,美国实行可交易排污许可证的做法。政府根据实际情况确定排污标准,然后向污染企业发放(或拍卖)排污许可证,排污许可证可以在市场上进行交易。

(3) 补贴或减免税。

这是指政府采取补贴、减免税等措施补偿私人收益低于社会收益的部分。补贴分为补贴消费者、补贴生产者和政府提供三种,它是解决正外部性的方法。例如,政府补贴接种疫苗的消费者。给予生产者的补贴其实是一种反方向的税,通过补贴减少生产者的成本,从而鼓励其多生产,产生更多的正外部性。当正外部性涉及的人群庞大时,政府就会采用自己提供公共物品的方式。例如,美国向所有儿童提供免费接种相关疫苗的服务,从而消灭了一些疾病。

2. 慈善行为和道德规范

许多慈善行为的实施就是为了解决外部性问题。例如，有些民间的、自发的环保组织就是由私人捐款建立起来的用于保护环境的社会组织；又如，大学接受校友、企业或基金会的捐赠，部分对社会有正外部性。

道德规范和社会的约束也会限制人们的不良行为，从而减少或避免给他人带来负外部性。

3. 产权变动

外部性之所以会导致资源配置失当是由于产权不明确。如果产权明确，且得到充分保障，有些外部性就不会发生。这一思想是1960年由美国芝加哥大学教授罗纳德·科斯提出的，称为**科斯定理**。这就是说，通过产权变更的方式是可以减少负外部性的。

例如，某化工厂将污染物大量排入某河流中，给居住在该河流两岸的500户居民带来负外部性。具体地讲，不存在污染时，每户居民每月出租房屋可获得2000元的租金。现在因污染，每户居民每月只能获得1000元的租金，500户居民一个月共损失了50万元的租金收入。

如果我们把产权变更一下，也就是让化工厂拥有该河流及其沿岸的500户居民的房屋，那么，每月50万元的租金收入损失就变成化工厂生产的机会成本。而化工厂的总成本是应将机会成本考虑在内的，这样就无形中加大了化工厂的成本。厂主若想降低成本就须减少污染，这样，污染就可以得到一定的控制，负外部性就减弱了。

科斯定理认为，在财产权利存在只涉及少数参与者，而且交易费用较低的情况下，个人之间的交易是有效率的。这时不存在外部性，因为交易各方会考虑所有的成本和收益，而且谁拥有产权是不重要的。

科斯定理是有局限性的，它只有在交易人数少、交易费用低到足以达成有效结果的协议时才成立。但在大多数情况下，交易费用很高、交易人数很多，这样做就会产生无效结果，试想一下，倾倒废水的好多家化工厂与沿河居住的众多居民要想达成协议是一件多么困难的事！

总之，外部性问题的解决方式多种多样，在具体实施中要根据具体情况，采取相应的方法，这样才能达到减少或消除负外部性、增大正外部性的目的。

人物介绍

罗纳德·科斯

罗纳德·科斯（Ronald H. Coase，1910—2013），1910年出身于英国伦敦近郊一个邮局电报员家庭。年幼时，科斯因为腿疾进入残疾学校，但他发奋学习，在22岁时便获得了著名的伦敦经济学院的商学士学位。20世纪三四十年代，科斯任教于利物浦大学和伦敦经济学院。1951年科斯移居美国，最初执教于布法罗大学，后又转往弗吉尼亚大学。1964

年，科斯被芝加哥大学法学院聘为经济学教授，此后一直在芝加哥大学工作。科斯提出交易成本和产权两个重要概念，并将它们结合起来用于分析经济组织和制度，从而为经济学开拓了一个崭新的角度和方向。科斯的理论是跨学科性的，它大大地推动了制度经济学、组织行为学、法学和历史学等领域的研究和发展。1991年，科斯获得诺贝尔经济学奖。

7.4 信息不对称

我们在微观经济学中分析的主要是确定条件下和信息对称时的经济行为及其结果。但是现实世界充满不确定性，信息往往是不对称的。下面就从经济学的假设中回到现实中来，一起来看看信息不对称下的市场行为。

7.4.1 什么是信息不对称

经济学上把信息分为两种：一种是公开信息，即大家都能得到或知道的信息；另一种是私人信息，这种信息为一方所有，其他人无法得到或要花代价才能得到。在市场交易中，一方只有公开信息，另一方既有公开信息又有私人信息，后者比前者拥有的信息多，这就是信息不对称。

所谓信息不对称（Asymmetric Information），是指经济交易的双方对有关信息的了解和掌握不是一样多。当市场的一方无法观察到另一方的行为，或者无法获知另一方行动的信息时，就产生了信息不对称。例如，在保险市场上，投保人肯定比保险公司更了解自己的身体状况和发病的可能性；在产品市场上，生产者对自己生产的产品的质量和性能肯定比消费者知道得多；在劳动市场上，雇员们对自己的技术和能力的了解也大大超过他们的雇主等。可见，信息在市场参与者之间的分布是不均匀的，或者说是不对称的。所以，我们通常所说的不完全信息并不是指某个人获得信息量的多少，而是指这种信息分布的不对称性。

产生信息不对称的原因是多方面的。首先是因为人们的认识能力有限，每个人只从事某一方面的工作，不可能成为什么都知道的"百科全书"。其次是因为获取信息需要成本。家庭主妇需要付出更多时间在市场上搜寻和选择商品，才能购得物美价廉的商品；股票大户需要筹集大量的资金和花费较多的时间、精力去收集股票行情才能比普通股民获得更多的获利机会。市场经济的有效运行是以完全信息为前提条件的，而这只是一种理论上的假设。在现实生活中，信息是不完全的或者说是不对称的，在这样的情况下，怎样才能比较妥善地解决信息不对称问题，怎样才能避免因信息不对称问题可能带来的效率损失，这些都是信息经济学要研究的问题。

7.4.2 道德危险

在信息不对称的情况下，极容易发生道德风险。所谓**道德**风险（Moral Hazard），是指拥有信息多的一方以自己的信息优势来侵犯拥有信息少的一方的利益的行为的可能性。例如，菜场里的小贩很清楚自己卖的蔬菜和肉类的进价、质量等信息，而买菜的人却不知道这些信息，小贩就有可能把自己的伪劣商品当作优质商品卖给消费者。小贩的这种行为的可能性就是道德风险。

7.4.3 逆向选择

信息不对称之下产生的另一个问题是逆向选择。**逆向选择**是指在信息不对称的情况下，拥有信息少的一方做出的不利于另一方的选择或行为。在上述例子中，因为买菜的消费者知道菜场的小贩可能会把打过农药的蔬菜卖给自己，因此，就会把所有卖菜的小贩都看成是出售伪劣商品的奸商，把所有的蔬菜都当作伪劣商品，就狠狠地杀价。这样就使得菜场上正直的、出售优质蔬菜的小贩无法生存，优质的商品也就无法存在了。在这里，买菜的消费者的选择就是逆向选择。逆向选择不利于卖方，也不利于整个市场的交易活动。

7.4.4 信息不对称问题的解决

在现实的经济生活中，因为信息不对称的普遍存在，往往会引起广泛的道德风险和逆向选择。道德风险问题发生在交易双方的交易约定之后，而逆向选择发生在约定之前。

信息不对称引发了逆向选择和道德风险问题，而逆向选择和道德风险都会阻碍市场的公平交易，降低资源配置效率。要想减少逆向选择和道德风险，必须从根本上缓解信息不对称问题。

信息不对称是普遍的，解决这一问题的关键是如何获得私人信息。私人信息不是得不到，而是要付出代价才能得到。如果获得这种信息付出的成本大于由这种信息得到的收益，缺少信息的一方就不会去寻找这种信息；反之，就会设法取得这种信息。解决信息不对称问题的途径通常有两种：利用市场机制获得信息和政府管制。

1. 利用市场机制获得信息

（1）发信号进行信息沟通。

发信号（Signaling）是指有信息的一方向无信息的一方披露自己的私人信息所采取的行动。例如，企业会花钱做广告向潜在客户发出它们有高质量产品的信号。再如，参加应聘的大学生会向招聘单位展示他们有能力承担某项工作的信息，学历就是一个信号，也正因为它是一个信号，才使得很多大学生找到了他们认为满意的工作。但是学历不等于能力，在老板对员工逐渐熟悉以后，他提拔员工的标准就不只是学历了。因为时间久了，老板就和员工的信息非常对称了。

（2）筛选信息。

当无信息的一方采取引起有信息的一方披露私人信息的行动时，这种现象称为**筛选**（Screening）。

信息筛选的机制非常常见，不同的劳动报酬机制就是一个例子。例如，一家工厂同时实行计件工资制和计时工资制,其结果是,生产率高于平均生产率的工人都会选择计件工资制,而生产率较低的工人则倾向于选择计时工资制。

再如,保险公司出售汽车保险。车主中有的人驾驶技术较好,有的驾驶技术较差,若保险公司根据他们的平均事故概率确定费率,定会导致技术好的车主退出保险市场。于是保险公司便同时实行两种保险方案:一种是费率较高的全额保险,另一种是费率较低的部分保险。显然,驾驶技术较差的车主往往会选择前者,而选择后者的则多是驾驶技术较高的车主。

2. 政府管制

对因信息不对称出现的很多问题,政府可以采取许多弥补的行为。政府可以运用其公共权力整治虚假广告、打击假冒伪劣产品、强制生产经营者落实产品担保承诺等。政府还可以制定行政法规,强制生产经营者向市场提供真实的、比较全面的信息。此外,政府也可以直接提供信息。例如,在医生和病人之间,病人对医生的了解少于医生对病人的了解。为了保证病人能享受到相应的服务,政府可以通过一套执业资格考试和签发许可证的系统来解决这一问题。再如,在劳动力市场上,当工人拥有充分的信息时,他们就不会去不安全的企业工作。而由于工人对所在企业的危险与否并不清楚,因此政府可以在像煤矿、化工产品生产企业等存在危险的企业,实行较强制的安全措施检查和规定,从而保障工人的人身安全。

7.5 垄断与反垄断政策

7.5.1 垄断的危害

在经济发展过程中,由于技术进步、市场扩大,以及企业为获得内部规模经济与外部规模经济而进行横向和纵向的合并,企业的规模会越来越大。当企业的规模扩大到一定程度时会引起市场的垄断,在完全垄断的情况下,单一的卖主可以通过提价和限产来获取超额利润。垄断导致了较高的价格、较低的产量,同时降低了社会福利。

垄断分为卖方垄断(生产者垄断)和买方垄断,这两种垄断都会引起市场失灵。

7.5.2 政府对垄断采取的方法

1. 价格管制

所谓**价格管制**,是指政府有关部门对垄断行业的产品或服务的价格进行限制,规定某些垄断行业的产品或服务的最高售价。这种方法主要用于自然垄断行业,其原则有以下三个。

第一,边际成本定价,即垄断企业按产品的边际成本确定价格。

第二,平均成本定价,即垄断企业按产品的平均成本定价,也就是"成本加正常利润"

的定价方法。

第三，资本回报率管制。回报率管制是指政府有关管理部门以一个合理的（或竞争性的）资本回报率为基础对垄断企业的产品制定一个最高限价，即"成本＋回报率"的定价方法。此外，政府为了防止企业定价过高，也可以采用价格上限的政策，即规定一个企业不能超过的最高价，在此之下由企业自行定价。

2. 实施反垄断法

政府对垄断的强烈反应是制定反垄断法（又称反托拉斯法）。反垄断法认定限制贸易的协议或共谋、垄断或企图垄断市场、兼并、排他性规定、价格歧视、不正当竞争或欺诈行为等都是非法的。西方很多国家都不同程度地制定了反垄断法。

3. 国有化

国有化即将垄断性的企业改为国有企业，由政府经营。

上述方法各有利弊，实行起来也不容易。例如，无论采用哪种原则定价，都取决于成本，管理部门难以准确确定成本，垄断者则可以运用瞒天过海的方式加大成本。又如，反垄断法的实施取决于法院裁决，而法院的裁决结果取决于各种因素，这就使得对垄断的制止未必能有力地奏效。最后，国有化的实践恰恰证明它是低效率的。因此，20世纪80年代之后，西方各国又把国有化的企业进行了私有化。正因为反垄断的困难，经济学界和政界对应不应该用政府的方式来反垄断，以及如何反垄断这些问题始终存在意见分歧。

案例讨论

美国联邦贸易委员会诉微软垄断案

早在1991年，美国联邦贸易委员会就开始着手调查微软公司（以下简称"微软"）对"操作系统"市场的垄断，从此，美国政府与微软间的司法冲突就此起彼伏。1998年，美国司法部、20个州和哥伦比亚特区的检察官联合向微软提出近百年来最大宗的反垄断诉讼，这次诉讼缘起微软在当年推出的新产品"Windows 98"中内嵌了一个原先独立销售的互联网浏览器——"探索者"。当时的预测和后来的事实都证明，这个"探索者"借助"Windows"系列产品在市场中的压倒性优势，成为计算机用户浏览互联网的首选，使原先独步天下的网景通信公司"Navigator"在强大的竞争压力下江河日下。虽然这场官司以联邦上诉法院判决微软胜诉告终，但由此引发的争论和思考并未结束。

谈到反垄断法，诺贝尔经济学奖得主米尔顿·弗里德曼1998年曾这样说："多年来，我对反垄断法的认识发生了重大的变化。我刚入行的时候，作为一个竞争的支持者，我非常支持反垄断法，我认为政府能够通过实施反垄断法来推动竞争。但多年的观察告诉我，反垄断法的实施并没有推动竞争，反而抑制了竞争，因为官僚总舍不得放弃调控的大权。我得出结论，反垄断法的害处远远大于好处，所以最好干脆废除它。"的确，诞生于19世纪，兴旺于罗斯福"新政"时代的美国反垄断法在信息时代的微软案上是力不从心的。

从20世纪70年代起，"法和经济学"思潮以芝加哥大学为中心蓬勃兴起，西方第二次世界大战后的法理学新流派——经济法学派由此发轫。他们为自由竞争下形成的自然垄断正名，对企业"捆绑销售"做法的合理性给出证明。他们认为政府不仅应该对优胜劣汰听之任之，还应该对自然垄断袖手旁观，更指出真正的垄断恰恰来自于政府在行业入口所设置的障碍。政府无权指导厂商如何设计产品，至少因为政府肯定缺乏必要的知识；政府应该放手让厂商和顾客缔结自愿的、互利的契约，而不应该越俎代庖，替需求迥异的广大顾客做主。历史表明，自然垄断总是很快被新形势摧毁，但由政府造成的垄断则总是根深蒂固、积重难返。

20世纪末，接受经济法学派思想熏陶的联邦上诉法院的法官们在微软案中扮演了举足轻重的角色。正是他们严词驳回杰克逊法官对微软的拆分判决，指出法庭不应该卷入有关应该如何设计软件的技术性问题；也正是他们精辟地指出：只要有证据表明消费者从微软的捆绑产品中获得好处，微软就不算违法。

讨论：你身边有"垄断"的例子吗？为什么你认为它属于垄断？

7.6 不公平与反贫困

随着知识经济的出现和全球经济一体化的发展，贫富差距越来越受到人们的关注。一方面，有人开着豪车去高级俱乐部，另一方面是还有很多人在贫困线上挣扎。这种现象普遍存在于世界各地。

市场机制强调的是效率，即得到资源的最优配置。但市场机制不能确保公平地分配经济成果，因此也无法保证每个人都有充足的食品、体面的衣服和充分的医疗保健服务。但在任何一个经济体内，如果只强调了效率而忽视公平，必然会影响社会安定。反之，如果只强调公平而忽视效率，就会限制经济的活力，导致普遍的贫困。社会的最好选择是一种既能兼顾公平又不失效率的分配方法。

我们研究的目的就是要在尽可能保证效率的同时兼顾更平等的经济福利分配。

7.6.1 洛伦兹曲线

国民收入在人们之间的分配是不均等的，这种不均等使得一部分人成为富有者，另一部分人则被贫困困扰。同时，因为社会财富分配的不公平，也使得富有的人更加富有，贫困的人更加贫困。

美国统计学家洛伦兹为了衡量一个国家的贫富差别程度，将一国人口按收入由低到高进行了排列，得到了一条人口累计百分比和收入累计百分比的对应关系曲线。这条曲线就是**洛伦兹曲线**，它被广泛应用于国民收入在国民之间的分配问题的研究上。

为了理解洛伦兹曲线的思路，我们首先来看两个极端的例子。

第一个例子是：假想一个极端公平的社会，不存在富人和穷人之分，所有人的财产都是相等的，这样一个乌托邦式的理想国具体是什么样的呢？在这样的社会里，任意比例的人就拥有相应比例的社会财产，如20%的家庭拥有20%的社会财产，50%的家庭应该拥有50%的社会财产。

第二个例子是：设想另一个极端不公平的社会，一个人拥有所有的财产，而其他所有人都没有财产。

我们的问题是：用什么来衡量贫富差距？或者说，如果不考虑已经拥有的财产，如何衡量收入分配的不平衡？

在回答上述问题之前，我们先来看一下表7-1。

表7-1 人口与社会财富的分配

人口的百分比（%）	收入的百分比（%）	人口的百分比（累加）（%）	收入的百分比（累加）（%）
20	8.7	20	8.7
20	14	40	22.7
20	18.1	60	40.8
20	22.9	80	63.7
20	36.3	100	100

表7-1是意大利2000年的统计数据，左边两列是将人口平分得出的社会财富分配结果，右边两列则是左边的数据累加产生的结果。从表7-1我们可以发现，最贫穷的20%的人口仅得到8.7%的社会财富，而最富有的20%的人群得到36.3%的社会财富，这个表中的数据说明收入的分配是不平衡的。

将表7-1中的右边两列分别作为x（横）轴坐标和y（纵）轴坐标，并在图中标出，就可以得到一条曲线。

我们认为这样一条曲线可以用来表示收入的差距或贫富的差距，也就是先将所有人口按收入由小到大排列，横轴代表人口的"百分等级"，纵轴所显示的是"累积所得"占总所得的百分比。如此一来，描绘出来的点构成的曲线即为洛伦兹曲线。

洛伦兹曲线是先将一国人口按收入由低到高排队，然后考虑收入最低的任意百分比人口所得到的收入百分比。例如，收入最低的20%人口、40%人口……所得到的收入比例分别为3%、7.5%……最后，将这样得到的人口累计百分比和收入累计百分比的对应关系描绘在图形上，即得到洛伦兹曲线，如图7-2所示。

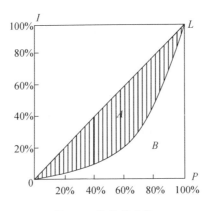

图 7-2 洛伦兹曲线

通过洛伦兹曲线，我们可以直观地看到一个国家收入分配平等或不平等的状况。如果把整条洛伦兹曲线看作是在一个正方形中，那么，正方形的底边（即横轴）代表收入获得者在总人口中的百分比（P），正方形的左边（即纵轴）显示的是各个百分比人口所获得的收入的百分比（I）。从坐标原点（O）到正方形另一个顶点的对角线为均等线，即收入分配绝对平等线，这一般是不存在的。实际收入分配曲线（即洛伦兹曲线）都在均等线的右下方。因此，**洛伦兹曲线**是指在一个总体（国家、地区）内，以"从最贫穷的人口开始计算一直到最富有人口"的人口百分比与对应各个人口百分比的收入百分比的点组成的曲线。

显而易见，洛伦兹曲线的弯曲程度具有重要意义。一般来说，它反映了收入分配的不平等程度。洛伦兹曲线的弯曲程度越大，收入分配不平等程度越高；反之，洛伦兹曲线的弯曲程度越小，收入分配不平等程度越低。

回想刚开始提到的两个极端的例子，这里，直线 $y=x$ 就是第一种极端情况的曲线，代表任意比例的人拥有相应比例的财产。而 $x=0$ 和 $y=1$ 分别形成的曲线则代表第二种极端情况。

7.6.2 基尼系数

20 世纪初，意大利经济学家基尼根据洛伦兹曲线找出了判断分配平等程度的指标。他设实际收入分配曲线和收入分配绝对平等曲线之间的面积为 A，实际收入分配曲线右下方的面积为 B（如图 7-1 所示），并以 A 除以 $A+B$ 的商表示不平等程度，这个数值被称为**基尼系数**。该系数可在 0 和 1 之间取任何值。如果 A 为 0，则基尼系数为 0，表示收入分配完全平等；如果 B 为 0，则基尼系数为 1，表示收入分配绝对不平等。收入分配越是趋向平等，洛伦兹曲线的弧度越小，基尼系数也越小；反之，收入分配越是趋向不平等，洛伦兹曲线的弧度越大，同时基尼系数也越大。如果个人所得税能使收入均等化，那么，基尼系数就会变小。联合国有关组织规定：基尼系数若低于 0.2，表示收入分配绝对平均；基尼系数若为 0.2~0.3，表示收入分配比较平均；基尼系数若为 0.3~0.4，表示收入分配相对合理；基尼系数若为 0.4～0.5，表示收入分配差距较大；基尼系数为 0.6 以上时表示收入分配差距悬殊。

由于基尼系数给出了反映收入分配差异程度的数量界限，可以有效地预警两极分化的质变临界值，克服了其他方法的不足，是衡量贫富差距的最可行方法，因此，得到了世界各国的广泛重视并被普遍采用。

7.6.3 政府和反贫困

造成社会不公平和贫困的原因有很多，有许多因素决定着不公平的格局和程度。因此，试图寻求某一个原因，哪怕是一个主要的原因都不是那么容易。政府只有依靠立法、税收和救济来减少不公平和贫困。

1. 立法

立法是政府通过一系列的政策、法规来改变那些引起或增加不公平长久存在的社会制度的活动。这类政策包括消除特权、建立广泛的全面教育制度、鼓励各行业在高失业地区投资建厂等。比如，国家通过规定最低工资标准来减少贫困就是一种立法途径。

2. 税收

税收分为直接税和间接税。

（1）直接税。

直接税由纳税人直接向税务当局缴纳，包括个人所得税、企业（公司）所得税及对资本和财富（如房产税、遗产税等）的征税。政府对个人所得进行累进征税，收入越高，税负越重，这在一定程度上缩小了富人和穷人之间的收入差距。企业所得税是政府对企业的利润征收的一种税，在大多数国家，小公司适用较低的税率，而大公司适用高税率。

（2）间接税。

间接税是纳税义务人通过提高商品价格或提高收费标准等方法把税收负担转嫁给其他人的税种，包括关税、消费税、销售税、营业税、增值税等。政府可以通过对特定商品和服务征收消费税，如高档汽车、游艇等，以此增加对富人消费相对多的商品和服务的征税。同样，政府按照商品价值征收增值税，商品价值越高，缴纳的增值税就越多，这也会增加对富人消费相对多的商品和服务的征税。

但利用税收进行再分配有很多局限性。因为税收本身不能增加穷人的收入，同时因为对富人征高税可能会促使其逃税和避税。

3. 救济

救济既可以是现金补助，也可以是实物救济。

（1）现金补助。

现金补助分为两类：一类是根据经济状况确定的救济，另一类是普遍性救济。根据经济状况确定的救济一般适用于收入低于一定生活水平的人。这种救济的方式可以是补助或贷款。普遍性救济是属于某一类的每个人都享有的救济，与他们的收入可能无关，如政府养老金，以及失业、疾病和伤残救济金等。

(2) 实物救济。

实物救济一般以商品、服务的免费提供或补贴为主要形式，而不以个人从政府得到直接现金的形式进行。在很多国家，实物救济的主要项目是保健和教育，它往往由不同的收入群体大体公平地享受。但是实物救济占穷人收入的比例要大于富人，所以具有一定程度的公平效应。与现金补助相比，实物救济的再分配效应比较小。

复习与练习

【关键概念复习】

在 B 栏中寻找与 A 栏中术语相应的解释，并将序号填在术语前边。

A	B
市场失灵	1. 经济活动给别的社会成员带来的没有加以补偿的影响
政府失灵	2. 政府干预经济的效率低下和社会福利损失
公共物品	3. 市场机制在很多场合并不能实现资源的有效配置
搭便车	4. 一条人口累计百分比和收入累计百分比的对应关系曲线
公共地悲剧	5. 反映收入分配差异程度的数量界限，可以有效地预警收入分配两极分化的质变临界值
外部性	6. 只愿意享用公共物品带来的效用，而不愿意为公共物品的生产付出代价
基尼系数	7. 公共资源因过度使用而造成的后果
洛伦兹曲线	8. 具有非排他性、非竞争性的物品

【思考与练习】

(一) 填空题

1. 公共物品具有两个特征，即_____和_____。
2. 私人物品具有_____和_____。

3. 搭便车行为的产生是由于公共物品的_____特征产生的。
4. 某个社会成员的经济活动给别的社会成员造成了影响，并且这种影响没有通过市场机制加以补偿，这称之为_____。
5. 有利的外部性也称_____或_____。
6. 有害的外部性也称_____或_____。
7. 既有非排他性又有非竞争性的物品称为_____。
8. 只满足非排他性和非竞争性两个条件之一的物品称为_____。
9. 政府解决外部性主要用的方式有_____、_____、_____。
10. 经济交易的双方对有关信息的了解和掌握不是一样多，称为_____。
11. 在完全垄断情况下，单一的卖主可以通过_____和限产来获取超额利润。
12. 垄断导致了较高的_____，较低的_____，同时降低了_____。
13. 政府对垄断常可以采取的方法有_____、_____和_____。
14. _____是对垄断性的企业实行国有，由政府经营。
15. 造成市场失灵的原因主要有_____和_____等。
16. 物品具有一个人使用时，能够减少他人使用的特性，一般称之为_____。
17. 海洋中的鱼是一种_____的物品，但并不是排他性物品。

(二) 单项选择题

1. 以下不是产生市场失灵的原因的是（   ）。
   A. 垄断　　　B. 公共物品　　　C. 外部性　　　D. 需求
2. 以下不属于公共物品的有（   ）。
   A. 国防　　　B. 道路　　　C. 住宅　　　D. 河流
3. 以下属于公共物品的有（   ）。
   A. 私人汽车　　　B. 无线电广播　　　C. 住宅　　　D. 手机
4. 以下属于纯公共物品的是（   ）。
   A. 私人汽车　　　B. 无线电广播　　　C. 河流里的鱼　　　D. 草坪
5. 以下物品不具有竞争性的是（   ）。
   A. 红绿灯　　　B. 海洋鱼类　　　C. 公用草坪　　　D. 食品
6. 以下属于私人物品的是（   ）。
   A. 灯塔　　　B. 有线电视　　　C. 食品　　　D. 海洋
7. 发生"搭便车"问题主要是因为公共物品的（   ）。
   A. 竞争性　　　B. 非竞争性　　　C. 排他性　　　D. 非排他性
8. 草地的过度放牧，以致沙漠化严重，除了因为其具有非排他性之外，还因为草地的（   ）。
   A. 竞争性　　　B. 非竞争性　　　C. 排他性　　　D. 非排他性
9. 公海里的鱼具有（   ）。
   A. 非竞争性　　　　　　　　　B. 非排他性

C. 排他性和非竞争性　　　　　D. 竞争性和非排他性
10. 以下不是有效解决外部性影响的方法的是（　　）。
　　A. 产权变动　　B. 征税或收费　　C. 政府管制　　D. 信息对称
11. 以下不属于政府行为的是（　　）。
　　A. 产权变动　　B. 管制　　C. 补贴　　D. 征税
12. 以下属于政府对垄断采取的方法是（　　）。
　　A. 价格管制　　B. 补贴　　C. 私有化　　D. 社会约束
13. 通过各方协商，并以达成协议的方式解决外部性问题属于（　　）。
　　A. 产权变动　　B. 外部性内在化　　C. 科斯定理　　D. 社会约束
14. 经济交易的双方对有关信息的了解和掌握不是一样多，我们称之为（　　）。
　　A. 信息不对称　　B. 道德风险　　C. 逆向选择　　D. 垄断
15. 在公共场合抽烟，会让很多人感到不舒服，由此产生了（　　）。
　　A. 正外部性　　B. 负外部性　　C. 道德规范　　D. 外部性的内在化
16. 公园、剧场等公共场所的各项规则，是用来限制人们的不良行为的，从而减少或避免带来（　　）。
　　A. 社会约束　　B. 道德规范　　C. 负外部性　　D. 慈善行为
17. 简单地说，将互相提供正外部性的双方经营变成一方的不同经营（即由一方来经营原来双方分别经营的内容）可以促使（　　）。
　　A. 产权变动　　B. 外部性内在化　　C. 社会约束　　D. 政府行为
18. 我国对接种某种疫苗的消费者进行补贴的行为属于（　　）。
　　A. 正外部性　　B. 负外部性　　C. 外部性内在化　　D. 政府行为
19. 以下是因为信息不对称而产生的是（　　）。
　　A. 搭便车　　B. 公共地悲剧　　C. 逆向选择　　D. 排他性
20. 垄断可能造成（　　）。
　　A. 生产成本增加　　　　　B. 价格较高
　　C. 较高的社会福利　　　　D. 较高的社会产量

(三) 判断题

1. 公共物品是一种既具有非排他性又具有非竞争性的物品。　　　　（　）
2. 公共物品有两个特征，即排他性和竞争性。　　　　　　　　　　（　）
3. 一般情况下，私人物品都具有排他性和竞争性。　　　　　　　　（　）
4. 公共物品是造成市场失灵的一个原因。　　　　　　　　　　　　（　）
5. 市场失灵可以通过市场调节使之恢复正常。　　　　　　　　　　（　）
6. 公共资源一般具有非排他性但不具有非竞争性。　　　　　　　　（　）
7. 搭便车是因公共物品具有非竞争性的特征而产生的。　　　　　　（　）
8. 公共物品不能通过市场供给，而只能由政府来提供。　　　　　　（　）
9. 公共物品可以分为纯公共物品与非公共物品。　　　　　　　　　（　）

10. 外部性不能通过政府行为来解决。（ ）
11. 社会上慈善行为的实施，从某个角度来说，也是为了解决外部性问题。（ ）
12. 搭便车问题的存在，使得公共物品在私人经营的情况下，收费成为可能。（ ）
13. 小强睡梦中梦见楼下的工地很吵闹，影响了自己休息。醒来后，他运用自己所学知识分析后认为，这种情况属于负外部性。（ ）
14. 道德规范可以约束人们减少或避免给他人带来的负外部性。（ ）
15. 科斯定理认为，在财产权利只涉及少数参与者而且交易费用比较低的情况下，可以通过产权变动来减少负外部性。（ ）
16. 政府可以通过立法的形式来限制负外部性的行为。（ ）
17. 信息不对称是一种理论上的假设。（ ）
18. 垄断导致了较高的价格、较低的产量，但是提高了社会福利。（ ）
19. 只有卖方垄断会引起市场失灵，买方垄断则不会。（ ）
20. 国有化是政府对垄断企业采取的一种反垄断方法。（ ）

（四）简答题

1. 请说出下面哪些属于公共物品，并解释为什么公共物品向任何一个消费者收费是不可能的：（1）消防队（2）房屋（3）免费公园（4）食品。
2. 请举例说明什么是"搭便车"问题，并简要说出你的解决办法。
3. 教室里的灯被人称为长明灯，因此损坏得特别快。用你所学的知识解释这一现象产生的原因，并说出你的解决办法。
4. 假如你的邻居家养了一条狗，整夜狂吠，搅得你彻夜难眠。根据科斯定理，你如何去解决这个问题？
5. 请举例说明什么是正外部性。
6. 很多造纸企业为了节约成本，直接将废水排到附近的河流里，结果造成河水污染。针对此问题，你有什么解决办法？
7. 约翰的狗整天吵闹，影响了邻居休息。为此，他被邻居起诉，并因此支付了1000美元的罚款。请用外部性理论分析约翰的狗是否对邻居产生了负外部性，为什么？
8. 试解释洛伦兹曲线弯曲程度的重要意义。
9. 基尼系数反映的是什么？它有什么实际意义？
10. 你对解决不公平和贫困有什么见解？

复习与练习
参考答案

第 8 章 宏观经济学概览

> **【导学】**前面各章我们介绍了微观经济学的基本内容。从本章起,我们进入了宏观经济学。在这一章里我们将带领大家了解宏观经济学的基本概况,重点掌握什么是宏观经济或总体经济,什么是宏观经济的短期波动,什么是宏观经济的长期增长,主要用哪些指标来判断一国的宏观经济走势等。

8.1 宏观经济问题

8.1.1 什么是宏观经济学

现代宏观经济学的起源可追溯到 1929—1933 年的经济大萧条。经济大萧条造成的大规模的失业与资源利用不足并存,而古典理论在解释失业等问题上却显得无能。传统的新古典理论认为,劳动力市场会通过价格机制即工资调节自发地实现劳动力供求的均衡,失业只是局部的、短暂的现象。为解释市场经济中长期存在的失业问题,凯恩斯在 1936 年出版了《就业、利息和货币通论》,并开创了现代宏观经济学。

宏观经济学所关心的是整体的经济行为,涉及繁荣与衰退、经济中商品和劳务的总产出与产出的增长率、通货膨胀率与失业率、国际收支和汇率。宏观经济学既考察长期的经济增长,也考察构成经济周期的短期波动。在宏观经济学中,我们把商品市场看作一个整体来处理,不同的商品市场(如农产品市场和移动通信服务市场)都被看成是一个市场;类似地,我们把劳动力市场当作一个整体来处理;把资本市场也当作一个整体来处理,对不同的资本市场(如上海股票市场和郑州的期货市场)之间的差别进行抽象,抽象的好处在于增加了对商品市场、劳动力市场和资本市场之间相互作用的理解。

宏观经济学以国民经济总过程的活动为研究对象,着重考察和说明国民收入、就业水平、价格水平等经济总量是如何决定、如何波动的,故又被称为**总量分析**或**总量经济学**。

微观经济学和宏观经济学之间的区别主要表现在三个方面:第一,微观经济学更关心各个市场是如何运作的,在研究单个市场的价格决定时,微观经济学需要假定其他行业的价格是给定的,也很少考虑经济作为一个整体的增长和波动周期。第二,在宏观经济学中，我们研究总产出、就业量、一般价格水平和利率等变量是如何共同决定并相互影响的，通常忽略不同行业之间商品的相对价格变化，而上述变量在微观经济学中是被视为给定的。第三，微观经济学中需要假定所有消费者的总收入是给定的，然后探讨消费者如何将他们的收入分配于不同商品的购买支出上；相反，在宏观经济学中，收入或支出的总水平是被研究的关键变量。

8.1.2 宏观经济学研究的基本问题

在宏观经济学的研究中，经济学家关心的主要有以下五个主要问题。

1. 是什么因素决定了一国经济的长期增长

如果我们研究世界经济发展的历史，可以发现一些发人深省的现象。20世纪初期，处于南美洲的阿根廷是世界上最富有的15个国家之一，其人均国内生产总值与美国大致相当。2003年，美国的人均国内生产总值达到了37 756美元，而阿根廷则停留在3389美元。毫无疑问，美国在过去的一百多年里取得了非凡的经济成长。同样让人印象深刻的是，在20世纪50年代，缅甸和泰国的经济发展水平大体相当，而2017年泰国的人均收入已是缅甸的5倍。日本在第二次世界大战后不到30年的时间里就成为世界第二经济大国，从而创造了"经济奇迹"，但是从20世纪90年代开始，日本经济又陷入持续低迷。中国经济在1978—2002年的25年中每年以两位数左右的速度增长，但为何发展进入新常态后，每年7%左右的增长量就已经很可观了呢？

经济学家关心的是，经济长期增长和繁荣背后的动因有哪些。关于如何实现高增长，有些人认为关键在于政府在基础设施领域和技术方面的政策，另外一些人认为应该建立一种最小限度的政府干预的增长结构，还有些人认为应该不断进行制度创新。谁的回答正确呢？到底是哪些因素促进了一个经济体的迅速增长呢？

2. 是什么因素引起一国经济波动（或经济周期）

任何一个经济实体，一般都会沿着向上的路径增长，但这个路径又是不规则的：有些年份，产出和就业迅速上升；而在其他年份，经济增长却十分缓慢，有时甚至会出现衰退。

例如，1978—2002年的25年中，中国经济年均增长9.1%左右，但波动较大，有些年份经济增长率高，如1992年达到14.1%；有些年份经济增长率低，如1990年只有3.8%。20世纪90年代以来，中国经济大致经历了1989—1990年的经济萧条、1992—1993年的经济高涨、1998—1999年的轻度紧缩和2003年后的经济增长高峰。

20世纪60年代，美国经济经历了创纪录的高速增长，年均增长率为4.4%，但到70年代中期却步入谷底，年均增长率仅为2.6%，80年代中期美国经济开始回升，但进入90年代却再一次陷入收缩，经济增长率又回到较低水平。从90年代中期开始，美国经济又出现了强劲的增长势头，并一直持续到20世纪末。

那么，到底是什么因素使一国经济在繁荣与衰退之间徘徊呢？引起经济周期性波动的因素是什么？政府是否可以采取以及如何采取一些反经济周期的政策？

3. 是什么因素导致了失业

失业率反映的是要素投入，尤其是劳动就业的波动情况。产出多必然投入多，经济增长快，就业增长也快，失业率就低。就业既是民生之本，也是安国之策，这不仅关系广大群众的基本生活，也关系经济的发展，还关系社会的稳定，更关系国家的长治久安。

宏观经济学把失业作为一个中心问题进行重点研究。因此，有经济学家把微观经济学看作价格理论，而把宏观经济学称为就业理论。

4. 如何解释通货膨胀和通货紧缩

在传统的计划经济体制下，中国的物价上涨表现为抑制性的通货膨胀，人们排队购物就是抑制性通货膨胀的常见现象。改革开放以后，在1993年和1994年，中国的物价上升10%以上，如1994年达24.1%，而在1999年又出现了1%的负增长。在世界范围内，20世纪80年代，美国的通货膨胀率曾达到10%，拉丁美洲一些国家曾出现过三位数的恶性通货膨胀，2018年委内瑞拉的通货膨胀率为652.67%。通货膨胀的原因何在？政府又当如何应对呢？

5. 全球经济体系对国民经济的运行有何影响

1997—1998年，由外国短期资本冲击引起的东南亚金融危机引起了大范围的国际货币贬值，东南亚的经济实力被大大削弱。经济运行的外部环境急剧恶化，中国不可避免地成为间接受害者，加上中国政府承诺人民币不贬值，所以，中国经济承受了巨大的外贸出口压力。国与国之间的经济联系，如国际贸易和国际资本流动，是如何影响单个国家乃至整个世界经济的呢？

政府在每一个这样的问题上是否能够做些什么？应该做些什么？怎样做才是最好的？长期以来，这已成为宏观经济学研究的中心问题。同行们不断在这些问题上产生分歧，而且每一代都展开论战，以重新解释过去发生的事件。有趣的是，宏观经济学家可以被分为推崇政府干预和主张自由放任这两大思想流派，这两大阵营的追随者对宏观经济学中的大多数问题和宏观经济政策的设计具有近似预见性的看法。

上述五个问题，可以归结为三类。第一个问题——决定一国经济长期增长的因素是一类，属于发展经济学的问题；第五个问题——全球经济体系对国民经济的运行有何影响是一类，属于国际开放经济学研究的问题。这两类问题的介绍分别安排在本书的第9章和第11章。另外三个问题属于一类——宏观经济学研究的短期波动问题，这和我们的经济波动、生活水平、生活成本密切相关，我们放在本书第10章进行介绍。

8.2 宏观经济指标

医生通过测量体温、血压和脉搏等指标来判断一个人大致的健康状况。在宏观经济学中，经济学家和政府官员需要对一国的宏观经济进行类似的衡量，就需要确定宏观经济的主要指标。反映宏观经济状况的三个主要指标分别是经济增长率、通货膨胀率和失业率,它们分别反映了产品市场、货币市场和劳动市场的活动水平。为了比较全面地分析、判断一国的宏观经济形势,除了上述三大主要指标之外,还有一些次要指标,它们是存货、信心指数和遗憾指数等。

8.2.1 经济增长率:国民产出

对宏观经济健康状况的第一个衡量指标是经济增长率(或产出增长率)。经济增长率一般用国内生产总值(Gross Domestic Product,GDP)的增长率来衡量。GDP是指在某一既定时期,一个国家(或地区)内生产的所有最终产品与服务的市场价值。如果从这一年到下一年GDP增长了,下述两种情况中至少有一种必然是正确的:① 生产了更多的产品与服务;② 以更高的价格销售了产品与服务。经济学家为了区分这两种影响,特别是他们想衡量不受产品与服务价格变动影响所生产的产品与服务的总量,使用了实际GDP和名义GDP这两个概念。名义GDP是指按现期价格评价的产品与服务的生产;实际GDP是指按不变价格评价的产品与服务的生产。

图 8-1 记录了 1978—2002 年这 25 年中国实际 GDP 的增长情况。图中曲线上各点的数值表示相应年份中国的实际国内生产总值,我们将在第 9 章具体介绍这一概念。为了便于比较,我们对历年的价格水平变动进行调整,从而得到货币价值总和都是以 1978 年的价格计算的历年中国 GDP 的数值。从图 8-1 可以看出,1978—1980 年和 1989—1990 年这两个时期,经济增长速度相对缓慢一些。这 25 年的年均增长速度达 9.1%,2002 年的实际 GDP 约是 1978 年的 8.5 倍。

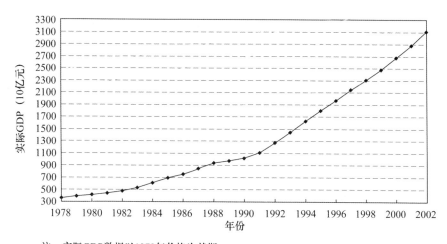

注:实际GDP数据以1978年价格为基期。

图 8-1　中国的实际 GDP(1978—2002)

(资料来源:中华人民共和国国家统计局.2003 中国统计年鉴[M].北京:中国统计出版社,2003.)

图 8-2 反映了 2009—2017 年中国 GDP 增长率的变化情况。从图 8-1 和图 8-2 我们可以清晰地看到中国经济在过去几十年中的走势与波动情况。

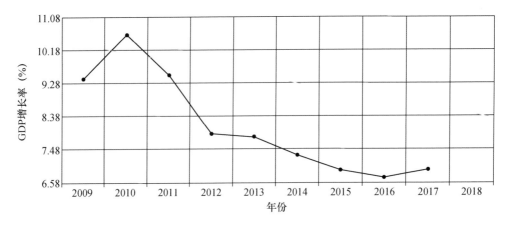

图 8-2　中国 GDP 增长率（2009—2017）
（资料来源：作者根据国家统计局网站数据整理绘制。）

从现实角度，宏观经济学需要解释以下两个问题。

① 哪些因素在推动中国经济在 2009—2011 年取得年均 9% 以上的高增长？是要素（包括劳动、资本等）投入增加，还是要素生产率的提高？如果是后者，那么背后的因素又是什么呢？是技术进步、结构优化，还是制度变迁？或许兼而有之，那么各自的比重是多少？在新常态背景下，中国经济还能取得如此高的长期增长速度吗？

② 哪些因素导致中国经济出现周期性的波动？有什么规律可循？从 2010 年的波峰和 2016 年的谷底来看，中国经济经历一个完整的周期大概是多少年？

8.2.2　通货膨胀率：物价水平

通货膨胀率可以用居民消费价格指数（Consumer Price Index，CPI）、零售物价指数或生产者价格指数等来衡量。它既反映一国的货币量与实物量是否适应，也反映一国货物与劳务的总产出量与总需求量之间的平衡关系。例如，2005 年 2 月，我国全国居民消费价格指数比 2004 年同月上涨 3.9%，其中城镇上涨 3.6%，农村上涨 4.5%。分类别看，食品价格比 2004 年同月上涨 8.8%，非食品价格上涨 1.4%；消费品价格上涨 3.9%，服务项目价格上涨 4.2%。

我们将物价普遍持续上升和货币贬值的现象称为**通货膨胀**。与通货膨胀相对应的概念是**通货紧缩**，指的是总体物价水平的下降，如我国 1998—1999 年所表现的物价持续下降的现象。

物价的过快上升或下跌都表明总产出与总需求之间的失衡。经济学家追求的是物价的相对稳定，即 0~3% 的低通货膨胀率。例如，2019 年 6 月份，中国全国居民消费价格指数同比上涨 2.7%；2019 年上半年，中国全国居民消费价格指数同比上涨 2.2%。

通货膨胀率与经济波动密切相关，这是又一个重要的宏观经济指标。**通货膨胀率**是经济活动中所有商品的平均价格变化的百分比。一般而言，当经济运行接近峰顶时，价格上升速度加快；当经济运行接近谷底时，价格上升的速度放慢，甚至会出现通货紧缩现象。价格的这种上升或下降一般滞后于实际 GDP 的波动。

通货膨胀意味着货币购买力的下降,即货币贬值。引起通货膨胀的原因是多方面的,如流通中货币发行过多、投资需求和消费需求的过旺,以及工资等成本的上升等。通货膨胀曾是许多国家最为头痛的顽疾。

8.2.3 失业率:就业状况

尽管衡量经济健康状况的首要指标是经济增长率,但是这种衡量方法却不太有人情味。经济增长率反映的是产品市场波动,失业率反映的是要素投入,尤其是劳动就业的波动情况,这两个市场是相联系的。产出多,必然是投入多,因此,经济增长快,就业增长就快,失业率就低;反之,经济增长慢,就业增长就慢,失业率就高。例如,在1990—1991年美国经济衰退的过程中,超过200万人失去了工作,许多大学生毕业之后很难找到工作。这是经济衰退在人力方面的表现。

国际劳工组织对**失业者**的标准定义为:

特定年龄以上在参考期内满足下列条件的所有人:

① 没有工作,即不处于有薪就业或自主就业状态;

② 目前可以工作;

③ 正在寻找工作,即在特定时期内已经采取具体步骤寻找有薪或自主就业机会。

总的来说,失业人口是指法定工作年龄以上的在调查期内没有工作、可以工作且正在寻找工作的人。

由于我国的国情,我国农业中的就业人口数据有很大的不真实性,其中包含着大量的隐蔽失业,而政府公布的城镇登记失业率指标并没有反映全国劳动力市场的全貌,因此,我们就用第二、第三产业的每年新增就业人口来观察就业市场的波动。图8-3列出了1978—2002年我国第二、第三产业就业人数的变化情况。很明显,在20世纪80年代我国就业人口增长较快,到了90年代,第二、第三产业的就业增长速度放慢,尤其是在1996年后,每年新增第二、第三产业就业人口已不足1000万。从图8-4可以发现,近5年来我国城镇从业人数稳步增长。

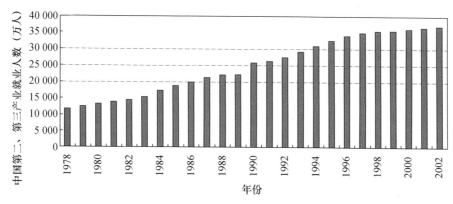

图8-3 中国第二、第三产业就业人数变化情况(1978—2002)

(资料来源:中华人民共和国国家统计局. 2003中国劳动统计年鉴[M]. 北京:中国统计出版社,2003.)

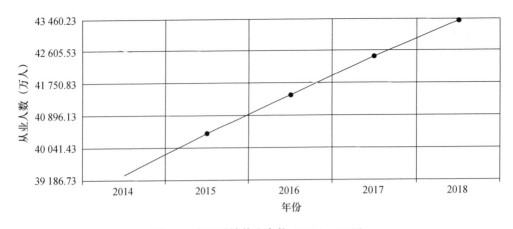

图 8-4 中国城镇从业人数（2014—2018）
（资料来源：作者根据国家统计局网站数据整理绘制。）

国际劳工组织在 1982 年推出了"标准失业率"的统计方法，各国公布的失业率在口径上并不一致，但在纵向比较时仍不失其价值。失业率反映了一国的生产要素，尤其是劳动力资源的利用状况，不同国家高失业率的原因并不相同。在成熟的市场经济国家，失业率是反映宏观经济形势的重要指标，一般而言，失业率与经济增长率成反比。

经济学家和政府的政策目标是要实现经济增长、充分就业和物价稳定，即低失业率、低通货膨胀率下的高经济增长率，简称"两低一高"。这三个目标是宏观经济政策的核心目标。在开放经济中，国家往往还要实现国际收支的平衡。因此，考察宏观经济的关键指标除了经济增长率、通货膨胀率和失业率外，还有国际收支经常账户平衡。其中，国际收支经常账户平衡内容将在本书第 11 章介绍。

8.2.4 存货

存货是指企业所持有的原料、半成品和未销售出去的最终产品等。存货分为意愿存货和非意愿存货。这些货物可以被看成是一种投资，作为总支出的一部分。存货投资并不一定代表产品与劳务的实际支出，而是代表企业持有的存货数量的变化，即产量实际超过销售量的存货积累，这种积累对于企业保证正常运转和占有市场是十分重要的。但是存货上升意味着大量产出没有销售出去，预示着在不远的将来，需求会下降，经济有可能萎缩，反之则相反。

8.2.5 信心指数

信心指数是相关群体对经济景气的信心调查中定性指标的量化描述，通过其上升和下降的动态变化，反映和预测经济发展的状态。信心指数的数值范围为 0～200，100 为临界值，当信心指数大于 100 时，表示经济状况处于积极的运行态势；当信心指数小于 100 时，表示经济状况处于消极的运行态势。常见的信心指数有以下两种。

(1) 企业家信心指数。

企业家信心指数是企业家根据对企业外部市场经济环境与宏观政策的认识、看法、判断与预期（通常表述为"乐观""一般""不乐观"）而编制的指数，用以综合反映企业家对宏观经济环境的感受与信心，反映了投资需求的未来走势。

(2) 消费者信心指数。

消费者信心指数是综合描述消费者对当前经济状况的满意程度和对未来经济的走向及预期，可反映消费需求的未来走势。

8.2.6 遗憾指数

遗憾指数又称为痛苦指数，是指通货膨胀率与失业率之和。例如，若通货膨胀率为5%，失业率为5%，则遗憾指数为10%。这一指数说明了人们对宏观经济状况的感觉，该指数越大，人们对宏观经济状况越不满。

由于宏观经济学家不可能把宏观经济预测中所有的，尤其是非经济的因素和变量考虑进去，因此，对于宏观经济的衡量和准确预测是一件十分复杂和困难的事情。但是，宏观经济预测的复杂性并不等于宏观经济学在此领域就无能为力了。例如，一个再高明的心脏科医生也无法准确无误地预测病人何时会心脏病发作，但是他可以大致预测出病人发病的可能性和概率。同样，经济学家能对宏观经济现象变化的一般规律做出分析和研究。

对于宏观经济的把握，除了前面所论述的三个主要指标和三个次要指标之外，下面这三个指标对于企业家判断经济形势也有一定有作用。

① 新住房购买数量（领先指标，先于经济周期的高峰和低谷出现的经济活动）。

② 销售额变化（同步指标，与经济周期的高峰和低谷差不多同时发生的经济活动）。

③ 新增就业岗位变化（滞后指标，在经济周期的高峰和低谷之后出现的经济活动）。

*8.3 宏观经济概念

8.3.1 总需求和总供给

1. 总需求

人们通常所讲的市场需求是指对某产品的需求，如2015年中国市场对汽车的需求量突破了2000万辆，或者专指人们对某厂家的一种特定规格产品的需求，如对某款SUV汽车的需求。人们对某种单个产品或劳务的需求往往随着该产品或劳务的价格、消费者的收入和偏好，以及其他替代或互补品价格的变化而变化。而**总需求**（Aggregate Demand，AD）指的是全社会在一定价格水平上对所有产品和劳务的需求总量，也就是人们对所有单个产品和劳务需求量的总和。

市场经济是一种需求约束型经济，一国的生产能力再大，若没有社会需求相配合，这种产能也会被闲置。因此，总需求的大小往往决定着一国的实际产量，从而也决定着就业数量。那么，总需求由哪几个方面构成？我们如何来分析总需求？更进一步，总需求的增长或下降又受哪些因素影响呢？

我们先来看总需求的构成。需求是指有支付能力的购买欲望，这样，我们可以不从需求对象出发来理解总需求，而是从需求主体出发来汇总社会需求。宏观经济学家认为，任何一个开放经济国家都有四个相对独立的支付部门，即最终消费支出、投资支出、政府购买支出，以及国外对本国产品和劳务需求净支付。这四大部门的需求之和便是一国的总需求，其中的最终消费支出、投资支出和政府购买支出为国内需求，即**内需**；出口与进口的差额为国外需求，即**外需**。对于大多数国家来说，内需是主要的，而在内需中，最终消费支出又占有较大比重。

那么，总需求的增长或下降又受哪些因素影响呢？这是个相当复杂的问题，居民的收入水平、收入差距分布、对未来收入的预期、消费倾向及物价总水平、利率、税率、汇率、货币供给量，乃至风俗习惯、政治因素等，都会影响总需求。宏观经济学要研究这些因素的综合作用，并找出调节总需求的政策性工具。这些政策有财政政策、货币政策和收入政策等。

2. 总供给

总供给（Aggregate Supply，AS）是指经济社会在一定价格水平上所能提供的所有商品和劳务的价值总和。它取决于一个社会的生产能力，但并不等同。因为当产品缺乏需求时，厂商宁愿选择停工，以销定产；而当需求旺盛时，厂商会加班加点，以增加产量。因此，决定总供给的因素有两个：一是社会的最大生产能力，即所有资源都达到充分利用时的潜在产出量，也就是厂商能够提供的最大产出量；二是社会需求。而按需定产的实际产出量，也就是厂商愿意并实际提供的产出量。概括地说，总供给是在已有生产能力的基础上，厂商适应当时的社会需求所实际提供的产出量。

在长期中，总供给的增长与需求和物价无关，而是取决于一国资本形成、人力资源增长、技术进步和产业结构升级等因素。也就是说，一国生产能力的高低，往往受人口、资本、技术及制度等因素的综合作用的影响，要素投入量的增加和要素生产率的提升是产能扩张的源泉。该内容我们在本书第 9 章中将进行介绍。

8.3.2 流量和存量

如何判断一个国家或地区的富裕程度？通常的做法是，查阅该国家或地区一年内新创造的财富数额，也就是人均意义上的国内生产总值。它是当前收入流的累计数，能反映经济活动的能量和水平。另一个判断方法是，看一个国家或地区已积累起来的财富总量，这些财富包括三个方面：一是实物资产，如自然资源、厂房设备、土地、基础设施等；二是人力资本，它决定着居民的生产力、创造力和竞争力；三是国外净资产，即本国居民和政府拥有的在国外的资产减去外国居民和政府拥有的在本国的资产。所有这些资产每时每刻都在发生变化，但在某一时点上是一个既定的数额。财富便是由上述资产投入生产后形成的收入流。一般来说，一个国家或地区拥有的资产越多，其收入流也越大；反过来，收入流越大也反衬出其拥有的资产越多。

所谓**流量**，是指在一段时期内，某一变量发生值的累计数；所谓**存量**，是指在某一时点上，某一变量的发生值。例如，在人口统计中，人口总数、劳动力人数、失业人数等指标是存量；当年出生人口、死亡人口、新增就业人口等指标就是流量。又如，在经济统计中，国内生产总值、工业增加值、财政收入、出口总额、股票交易额等指标是流量；而年末金融机构存款总额、外汇储备、股票收盘价等就是存量。

8.3.3 注入和漏出

注入是指新加入经济体的收入流量，**漏出**是指脱离经济循环的收入流量。例如，个人或企业在开户银行增加储蓄存款，对于宏观经济来说是漏出；而银行将这些存款贷放出去，借贷者又将其用于实业投资，这就是注入。如果储蓄额大于投资额，即漏出大于注入，经济活动规模就会收缩；如果投资额大于储蓄额，即注入超过了漏出，经济活动规模就会扩张。

再如，商品和劳务出口是注入，商品和劳务进口是漏出，因为进口伴随着资金输出，出口导致资金输入；政府税收是漏出，政府支出是注入；向国外借款时是注入，向国外的投资者还本付息就是漏出；引进外商直接投资是注入，外资企业汇出利润就是漏出，等等。在宏观经济运行中，注入和漏出每时每刻都在发生，只要注入和漏出保持相对平衡，宏观经济运行就不会大起大落。

一个值得讨论的案例是，我国的资金外逃现象近年来相当严重。腐败分子收敛的钱财见不得阳光，于是通过各种途径兑成外汇转移到国外，在国外购置房产或供子女出国留学。从宏观经济学的层面来看，这便是漏出，它使国民经济收缩。但从微观经济层面来看，腐败改变的是资源配置和收入分配。大家可以自己去分析腐败在微观和宏观意义上对经济的不同影响。

8.3.4 实际国民收入与潜在国民收入

从经济流程看，一国当年的国民收入（National Income，NI）是总需求与总供给相互协调、最终实现均衡的结果。因此，实际国民收入就是均衡国民收入。但必须注意，这一均衡的国民收入不一定是充分就业状态下的国民收入。

充分就业下的国民收入是指利用了社会上一切可利用的经济资源（劳动力、资本、土地、技术等）所能够生产的产品和劳务的最大产出值，也就是一国的经济潜力充分利用或发挥时能够达到的最大产量，故又称**潜在国民收入**。而在各种要素的利用状态中，最值得关注的是劳动就业，同时各要素间在短期内的配合比例不变，因此，经济学家就以是否充分就业来判断经济是否达到了潜在产出水平。又由于资源是否充分利用比较难判断，因此，在实际分析时，往往以一个相当长时期的平均增长率来描述潜在增长率，并据此推算当年的潜在国民收入。

复习与练习

【关键概念复习】

在 B 栏中找到与 A 栏中术语相应的解释，并将序号填在术语前边。

A	B
宏观经济学	1. 总体物价水平的下降
国内生产总值	2. 通货膨胀率与失业率之和
通货膨胀	3. 有支付能力的购买欲望
失业率	4. 所有最终产品的市场价值之和
遗憾指数	5. 研究经济总量的一门学问，即资源怎样充分利用
需求	6. 一年中失业人口占全部劳动人口的平均比例
通货紧缩	7. 物价普遍持续上升和货币贬值

【思考与练习】

（一）填空题

1. 凯恩斯出版了_____，并开创了现代宏观经济学。
2. 宏观经济学又被称为_____或_____。
3. 宏观经济学所关心的是_____。
4. 宏观经济学以_____为研究对象，着重考察和说明_____、_____、_____等经济总量是如何决定、如何波动的。
5. 宏观经济学的三个主要指标分别是_____、_____、_____。
6. 通货膨胀率可以用_____、_____、_____等来衡量。
7. 有经济学家把微观经济学看作_____，把宏观经济学称为_____。
8. _____是经济活动中所有商品的平均价格变化的百分比。
9. 失业人口是指法定工作年龄以上的在调查期内_____、_____且_____的人。
10. 常见的信心指数有_____、_____。

11. 遗憾指数是指_____与_____之和。
12. 最终消费支出、投资支出和政府购买支出为国内需求，即_____。
13. 出口与进口的差额为国外需求，即_____。
14. 遗憾指数又称_____。
15. _____指在一段时期内，某一变量发生值的累计数。
16. _____指在某一时点上，某一变量的发生值。
17. _____指新加入经济体的收入流量。
18. _____指脱离经济循环的收入流量。
19. 实际国民收入就是_____。
20. 充分就业下的国民收入又称_____。

（二）单项选择题

1. 凯恩斯在1936年出版了（　　），并开创了现代宏观经济学。
   A. 《就业》　　　　　　　　B. 《利息》
   C. 《就业、利息和货币通论》　D. 《国富论》
2. 宏观经济学的核心理论是（　　）。
   A. 价格决定理论　　　　　　B. 工资决定理论
   C. 国民收入决定理论　　　　D. 汇率决定理论
3. 下列各项中，哪一项不被认为是宏观经济的"疾病"？（　　）
   A. 高失业　　B. 滞胀　　C. 通货膨胀　　D. 价格稳定
4. 表示一国居民在一定时期内生产的所有最终产品和劳务市场价值的总量指标是（　　）。
   A. 国民生产总值　　　　　　B. 国内生产总值
   C. 名义国内生产总值　　　　D. 实际国内生产总值
5. 实际GDP等于（　　）。
   A. 价格水平除以名义GDP　　B. 名义GDP除以价格水平
   C. 名义GDP乘以价格水平　　D. 价格水平乘以潜在GDP
6. 下列各项中，属于流量的是（　　）。
   A. 国内生产总值　B. 国民债务　C. 现在住房数量　D. 失业人数
7. 存量是（　　）。
   A. 在某个时点上测量的　　　B. 在某个时点上的流动价值
   C. 流量的固体等价物　　　　D. 在某个时期内测量的
8. 下列各项中，属于存量的是（　　）。
   A. 国内生产总值　B. 投资　C. 国民债务　D. 国民债务利息
9. 根据古典宏观经济理论，价格水平降低将导致下述哪一项的变量减少？（　　）
   A. 产出　　B. 就业　　C. 名义工资　　D. 实际工资
10. 宏观经济学的创始人是（　　）。

A. 亚当·斯密　　　B. 马歇尔　　　C. 马克思　　　D. 凯恩斯

（三）判断题

1. 宏观经济学的核心理论是工资决定理论。　　　　　　　　　　　　（　　）
2. 存量指在一段时期内，某一变量发生值的累计数。　　　　　　　　（　　）
3. 通货膨胀率是经济活动中所有商品的平均价格变化的百分比。　　　（　　）
4. 最终消费支出、投资支出和政府购买支出为国内需求，即内需。　　（　　）
5. 漏出指脱离经济循环的收入流量。　　　　　　　　　　　　　　　（　　）
6. 在凯恩斯看来，造成资本主义经济萧条的根源是资源短缺。　　　　（　　）
7. 表示一国居民在一定时期内生产的所有最终产品和劳务的市场价值的总量指标是国内生产总值。　　　　　　　　　　　　　　　　　　　　　　　　（　　）
8. 高失业、高通货膨胀两项被认为是宏观经济的"疾病"。　　　　　（　　）
9. 投资属于存量。　　　　　　　　　　　　　　　　　　　　　　　（　　）
10. 遗憾指数是指通货膨胀率与失业率之和。　　　　　　　　　　　（　　）

（四）问答题

1. 宏观经济学研究的主要问题有哪些？
2. 判断一国宏观经济形势的主要指标和次要指标有哪些？怎样判断？
3. 联系中国当前的经济形势，你认为中国宏观经济运行中面临的主要问题是什么？
4. 表8-1列出了2000—2002年四个工业化国家（美国、日本、德国、英国）的宏观经济运行情况，请比较并回答：美国的经济状况在四个工业化国家中的表现如何？请再通过国家统计局网站查询上述四个工业化国家和我国的宏观经济运行情况的最新数据并进行比较分析。

表8-1　2000—2002年四个工业化国家的宏观经济运行情况（年平均数字）

项目	美国	日本	德国	英国
失业率	4.9%	5.1%	8.0%	5.3%
通货膨胀率	2.7%	-0.7%	2.0%	2.1%
经济增长率	1.9%	-0.1%	1.6%	2.3%
国际收支经常账户①（占国民收入的百分比）	-4.2%	2.5%	-0.7%	-1.9%

① 国际收支经常账户的相关内容可以在本书第11章中查询。

复习与练习
参考答案

第 9 章　长期经济增长

> 【导学】在第 8 章，我们介绍了衡量宏观经济的三个主要指标：经济增长率、通货膨胀率和失业率。这三个指标分别反映的是产品市场中的国民收入、资本要素市场中物价水平的情况和劳动市场中的劳动力要素。从本章开始我们分别研究这三项指标。

30 年前，我们没有手机，没有数码照相机，笔记本电脑还未出现，人们在大多数的体育比赛中几乎穿着同样款式的运动鞋。

随着社会的发展，人们能够制造出更多更好的产品，提供更加多样的服务。在一个国家经济增长的过程中，大多数人变得更为富裕，物质生活也在提高。但与此同时，世界上一些贫穷落后国家的生活水平不但没有提高，反而下降。如果我们有机会做一次环球旅游，就会发现不同国家之间的国民生活水平存在着巨大的差异。大家思考一下：为什么有的国家经济增长迅速，人民生活越来越富裕，而有的国家经济增长乏力，人民生活依然贫困？一个国家应采取什么措施来实现本国的经济增长？哪些因素决定了国民收入的增长？经济增长理论就是研究国民收入的长期发展变化的，它从长远的眼光来观察经济的表现。

9.1　经济增长与经济发展

9.1.1　经济增长的含义

经济增长（Economic Growth）就是 GDP 或人均 GDP 的持续增长。长年累月的高速经济增长能使一个贫穷的经济体变得富裕，而经济的低速增长乃至负增长会使一个国家越来越贫困。

经济增长一般包括两层含义：第一，是指一个国家或地区在一定时期内实际产出量的增加，即居民所需要的商品和劳务的总产出量的增加，集中表现为经济实力的增强，即实际 GDP 的增长；第二，是指潜在生产能力的扩大，包括决定一个国家或地区生产能力的各种资源、资本形成和技术水平等诸方面因素的改进。

9.1.2　经济增长与经济发展的区别

经济学家经常使用两个概念来分析国民经济运行的长期过程，即经济增长和经济发展（Economic Development）。这是两个既紧密联系又不完全相同的概念。经济增长是明确的产出量（总产出量、人均产出量）的增加，具体表现为 GDP 的增加；**经济发展**是指社会从落后进入先进状态的过程，它不仅包括经济增长，还应该包括国民的生活质量、教育水平、健康卫生质量，以及整个社会经济结构和制度结构的总体进步。

经济增长是一个"量"的概念。经济发展是一个比较复杂的"质"的概念，是一个反映经济社会发展水平的综合性概念。由于各国的经济基础、历史背景、社会结构和政治体制各不相同，经济发展的结果也各不相同，因此，在经济学中有一门专门研究经济发展的学科，称为"发展经济学"。这门学科集中分析各国经济发展得失的具体原因。在宏观经济学里，我们重点分析经济增长的规律。如果说经济发展是讨论一个国家怎样发生"质变"，那么这里要讨论的是引起这种质变的最重要因素——"量变"，即经济增长。

9.1.3　经济增长的源泉与经济增长和经济发展的决定因素

实际 GDP 的增长有助于老百姓生活质量的提高。当生产要素的数量增长或技术的持续提升使这些生产要素的生产率提高时，实际 GDP 就会增长，人们的生活质量也就会提高。下面我们引用一个简单的生产函数展开我们的讨论，该函数为

$$Q = A \times f(K, L, N, E)。$$

通过该生产函数，我们可以了解到：经济增长来源于更多的可变投入资本（K），包括物质资本、人力资本和货币资本；经济增长来源于劳动者（L）更高的技能（一定的劳动力数量和劳动力质量）；经济增长来源于改进的管理（E），即企业家管理才能的投入和改善有助于在生产过程中更好地利用资源；经济增长还来源于技术的进步（A），技术进步促使发展和使用更好的资本设备，有助于从一定投入中获得更多的产出。当然，上述简单模型假设土地等自然资源（N）是固定不变的。

然而综观历史，世界各国经济增长情况有很大差别，引起这些差别的原因不只是投入的不同。只有当每单位时间的劳动能够生产更多的产品或服务时，人们的生活水平才会提高，所以在研究经济增长时更需要关注使劳动具有更高的生产能力的因素。经济增长和经济发展的决定因素可以归结为以下几个方面。

1. 制度

美国经济学家诺斯强调"增加的路径依赖"，其含义就是增长取决于制度，适合经济发展的制度就是实现经济增长的前提。市场经济是一个制度体系，包括了多种制度。其中，经济增长最基本的前提是适当的激励制度。市场、产权和货币交换这三种制度对创造激励是至关重要的。

（1）市场。

市场使买者和卖者可以得到信息并相互进行交易，而且市场价格又向买者和卖者传递增加或减少需求量与供给量的信号。市场使人们的经济行为更加专业化，并进行储蓄和投资。

（2）产权。

产权是决定资源和物品与劳务占有、使用和处置的社会安排。产权包括对物质财产

（土地、建筑物和资本设备）、金融财产（一个人对另一个人的索取权）和知识财产（如发明）的权利。明确地建立产权制度并行使产权可以给人们的收入或储蓄提供保证。

（3）货币交换。

货币交换为各种交易提供了方便。产权和货币交换为人们专业化和交易、储蓄和投资，以及发现新技术创造激励。随着经济从专业化很少变为从专业化和交易中获益，生产和消费增长了，人均实际GDP增长了，生活水平也就提高了。当适当的激励制度存在时，促使经济增长最简单的方法是人们开始专门从事他们相对有优势的活动，并相互交换。通过专业化和交易，每个人都可能以最低的成本获得物品与服务。同样，人们也可以通过自己的劳动得到更大量的物品与服务。但激励制度的存在并不能确保经济增长一定发生，它只是允许经济增长。因此，激励制度仅仅是经济增长的一种保障，经济增长还必须有其他因素的支持才可能发生并持续下去。

2．资源

一个国家的自然资源越丰富，利用率越高，对经济发展就越有利。除自然资源之外，资源还包括储蓄、新资本投资、人力资本投资。

储蓄和新资本投资增加了每个工人的资本量，从而引起每小时劳动的实际GDP的增长，即劳动生产率得以提高。在工业革命时期，当每个工人的资本量增加时，劳动生产率发生了最急剧的上升。虽然手工生产过程可以创造出精美的东西，如工艺品，但用人均资本较高的生产方式，如生产线，却能使工人的生产率提高很多。储蓄是投融资的主要来源，资本投资额的增加可以促使未来经济的发展。较高的储蓄率意味着较少的消费、较多的投资和较快的增长幅度。

人力资本理论是由美国著名经济学家舒尔茨在20世纪60年代提出的，其政策应用在于"科教兴国"战略。人力资本包括专门技能和专门知识，是经济增长最基本的源泉，也是生产率提高和技术进步的源泉。如果一个国家的劳动力资源缺乏足够的职业训练、教育程度低下，甚至健康状况不佳，这个国家的经济发展就会遇到困难。人力资本的获得有两个途径：一是正规的培养，二是劳动经验的积累。正规的学校教育和培训，提高了人们的综合素养，从而有效地推动了生产率的提高。但这并不是获取人力资本的唯一途径。人们也能够从工作中获得经验，很多工人和管理者在工作中积累了大量的专门技能和专业知识，使生产率成倍提高。所以，对人力资源的投资（人员培训和科研支持）越大，对经济发展越有利。

3．科学技术

马克思曾说，科学技术是最高意义上的革命力量；邓小平同志也讲，科学技术是第一生产力。实物资本和人力资本的增长对经济增长具有重大影响，而科学技术的发现和应用因为有助于人们更为有效地利用资源，所以对经济发展做出的贡献更大。

自从工业革命以来，科学技术变化就已成为人们日常生活的一部分。为了从技术革新中受益，必须增加资源的投入。大部分技术被物化在实物资本中。例如，内燃机的发明和应用，使人们的移动速度更快、运输能力更强；个人电脑和打印机的发明和使用，使人们的办公更加方便、效率更高。当然，最强大且具有深远影响的技术，却体现在人力资本中，被物化的技术来源于人力资本的创新活动。

在当代，科学技术进步在经济增长中的作用，不仅意味着生产要素在更广范围、更大程度上的优化组合及合理使用，更体现在生产率的提高上。科学技术的进步可以帮助人们节约成本和创建新兴产业，比如袁隆平的杂交水稻创造了巨额经济效益。20世纪初，美国2.9%的年经济增长率中由于科学技术因素而引起的经济增长率为1.49%，即科学技术进步在经济增长中所做出的贡献占51%左右。目前发达国家的科技进步对经济增长的贡献率为70%以上，超过了劳动要素。科学技术的进步既为经济增长方式的转变标示了方向，同时也是促进经济增长方式转变的有效手段。

4. 对外开放

劳动分工可以产生生产力，对外开放也可以产生生产力。21世纪初，中国成为世界贸易组织的新成员后，由过去有限领域和范围的对外开放转向全方位、多层次、宽领域的对外开放；由以试点、试验为特征的梯度开放战略转向整体开放战略；由以计划、行政命令为基础的政府主导型对外开放转向以市场、比较优势为基础的市场主导型对外开放；由过分强调中国特殊性和按自己时间表推进的对外开放转向重视国际规范和与WTO成员方共同协商的对外开放。

国务院于2013年8月正式批准设立中国（上海）自由贸易试验区。正如加入世界贸易组织进一步激发了中国经济的活力一样，自由贸易试验区的设立进一步扩大了中国的对外贸易，并进一步通过吸引外资，引进了国外先进技术与管理经验。

案例讨论

三分之一法则

麻省理工学院的罗伯特·索罗通过研究美国经济的增长，测定资本增长对劳动生产率增长的贡献时，发现了所谓的三分之一法则（One Third Rule）。一般来说，当人力资本和技术水平保持不变时，单位劳动时间的资本量增长1个百分点，劳动生产率平均上升1/3个百分点。

利用三分之一法则，我们可以确定资本增长对劳动生产率增长的贡献。例如，假设某年单位劳动时间的资本增长了3%，劳动生产率增长了2.5%，三分之一法则告诉我们，在劳动生产率增长的2.5%中，资本增长贡献了3%的1/3，即1%。

除了资本增长贡献外，劳动生产率的增长还来源于人力资本的增长和技术的变革。在上例中，劳动生产率增长2.5%，其中，资本增长贡献了1%，那么剩下的1.5%就源于人力资本增长和技术变革。

讨论：要促进劳动生产率增长，我们应该从哪几个方面入手？

9.1.4 经济增长和经济发展的衡量

1. 经济增长的衡量

衡量经济增长用经济增长率（Economic Growth Rate）。所谓**经济增长率**，是指排除价格波动影响以后的实际 GDP 的增长率，实际上也就是社会总产出的增长率。它是本期国内生产总值的增长量（本期国内生产总值 − 上期国内生产总值）与上期国内生产总值的比值。

表 9-1 为 2018 年世界各国 GDP 前 10 名的数据，表 9-2 为 2017 年人均 GDP 世界前 10 名的数据。通过 GDP 和人均 GDP 我们可以进行各国经济实力的比较、各国公民生活水平的比较和经济周期的预测。

表 9-1 2018 年世界各国 GDP 前 10 名

排 名	国 家	GDP（亿美元）
1	美国	205 130
2	中国（大陆）	134 572
3	日本	50 706
4	德国	40 291
5	英国	28 088
6	法国	27 946
7	印度	26 899
8	意大利	20 869
9	巴西	19 093
10	加拿大	17 337

资料来源：作者根据国家统计局网站数据整理。

表 9-2 2017 年世界各国人均 GDP 前 10 名

人均 GDP 排名	经济体（国家或地区）	人均 GDP（美元）
1	卢森堡	107 708
2	瑞士	80 836
3	中国澳门	79 563
4	挪威	73 615
5	冰岛	73 092
6	爱尔兰	68 604
7	卡塔尔	60 811
8	美国	59 495
9	丹麦	56 334
10	澳大利亚	56 135

资料来源：作者根据国家统计局网站数据整理。

案例讨论

经济持续增长的魔力——70法则

人均实际 GDP 的持续增长能够使一个贫穷的社会变得富裕，这是因为经济增长就像银行利息复利计算一样。假设你把 100 元存入银行，年利率为 5%，一年后你将拥有 105 元。如果再把这些钱存入银行，第二年年末你的本金 100 元和上年赚得的 5 元利息又会得到 5% 的利息。

其变化过程可用下面的计算来表示。

第一年年初将 100 元存入银行，此时你的存款余额为 100 元，记为 P。

第一年年末，获得存款利息为 $100 \times 5\%$（记为 i）= 5 元，加上年初本金 100 元，第一年年末余额为 105 元（记为 S），即 $S = P + P \cdot i = P \cdot (1+i)$。

第二年年初，将第一年年末的余额继续存入银行，年初余额为 105 元。

第二年年末，获得存款利息为 $105 \times 5\% = 5.25$ 元，加上这年年初余额 105 元，第二年年末余额为 110.25 元，即 $S = [P \cdot (1+i)] \cdot (1+i) = P \cdot (1+i)^2$。

如此下去，你在银行的存款每年以 5% 的速度增长。若干年后你在银行的存款就会增加一倍，达到 200 元。问题是这需要多少年呢？

70 法则认为，某个变量增加 1 倍所需要的年数大约等于 70 除以该变量的年增长率乘以 100。例如，当增长率为 1% 时，增加 1 倍的时间就是 70 年（用 70 除以 1 可以得到）；当增长率为 2% 时，增加 1 倍的时间就是 35 年（用 70 除以 2 可以得到）。利用 70 法则就能计算出前面的问题：要使 100 元变成 200 元需要多少年，也就是 70 除以 5 大约等于 14 年。

表 9-3 给出了利用 70 法则计算出的其他增长率不变情况下一项指标翻番所需的年数。70 法则也可以用在人均实际 GDP 上。从表 9-4 中我们可以看到，如果年增长率为 1%，那么人均实际 GDP 要 70 年才能翻一番；如果年增长率是 7%，那么人均实际 GDP 翻一番只需要 10 年。

表 9-3 某指标增长率及该指标翻番所需年数

年增长率（%）	数量翻番所需的年数（年）
1	70
2	35
3	23
4	18
5	14
6	12
7	10
8	9
9	8
10	7

这样，如果一个国家的经济增长率为1%，另外一个国家的经济增长率为2%，当两个国家起始的经济状况相当时，70年后，增长率高的国家的总量就是增长率低的国家的4倍。这正是后进国家可以赶上先进国家的原因所在。

讨论：中国上一年的GDP增长率为多少？按此建议大约需要多少年能实现GDP翻倍？

2. 经济发展的衡量

我们通过经济增长率可以进行各国经济增长情况的比较，通过人均GDP可以进行各国居民生活福利水平的比较。当GDP增长超过人口增长时，就能实现人均GDP的增长。而经济发展是用来比较一个国家总体发展水平的综合分析概念，它把世界上的国家大致分为三类：第一类是工业发达国家，包括北美、西欧国家和澳大利亚、日本等；第二类是发展中国家，包括中国、泰国、马来西亚、墨西哥等；第三类是不发达国家，包括许多以传统的农业经济为主导的非洲国家。除此以外，联合国开发计划署自1990年起，每年测算的**人类发展指数**（Human Development Index，HDI）是对人类发展成就的概括衡量。它衡量一个国家（地区）在人类发展的以下三个基本方面的平均成就。

（1）识字率（Adult Illiteracy）。

识字率用成人识字率（占2/3的权重）以及小学、中学和大学综合毛入学率（占1/3的权重）来表示，反映了一国国民受教育的程度。

（2）预期寿命（Life Expectancy）。

预期寿命用出生时预期寿命来表示，反映了健康长寿的生活方式、居民的营养、卫生和环境状况。

（3）婴儿死亡率（Infant Mortality）。

婴儿死亡率反映母亲健康状况和国民医疗卫生水平。

例如，1975年中国的人类发展指数为0.522，2000年提高至0.726，2018年为0.752。

我们说，用经济增长和经济发展这两个指标来衡量一个国家人民的生活水平的结果在总体上应该是一致的。发达国家（人均GDP高）往往预期寿命高、婴儿死亡率低、几乎所有人都识字；而欠发达国家（人均GDP低）往往婴儿死亡率高、母亲生孩子死亡率高、儿童营养不良比率高而且就学率低下。但是，上述说法有时也不完全成立，如从表9-4中可以看出，刚果虽为不发达国家，但它的成人扫盲率却较高，所以，我们还要认识到GDP的局限性。

表 9-4 若干国家经济增长与发展数据比较（1997 年）

国　　家	人均 GDP(美元)	婴儿死亡率(个/千名)	预期寿命（岁）	成人扫盲率(%)	HDI
美国	29 010	6.6	77	99	0.927
日本	24 070	4.4	80	99	0.924
中国	3570	33.0	71	88	0.721
巴基斯坦	1560	95.0	64	41	
刚果	693	81.0	51	81	

9.2 国内生产总值的核算

9.2.1 什么是国内生产总值

第 8 章我们简单介绍过，**国内生产总值**是指一个国家（或地区）所有常驻单位在一定时期内（通常为一年）生产的所有最终产品和服务的市场价值之和。

如何理解这一定义，或者说在统计 GDP 时必须注意哪些原则？

（1）什么是总的市场价值？

我们要将食品、衣服、电视节目、报纸、医疗、法律顾问、电子商务服务等各种不同类型的商品、服务（产品）的价值合并为一个数据，这一数据就是总价值。一般用美元作为国际之间比较的货币单位。

（2）什么是最终产品？

GDP 统计的是最终产品，而不是中间产品。**最终产品**是供人们直接使用和消费的、不再转卖的产品和劳务（如啤酒、轿车、音乐会、医疗保健等）。**中间产品**作为生产投入品，是不能直接使用和消费的产品和劳务。

例如，我们大家手中用的笔记本，先是木材厂家砍伐木材生产出木屑，然后以 0.2 元 1 斤的价格出售给造纸厂。造纸厂将木屑煮蒸、漂白、提炼制成纸辊，然后以 0.5 元 1 斤的价格出售给办公用品制造商；办公用品制造商将纸辊进行裁剪、印刷和装订处理，制作成笔记本，然后以 1 元 1 本的价格出售给批发商；批发商以 1.5 元 1 本的价格转卖给零售商，零售商最终以 2 元 1 本的价格卖给消费者。在计算 GDP 时，是否要将所有的中间产品都加以统计呢？当然不是，所有生产过程结束后，最终只生产了价值 2 元 1 本的商品。因此，GDP 的计算统计只需将最终产品笔记本计算在内。

（3）为什么统计时期通常为一年？

GDP 是流量而非存量。因此，GDP 仅仅衡量"现阶段"（一年之内）的产出，例如，购买的"二手"物品不包括在当年的 GDP 当中。

（4）什么是经济体范围内（一个国家或地区）？

GDP 按国土原则（注意：国土在此是一个经济管辖的范畴）计算。这意味着我国在计算 GDP 时，居住在我国的外国商人使用外国资源的产出也将被计算在内，而我国公民在外国的生产产出将被排除在外。例如，国外某歌手在我国巡回演出，其收入应该算作我国的 GDP，而我国公民在其他国家的劳务输出则应计算在其他相应国家的 GDP 中。

9.2.2 国内生产总值的计算

经济学家实际上如何统计 GDP？图 9-1 为宏观经济行为的循环图，从图中我们可以看出，GDP 可用支出法和收入法来衡量。

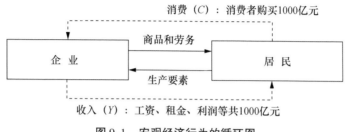

图 9-1 宏观经济行为的循环图

1. 支出法

每年，社会大众都要消费各种各样的最终产品和服务。各个家庭用其收入购买这些消费品，如图 9-1 环形图上部所示。将消费者所有花在这些最终消费品上的货币价值加总（消费者购买 1000 亿元），就得到了一国的 GDP。

支出法也称为产品流动法、产品支出法或者最终产品法。支出法从产品的使用出发，把一年内购买各项最终产品的支出加总，计算出该年内生产出的最终产品的市场价值，即统计购买各种最终产品所支出的货币价值总和。以支出法核算的总产出主要包括以下内容。

（1）消费支出。

消费支出（C）即社会上各阶层居民的最终消费，具体包括购买耐用消费品（如家电、汽车等）、非耐用消费品（如食品、衣服等）和劳务（如医疗、旅游等）的支出。

（2）投资支出。

投资支出（I），指增加或更换资本资产的支出，具体包括购买厂房、设备、居民用房（新住宅建设）的支出及企业存货净变动额等。

（3）政府购买。

政府购买（G），指各级政府购买物品和劳务的支出，主要包括政府消费支出和总投资支出。

（4）净出口。

净出口（$NX = X - M$），指出口（X）与进口（M）的差额，可能为正值，也可能为负值。

2. 收入法

在图 9-1 宏观经济行为循环图的下部，其中的流量是企业从事经营活动时所付出的各种成本，包括付给劳动者的工资、付给土地所有者的租金、付给资本的利润等。这些经营成本也是居民从企业那里所获得的各种收入。通过计算这些收入的年流量，也可以得到 GDP 的数值。

因此，计算 GDP 的第二种方法就是统计生产要素的收入（工资、租金、利润等）的总和，这些收入是社会最终产品的成本。因此，收入法又称成本法。

从理论上说，用支出法和收入法计算出的 GDP 的结果应该是相等的。

我们可以借助一个简单的孤岛经济来理解这一点。不妨假定：在鲁宾逊和"星期五"（一个土著奴隶的名字）所在的孤岛上，只存在一种市场交易行为，即"星期五"每月固定为鲁宾逊打扫一次山洞，清理篱笆，鲁宾逊付给"星期五"1 个金币（该金币可在鲁宾逊处兑换一瓶葡萄酒）作为报酬。那么，一年内"星期五"的所得（工资和利润）为 12 个金币，即该岛经济的 GDP 就为 12 个金币（注意：GDP 只统计市场交易行为所产生的价值）。在这里，不论是用支出法（鲁宾逊支付 12 个金币的劳务费）还是用收入法（"星期五"获得的 12 个金币的工资和利润），这个孤岛经济的 GDP 都是一样的。

9.2.3 个人可支配收入和国民生产总值

个人可支配收入（Disposable Personal Income，PDI），是指个人在一定时期（通常为一年）内除去个人纳税和非税支付后留下的可以用于消费和储蓄的收入。例如，我国 2018 年居民人均可支配收入为 28 228 元。

国民账户的另一个统计指标是**国民生产总值**（Gross National Product，GNP）。GNP 和 GDP 有何不同？简单地说，GNP 是一个国民概念，即一国居民所拥有的劳动和资本所生产的产出总量。而 GDP 是一个国土概念，即一国境内的劳动和资本所生产的产出总量。例如，中国篮球明星姚明在 NBA 打球时的收入应计入美国国内生产总值（GDP）；而按照国民生产总值的统计口径，姚明的个人收入则应计入中国国民生产总值（GNP）。

9.3　国内生产总值的局限性

一般来说，GDP 尤其是人均 GDP 是衡量一国经济和国民富裕程度的指标。例如，卢森堡、瑞士等国家人均 GDP 位居世界前列，其国民富裕程度和经济福利水平也同样位居世界前列。从人均 GDP 角度来说，2017 年卢森堡的人均 GDP 大约是希腊的 5~6 倍。那么，据此我们是否可以说卢森堡居民的生活水平就是希腊居民的 4 倍呢？我们说，人均 GDP 可以大致反映一个国家居民的富裕程度，但是因为它并未囊括所有经济活动，所以不能完全衡量一国居民的生活水平或福利水平。这主要有以下几个原因。

（1）GDP 是市场交易指标，而非生产指标。

GDP 不能反映出未经过市场交易的产出，下面几个方面的经济活动并不能用来交换，因此，也无法通过 GDP 反映出来。

① 家务经济或家庭生产。如果你雇用一个工人粉刷你的房间，那么这会被计入 GDP 统计数字中。然而，如果你自己粉刷，就不会计入 GDP 中了。同样，人们可以选择自己在家中做饭菜，但也可以选择外出就餐。诸如此类的例子很多，一个典型的例子是，花工和花园女主人结婚前后，同样的工作对于 GDP 的影响截然不同：花工婚前是为工钱工作，其收入计入 GDP；婚后是为爱情而工作，这与 GDP 无关。

② 物物交易活动。这种活动没有以货币作为等价物的市场价格，因此，不计入 GDP。

③ 地下经济。地下经济也是经济的一部分，它不仅涉及赌（非法赌博）、毒（毒品交易）、黄（色情交易）、黑（军火交易）和走私、黑市交易等非法活动，还包括了诸如服务员、出租车司机赚取的小费等。如果一个国家的物物交易活动和地下经济过多，则该国真实的 GDP 就较难统计。

（2）GDP 是产出指标，而非消耗指标。

GDP 仅能反映经济活动中产出的部分，体现了经济发展、繁荣的一面，而不能反映经济增长的成本。经济高速增长的背后往往存在着对社会、资源、环境的消极影响，一味追求 GDP 的高速增长往往会忽略经济增长带来的环境污染、生态破坏、收入不公等问题，同时，也会忽略休闲和人力资本。比如，西欧有些国家和美国相比，GDP 较低，但是人们用于休闲的时间更多（周工作时间较少），也许这些国家的人们会觉得自己的生活比美国人更好。

（3）GDP 是流量指标，而非存量指标。

GDP 反映了财富的创造部分，而没有反映财富的积累。一国穷兵黩武，会导致 GDP 上升，自然灾害后的重建家园也会导致 GDP 上升。但是战争和自然灾害不可能给老百姓带来真正生活水平的提高。

（4）GDP 是一个名义指标，不能代表居民的真正生活水平。

GDP 是一个总数，有时候人口增加，生产自然也增加，但人均产值未必增加，有时甚至减少。不同国家相同数字的 GDP 背后可能代表了不一样的生活水平：如一国生产出大量的武器弹药，而另外一国则生产出了大量的消费品。另外，各国之间购买力之比也并不完全等于汇率之比。例如，在美国和中国，月收入同样为 1000 美元的两个家庭，由于美国的物价普遍高于中国，所以在中国，月收入为 1000 美元的家庭会比美国月收入为 1000 美元的家庭生活得要好。

（5）人均 GDP 是一个平均指标，不能代表大多数人的真正生活水平。

如果一个国家十分富有，人均 GDP 很高，但是该国家的收入分配很不平均，即少数人拥有了这个国家大多数的财富和收入，那么这个国家大多数居民的真正生活水平还是比较低的。

总之，GDP 有助于我们了解一国的经济实力与市场规模，人均 GDP 有助于了解一国居民的富裕程度与生活水平。产出率大于出生率，人均 GDP 则上升，人们的生活水平也会上升。但同时用人均GDP来衡量居民生活水平还不是很全面，因为许多重要的生活质量人均GDP反映不出来，如休闲时间、休闲内容、安全舒适的工作环境、健康清洁的生活环境、社会治安，以及政治自由与社会公正等。

案例讨论

经济运行稳中有进　转型发展再展新篇
——《2018年国民经济和社会发展统计公报》评读

国家统计局2019年2月28日发布《2018年国民经济和社会发展统计公报》，国家统计局副局长盛来运在解读该公报时总结到，经济运行稳中有进，转型发展再展新篇。

(1) 经济保持中高速增长。经济总量再上新台阶。

2018年，我国国内生产总值比上年增长6.6%。6.6的经济增速位居世界前五大经济体之首，对世界经济增长贡献率在30%左右，仍是世界经济增长的动力之源。

2018年，我国全年国内生产总值首次突破90万亿元，达到900 309亿元，这是自2016年突破70万亿元，2017年突破80万亿元后，再次攀上新台阶。

(2) 国际收支平衡改善。

2018年，货物进出口顺差23 303亿元，比上年收窄18.3%；服务进出口逆差17 086亿元，比上年略有扩大。利用外资规模大于对外投资。全年我国实际使用外商直接投资(不含银行、证券、保险领域) 1350亿美元，比上年增长3.0%；对外非金融类直接投资1205亿美元，与上年基本持平。年末外汇储备余额30 727亿美元，持续保持在3万亿美元以上。人民币汇率基本稳定，人民币兑美元年平均汇率比上年升值2.0%。

(3) 经济结构进一步优化。消费基础性作用进一步增强。

2018年，最终消费支出对经济增长的贡献率为76.2%，比资本形成总额高43.8个百分点。

(4) 科技创新成果丰硕。创新投入力度继续加大。

2018年，全国研究与试验发展（R&D）经费支出比上年增长11.6%，与国内生产总值之比为2.18%，比上年提高0.03个百分点。创新扶持力度持续加大，重大科技成果大量涌现。截至2018年年底，国家科技成果转化引导基金累计设立21支子基金，资金总规模达到313亿元。全年境内外专利申请比上年增长16.9%，授予专利权增长33.3%。

(5) 生态保护成效显著。

2018年，完成造林面积707万公顷，森林抚育面积852万公顷。新增水土流失治理面积5.4万平方千米。截至2018年年底，国家级自然保护区474个，比上年增加11个。近岸海域417个海水水质监测点中，达到国家一、二类海水水质标准的监测点占74.6%，比上年提高6.8个百分点；四类、劣四类海水占18.7%，降低3.4个百分点。

(6) 居民生活水平稳步提升。居民收入与经济增长基本同步。

2018年，全国居民人均可支配收入28 228元，比上年增长8.7%，扣除价格因素，实际增长6.5%，比人均GDP增速快0.4个百分点，为2020年实现收入翻番目标奠定了良好基础。居民消费层次不断提升。全国居民恩格尔系数为28.4%，比上年下降0.9个百分点。全年国内游客人次比上年增长10.8%，国内旅游收入增长12.3%，国内居民因私出境人次增长14.1%。

讨论：试讨论经济增长与居民生产水平之间的关系。

 延伸阅读

经济增长理论的介绍

1. 古典增长理论

古典增长理论（Classical Growth Theory）认为，人口的爆炸性增长与有限的资源之间的矛盾最终会使经济停止增长。根据古典增长理论，劳动生产率的增长是暂时的。当劳动生产率增长，并且使人均实际GDP超过生存水平时，人口将快速增长。当人口的增长速度超过劳动生产率的增长速度时，将使人均实际GDP又回到生存水平。

18世纪末19世纪初，亚当·斯密、托马斯·罗伯特、马尔萨斯、大卫·李嘉图等几位经济学家提出了这个理论。其中以马尔萨斯的观点最具代表性，因此，该理论有时被称为**马尔萨斯理论**。这个理论有时也被称为世界末日理论。

2. 新古典增长理论

关于新古典增长理论（Neoclassical Growth Theory），20世纪60年代麻省理工学院的罗伯特·索罗认为，只要技术水平不断进步，人均实际GDP就将保持持续增长，经济繁荣会延续下去。新古典增长理论认为实际GDP的增长速度，等于人口增长率加上技术变革以及人力资本积累导致的生产增长率，并认为人均实际GDP的增长速度由技术变革的速度所决定。但是，新古典增长理论没有解释什么决定着技术变革，从而使人们没有办法控制技术变革的速度，就像人们根本不可能控制天气、雨量的大小一样。

3. 新增长理论

美国加州大学的保罗·罗默在20世纪80年代提出了新增长理论（New Growth Theory）。该理论预测，人类永远不满足的需求将导致生产率的不断提高和经济的永久增长。根据新增长理论，人们在追寻利润时做出了种种选择，导致人均实际GDP不断增长。

新增长理论强调了市场经济的三个事实。

（1）人力资本因选择而增长。人们可以决定在学校学习多久、学些什么以及学习的努力程度。从学校毕业时，人们面临着更多的选择，如工作培训、在职学习等。所有这些选择支配着人力资本增长的进度。

（2）发现由选择而产生。当人们发现一个新产品或一项新技术时，他们会认为自己是幸运的。然而发现的速度（也就是技术发展的速度）却不是由机会决定的。它依赖于有多少人在寻找新技术以及他们寻找的迫切程度。

（3）发现带来利润，而竞争消灭利润。利润是对技术变革的一种动力，激烈的竞争却使利润空间逐渐缩小。所以为了增加利润，人们不断寻找着更低成本的生产方式，或是寻找更好的换代产品，使顾客为购买换代产品而愿意支付更高的价格。申请专利或版权使其发明者能够在一段时间内享受利润。但是最终新发明还是会被不断地复制运用，利润也就消失殆尽了。

复习与练习

【关键概念复习】

在 B 栏中寻找与 A 栏中术语相应的解释，并将序号填在术语前边。

A	B
经济增长	1. GDP，国土原则
经济发展	2. 包括消费支出、投资支出、政府购买支出、净出口
	3. GNP，国民原则
	4. 包括工资、利息、地租、利润
	5. 供人们直接使用和消费的产品
经济增长率	6. 人均 GDP 的持续增长
HDI	7. 反映人类发展成就
国内生产总值	8. 生产投入品
国民生产总值	
最终产品	9. 排除价格波动影响以后的实际国内生产总值的增长率
中间产品	10. 包括国民的生活质量、教育水平、健康卫生质量，以及整个社会经济结构和制度结构的总体进步
支出法计算的 GDP	
成本法计算的 GDP	

【思考与练习】

（一）填空题

1. 经济增长是指_____的增加。
2. 决定经济增长的因素有_____、_____和_____。
3. 经济增长的前提是_____的建立与完善，源泉是_____的增加和_____。

4. 经济增长最基本的前提是适当的激励制度，_____、_____和_____这几种制度对创造激励是至关重要的。

5. 经济增长率是排除_____影响以后的实际国民生产总值的增长率，实际上也就是社会总产出的增长率。

6. 人类发展指数用于综合衡量一个国家（地区）_____、_____和_____三个方面的平均成就。

7. 国内生产总值（GDP）是指一国在一定时期内所生产的所有_____的_____之和。

8. _____是供人们直接使用和消费，是不再转卖的产品和劳务。

9. GDP 是按_____原则计算的。

10. GDP 的计算方法有两种：_____采用购买最终产品和劳务而发生的支出加总来计算；_____是计算生产要素的收入（工资、利息、地租、利润）的总和。

11. GDP 是一个_____，不能代表居民的真正生活水平，是_____而非消耗指标，是_____而非生产指标。

12. 计算 GDP 的收入法又称为_____，是由于使用生产要素而支付给要素所有者的成本。采用支出法计算 GDP 时，包括_____、_____、_____和净出口。

13. 国民生产总值（GNP）是按_____计算的产出总量。

14. _____（PDI）是个人在一定时期（通常为一年）内缴纳个人税和非税支付后留下的，可以用于消费和储蓄的收入，即可以自己决定用途的收入。

（二）单项选择题

1. 经济增长最简单的定义是（　　）。
    A. 技术进步　　　　　　　　　B. 国内生产总值的增加
    C. 制度与意识的相应调整　　　D. 社会福利和个人幸福的增进
2. 在经济增长中起着最大作用的因素是（　　）。
    A. 资本　　　B. 劳动　　　C. 技术　　　D. 制度
3. 下列制度中，对创造激励最为重要的是（　　）。
    A. 市场　　　B. 产权　　　C. 货币交换　　　D. 以上都是
4. 经济增长与经济发展的关系是（　　）。
    A. 两者是相同的
    B. 经济增长不但包含经济发展，还包括社会进步
    C. 经济增长是一个质的概念，而经济发展是一个量的概念
    D. 经济发展包含经济增长，同时还涉及社会进步
5. 只有把从国外借来的资金用于（　　），资金引进国才不至于陷入沉重的债务负担。
    A. 修建高速公路　　　　　B. 建学校，普及教育
    C. 增加政府行政开支　　　D. 建立收效快的工厂
6. 下列哪种情况不会引起欠发达的经济的长期增长？（　　）

  A. 储蓄率提高   B. 技术进步
  C. 总需求迅速增长   D. 资本积累率提高

7. 人类发展指数是综合衡量一个国家在哪个方面的平均成就的指标？（　　）
  A. 识字率   B. 预期寿命   C. 婴儿死亡率   D. 以上都是

8. 下列说法中，哪一个是错误的？（　　）
  A. 富裕国家一般人类发展指数高
  B. 人类发展指数低的国家其成人扫盲率也低
  C. 发展中国家人均 GDP 低
  D. 发达国家预期寿命高于发展中国家

9. 用 GDP 值来衡量经济好坏的不足之处是（　　）。
  A. GDP 不包括生产的社会成本
  B. GDP 忽略休闲时间的增加
  C. GDP 不能把产品的品种变化包括进去
  D. 以上说法都正确

10. 根据70法则，若实际产量每年以3.5%的净增长率持续增长，在多少年后实际产量将翻一番？（　　）
  A. 10 年   B. 20 年   C. 30 年   D. 35 年

11. 在资料充足的情况下，最有意义而又适用的衡量经济增长的工具是（　　）。
  A. GDP 的货币量   B. 实际 GDP
  C. 人均实际产出   D. 人均货币收入

12. 按照劳动要素所获得的收入计算 GDP 的方法是（　　）。
  A. 支出法   B. 产品流动法   C. 最终产品法   D. 成本法

13. GDP 计算过程中遵循（　　）。
  A. 国民原则   B. 管理需要原则   C. 现行价格原则   D. 实际产量原则

14. GDP 的局限性表现在（　　）。
  A. GDP 是根据生产实物量进行计算的
  B. GDP 不反映地下经济
  C. GDP 反映环境保护情况
  D. GDP 反映一年后的财富量

15. 国内生产总值与国民生产总值的区别在于（　　）。
  A. 国内生产总值比国民生产总值的计算范围大
  B. 国内生产总值遵循国民原则，而国内生产总值遵循国土原则
  C. 国内生产总值遵循国土原则，而国民生产总值遵循国民原则
  D. 国民生产总值比国内生产总值数值大

16. 计算 GDP 时，下列哪种情况不应计算在内？（　　）
  A. 居民出售自己居住的房屋   B. 房地产企业出售的住房
  C. 商业企业出售的商品   D. 居民请建筑施工企业建造的住房

17. 下列项目中，应计算在 GDP 中的是（　　）。
    A. 工业园区的外国企业生产的产品
    B. 国有企业设在纽约的工厂生产的产品
    C. 国外工作的家人汇回的美元
    D. 社区工作人员为居民提供的便民服务
18. 要实现可持续发展，必须处理好（　　）。
    A. 经济与社会的关系
    B. 经济与环境的关系
    C. 当前经济增长与未来经济增长的关系
    D. 以上都对
19. 可持续发展观认为经济增长应与（　　）保持协调。
    A. 社会进步　　　　　　　　B. 环境保护
    C. 未来经济的发展　　　　　D. 以上都是

（三）判断题

1. 经济增长的最简单定义就是国民生产总值的增加和社会福利的增加及个人福利的增加。（　　）
2. 经济增长和经济发展所研究的是同样的问题。（　　）
3. 只要技术进步，经济就可以实现持续增长。（　　）
4. GDP 是按国土原则计算的经济流量。（　　）
5. 支出法计算的 GDP 包括对各种要素的支出。（　　）
6. 可持续发展是指经济长期地以较高的速度发展。（　　）
7. 不反映地下交易是 GDP 的局限之一。（　　）
8. 人力资本就是一国劳动力资源的总量。（　　）
9. 经济增长的机会成本是降低人们目前的消费水准。（　　）
10. 对创造起激励作用的制度主要有市场、产权、货币交换等。（　　）
11. 人类发展指数低的国家说明其扫盲率也低。（　　）
12. 工业园区的外商投资企业的产出不应计入我国 GDP。（　　）
13. 把从国外借来的资金用于优先发展教育事业有利于提高我国偿债能力。（　　）
14. 美国经济快速增长、生产率大幅提高的主要原因在于其国家的人口少。（　　）

（四）简答题

1. 什么是经济增长？如何理解经济增长？
2. 经济增长和经济发展有什么区别？
3. 经济增长的源泉是什么？
4. 评价下面两段相互矛盾的观点：
（1）经济增长由技术变革而来，技术变革由人们对激励做出的反应而来。人口越多，富有创造性的人就越多，就越能带来更快、更多的技术进步。所以，人口增长能带来人均实际 GDP 的快速增长。

（2）只有当我们保护自然资源时，经济增长才能持续。人口越多，给自然资源的压力就更大。因此，人口增长会使人均实际 GDP 的增长较慢。

5. 下列各项能否被计入 GDP？为什么？

（1）优秀的厨师在自己家里烹制的饭菜。

（2）购买一块地产。

（3）购买一幅徐悲鸿的绘画真品。

（4）政府转移支付。

（5）购买普通股票。

（6）华为公司在美国的工厂所创造的利润。

6. 请举例说明用 GDP 衡量经济有哪些问题和局限性，并以此阐述"GDP 不是而且也不应该是衡量国民福利水平的尽善尽美的方法"。

7. 简要说明如何使用支出法和收入法核算 GDP。

8. GDP 核算时应遵循的原则是什么？

9. 如何认识人类发展指数？

10. 通过访问中华人民共和国国家统计局的网站（http://www.stats.gov.cn/）查阅我国本年上一季度 GDP 资料并根据相关数据画出过去一年的 GDP 曲线图。

复习与练习
参考答案

第 10 章 短期经济波动

> **【导学】**通过本章的学习,能够正确理解经济波动、失业、通货膨胀的含义;掌握失业、通货膨胀的衡量指标;把握经济波动、失业和通货膨胀的原因;了解奥肯法则、通货膨胀对经济造成的影响,以及失业与通货膨胀的关系。

第 9 章的主要内容在于从长远的眼光来观察经济的表现,但是几乎所有的宏观经济政策决策者和经济学家都更为关注经济周期,即经济增长、失业和通货膨胀的短期波动。

10.1 经 济 周 期

任何一个经济实体,从一个比较长的历史时间来考察它的运行状态,一般都会沿着向上的路径增长,即实际 GDP 的发展趋势是增长的。但是经济在增长的过程中并不稳定,它不可能以一种不变的速度进行,所以经济增长又是不规则的:有些年份,产出和就业迅速上升;而在其他年份,经济增长却十分缓慢,有时甚至出现衰退。

例如,20 世纪美国实际 GDP 的年增长率为 3% 左右。但是,增长率是不固定的,经济增长的轨迹并不是一条光滑的曲线,而是有波峰和谷底的曲线。20 世纪 30 年代的大萧条期间,美国经济增长率急剧下降(1929—1945 年实际 GDP 大约下降了 30%);到了 20 世纪 60 年代,美国经济经历了创纪录的高速增长,年均增长率为 4.4%;但到 20 世纪 70 年代中期却步入谷底,年均增长率仅为 2.6%;20 世纪 80 年代中期又开始回升,但进入 20 世纪 90 年代再一次陷入收缩,经济增长率又回到较低水平;从 20 世纪 90 年代中期开始,美国经济再次出现了强劲的增长势头(最高达到 5%),并一直持续到 20 世纪末。

再如,1978—2002 年的 25 年中,中国经济年均增长 9.1% 左右,但波动较大,有些年份增长率高,如 1992 年达到 14.1%;有些年份增长率低,如 1990 年只有 3.8%。20 世纪 90 年代以来,中国经济大致经历了 1989—1990 年的经济萧条、1992—1993 年的经济高涨、1998—1999 年的轻度紧缩和 2003 年后的经济增长高峰。中国经济从 2012 年起开始回落,呈现出新常态,从高速增长转为中高速增长。

在市场经济条件下,经济运行由于受到各种因素干扰,其扩张速度往往不稳定，甚至有时还会出现衰退。经济增长过程中的这种不稳定性叫作**经济波动**，也可称为**经济周期**或**商业周期**。经济周期作为经济增长过程中反复出现并具有规律性的扩张与衰退相互交替的经济现象，具有以下特征。

① 经济周期是市场经济不可避免的经济现象。
② 经济周期是经济活动总体性、全局性的波动。
③ 一个完整的经济周期由扩张（Expansion）、波峰（Peak）、衰退（Recession）和谷底（Trough）四个阶段组成。
④ 经济周期的长短由周期的具体性质决定，难以准确无误地进行预测。
⑤ 大多数宏观经济指标（经济增长率、失业率、通货膨胀率和国际收支经常账户余额等）同时波动甚至互动。

西方经济学家一般把经济周期划分成四个阶段（或两个阶段和两个转折点）：扩张、波峰、衰退和谷底。图 10-1 描绘了经济周期的四个阶段。从图 10-1 中可以看出，经济周期有以下几个特点：第一，每一个经济周期都包括扩张、波峰、衰退和谷底四个阶段，扩张和衰退相互交替出现，在交替中有谷底和波峰两个不同的转折点。波峰是经济由扩张转向衰退时的转折点，谷底是经济由衰退转向扩张的转折点，在经济周期中，波峰和谷底也是相互交替出现的。第二，虽然经济周期的四个阶段在逻辑上是按照这个顺序排列的，但是它们在每次周期中持续的时间和形态有很大的差异，没有两个完全相同的经济周期。第三，从长期看，整个社会的生产能力总有不断增长的趋势，所以某一经济周期谷底阶段的产出和就业水平，有可能出现比以前经济周期波峰阶段还要高的情况。

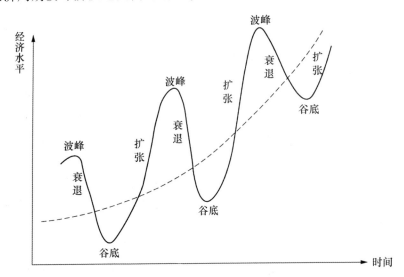

注：图中虚线部分表示经济水平的长期增长趋势，实线部分表示经济活动围绕长期趋势上下波动的实际水平。

图 10-1　经济周期的四个阶段

当经济处于扩张阶段时，一般商品的物价水平由于需求的增加而不断上涨。同时，由于对劳动和其他生产要素的需求增加，工资和利率也逐渐上涨。但是，生产要素价格的上涨并不会减少生产者的利润，因为生产要素价格的上涨，通常都在物价上涨之后。经济快速增长阶段被称为**繁荣阶段**，在这个阶段，生产者通常都能达到自己预期的目的，劳动者失业率最低，生产要素所有者都能获得预期的报酬，因而社会充满着乐观气氛。

经济繁荣景象并不能长久保持下去，当经济繁荣达到高峰后，由于消费增长的停止以及社会现有生产设备及能力的限制，使经济扩张到达波峰后开始收缩，逐渐出现下降的趋势。当经济处于衰退阶段时，投资减少，生产下降，失业率上升，社会收入水平和社会需求也都下降，由于乘数效应而产生连续反应，导致需求更大幅度地下降。于是，企业销售量下降，大量产品积压，一般商品物价下跌。人们对经济前景充满悲观情绪，预期物价将会继续下降，因此物价下跌并不会刺激消费的增加，整个社会出现普遍的生产过剩，企业利润急剧下降，对厂商来说，连已磨损的机器设备的必要补充也逐渐停止。同时，一些厂家倒闭。

这种状况进一步发展下去，社会生产活动继续萎缩，物价继续下跌，社会劳动者大量失业，社会消费需求与生产能力相差极大，企业利润极为低下，甚至亏损，更多的厂家倒闭。人们对前途缺乏信心，厂商不愿意冒险投资，银行和其他金融机构资金过剩，整个经济动荡不稳，失业率持续上升，失业者继续增加，社会也极不安定，此时经济发展进入了谷底。当经济度过谷底后，会逐渐进入下一个扩张阶段。

因此，如何治理衰退是政府需要研究的重要内容。这时候，经济学家就要做出判断：是什么原因导致了经济衰退，政府应该对此做些什么等。

10.2 失 业

伴随经济衰退的另一个经济现象是失业的增加，在经济萧条时期，失业人数急剧上升。例如，在1933年大萧条时期，美国的失业率曾经达到24.9%，也就是说，每四个人中就有一个人失业；1989年经济体制转轨以来，苏联和东欧国家的劳动者经历了失业率不断上升的痛苦，其中有的失业是因为生产下降所引起的，有的失业是由原来的隐形失业转化而来的，如何减少失业人口成为处于经济转轨时期的政府需要努力奋斗的宏观经济目标。

10.2.1 失业的衡量

在第8章，我们已简单介绍过失业，**失业**是有劳动能力并且愿意工作的人找不到工作的情况，即指劳动力的完全闲置状态。根据经济合作与发展组织（OECD）和国际劳工组织（ILO）的标准化失业率的概念，**失业者**是指正值工作年龄而没有工作，在两周内愿意开始工作，且积极寻找就业或等待被安排的人。失业是相对于就业而言的，按照ILO的定义，**就业者**是指那些在过去一周中从事了至少一个小时有收入的工作或暂时离开了工作岗位（如休假）的人。

在进行失业统计时，要排除没有工作意愿的那些人，如选择待在家中照看小孩的父母。如果将总人口划分成不具备劳动能力的人口、16岁以上待在精神病院或教导所的人口、劳动力三类，那么，劳动力数就是总人口中扣除前两项后的人数。用这个数再减去已就业人数就是失业者人数。总人口结构如图10-2表示。

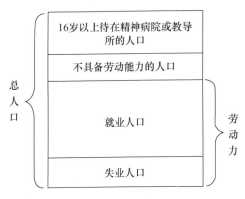

图10-2　总人口结构

失业既可以用人数（绝对数）表示，也可以用百分比（相对数）表示。衡量失业最常用的标准是失业率。**失业率**用百分比表示，是指一定时期内失业人员占全部劳动人口的平均比例。比如，一定时期内就业人数为250万，失业人数为150万，那么，该时期内失业率就是：$150 \div (250 + 150) = 37.5\%$。

年失业率取决于该年度有失业经历的人数，以及他们失业时间的平均长度。年失业率的计算公式为

$$年失业率 = 该年度有失业经历的人占劳动力总数的比例 \times \frac{失业平均周数}{52 周}。$$

除了失业率之外，还可以用下列一些指标来反映失业与就业的状况。

就业增长率（Accession Rate），或称雇用率（Hiring Rate），是指某一时期内增雇的职工人数在就业总人数中所占的百分比，它表明了就业增长或失业减少的情况。

离职率（Separation Rate），或称解雇率（Layoff Rate），是指某一时期内退职、解雇及退休的总人数在就业总人数中所占的百分比，它表明了就业减少或失业增加的情况。

失业持续时间（Duration of Spells of Unemployment），是指失业者连续失业的时间。这一指标可以反映劳动力流动情况，即失业变动情况。在失业率既定的情况下，失业持续时间越短，说明劳动力流动越大，即劳动力流入与流出失业池的速度越快。

10.2.2　失业的种类和原因

一般来说，失业按其形成的原因大体可以分为以下几种类型。

1. 季节性失业

季节性失业（Seasonal Unemployment）是指由于季节性的气候变换而导致的失业。

由于气候的原因,在冬季建筑施工进度会放慢,很多建筑工人在冬季会因此而失业,在春季来临时又重新走上工作岗位。同样,在春、夏季通常旅游的人群会扩大,于是旅游服务的职位也会增加。

2. 摩擦性失业

摩擦性失业(Frictional Unemployment)是指由于正常的劳动力周转所造成的失业。如果人们从一个工作岗位可以马上转换到另一个工作岗位,就不会存在摩擦性失业。在有活力的、发展的经济中,摩擦性失业是恒久而且正常的现象。年轻人往往努力寻找自己更喜欢的工作而放弃当前的工作,因此,年轻人的摩擦性失业率较高。

3. 结构性失业

结构性失业(Structural Unemployment)是指由于技术、产业调整或国际竞争,改变了工作所需要的技术或改变了工作地点而产生的失业。结构性失业是痛苦的,尤其对年纪大的人更是如此,一般失业持续的时间较长,而且工人必须进行再培训或去其他地方,才能重新就业。例如,20 世纪 80 年代,美国钢铁和汽车工业缩减规模,从而减少了约 50 万个工作岗位;在农业现代化进程中,广泛使用农业机械来耕作,使大量的农业劳动力的技能不能满足集约化生产的需要,从而使他们处于结构性失业状态;工厂从市中心转移到郊区的工业区,或从政策优惠少的地区转移到政策优惠多的地区,会导致某些工人成为结构性失业者;从高中(甚至大学)辍学的学生常常因为不具备工作所需要的技能,也会遇到结构性失业的问题。

4. 周期性失业

周期性失业(Cyclical Unemployment)是指在一个经济周期内,随经济衰退而增加、随经济扩张而减少的失业。当社会对产品和劳务的需求下降时,就业就会减少,失业就会增加。因此,周期性失业有时也被称为需求不足的失业。周期性失业的实质是:由于一个社会的有效需求太低,不能为每一个想工作的人提供就业机会,即想就业的人数超过了以现行工资率为基础的职位空缺。周期性失业包括以下两种类型。

(1)经济循环型失业。

经济循环型失业是指因为经济周期运行在衰退与萧条阶段使社会总需求不足而引起的失业。

(2)增长不足型失业。

增长不足型失业是指因为需求的增长速度慢于劳动的增长速度和劳动生产率的提高速度而产生的失业。

10.2.3 充分就业和自然失业率

充分就业(Full Employment)并不是一种失业类型,而是指在给定工资率的情况下,想要工作并能工作的劳动者都有工作的状态。季节性失业、摩擦性失业和结构性失业,在很大程度上是不可避免的，当所有失业都属于季节性失业、摩擦性失业和结构性失业其中的一种时，就实现了充分就业。因此，充分就业并不是百分之百的就业，而是没有周期性失业的状态。充分就业情况下的失业率，通常称为**自然失业率**（Natural Rate of Unemployment）。

对于何种失业率水平为充分就业，始终没有一致的答案。然而，许多西方经济学家认为最佳失业率应为4%～6%。

10.2.4 失业的代价与奥肯法则

1. 失业的经济成本

最明显的失业成本是给失业者自身造成的成本。失业者所承担的直接金钱成本就是他们的收益损失，等于他们以前的工资与失业救济之间的差额。

失业还会给整个社会经济带来更广义的成本。失业代表一种产出损失，也就是说，失业使得现实产出低于潜在的产出。失业除了使失业者本身的收入减少外，还会使资源利用不足，导致其他人的收入减少。因为失业者不缴纳所得税，而且在失业者花费少了的情况下，他们缴纳的增值税和消费税等也就减少了，因此，失业使政府损失了一定的税收收入。同时，政府为了救济失业者，也要增加管理成本，还不得不增加保健、社会服务等的开支，从而可能造成财政困难。企业损失了在充分就业情况下本应赚取的利润，其他工人损失了在国民产出较高情况下本应挣得的额外工资。

2. 失业的非经济成本

长时间的失业，会使失业者心灰意冷，他们很可能丧失自尊心，还有可能产生与压力有关的疾病。失业还会给失业者的家庭和朋友带来许多问题。可能使他们的人际关系变得紧张，还可能使家庭暴力事件甚至家庭破裂的情况增加。严重的周期性失业不只是经济的弊病，还是社会的灾难。20世纪90年代，英国经济学家弗里曼以美国标准大都市统计区为基本单位，以失业率为标准分类进行研究，发现失业率每增加1个百分点，暴力犯罪将增加3.4%。经济萧条意味着GDP的下降和失业率的上升，而失业往往意味着技能的丧失、自信的丧失、道德水平的骤降、家庭离散和高犯罪率等。

3. 奥肯法则

首先将失业率和GDP之间的关系量化的人是美国宏观经济学家阿瑟·奥肯。20世纪60年代，奥肯在美国总统经济顾问委员会工作期间发现，随着经济从萧条中逐渐恢复，产出增加的比例大于就业增加的比例。这种失业与国民收入之间的关系，后来被称为**奥肯法则**（Okun's Law）。

奥肯法则是说明失业率与实际GDP增长率之间关系的经验统计规律，失业率与实际GDP增长率之间呈反方向变动的关系，即失业率下降，实际GDP增长率增加。奥肯法则表明：失业率每下降1%，则实际GDP增加2.5%。

10.3 通货膨胀

10.3.1 通货膨胀的衡量

通货膨胀是物价普遍持续上升和货币贬值的现象。如果物价水平持续上升,消费者购物时必须带更多的货币,单位货币所能购买的商品数量就越来越少。收入增加时,企业必须向生产要素所有者付出更多的工资和其他津贴。

衡量通货膨胀需要计算通货膨胀率。**通货膨胀率**是指两年之间价格水平变化的百分比。如果所有物品和劳务的价格都按同比例上升,如一年内上升8%,那么衡量通货膨胀就很容易了,该年的通货膨胀率就是8%。但事实是,不同物品和劳务的价格以不同比例上升,而有些物品或劳务的价格可能下降。例如,相同品质的农产品价格在上涨,而同品质的计算机价格每隔较短时期就大幅下调。为了确定价格总水平的变化情况,需要计算价格上升的平均百分比。可是各种物品和劳务在消费中所占的比例并不相同,计算物价指数时不能直接按各种物品和劳务的个体价格指数计算简单平均数。在计算物价指数时一般先选定一些代表规格品,并采用根据经验而预先确定的固定权数进行加权算术平均。

若采用居民消费价格指数(CPI)计算通货膨胀率,则其计算公式为

$$通货膨胀率 = \frac{(当年CPI - 上年CPI)}{上年CPI} \times 100\%。$$

例如,我国2018年CPI为102.1,2017年CPI为101.6,那么我国2018年的通货膨胀率计算为

$$通货膨胀率 = \frac{(当年CPI - 上年CPI)}{上年CPI} \times 100\%$$
$$= (102.1 - 101.6) \div 101.6 \times 100\%$$
$$= 0.49\%。$$

这个通货膨胀率是比较低的。

10.3.2 通货膨胀的分类

按照不同的划分标准,通货膨胀可分为以下不同的类别。

1. 按物价上涨的速度和趋势划分

根据物价上涨的速度和趋势,通货膨胀可分为爬行通货膨胀、加速的通货膨胀和恶性通货膨胀三类。

(1)爬行通货膨胀。

爬行通货膨胀(Creeping Inflation) 又称温和的通货膨胀,通货膨胀率低(10%以下)且比较稳定,同时不存在通货膨胀预期的状态。一般认为:爬行通货膨胀对经济发展和国民收入增加都有着积极的刺激作用,并且常被看作是实现充分就业的必要条件。

（2）加速的通货膨胀。

加速的通货膨胀又称奔驰的通货膨胀，这是通货膨胀率为两位数的通货膨胀，即一般价格水平上涨幅度为 10% 以上 100% 以下，而且还在加剧。对于这种通货膨胀，政府必须采取强有力的措施加以控制，以免对一国经济和人民生活造成不利影响。

（3）恶性通货膨胀。

恶性通货膨胀又称超速通货膨胀，是指一般物价的通货膨胀率为 100% 以上的通货膨胀，发生这种通货膨胀时，物价持续飞涨，货币体系崩溃，正常经济秩序遭到破坏，经济濒于瓦解。例如，20 世纪 20 年代，德国为了履行战争赔款条约，大量印刷钞票，1921 年增加货币供给 24%，1922 年增加 220%，1923 年增加了 4.3 亿倍。1923 年 12 月，当恶性通货膨胀达到顶点时，德国的物价水平每天在不断上涨。工人经常按天领取工资，有时候一天领取两三次，人们早晨领到的工资，中午就花掉，以避免下午贬值而造成损失。

2．按通货膨胀形成的原因划分

经济学家从不同的角度分析通货膨胀的形成原因，将通货膨胀分为以下五种类型。

（1）需求拉上型通货膨胀。

需求拉上型通货膨胀（Demand-pull Inflation）是指在市场经济条件下，由于总需求超出总供给而引起的价格总水平持续上升的现象。任何一种增加需求的因素，如货币供给增加、政府购买增加、出口增加、消费者信心增强等，都可能引起需求拉上型通货膨胀。

需求拉上型通货膨胀一般与经济繁荣有关。当经济处于衰退期时，需求拉上型通货膨胀率将很低；相反，当经济接近于经济周期的波峰时，需求拉上型通货膨胀率将很高。需求拉上型通货膨胀的过程可用图 10-3 表示，总需求的增加使总需求曲线 AD_1 向右移动到 AD_2，此时价格从 P_1 上升到 P_2，产量从 Q_1 提高到 Q_2。总供给曲线 AS 越陡直，价格上升得越快，产量增加得却越少。随着经济趋近于经济周期的波峰，总供给曲线会更陡直，也就是说，现实产出越接近于潜在产出，经济越不呆滞，企业越会以提高其产品价格的方式对需求增加做出反应。

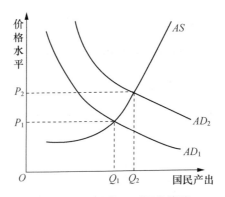

图 10-3　需求拉上型通货膨胀

(2) 成本推动型通货膨胀。

成本推动型通货膨胀（Cost-push Inflation）是指由于某些重要生产要素的价格上升而引起的价格总水平持续上升现象，它与总供给曲线向左（向上）移动有关（如图10-4所示）。当生产成本不是因为总需求变化而增加时，就会出现成本推动型通货膨胀。

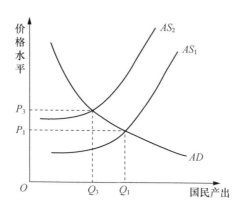

图10-4 成本推动型通货膨胀

如果企业面临着成本增加，它们对此将做出反应：一方面是提高产品或服务价格，把成本转嫁给消费者；另一方面是减少产量。如图10-4所示，总供给曲线向左移动（从 AS_1 移动至 AS_2），引起价格水平由 P_1 上升至 P_3，产量由 Q_1 下降至 Q_3。

总需求曲线 AD 的弹性越低，随着价格的上升，销售额下降得越少，企业以提高价格的方式把其成本转嫁给消费者的部分就越多。

根据成本上升的原因，可以进一步将成本推动型通货膨胀分为以下几种类型。

① 工资推动型通货膨胀。

工资是成本中的主要部分，工资的提高会使生产成本增加，从而使价格水平上升。工资的增加与劳动需求无关。

② 利润推动型通货膨胀。

这是由企业利用它们的垄断力量，通过上抬价格赚取更大的利润造成的。这种价格上升与消费者需求无关。

③ 进口成本推动型通货膨胀。

这是由进口原材料的价格上升造成的。进口成本上升与总需求水平无关。例如，OPEC 在 1973—1974 年将石油价格提高 4 倍，就发生了这种类型的通货膨胀。

另外，税收的增加、自然资源的枯竭也有可能引起成本推动型通货膨胀。

(3) 供求混合推进型通货膨胀。

现实的通货膨胀，大都是由需求与供给两方面的因素共同作用的结果，即所谓的"拉中有推，推中有拉"。供求混合推进型通货膨胀可能从一般的过度需求开始，过度需求引起物价上涨，从而促使工会要求提高工资率，这样，成本推动力量就会发生作用，从而引起更高的通货膨胀。另外，供求混合推进型通货膨胀也可能从成本推进开始，如在工会压力下提高工资或为了追逐利润而减少供给，导致物价上涨，同时，货币收入水平的增加，使市场需求拉动物价继续上涨，从而引起更高的通货膨胀。纯粹的需求拉上型通货膨胀或成本推进型通货膨胀都是不可能持续的，现实经济中大量存在的是需求与供给同时发生作用的供求混合推进型通货膨胀。

（4）结构性通货膨胀。

结构性通货膨胀（Structural Inflation）是指由于社会经济中各部门结构性因素变动，导致各经济部门之间发展不平衡而引起的通货膨胀。经济活动中的扩展部门不断扩大，需要更多的资源与工人，非扩展部门不断收缩，资源与工人过剩。由于种种限制，非扩展部门的资源与工人不能迅速地流动到扩展部门。这样，扩展部门由于资源与人力短缺，资源价格和工资就会上升。而非扩展部门尽管资源与人力过剩，但资源价格并不会下降，尤其是工资不仅不会下降，还会由于攀比行为而上升。这样，由于扩展部门的总需求过度和这两个部门的成本增加，尤其是工资成本的增加，就会产生结构性通货膨胀。

（5）预期的通货膨胀。

人们和企业在做出决策时，会考虑预期通货膨胀率。例如，西方国家的一个工会和一位雇主进行关于给工人加薪的谈判。假定双方预期的通货膨胀率是6%，那么工会只要为工人争取到稍高于6%的加薪就比较满意，因为这样工人的收入会有实际增加。雇主则只要支付稍低于6%的工资就比较满意。雇主最终可能把加薪的比例定为6%，因为他们知道其竞争对手可能也会这样做。因此，双方都会同意现实工资增加6%。

如果预期通货膨胀率为10%，那么工会与雇主的谈判结果就可能为加薪10%。预期通货膨胀率越高，工资支付水平和价格水平提高得越大，由此导致的现实通货膨胀率就越高。

10.3.3 通货膨胀的成本

在社会有效需求不足时，政府会通过增加支出来拉动经济走向繁荣，但高且多变的通货膨胀率不可避免地会对实际产量和经济繁荣水平产生负面作用，预期通货膨胀还会减少潜在GDP，并使经济增长速度放慢。通货膨胀的成本主要表现在以下几个方面。

1. 通货膨胀的税收效应

通货膨胀可看成一种税，它将资源从家庭和企业手中转移到政府手中。在通货膨胀不可预期的情况下，名义工资总会有所增加，随着名义工资的提高，达到纳税起征点的人增加了，还有许多人进入了更高的税率等级，这样，政府的税收就会增加。公众纳税数额增加，实际收入就会减少。这种政府由通货膨胀中所得到的税收称为**通货膨胀税**。通货膨胀税的存在，不利于储蓄的增加，也影响了私人与企业投资的积极性。

2. 交易成本

通货膨胀的一种交易成本是**皮鞋成本**（Shoe Leather Cost），这是指通货膨胀鼓励人们减少货币持有量时所浪费的资源,或者说由于货币流通的速度加快,人们为了尽力避免货币贬值使跑路量增加所带来的损失。

当货币以可预期的高速度贬值时,就不能很好地发挥其价值储藏功能,人们会努力避免持有货币,在获得收入后会尽快将其花掉,企业在收到销售收入时,也会尽快完成对生产要素需求的支出。例如,20世纪80年代,玻利维亚超速通货膨胀时期,每一个小时比索的价值都在下降。工人拿到工资以后,一刻也不敢耽误,赶紧去市场购物。又如,20世纪90年代,巴西的通货膨胀率高涨,人们乘坐出租车时,会让车停在离目的地最近的ATM机旁,从ATM机里取钱付费,然后徒步走到目的地。

为了降低货币持有量,人们选用其他支付手段,如代金券、商品,甚至进行物物交换。而作为支付手段,这些都不如货币的效率高。

人们在进行决策、借贷、签订用工协议等活动时,都是以货币作为价值尺度来进行计量的。通货膨胀改变了货币的价值,从而也改变了人们的计量标准。在货币价值不停变化的情况下,普通大众和企业决策者又怎样进行正确计量呢?这将导致所有的一切都不能正确计量和测算的混乱局面,从而导致又一种交易成本的产生。例如,你在与公司签订用工合同时,约定月工资为5000元,假定月通货膨胀率为50%,工作一个月后,你将发现上月的工资可能还不足以支付本月的生存必需品的开销。那么,你还会继续履行这个合同吗?

3. 不确定性的成本

当通货膨胀率很高时,长期通货膨胀率的不确定性将增加。这种不确定性的增加会使长期计划变得困难重重。通货膨胀率变动性很大,将使得很多决策者放弃资本投资和其他涉及长期承诺的交易,结果交易双方就会失去交易带来的有利于双方的收益,市场效率就会降低。因而人们把视线集中在短期上,投资减少,导致经济增长放慢。

不确定性的增加还使资源不能有效配置。通货膨胀扭曲了价格带来的信息,不可靠的价格信号使得生产者和资源供给者将经常做出以后会后悔的选择,资源配置效率往往低于物价总水平更稳定时的情形。而且,人们往往不是把精力集中在自己拥有比较优势的活动上,而是努力寻找避免通货膨胀所引起损失的方法。人们会把大量的时间和资金用来搜集未来通货膨胀率的信息,生产资金大量流入投机性投资领域,结果本应用于生产性创新发明的才能,却被用于寻找从通货膨胀中获利的方法上。

从全社会的角度看,通货膨胀导致的这种才能分流,犹如将稀缺的资源扔进垃圾堆。这种资源的浪费,也是通货膨胀的一种成本。

10.3.4 通货紧缩

1. 通货紧缩的概念及危害

通货紧缩是与通货膨胀相反的一种经济现象,是指在经济相对萎缩时期,物价总水平较长时间内持续下降，货币不断升值的经济现象。其实质是社会总需求持续小于社会总供给。

与通货膨胀相比，通货紧缩的危害在于：消费者预期价格将持续下跌，从而延后消费，这将打击当前需求；投资期资金实质成本上升，回收期延长，令回报率降低，从而遏制投资。此外，通货紧缩使物价下降，意味着个人和企业的负债增加了，因为持有资产实际价值缩水了，而对银行的抵押贷款却没有减少。例如，人们按揭购房，通货紧缩可能使购房人拥有房产的价值远远低于他们所承担的债务。与通货膨胀相比，通货紧缩是一个各国经济政策制定者都难以治理的问题。

2. 通货紧缩出现的原因

出现通货紧缩的原因主要有以下几个方面。

（1）生产过剩。

生产过剩使产品供给大于需求，促使大量产品销售不出去，结果造成通货紧缩的发生。这是因为一些国家未从根本上摆脱生产过剩的制约，一旦出现问题，就会面临通货紧缩的风险。

（2）需求不振。

需求不振，如因受到股市低迷、投资减少等负面影响，使得居民消费价格指数与以往相比有所下降，从而引发通货紧缩。

（3）对外依赖程度高。

对外依赖程度高也是造成通货紧缩的一个原因。例如，作为全球经济火车头的美国，一旦其经济复苏不力或衰退，对于依赖美国经济带动的其他国家和地区来说，它们的通货将呈现下降之势。

通货紧缩对全球经济造成的损害远远大于通货膨胀，一旦通货紧缩和庞大的债务结合起来，必然会造成严重的财政问题，而严重的财政问题又会使通货紧缩加剧，从而对世界经济的繁荣产生不利影响。

10.4 通货膨胀与失业的关系

通货膨胀率和失业率是两个受到密切关注的经济指标，一些评论家把通货膨胀率和失业率加在一起得出了一个遗憾指数，用以衡量经济状况是否正常。

在经济繁荣时通货膨胀率较高，在经济衰退时失业率较高，那么，这就意味通货膨胀与失业之间存在着"权衡取舍"的关系吗？较低的失业率伴随着较高的通货膨胀率，较低的通货膨胀率伴随着较高的失业率吗？新西兰经济学家彼尔·菲利普斯观察到这种权衡取舍关系并用著名的菲利普斯曲线来说明。

10.4.1 菲利普斯曲线

菲利普斯通过整理英国1861—1957年近百年的经济统计数据，发现在名义工资增

长率和失业率之间存在一种负相关的关系,这种关系可用公式表示为

$$\Delta W_t = f(U_t)。$$

式中,ΔW_t 为 t 时期的名义工资增长率,U_t 为 t 时期的失业率。(菲利普斯考察通货膨胀是根据名义工资,而不是物价,但就研究的目的而言,两者之间的区别并不重要,因为这两种通货膨胀的衡量指标通常是同时变动的)。

把这种关系用曲线形式反映出来,就是菲利普斯曲线。如图 10-5 所示,横轴表示失业率,纵轴表示名义工资增长率。失业率与名义工资增长率之间存在交替关系。菲利普斯曲线凸向原点,表示随着总需求的扩张,开始会出现大量的剩余劳动力,无须大幅度提高工资就可以满足劳动的超额需求。但是,劳动力越来越少,企业为了获得所需的劳动力,就不得不支付越来越高的工资,同时工会的地位也会逐渐提高。

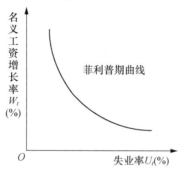

图 10-5 菲利普斯曲线

10.4.2 弗里德曼对菲利普斯曲线的评论

到了 20 世纪 60 年代末 70 年代初,通货膨胀在战时需求压力、OPEC 提价风潮等作用下失去了控制。**滞胀**(Stagflation),即高失业和高通货膨胀并存的现象出现了,在这种背景下,以美国经济学家弗里德曼为代表的货币主义学派认为,通货膨胀和失业之间总是存在一种暂时交替关系,但没有持久的交替关系。这种暂时交替关系并不是产生于通货膨胀本身,而是产生于未预期到的通货膨胀。

弗里德曼引入"适应性预期"这个变量来解释通货膨胀和失业之间的短期与长期关系。**适应性预期**是指人们在形成价格预期时,会考虑到上一期的误差,当上一期的预期价格高于实际价格时,对下一期的预期价格要相应减少;反之,则相应增加。

如图 10-6 所示,图中短期菲利普斯曲线向右下方倾斜,长期菲利普斯曲线则为垂直线。假定开始通货膨胀率为零,人们没有通货膨胀预期,经济运行在图中 A 点。在总需求突然增加时,使通货膨胀率上升到 2%。由于人们事先没有预计到有通货膨胀,那么物价上涨导致实际工资下降,因而厂商愿意扩大产量增加就业,使失业率从 5% 降到 3%,因此经济沿菲利普斯曲线 PC_0 从 A 点变动到 B 点,以 2% 的通货膨胀率上升换取失业率下降了两个百分点,这就是通货膨胀和失业在短期中的交替关系。

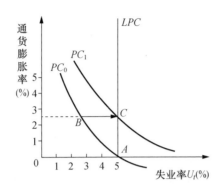

图 10-6 短期与长期的菲利普斯曲线

假定通货膨胀率不是突然上升,而是经常上升,如通货膨胀率是2%,则人们就会形成2%的通货膨胀率预期。工人们要求提高工资,如果要求名义工资上升与预期的通货膨胀率同步,则企业会感到物价上升时工人实际工资没有降低,因而企业的雇工数又回到原来水平,失业率回到原先的自然失业率5%的水平上,从而使经济到达 C 点。此时,菲利普斯曲线从 PC_0 移动到 PC_1。从长期来看,由于存在适应性预期,使得长期菲利普斯曲线为垂直的线,通货膨胀与失业之间没有交替关系。短期菲利普斯曲线不断右移,不但会形成垂直的长期菲利普斯曲线,甚至可能形成向右上倾斜的正相关曲线,这样就会出现通货膨胀与失业并发的滞胀局面。

复习与练习

【关键概念复习】

在 B 栏中寻找与 A 栏中术语相应的解释,并将序号填在术语前边。

A	B
经济周期	1. 由于季节性的气候变换而导致的失业
失业	2. 由于技术、产业调整、国际竞争改变了工作所需要的技术或改变了工作地点而产生的失业
失业率	3. 经济增长过程中反复出现并具有规律性的扩张与衰退相互交替的经济现象
季节性失业	4. 物价普遍持续上升和货币贬值的过程
结构性失业	5. 由于总需求超出总供给而引起的物价总水平持续上升的现象

通货膨胀　　　　　6. 由于某些重要生产要素的价格上升而引起的价格总水平持续上升现象

需求拉上型通货　　7. 一年中失业人员占全部劳动人口的平均比例
膨胀

成本推动型通货　　8. 有劳动能力并且愿意工作的人找不到工作的情况
膨胀

通货紧缩　　　　　9. 表明失业率与名义工资增长率之间交替关系的曲线

菲利普斯曲线　　　10. 在经济相对萎缩时期，物价总水平较长时间内持续下降，货币不断升值的经济现象

【思考与练习】

（一）填空题

1. 一个经济周期一般要经历_____、_____、_____、_____四个阶段。
2. 衡量一个经济中失业状况的最基本指标是_____，它是_____占_____的百分比。当就业人数为1400万、失业人数为600万时，失业率为_____。
3. 按引起失业的具体原因不同，失业分为_____、_____、_____。
4. 工人为了寻找理想的工作所造成的失业是_____，但当经济中的变动迫使劳动力不得不从一个地区流动到另一个地区寻找工作时所引起的失业是_____。
5. 周期性失业又称_____，它是由于_____不足而引起的短期失业。消灭了周期性失业时的就业状态是_____，此时的失业率称为_____。
6. 奥肯法则表明了失业率与实际国内生产总值增长率之间是_____变动关系。
7. 衡量通货膨胀的指标是_____。
8. 通货膨胀按其严重程度可分为_____、_____、_____三类。
9. 需求拉上型通货膨胀就是_____大于_____所引起的通货膨胀。
10. 成本推动型通货膨胀，根据其原因的不同分为_____、_____、_____。
11. 通货紧缩是由于_____、_____、_____等主要原因引起的，在治理上比通货膨胀更难。
12. 菲利普斯曲线是用来表示_____与_____之间交替关系的曲线。

（二）单项选择题

1. 经济周期的阶段顺序为（　　）。
   A. 谷底、波峰、扩张、衰退　　　　B. 谷底、衰退、扩张、波峰

C. 扩张、波峰、衰退、谷底　　　　　D. 波峰、衰退、扩张、谷底

2. 经济周期中的衰退阶段的特征是（　　）。
   A. 国民收入与经济活动低于正常水平
   B. 国民收入与经济活动等于正常水平
   C. 国民收入与经济活动高于正常水平
   D. 生产迅速增加，投资增加，信用扩张

3. 下列人员不属于失业人员的是（　　）。
   A. 调动工作的间歇在家休养者
   B. 半日工
   C. 季节工
   D. 对薪水不满意而待业在家的大学毕业生

4. 充分就业意味着（　　）。
   A. 人人都有工作，没有失业者
   B. 消灭了自然失业时的就业状态
   C. 消灭了周期性失业时的就业状态
   D. 消灭了摩擦性失业时的就业状态

5. 结构性失业是（　　）。
   A. 有人不满意现有工作，离职去寻找更理想的工作所造成的失业
   B. 由于劳动力技能不能适应劳动力需求的变动所引起的失业
   C. 由于某些行业的季节性变动所引起的失业
   D. 经济中由于劳动力的正常流动而引起的失业

6. 以下情况可称为通货膨胀的是（　　）。
   A. 物价总水平的上升持续一个星期后又下降了
   B. 物价总水平上升而且持续一年
   C. 一种物品或几种物品的价格水平上升且持续了一年
   D. 物价总水平下降而且持续了一年

7. 生活费用指数是指（　　）。
   A. 居民消费价格指数　　　　　　　　B. 效用指数
   C. 批发物价指数　　　　　　　　　　D. 国民生产总值折算数

8. 奥肯法则是说明（　　）。
   A. 失业率与通货膨胀率关系的经验统计规律
   B. 通货膨胀与国民收入之间关系的规律
   C. 失业率与实际 GDP 增长率之间关系的经济统计规律
   D. 人口增长率与失业率之间关系的统计规律

9. 今年的居民消费价格指数为 144，去年的居民消费价格指数为 120，则今年的通货膨胀率是（　　）。
   A. 10%　　　　　B. 20%　　　　　C. 24%　　　　　D. 26%

10. 需求拉上型通货膨胀产生的原因是（　　）。
    A. 原材料价格的过度上升　　　　B. 消费的过度增长
    C. 工资的过度增长　　　　　　　D. 利润的过度增加
11. 在下列引起通货膨胀的原因中，哪一个最可能是成本推动型通货膨胀的原因？（　　）
    A. 银行贷款的扩张　　　　　　　B. 预算赤字
    C. 世界性商品价格上涨　　　　　D. 投资率下降
12. 抑制需求拉上型通货膨胀，应该（　　）。
    A. 控制货币供应量　　　　　　　B. 降低工资
    C. 解除托拉斯组织　　　　　　　D. 减税
13. 经济相对萎缩时期，物价总水平较长时间内持续下降，货币不断升值的经济现象是（　　）。
    A. 通货膨胀　　B. 经济衰退　　C. 通货紧缩　　D. 经济繁荣
14. 菲利普斯曲线是表示（　　）。
    A. 失业与就业之间关系的曲线
    B. 工资与就业之间关系曲线
    C. 工资与利润之间关系的曲线
    D. 失业与通货膨胀之间交替关系的曲线

（三）判断题

1. 无论什么人，只要没有找到工作就属于失业。　　　　　　　　　　　　（　　）
2. 衡量一个国家经济中失业情况的最基本指标是失业率。　　　　　　　　（　　）
3. 充分就业与任何失业的存在都是矛盾的，因此，只要经济中有一个失业者存在，就不能说实现了充分就业。　　　　　　　　　　　　　　　　　　　　　　　（　　）
4. 在一个国家里，自然失业率是一个固定不变的数。　　　　　　　　　　（　　）
5. 只要存在失业工人，就不可能有工作空位。　　　　　　　　　　　　　（　　）
6. 根据奥肯法则，在经济中实现充分就业后，失业率每增加1%，则实际国民收入就会减少2.5%。　　　　　　　　　　　　　　　　　　　　　　　　　　　　（　　）
7. 无论是根据居民消费价格指数、批发物价指数，还是根据国民生产总值折算数，所计算出来的通货膨胀率是完全一致的。　　　　　　　　　　　　　　　　（　　）
8. 在任何经济中，只要存在着通货膨胀的压力，就会表现为物价水平的上升。（　　）
9. 如果通货膨胀率相当稳定，且能够完全预期，那么通货膨胀对经济影响很小。
　　　　　　　　　　　　　　　　　　　　　　　　　　　　　　　　　（　　）
10. 在通货膨胀不能预期的情况下，将影响收入分配及经济活动。　　　　（　　）

（四）问答题

1. 经济周期具有什么样的特征？

2. 失业按其形成的原因可以分为哪几种类型？

3. "经济学研究资源的稀缺性，但如果劳动力市场一直存在失业，稀缺性又怎么可能存在呢？如果想生产更多的产品与服务，我们只需要使失业者受到雇用。"

（1）你是否同意这种说法？为什么？

（2）请解释为什么稀缺性和失业并不矛盾。

4. 什么是通货膨胀？衡量通货膨胀的指标是什么？根据通货膨胀的严重程度可将通货膨胀分为哪几类？

5. 有关部门公布加薪方案，此时去市场购物可能价格比以前要高。试问这是什么样的通货膨胀？

6. 成本推动型通货膨胀可分为哪几种？工资上涨会导致消费增加，试问工资推动型通货膨胀可否也看作是需求拉上型通货膨胀？

7. 如何认识通货膨胀对经济的影响？

8. 什么是通货紧缩？为什么会出现通货紧缩的现象？

9. 请用有关理论解释为什么高通货膨胀率可以和高失业率并存。

复习与练习
参考答案

第 11 章 开 放 经 济

> 【导学】第9章讲解了宏观经济的三个主要指标（即经济增长率、失业率和通货膨胀率）。一国实现高经济增长率，低失业率和低通货膨胀率的能力，还受其与其他国家的贸易与资金往来的影响，本章介绍开放背景下的宏观经济。

开放经济代表着商品、劳动与资本市场的开放。近千年的人类科技的发展使得生产要素能够突破国界的束缚，在不同经济体之间进行自由的流通和交融，达到全球范围内资源配置的最优化。正是这种经济要素的全球流动形成了一股强大的吸引力，使得各个国家、地区之间紧密联系、相互影响、相互作用，所涉及的内容已不仅仅局限于经济方面，而且已经渗透到单一经济体的政治、文化、军事等各个方面。

国际开放经济活动按其性质可划分为两大方面：一是商品市场的开放和流通，二是资本市场的开放和流通。前者是指实质资源（主要包括商品和劳务）在国家或地区之间的流动，研究该领域相关活动的理论被称为**国际贸易理论**；后者是指金融资源（主要包括投资和借贷）在国家或地区之间的流动，研究该领域相关活动的理论被称为**国际金融理论**。在经济学中，国际贸易理论和国际金融理论都是独立于宏观经济学的专门领域。

11.1 国际收支

11.1.1 基本概念

假如你在一家企业上班一个月之后取得了工资，工资一到你的银行户头，你就拿银行卡去购物。假如你购买的商品价值超过了工资，你就会入不敷出，你的银行户头就会出现赤字；假如你购买的商品价值低于工资，你就会略有盈余。同样地，把一国对外的商品、劳务和资本的流出流入进行统计整理，便形成了对一国国际收支的记录。

国际收支是指一国居民与其他国家居民之间发生的所有经济活动的货币价值之和。开放经济有一个国际收支账户，它记录了一个国家居民与其他国家居民之间的货币流动。对来自国外的货币收入，该国被看作国际收支的贷方；对本国货币外流，该国被看作国际收支的借方。

11.1.2 国际收支账户的组成

国际收支账户主要由三部分组成：经常账户、资本和金融账户、净误差与遗漏账户。

中国国际收支平衡表（2013—2018）如表 11-1 所示。

表 11-1　中国国际收支平衡表（2013—2018）　　　　　　　　（单位：亿美元）

项目	2013 年	2014 年	2015 年	2016 年	2017 年	2018 年
1. 经常账户	1482	2360	3042	2022	1951	491
1.1 货物和服务	2354	2213	3579	2557	2170	1029
1.2 初次收入	-784	133	-411	-440	-100	-514
1.3 二次收入	-87	14	-126	-95	-119	-24
2. 资本和金融账户	-853	-1692	-912	272	179	1111
2.1 资本账户	31	0	3	-3	-1	-6
2.2 金融账户	-883	-1691	-915	276	180	1117
2.2.1 非储备性质的金融账户	3430	-514	-4345	-4161	1095	1306
2.2.1.1 直接投资	2180	1450	681	-417	278	1070
2.2.1.2 证券投资	529	824	-665	-523	295	1067
2.2.1.3 金融衍生工具	0	0	-21	-54	4	-62
2.2.1.4 其他投资	722	-2788	-4340	-3167	519	-770
2.2.1.4.1 资产	-1420	-3289	-825	-3499	-1008	-1984
2.2.1.4.2 负债	2142	502	-3515	332	1527	1214
2.2.2 储备资产	-4314	-1178	3429	4437	-915	-189
2.2.2.1 货币黄金	0	0	0	0	0	0
2.2.2.2 特别提款权	2	1	-3	3	-7	0
2.2.2.3 在国际货币基金组织的储备头寸	11	10	9	-53	22	-7
2.2.2.4 外汇储备	-4327	-1188	3423	4487	-930	-182
2.2.2.5 其他储备资产	0	0	0	0	0	0
3. 净误差与遗漏	-629	-669	-2130	-2295	-2130	-1602

1. 经常账户

经常账户主要记录实质资源的流动，包括商品及服务的进出口、应从其他国家获得的收益及应付给其他国家的收益，以及从其他国家来的经常转移及往其他国家的经常转移。经常账户的交易各项反映了一个经济体向世界各地提供或从世界各地获取实质资源的情况。

经常账户可细分为货物和服务账户、初次收入账户和二次收入账户。

(1) 货物和服务账户。

货物和服务账户主要记录了货物和服务的进出口情况，出口导致了货币的流入，记为贷方（+）；进口导致了货币的流出，记为借方（-）。

一国货物和服务的出口与进口之间的差额就是该国的贸易差额，它由国际收支平衡表上货物和服务账户的借贷双方相加而得。所得为正，该国贸易顺差，代表货物和服务的出口大于进口；所得为负，该国贸易逆差，代表货物和服务的出口小于进口。

(2) 初次收入账户。

初次收入账户（也称收益账户）记录了由于生产要素的流入流出所派生出的资金流动，它主要由流入或流出一国的工资、利息和利润组成。工资、利息和利润流入记入贷方，流出记入借方。最常见的为本国投资外国股票或是债券所产生的股息或债息的流入，以及国外投资本国的股票或是债券所产生的股息或债息的流出。

(3) 二次收入账户。

二次收入账户（也称经常转移账户）是指在无对等经济价值报偿的情况下，本国居民对非本国居民给予或接受的实质或金融资源，主要包括汇款、捐款、官方援助等。

上述三个账户差额相加就是经常账户差额，经常账户记录了能给一个国家带来货币收入或货币支出的一切活动。一般来说，由于国际贸易差额占经常账户差额的比重很大，因此我们经常以国际贸易差额来近似替代经常账户差额。

2. 资本和金融账户

资本和金融账户主要记录金融资源的流动，包括借款、贷款和投资。从广义上讲，当 A 国持有 B 国的金融资产时，不管这种金融资产是货币、债券、股票，还是其他形式，都可看作 A 国对 B 国的投资，意味着 A 国资源被 B 国所享用，其目的是为了获得相应的投资回报。一国对其他国家资产的购买会产生资金的流出，记入借方（-）；其他国家对该国资产的购买会产生资金的流入，记入贷方（+）。

该账户由资本账户和金融账户两大部分组成。

(1) 资本账户。

资本账户用来反映资本转移及非生产、非金融资产的收买或放弃情况。

资本转移是指在无报偿情况下，固定资产的转移或债务的减免。资本转移的主要部分是债务减免及移民转移。

非生产、非金融资产包括专利、版权及专营权等。非生产、非金融资产的收买或放弃指非由生产而生的有形及无形资产的对外交易。

(2) 金融账户。

金融账户记录本地居民与非居民之间涉及金融资产与负债的各类交易。根据会计记账原则，当期对外金融资产净增加记录为负值，净减少记录为正值；当期对外负债净增加记录为正值，净减少记录为负值。金融账户分为非储备性质的金融账户和储备资产。

① 非储备性质的金融账户。

非储备性质的金融账户包括直接投资、证券投资、金融衍生工具和其他投资。

a. 直接投资。直接投资可以采取在国外直接建立企业的形式，也可以采用购买国外企业一定比例以上的股票的形式。按《国际收支手册》的规定，这一比例不能低于10%。

b. 证券投资。证券投资是指对居民和非居民之间的股本证券及债务证券（如中长期债券、货币市场工具）投资。

c. 金融衍生工具。金融衍生工具又称金融衍生产品，是与基础金融产品相对应的一个概念，指建立在基础产品或基础变量之上，其价格随基础金融产品的价格（或数值）变动而变动的派生金融产品。

d. 其他投资。其他投资是指除直接投资、证券投资、金融衍生工具外，居民与非居民之间的其他金融交易。它包括其他股权、货币和存款、贷款、保险和养老金、贸易信贷等。

② 储备资产。

储备资产是指中央银行拥有的对外资产，包括外汇、货币黄金、特别提款权、在基金组织的储备头寸。

3. 净误差与遗漏账户

由于统计的误差或不透明经济交易的存在，使得国际收支项目的借贷双方达不到平衡，为了"矫正"这种误差，于是就人为设立了一个净误差与遗漏账户。

一般情况下，净误差与遗漏账户余额的大小也从另一个角度说明一国货币监管当局对外汇非正常渠道流入流出是否有着有效的监管手段和措施。

如果没有净误差和遗漏，那么经常账户差额与资本和金融账户差额之和就应为零，因为在一国的对外经济活动中，物品和劳务的流通必然会带来相应的资本的流通，它们在总量上是相等的，在方向上是相反的，故而二者之和必然为零，国际收支平衡表始终是平衡的。

我们通常讲的**国际收支不平衡**是指除储备资产账户外，一个经济体系的经常账户差额与资本和金融账户差额之和不为零。当两者相加余额为正时，称为**国际收支盈余**；当两者相加余额为负时，称为**国际收支赤字**。

国际收支顺差意味着资金涌入本国，国际收支逆差意味着资金流出本国。资金的流入流出不可避免地会对本国的物价、就业、产出及汇率产生影响。储备资产就相当于一个蓄水池，在国际收支盈余时蓄水，在国际收支赤字时放水，从而在一定程度上减少外部经济波动对内部经济的影响。

下面用一个例子来说明国际收支的平衡。

假如小明今年获得4万元的工资收入，同时他购买的国债获得了利息收入1000元，所以小明的经常账户上有4.1万元的收入。另外，他花去2万元用于日常的消费，还买了一辆价值6万元的小轿车，则他这年度的支出为8万元。小明今年支出和收入的缺口为 3.9 万元，这构成了经常账户赤字。为了支付缺口 3.9 万元，他可以取出原有的银行存款或向银行借款。若他从银行取出 0.9 万元存款，并另外向银行贷款 3 万元，则正好可以收支均衡。

在这个例子中，小明的工作收入就类似于一国从出口取得的收入，而他购买国债的利息收入类似于一国从国外获得的利息收入。他购买的日常用品（包括汽车）相当于一国从国外进口，而从银行借款相当于一国向其他国家借款，其自身银行账户的变动类似于一国储备资产的变动。

我们可以看到，小明入不敷出的情形类似于一国经常账户的逆差，由于小明动用了银行存款并从银行借到了资金，因此其收支仍然平衡，相当于一国可以通过动用其储备资产或从国外借款来弥补经常账户逆差。反过来，小明的支出若小于收入，相当于一国经常账户的顺差，他可以将余下的部分存入银行、借给他人或购买证券，即该顺差可以转为国际储备或对国外的借款与投资。

由此我们可以得出以下结论：一国当其经常项目差额为正时，该国的对外投资必然会增加，该国在金融市场上的地位如贷款人或债权人。同样，当经常项目余额为负时，该国必须减少对外投资，即减少所持有外国资产或进行借债，从而使自己在金融市场上成为借款人或债务人。不过，只要其能够通过在金融市场上筹资或有足够的储备资产来进行支付，依然能够保证国际收支平衡。如果这种逆差是由于进口先进的设备和技术所导致的，那么，从长远看这种短期的逆差是值得的。

因此，我们不能简单地去判断债权人、债务人、借款人、贷款人或国际收支逆差与顺差是好还是坏，但有些观点则被大多数经济学家所认同，即持续性的贸易顺差未必是好事，暂时性的贸易逆差也未必是坏事。

11.2 汇 率

11.2.1 汇率的含义

我们把各国货币之间的兑换比例称为**汇率**。汇率的实质就是以一国货币表示另一国货币的价格，按其标价的不同可以分为直接标价法和间接标价法。所谓**直接标价法**，是指以本国货币去表示一定单位的外国货币；而所谓**间接标价法**，是指以外国货币去表示一定单位的本国货币，比如，1 美元 = 6.8785 元人民币，对于中国来讲是直接标价法，对于美国来讲则是间接标价法。

我们把一种货币用其他货币表示的价格下降称为**货币贬值**。比如，1 美元从能兑换 120 日元下降到只能兑换 100 日元，那么美元贬值。同理，我们把一种货币用另一种货币表示的价格的上升称为**货币升值**。比如，1 美元从能兑换 100 日元上升到能兑换 120 日元，则美元升值。一种货币的升值、贬值都是相对于另外的货币而言的，A 货币相对于 B 货币升值，反过来就是 B 货币相对于 A 货币贬值。

11.2.2 汇率的决定

汇率是以一种货币表示另一种货币的价格，也称为某国货币的外部价格（某国货币的内部价格是其物价水平）。既然是价格，就受到供求关系的影响。当一国货币供大于求时，其价格下跌；当供不应求时，其价格上升。研究汇率的波动可以从外汇市场上的需求和供给入手。

人们为什么需要另外一个国家的货币，其原因主要有以下两点：
① 持有国外的货币可以从相应的国家进口商品和服务；
② 持有国外的货币可以购买国外的资产并获得相应的投资收益。

本国对外国商品、服务及资产的需求产生了对外国货币的需求，外国对本国商品、服务及资产的需求产生了对本国货币的需求，这些货币的需求通过外汇市场上的货币兑换来满足。

影响汇率的因素主要有以下几个。

1. 产品品味和偏好的变化

从贸易角度来讲，如果美国人要从日本购买本田牌汽车，他们进口日本的商品需要用到日元，这种购买需要使得美国人在外汇市场上兑换日元；与此同时，美国人也在外汇市场上供给了美元。同样，如果日本人想从美国购买电脑，那么日本人也要在外汇市场上将日元兑换为美元，在这个过程中，日本人在外汇市场上通过兑换美元而供给了日元。如果在一定时期，假设日本对美国商品需求的增长远远大于美国对日本商品需求的增长，这种需求变化有可能是因为美国商品的竞争力相对于日本商品的竞争力更强，或者是因为日本居民的收入比美国居民的收入增加更快所致。那么在外汇市场上，日元供应量的增加将远远大于美元供应量的增加，即过多的日元兑换较少的美元，使得美元的价格必然要上升，即美元相对于日元升值，日元的价格必然要下降，即日元相对于美元贬值。

2. 相对价格水平变化

如果瑞士出现了3%的通货膨胀率，加拿大的通货膨胀率为10%，则相对而言，瑞士法郎升值，加拿大元贬值。从投资角度来看，如果大家预计某国的投资收益将会上升，根据资本的趋利性——资本总是从投资收益较低的地方流向投资收益较高的地方，必然会产生货币之间的兑换。例如，当美国的投资收益相对于英国的投资收益出现大幅增长时，作为理性的投资者，应该将其投资从英国向美国转移，以获得更高的收益。在这一过程中，英镑存款或在英国的投资纷纷转变为美元存款或在美国的投资，这种转换的过程必然会伴随英镑供应的大量增加，使得英镑相对于美元贬值。

3. 相对利率变化和投机

两个国家相对利率的变化可能会改变汇率水平。如果美国实际利率上升了，而英国实际利率维持不变，则由于美国的投资收益高于英国的投资收益，英国居民将会选择美国作为其投资对象国。而美国去投资需要美元，那么，在外汇市场英国居民将会把英镑兑换成美元，这一行为将使得英镑供给增加，从而导致英镑贬值，美元升值。

当然，除上述所讲几点外，影响汇率的因素还有很多，投机行为的变化、国际投资和借贷数量或方向的变化、进出口需求的变化、国家的金融政策的变化或其他因素都会直接或间接地影响外汇市场上的外汇供求关系，进而对汇率产生影响。

从整体的国际收支角度考虑，上述的若干因素使得资金在不同国家的商品市场和资本市场进行流动，那么在一定时期内，一国会出现国际收支盈余或国际收支赤字的情况。一般来说，一国国际收支盈余会相应地带来对该国货币超额的需求，使得该国货币有升值的趋势；而国际收支赤字则会相应地带来对该国货币超额的供给，使得该国货币有贬值的趋势。

11.2.3 购买力平价理论

购买力平价（Purchasing-power Parity）理论是比较有影响力的汇率决定理论之一，购买力平价理论认为货币代表着对商品和劳务的购买力，不同国家货币的比价就取决于其各自货币所代表的购买力。比如，1英镑能买1块面包，而2美元也能买同样1块面包，根据该理论，汇率为1英镑＝2美元。这种比价使得1英镑不管是在英国还是在美国都能买到1块面包，或者1美元不管是在美国还是在英国都能买到1/2块面包。同样的单位货币在不同国家的购买力应该相等。

如果面包在英国价格不变，在美国价格变为3美元，汇率能否仍保持为1英镑＝2美元呢？在这种情况下，美国人就会以2美元的价格在外汇市场上购买1英镑，然后在英国购买面包，最后在美国市场上卖出换回3美元；而英国人就会把英国值1英镑的面包在美国市场上卖出换回3美元，接着在外汇市场上将3美元换为1.5英镑，这种行为称为**套利**。套利的结果使得外汇市场上英镑的需求增多，美元的供给增加（美国人需要用美元换英镑，英国人同样需要用美元换英镑），导致英镑升值，美元贬值，直至英镑或美元都能在美国和英国买到同样的面包。

若是把经济体中所有的商品和劳务按一定的方式组合起来，并算出其总体的物价水平，就可以推出如下结论：汇率是由两国间的物价水平所确定的，一国价格水平上升，其货币则会有贬值倾向；反之，一国价格水平下降，其货币则会有升值倾向，这即是著名的购买力平价理论。该理论在解释一些极端例子时尤为有效。比如，20世纪90年代初，苏联解体，经济崩溃，物价飞涨，与之对应的是卢布的汇率一落千丈。而随着俄罗斯经济形势的好转，物价得到初步控制，到1994年的时候，卢布的汇率也就慢慢稳定下来。这一例子说明了购买力平价理论确实能解释兑换率变动的情况。

为了更广泛地验证与应用购买力平价理论，英国《经济学家》专门编制了"巨无霸指数"，就是以麦当劳快餐行销全球100多个国家的汉堡包——"巨无霸"（Big Mac，双层牛肉汉堡）来考察用当地货币购买这同一产品需要多少钱，其目的就是以轻松幽默的方式,来衡量这些国家的汇率是否处在"合理"水平。这种牛肉汉堡的质量和重量在世界各地都是一样的。当时随便走进北京一家分店,你花 10 元人民币就可以买一块"巨无霸"的汉堡包,而同样是一块"巨无霸",当时在美国则要花 2.9 美元。简单计算一下,1 美元的购买力相当于 3.45 元人民币,而按照当时官方的汇率,1 美元可兑换 8.27 元人民币。从这一点来看,人民币币值似乎存在 57% 的低估。但是"巨无霸指数"从没有成为一种精确预测工具的打算。实际上,按照购买力平价理论的要求,所有商品都可以在国家之间自由交换,汉堡包显然不能满足这一要求。

购买力平价理论的应用有其局限性,即各国的物品、劳务不可能是同质的,必然会存在区别。比如,美国的戴尔笔记本电脑和日本的索尼笔记本电脑互为替代品,但是没有理由认为美元和日元的汇率一定会确定到使这两种电脑一样的价格水平上,因而无法单纯用各自的价格比来确定兑换率。此外,并不是所有的产品和劳务都是可交易、可流通的,比如,马尔代夫的海滩之美世界闻名,但是除非我们亲自去,否则体会不到。故购买力平价理论的应用范围有一定的局限性。但是我们注意到,购买力平价理论指出了货币兑换的实质,即将货币视为交换媒介,其兑换比例取决于各自代表的购买力。

购买力平价理论的衡量方法肯定不是十全十美的。但大多数经济学家都认为它比市场汇率的衡量尺度更能准确地测量经济体的规模,并能更好地理解国际市场中激烈的风云变化。购买力平价理论经常用于分析汇率的中长期变动走势。通常,当一个国家的通货膨胀率比另一个国家的通货膨胀率高时,这种情况就会对两个国家之间的汇率产生压力,并且使得通货膨胀率相对较高的国家的货币存在贬值的趋势。

11.2.4 汇率制度

汇率作为外汇市场上货币的价格,本身是应该由市场的供求关系来决定其高低大小的。但是影响供求关系的因素太多,它们共同作用会使得汇率波动过于频繁,汇率的频繁波动又会给一个国家的经济带来不同程度的影响。因此,各个国家会根据经济发展的不同情况,对本国汇率水平、汇率变动方式等问题做出各自的安排和规定。在全球范围内,按照汇率变动的方式,汇率制度主要分为固定汇率制度和浮动汇率制度两种。

1. 固定汇率制度

固定汇率制度是指政府通过行政或法律手段,确定、公布、维持本国货币与某种参考物之间固定比价的汇率制度。充当参考物的可以是黄金,也可以是某一种外国货币或某一组货币。固定汇率制度并非代表汇率是一成不变的,当经济形势发生重大变化时,汇率可以进行调整,所以固定汇率制度又称为**可调整的钉住汇率制度**。和后面要讲的浮动汇率制度相比,固定汇率制度下汇率的浮动是由政府根据经济形势的变动人为制定的。在固定汇率制度下,汇率的变高称为**涨价**(Revaluation),汇率的变低称为**降价**(Devaluation)。

在固定汇率制度下,为了保持汇率的稳定性,政府有义务对外汇市场进行干预。这种干预表现为政府通过买进卖出外汇，使得外汇市场在其规定的汇率水平下供求平衡。

对某国产品和投资需求的扩张，将使外汇市场上该国货币的需求上升。按照市场要求，需求上升，该国货币应该升值，如果该国政府要保持其货币的汇率不变，显然需要不断地买入外汇以释放出本国货币。同理，如果对某国产品和投资需求缩减，将使得外汇市场上该国货币的需求下降。按照市场要求，需求下降，该国货币应该贬值，若该国政府要保持其货币的汇率不变，就需要不断地卖出外汇以收回本国货币。

2. 浮动汇率制度

浮动汇率制度是指汇率水平完全由外汇市场的供求关系决定，政府不加任何干预的汇率制度。在浮动汇率制度下，汇率的变高称为**升值**（Appreciation），汇率的变低称为**贬值**（Depreciation）。如今，各国政府都会或多或少地对汇率水平进行干预或指导，这种有干预的（有指导的）浮动汇率制度又称为**管理浮动汇率制度**。其干预原理和固定汇率制度一样。

案例讨论

购买力平价与套利

这个故事发生在美国和墨西哥边界。一名游客在墨西哥一边的小镇上，用0.1比索买了一杯啤酒，他付了1比索，找回0.9比索。当他到美国一边的小镇上时，发现美元和比索的汇率是1美元=0.9比索。他用剩下的0.9比索换了1美元，用0.1美元买了一杯啤酒，找回0.9美元。回到墨西哥的小镇上，他发现比索和美元的汇率是1比索=0.9美元。于是，他把0.9美元换为1比索，又买啤酒喝。这样在两个小镇上喝来喝去，该游客总还是有1美元或1比索。换言之，他喝到了免费啤酒。

这位游客之所以能在两国不断地喝到免费啤酒，原因在于美元和比索的汇率在两国是不同的，而啤酒价格在美国和墨西哥都是0.1个当地货币单位。在美国，美元与比索的汇率是1:0.9，在墨西哥，比索与美元的汇率是1:0.9，这位游客正是靠这两国汇率的差异，进行套利活动，喝到免费啤酒的。免费啤酒是指喝酒的人没花钱，但酒店还是得到钱的。那么谁付了钱呢？如果美国的汇率正确，墨西哥低估了比索的价值，那么啤酒钱就是由墨西哥出的。如果墨西哥的汇率正确，美国低估了美元的价值，那么啤酒钱就是由美国出的。如果两国的汇率都不正确，则啤酒钱是由双方共同支付的。

当汇率定得不正确时，就会有人从事套利活动，即把一种货币在汇率高估的地方换成另一种货币，再把另一种货币拿到汇率低估的地方换为原来的货币。套利就是在价格低的地方买，在价格高的地方卖，获取差额。套汇是市场上套利活动的一种。在国家严格控制外汇、规定汇率，且汇率与货币实际购买力不一致时，必定有套汇行为出现。

讨论：该事件中的游客要想持续喝到"免费啤酒"需要满足什么条件？

11.2.5 汇率对经济的影响

经济的变量会影响到汇率，反过来，汇率变动又会影响到一国的对外经济。汇率对经济的影响主要表现在以下几个方面。

1. 汇率变动会影响一国的资本流动

当一国货币汇率预期或实际下降时，以该国货币计值的资本为防止由于货币贬值带来的损失，常常会将以该国货币计值的资产换为其他货币计值的资产。于是，当一国货币汇率预期或实际下降时，为了防止汇率下降带来资本损失，资本会从该国流出，转变为以其他国家货币计值的资本。同理，当本币汇率预期或实际上涨时，资本的流动与上述情况则相反。

2. 汇率变动影响一国的对外贸易，继而可能影响一国的GDP

本币价值下降，具有扩大本国出口、抑制本国进口的作用，从而有可能扭转贸易收支逆差，并以出口带动刺激本国的生产，提高本国的GDP值。本币价值上升，具有抑制本国出口、刺激进口的作用，从而有可能使得贸易收支顺差得以缓慢平衡。由于国外需求的减弱，在一定程度上可以缓解国内需求过旺，减轻通货膨胀压力。

3. 汇率变动会影响一国的物价水平

货币贬值会倾向提高一国的物价水平。原因有两个方面。从需求角度考虑，一国货币贬值，可以降低一国的出口价格水平，刺激出口；而反过来，由于进口价格的提高，使得国内的消费者也会尽量使用本国的替代品，国内外对本国产品需求的增加必然会带来产品价格水平的上升。从供给角度考虑，货币贬值使得进口投入品的价格更加昂贵，使得本国的供给相应减少，在需求不变的情况下，价格水平将会提高。

11.3 开放条件下的宏观经济目标

在第9章我们介绍了三个宏观经济目标，即高经济增长率、低失业率和低通货膨胀率。在封闭经济条件下，一国经济政策调控的目标主要是以自身内部经济变量（物价稳定、充分就业、经济增长）为主，这称为**对内均衡**。国际收支和汇率构成了第四个宏观经济目标——避免国际收支赤字和过度的汇率波动。在开放经济的背景下，政府的经济政策调控目标还要追求国际收支均衡，这称为**对外均衡**。

从短期（最多两年左右）来看，高经济增长率、低失业率、低通货膨胀率，并且避免国际收支赤字（不管是经常性账户赤字还是基本赤字）这四个目标是相互联系的。它们都取决于总需求，而且都随着经济周期的不同阶段而发生变化。也就是说，四个宏观经济目标都与经济周期有关。在经济繁荣阶段，总需求快速增加，经济增长率提高，失业率下降；但是通货膨胀率可能攀升，国际收支的经常账户转为赤字。在经济衰退时期，情况正好相反，总需求不断下降使得经济出现低增长甚至负增长，需求不足失业率就会增加；但是通货膨胀可能得到缓解，国际收支的经常账户可能会有所改善。

因此，政府常常面临两难选择。如果以财政政策和（或）货币政策刺激经济增长，则能够较好地实现（高经济增长率和低失业率的目标），但会使通货膨胀和国际收支经常账户变糟。如果实行通货紧缩的政策，则会发生相反的情形。

所以在实际政策实行中，对外均衡和对内均衡可能会发生潜在的冲突，要同时实现对内均衡和对外均衡是相当困难的。

从对内均衡看，最显著的矛盾体现在充分就业与通货膨胀之间此消彼长的关系中。当经济达到了充分就业，说明需求旺盛，而需求旺盛又会导致物价的上升。同样，若是经济运行中物价稳定，没有通货膨胀，有可能是因为需求不足，而需求不足又可能导致失业人数增多。一般地，就业率越高，通货膨胀率越高，就业率越低，通货膨胀率越低，两者成正相关关系。

从对外均衡看，国际收支顺差形成的原因有很多。比如，国外对本国产品的强烈需求使得国际收支顺差，由于国外需求的带动，会使得内部经济达到充分就业，但同时也会产生通货膨胀；或者又有可能是因为本国未达到充分就业，从而对外需求不足，使得国际收支顺差。同样，国际收支逆差有可能是因为本国达到充分就业，需求过旺，从国外进口可能会缓解通货膨胀；也可能是因为国外对本国产品需求下降，伴随的是国内未充分就业。

国际收支的不平衡是由两个账户决定的：经常账户、资本和金融账户（除去储备资产账户）。即使是一国经常账户为逆差，但只要资本和金融账户有资金涌入，其仍然表现为国际收支顺差。比如，尽管美国的经常账户为逆差，进口远远大于出口，但是由于美元的特殊地位和其良好的投资环境，使得其资本账户为顺差，并且抵补了经常账户的逆差，从而使得其国际收支为顺差，这为调节外部均衡增添了难度和不确定性。

从政策实行角度考虑，扩张性的政策可以解决就业和产出问题，但会导致通货膨胀和国际收支逆差；紧缩性的政策可以解决物价和国际收支逆差问题，但是会降低就业和产出。

政府在制定宏观经济政策时，会遇到诸如以下的问题。

第一，当经济处于衰退阶段时，失业率高，需求不足，通货膨胀得以缓解。需求不足也会带来进口减少，国际收支的经常账户也会得到改善。此时，如果政府采用扩张性的经济政策，那么，会解决就业和需求不足的问题，但同时也可能会导致物价上升、对外经常账户出现赤字。

第二，在经济扩张阶段，需求旺盛，充分就业，但是物价可能飞涨，国际收支的经常账户可能为逆差。如果政府采取紧缩性的经济政策，可以缓解通货膨胀和国际收支经常账户赤字情况，但同时又会导致失业增加，产出下降。

经济运行的内外冲突使得政府很难靠采用一种政策来达到内部经济和外部经济的平衡，这时需要政策搭配。

一般说来，货币政策能够影响利率，而利率的变动又会影响资本的流出和流入，通过改变资本和金融账户余额，可以调节国际收支的差额。例如，提高利率会使得资本大量涌入，降低利率会使得资本大量流出。所以，货币政策能够更有效地用于调节对外经济的均衡。财政政策通过财政支出或收入的扩大或减少，使总需求发生相应的改变，变动的总需求主要对国内市场产生影响，比如紧缩性财政政策使得总需求减少，可以抑制通货膨胀，扩张性财政政策使得总需求扩大，可以提高就业水平，故而财政政策往往用于调节内部经济的均衡。

货币政策常用于解决外部均衡问题，财政政策常用于解决内部均衡问题，这并不是意味着货币政策对内部均衡问题无效或财政政策对外部均衡问题无效。

事实上，提高利率，使得投资成本升高，会起到降低总需求的作用；降低利率，使得投资成本减少，也会起到扩大总需求的作用。利率的变化同样会影响内部均衡。采用紧缩性的财政政策降低总需求，那么，这些降低的总需求中同样会包含对外产品的需求，从而减少进口，国际收支逆差问题得以改善；采用扩张性的财政政策扩大总需求，那么，这些扩大的总需求中同样会包含对外产品的需求，从而增加进口，国际收支顺差问题得以改善。

货币政策和财政政策的搭配使用有助于经济达到内外共同均衡。然而经济的实际运行机制很复杂，政策的实行不仅要考虑国内外的经济状况、政策目标及政策效应，还要考虑各种各样的政治、文化、历史因素，否则很难有实际效果。

案例讨论

国家统计局解读2019年3月份CPI数据

2019年4月11日，国家统计局发布并解读了2019年3月份全国CPI（居民消费价格指数）数据。

1. CPI环比由涨转降

从环比看，CPI由2019年2月上涨1.0%转为下降0.4%。其中，食品价格由2月上涨3.2%转为下降0.9%，影响CPI下降约0.19个百分点；非食品价格由2月上涨0.4%转为下降0.2%，影响CPI下降约0.18个百分点。在食品中，部分鲜活食品价格节后回落。鸡蛋、水产品和鲜菜价格分别下降6.0%、3.6%和2.6%，牛肉、羊肉和鸡肉价格分别下降1.8%、1.7%和1.6%，上述六项合计影响CPI下降约0.21个百分点；非洲猪瘟疫情发生势头趋缓，各地猪肉价格涨跌互现，全国平均上涨1.2%，影响CPI上涨约0.03个百分点。在非食品中，出行人数减少，飞机票、旅行社收费和宾馆住宿价格分别下降15.9%、11.1%和1.5%，合计影响CPI下降约0.25个百分点；务工人员返城，劳动力增加，车辆修理与保养、家政服务和理发价格分别下降5.3%、4.1%和3.9%；成品油两次调价，汽油和柴油价格分别上涨3.6%和4.0%；服装换季，价格上涨0.6%。

2. CPI同比涨幅有所扩大

从同比看，CPI上涨2.3%，涨幅比上月扩大0.8个百分点。其中，食品价格上涨 4.1%，影响 CPI 上涨约 0.82 个百分点；非食品价格上涨 1.8%，影响 CPI 上涨约 1.46 个百分点。在食品中，春季是蔬菜上市的淡季，加之受多地低温阴雨天气影响，鲜菜价格上涨较快，同比上涨 16.2%，影响 CPI 上涨约 0.42 个百分点；猪肉价格上涨 5.1%，为同比连降 25 个月后首次转涨，影响 CPI 上涨约 0.12 个百分点。在非食品中，医疗保健、教育文化和娱乐、居住价格分别上涨 2.7%、2.4% 和 2.1%，合计影响 CPI 上涨约 0.94 个百分点。据测算，在 3 月份 2.3% 的同比涨幅中，去年价格变动的翘尾影响约为 1.1 个百分点，新涨价影响约为 1.2 个百分点。

讨论： CPI 指数与居民生活水平有何关系？

复习与练习

【关键概念复习】

在 B 栏中寻找与 A 栏中术语相应的解释，并将序号填在术语前边。

A	B
国际收支	1. 记录一国实质资源流动的账户
经常账户	2. 记录一国资本转移及非生产、非金融资产的收买或放弃
资本账户	3. 记录本地居民和非本地居民之间的金融资产及负债交易
金融账户	4. 一国居民与其他国家居民之间发生的所有经济活动的货币价值之和
储备资产	5. 用于校正统计误差或其他误差而设立的账户
净误差与遗漏账户	6. 各国货币之间的兑换比例
浮动汇率制度	7. 金融当局持有的外汇资产
汇率	
固定汇率制度	8. 政府通过行政或法律手段，确定、公布、维持本国货币与某种参考物之间固定比价的汇率制度
	9. 汇率水平完全由外汇市场的供求关系决定，政府不加任何干预的汇率制度

【思考与练习】

（一）填空题

1. 出口与进口之差称为_____或_____。出口大于进口称为_____，出口小于进口称为_____。
2. 在开放经济中，国内生产总值的总需求指的是_____。
3. 对国内产品的支出 = 国内支出 + _____。
4. 在开放经济中，国内总需求的增加会使得总需求曲线向_____移动，从而使得均衡的国内生产总值_____，贸易收支状况_____。
5. 在开放经济中，出口的增加会让均衡的国内生产总值_____。
6. 国际收支是一国在一定时期内对外国的全部经济交往所引起的_____对比。
7. 出口记为国际收支平衡表中的_____方。
8. 国际收支平衡表中包括_____、_____、_____三类账户。
9. 国际收支平衡表的经常账户包括_____账户、_____账户及_____账户。
10. 国际收支平衡表中的资本账户是指_____。
11. 国际收支平衡是指_____账户与_____账户的总和平衡。
12. 在不考虑储备资产项目的情况下，国际收支不平衡分为_____与_____两种情况。
13. 在国际收支不平衡时，要通过_____项目来实现平衡。
14. 外汇汇率有_____和_____两种标价法。
15. 汇率升值是指_____，汇率贬值是指_____。

（二）单项选择题

1. 属于国际收支平衡表中经常账户的是（　　）。
   A. 资本性转移　　　B. 间接投资　　　C. 服务　　　D. 证券投资
2. 属于国际收支平衡表中资本账户的是（　　）。
   A. 货物　　　B. 服务　　　C. 收入　　　D. 证券投资
3. 英镑和美元两种货币相对而言，如果英镑的汇率上升，那么美元的汇率将（　　）。
   A. 上升
   B. 下降
   C. 不确定
   D. 两者之间没有关系
4. 在固定汇率制度下，一国货币对他国货币的汇率（　　）。
   A. 绝对固定
   B. 基本固定，在一定范围内波动
   C. 由外汇市场的供求关系决定
   D. 由外汇市场和中央银行共同决定

5. 本国物价水平下降则出口（　　）。
   A. 增加　　　　　B. 减少　　　　　C. 不变　　　　　D. 不确定
6. 如果人民币的汇率是 1/8 美元，则美元的汇率是（　　）。
   A. 1/8 元人民币　　　　　　　　　B. 4 元人民币
   C. 2 元人民币　　　　　　　　　　D. 8 元人民币
7. 国际收支经常账户的顺差意味着（　　）。
   A. 出口大于进口　　　　　　　　　B. 出口小于进口
   C. 出口等于进口　　　　　　　　　D. 出口的增加大于进口增加
8. 国际收支失衡是指（　　）。
   A. 国际收支平衡表的借方、贷方余额不等
   B. 资本流出与流入不等
   C. 经常项目与资本项目的总和出现差额
   D. 商品劳务的出口与进口不等
9. 中国从美国进口一批价值 50 万美元的商品，而且美国厂商把所得资金用于购买中国国债，则中国的国际收支平衡表的变动是（　　）。
   A. 经常账户的借方、资本账户的贷方记入 50 万美元
   B. 经常账户、资本账户的贷方同时记入 50 万美元
   C. 经常账户的借方、贷方同时记入 50 万美元
   D. 资本账户的借方、贷方同时记入 50 万美元
10. 一家日本厂商向美国出口 20 万美元的汽车，并把所得资金用来购买美国某种股票，日本的国际收支平衡表应做的变动为（　　）。
    A. 经常账户的借方、贷方同时记入 20 万美元
    B. 资本账户的借方、贷方同时记入 20 万美元
    C. 经常账户的借方记入 20 万美元，资本账户的贷方记入 20 万美元
    D. 经常账户的贷方记入 20 万美元，资本账户的借方记入 20 万美元
11. 人民币对美元的汇率下降，将使（　　）。
    A. 中国商品相对便宜，美国增加对中国的商品进口
    B. 中国商品相对便宜，中国增加对美国的商品进口
    C. 中国商品相对昂贵，美国增加对中国的商品出口
    D. 中国商品相对昂贵，中国增加对美国商品的出口
12. 下列哪种情况将引起美元对日元贬值？（　　）
    A. 美国的货币供给增加　　　　　B. 美国的利率上升
    C. 日本的利率下降　　　　　　　D. 日本从美国的进口增加

（三）判断题

1. 利率的上升会引起国际资本的输入。　　　　　　　　　　　　　　　　（　　）
2. 开放经济是指政府不干预对外贸易。　　　　　　　　　　　　　　　　（　　）

3. 本国居民购买国外公司的股票，应记入资本账户的借方。（ ）
4. 在国际收支平衡表中，经常账户被分为无形账户和有形账户（如服务）等。（ ）
5. 由于存在国际收支的顺差或逆差，因此国际收支平衡表并不总是平衡的。（ ）
6. 直接标价法又称应收标价法。（ ）
7. 我国和世界上多数国家的汇率都采用间接标价法。（ ）
8. 在间接标价法条件下，汇率的上升意味着本币升值和外币贬值。（ ）
9. 固定汇率制度是指一国货币同其他国货币的汇率固定不变。（ ）
10. 一国的国民收入水平越高，进口的额度就越大。（ ）
11. 在国际收支平衡表中最后借方与贷方总是相等的。（ ）
12. 开放经济的均衡并不要求商品、劳务的进口和出口相等。（ ）
13. 在浮动汇率制度下，中央银行不能对汇率有任何干预。（ ）
14. 当日本人到中国旅游时，日本就从中国进口了劳务。（ ）
15. 在开放经济中，各国经济之间的相互影响是相同的，这就是经济一体化的含义。（ ）

（四）简答题

1. 国际收支的概念是什么？国际收支平衡表的编制原则是什么？
2. 国际收支平衡表中的项目有哪些？
3. 国际贸易顺差是否就是国际收支顺差？
4. 消除国际收支盈余或赤字的办法主要有哪些？
5. 什么是汇率？汇率的表示方法有哪些？
6. 简述什么是固定汇率制度和浮动汇率制度。
7. 简述汇率变动如何影响一国的国内生产总值。
8. 简述利率变化和国际资本流动的关系。
9. 简述购买力平价理论。
10. 内部均衡和外部均衡存在哪些冲突？

*第 12 章 国民收入的决定

> 【导学】学习本章后,应掌握各种消费函数理论;掌握影响投资决策的因素,并能进行实际的分析;能理解和分析消费和投资在当前中国宏观经济中的重要作用。重点掌握总供需模型、总需求决定理论和乘数理论。

通过前面章节的学习我们已经知道,一个经济体(一个国家或地区)的宏观经济状况可以用经济增长率(产出)、失业率(就业)、通货膨胀率(价格)和国际收支平衡四大指标来衡量。这些指标的状况决定了我们的生活状况。同时,宏观经济还受其他一些因素的影响,这些因素主要包括内部市场的力量、外部环境的冲击和政策杠杆,如图 12-1 所示。

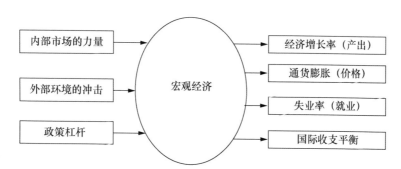

图 12-1 影响宏观经济的因素及宏观经济的衡量指标

(1) 内部市场的力量。
内部市场的力量,包括人口增长、支出行为、发明创新和其他类似的因素等。
(2) 外部环境的冲击。
外部环境的冲击,包括战争、天气、自然灾害和贸易纠纷等。
(3) 政策杠杆。
政策杠杆,包括税收政策、政府开支、货币控制和管制等。
宏观经济受上述因素相互作用的影响。当然,即使没有外部环境的冲击和政策杠杆,一个经济体也能运转。在这种情况下,宏观经济的结果就仅仅取决于内部市场的力量。宏观经济学关注的核心是:单靠市场的内部力量能否产生令人满意的经济结果?是什么引起了经济周期?总产出的决定因素是什么?政府是否应该干预以及政府应该如何干预?

12.1 凯恩斯革命

20世纪20年代，在美国历史上称为"昌盛的20年代"，这是一段乐观和繁荣的时光。当时，美国的制造业飞速发展，各个公司不断开设新的工厂。"炫耀性消费"成为时代潮流，当时人们追求的消费主要包括收音机、电影、新型电器（吸尘器、冰箱和洗衣机等）、汽车等。1920—1929年，美国实际GDP增长了42%，股票价格持续上涨，道琼斯指数从1921年的75点一路走高直到1929年顶峰时的363点，平均年增长率高达33%。那时的经济学家认为永远不会出现大萧条，他们确信经济具有内在稳定性。这些对宏观经济乐观的预期在理论界体现在法国经济学家萨伊于1803年出版的《政治经济学概论》中。被后人称为"萨伊定律"的著名论断是：供给会创造自己的需求。这一命题系统地论证了市场机制的自发调节功能，成为经济自由主义思潮的一面旗帜。"萨伊定律"的一个重要政策推论是：在货币出现后，尽管会出现商品生产与商品消费在结构上的不一致，部分商品的过剩和部分商品的生产不足会同时存在，但所有商品同时出现生产过剩的危机是不可能发生的。

然而，大萧条对古典经济学的致命一击使得古典理论信誉扫地。从1929年10月19日那个"黑色星期四"开始，美国的经济运行开始进入低迷状态。美国纽约市场上开始出现抛售股票浪潮，股价大跌。这带来一系列的连锁反应：疯狂挤兑、银行倒闭，工厂关门、工人失业。大萧条时期，美国有多达1300万人失业，失业率高达25%；实际国民产出急剧下降，从1929年第四季度到1933年第一季度，累计增长为-68.56%，美国经济至少倒退了十多年。美国经济出现了近代历史上最严重的经济衰退。

20世纪30年代的美国经济大萧条引发了经济学思维方式的革命。在大萧条之前，经济学家认为市场机制是一只"看不见的手"，在短时间内价格机制会自动地使经济恢复到充分就业的状况，政府无须干预经济，只需扮演好经济"守夜人"的角色。但是，经济的持续萧条为英国经济学家凯恩斯的新经济思想提供了历史舞台。1936年，凯恩斯出版了《就业、利息和货币通论》，其价值在于诊断经济危机和失业的根源并提出相应的经济政策。如何克服由有效需求不足引发的经济萧条呢？在凯恩斯看来，市场内在的不稳定性要求政府进行干预。凯恩斯认为，应引入影响需求的外生变量，即增加政府支出和扩大出口。具体的宏观经济政策有财政政策、货币政策和以汇率调节为中心的对外经济政策等。当经济萧条时，应采取增加政府支出、减少政府收入（如减税）、增加货币供应（以降低利率刺激投资）、用货币贬值来刺激出口等措施，以弥补有效需求的不足；当通货膨胀时，应采取减少政府支出、增加政府收入（如增税）、减少货币供应（以提高利率）、抑制投资、用货币升值来增加进口等措施，以抑制总需求的过度膨胀，最终使总供求相一致，进而使国民经济恢复均衡状态。因此，人们又把**凯恩斯主义政策**称为**需求管理政策**——通过调节总需求来使之与总供给相适应。

20世纪40年代后，凯恩斯的理论得到了广泛的拓展，并被不断完善和系统化，从而构成了凯恩斯宏观经济学的完整体系。这一理论体系也被称为新古典综合派（The Neoclassical Synthesis），在第二次世界大战后相当长的时期内成为经济学的主流。

12.2 总需求模型：宏观经济学的凯恩斯主义基础

现代宏观经济学是由凯恩斯创建的，凯恩斯主义宏观经济学分析的重点是短期内的宏观经济。短期分析好比医生处理患者的"眼前之疾"，既重要，又迫切。凯恩斯认为，短期内决定宏观经济状况的关键是总需求，总需求分析是凯恩斯主义宏观经济学的中心。

12.2.1 消费、储蓄与投资：模型的微观基础

开放经济中，一国的总支出由消费、投资、政府购买和净出口四部分构成，消费、投资和净出口被称为拉动经济增长的"三驾马车"。为了使分析简化，我们研究在一个封闭经济中的消费和投资。消费和投资历来是国家宏观经济调控的核心变量，而对我国这样一个发展中大国而言，消费（内需）和投资对经济增长的拉动作用尤为重要。

消费构成 GDP 的很大部分。美国一直是全球第一消费大国，早在 20 世纪中叶，美国的居民消费占 GDP 比重就超过了 60%，此后更是长期居高不下，2017 年这一比重达到 68%。近几年来，消费在中国经济中的重要程度也在不断提升，2018 年我国最终消费支出对 GDP 增长贡献率为 76.2%，消费已经成为支撑我国经济的重要力量。与此同时，中国 2015 年的国民总储蓄率为 48%，美国仅为 19%。以上数据资料的对比引发了我们的思考：消费和储蓄之间存在怎样的关系？哪些因素决定了家庭在衣、食、住、行、教育及服务上的消费支出呢？又是哪些因素决定了家庭储蓄的高低呢？

1. 消费和储蓄

消费函数是指消费与收入之间的依存关系。凯恩斯认为，现期可支配收入是现期消费的最主要决定因素。当人们的现期可支配收入增加时，消费也会增加，但消费的增加要少于收入的增加。具体地说，人们的全部消费可以分为两部分：一部分是不取决于可支配收入的自发性消费，另一部分则是随可支配收入变动而变动的引致性消费。**自发性消费**是维持人们生存的衣、食、住、行等必需品的消费，同时也是一个社会所需要的基本消费，换句话说，哪怕当月没有收入，居民也要开支的家庭费用。**引致性消费**是指可支配收入变动所引起的消费，其大小取决于可支配收入与边际消费倾向，由于历史传统、文化习惯等因素的影响，不同国家不同人群中的边际消费倾向是不一样的。如果我们以 a 代表自发性消费，b 代表边际消费倾向，bY 为引致性消费（Y 为现期可支配收入），则消费函数可写为

$$C = a + bY \quad (a \text{ 为常数}, 0 < b < 1)。$$

在横轴为现期可支配收入 Y、纵轴为消费 C 的坐标中，消费函数 $C = a + bY$ 的图形

如图 12-2 所示。

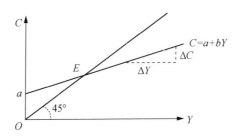

图 12-2　消费函数图形

概括起来，凯恩斯的消费函数理论包括以下两点。

第一，消费支出是现期可支配收入的函数。

第二，边际消费倾向是指消费增量与收入增量的比率，即随着国民收入的增长，每增加的 1 元钱收入中有多大一部分用于消费。边际消费倾向是一个大于 0 小于 1 的数。随着收入的增加，边际消费倾向是下降的。这就是说，随着人们收入的增加，人们的消费随之增长，但是消费支出在收入中所占的比重是不断减少的，这就是**边际消费倾向递减规律**。

除了现期可支配收入外，预期、财富和利率也是决定消费（边际消费倾向）的因素。

（1）预期。

预期包括对未来通货膨胀、失业、收入提高甚至是战争的预期。如果家庭预期明年大多数商品的价格会大幅上涨，那么他们将提前购买所需商品，从而增加当前的支出；如果家庭预期经济会衰退，那么他们将削减当前的支出，这意味着自发性消费降低。

（2）财富。

财富既包括实物资产，如房屋、汽车等，也包括金融资产，如现金、银行存款、股票、债券、保险单等。在其他条件不变的情况下，某家庭拥有的财富越多，他们在现有收入水平下的消费支出也就越多，从而使得其消费曲线向上移动；反之，则其消费曲线向下移动。

（3）利率。

较低的利率和更为便利的信贷将促使消费者借更多的钱用于消费，较高的利率则会使消费者不再借钱用于消费。如果利率提高，家庭将减少贷款消费。

凯恩斯的消费函数理论主要强调了当期可支配收入对当期消费的影响。但在实际生活中，家庭的消费不仅受现在收入的影响，还会受自己过去的、未来的甚至是身边人收入的影响，特别是还受同群人的消费习惯影响。此外，该消费函数也没有考虑家庭财富对当前消费的影响。在凯恩斯首创消费函数理论以后，消费函数就成为经济学家关注和研究的一个专门领域。一些杰出的经济学家对凯恩斯的消费函数理论进行了补充，其中最有影响的有美国经济学家杜森贝里的相对收入假说、美国经济学家弗里德曼的持久收入假说、意大利籍美国人莫迪里安尼的储蓄的生命周期学说等。这些消费理论都证明了消费函数的稳定性。

相对收入假说认为，消费者的消费支出会受到自己过去的消费习惯和消费水平的影响。其理论核心是消费者易于随着收入的提高而增加消费，而不易随着收入的减少而降低消费，这种短期消费行为和长期消费行为的结合，就产生了"棘轮效应"。另外，消费者的消费要受周围人群消费水准的影响。一个家庭在决定其消费时，常常会参照相近收入家庭的消费。这种模仿和攀比别人的消费行为，就是"示范效应"。

持久收入假说将人的收入分成持久性收入（Permanent Income）和暂时性收入（Transitory Income）两个部分，认为人们的消费行为主要取决于持久性收入，即剔除临时变化影响后家庭的收入水平，而非暂时性收入。例如，小李买体育彩票中了 100 万，其边际消费倾向为 0.8，按照凯恩斯的消费函数理论，小李将花掉 80 万。而按照持久收入假说，小李将会把这笔额外的收入用到以后年份的消费中去。美国对若干中彩票者的跟踪访问也确实证实了这一点：中头彩者并未出现短期内突击非理性消费的现象。持久收入假说的意义在于它能较好地解释经验事实，美国 1970—1992 年经历了三次较大的周期波动，每一次波动都带来实际 GDP 的较大下降，但与此相反，居民实际消费变动却相当平滑，不像实际 GDP 变动那样剧烈。

储蓄的生命周期学说则认为，人一生的收入决定他的消费，长期中，收入和消费的比例是稳定的。青少年时期消费大于收入，出现负储蓄；中年时期收入大于消费，出现正储蓄；老年时期消费大于收入，又出现负储蓄。所以一生中可动用的总资源要在各个时期进行大体上均匀的支出。在人们一生中的许多时期，会由于多种原因发生收入水平的变化，如从读书到参加工作，从有职业到失业，从一个工作（或职位）到另一个工作（或职位），以及从工作到退休等，常常都伴随着收入水平的变化，有些情况导致收入上升，而有些情况则导致收入下降。这样，个人可支配收入和财富的边际消费倾向就取决于该消费者的年龄。该学说强调了为退休后的生活而储蓄的重要性。

上述几种消费理论都说明了长期中消费函数的稳定性，确定消费函数的稳定性对宏观经济的理论分析和政策建议非常有意义，消费函数的稳定性保证了宏观经济的稳定性。从消费函数的稳定性还可以得出一个结论：刺激消费的政策作用十分有限。增加消费的关键在于增加收入，增加收入的关键在于经济的增长，以经济增长为目的的总需求政策不应以刺激消费为中心，而应以刺激投资为中心，因为引起经济波动的主要因素是投资。

案例讨论

中国居民不同时期的消费和储蓄

中国改革开放前，城镇居民的收入水平非常低，年均工资在 500 元至 600 元之间小幅波动，即便退休后收入也与工作期间相差无几。收入分配制度的平均化，企业负担养老、医疗和意外事故等方面的费用，比较稳定的经济环境，都使城镇居民面临的风险很小，因而预防性储蓄动机也很弱。因此，可以用凯恩斯的消费函数理论来解释这一时期的中国城镇居民消费储蓄问题。

随着改革开放的不断深入，1978—1990年中国城镇居民的消费行为发生了变化。到1993年，城镇居民的人均年收入比1978年提高了155.1%，消费水平提高了172.1%，食品消费支出占消费总支出的比重也从60%左右下降到50.13%，洗衣机、彩电、冰箱等耐用消费品的百户拥有量则从几乎为0分别上升到1993年的86.36%、79.46%、56.68%，城镇居民人均储蓄余额也由1978年年底的89.82元增加到1993年年底的3486.34元。这一时期收入的快速增长，使职工将自己增加的收入的一部分储蓄起来，以避免退休后由于收入的下降而造成消费的大幅下降，从而均衡各期的消费；而同时，城镇居民间的收入差距不断拉大，使其消费行为表现出一种较明显的"攀比性"。根据世界银行《1992年世界发展报告》的统计，1990年我国与埃及同属于低收入国家，人均GNP分别为370美元和610美元，我国人均每日摄取的蛋白质只有65克，低于埃及的84.6克，而我国耐用消费品的普及率却是相当高的，每千人拥有的电视机是267台，远高于埃及的101台。由此可见，这一时期城镇居民的消费行为比较符合相对收入假说、储蓄的生命周期学说和持久收入假说关于消费者行为的假定，因此，可以比较好地用这些理论来解释这一时期城镇居民表现出的高消费增长和高储蓄增长现象。

20世纪90年代，中国城镇居民的消费行为又出现了新的情况。这一时期城镇居民收入水平增长放慢，消费水平增长缓慢，而居民储蓄存款余额却以每年20%左右的速度高速增长，截至1997年年底，城镇居民人均储蓄余额已经达到了37 147.6亿元。其原因有两个方面：一是较强的流动性约束。流动性约束理论认为，由于现实中流动性约束的存在，人们并不是在任何时候都可以借到钱，他只能消费当前的财富，因此，为了保证收入下降时消费不会大幅下降，消费者就会被迫降低当前的消费，增加储蓄，以此来作为对收入下降效应的一种保险。中国城镇居民面临着消费结构的进一步升级，从万元以内的消费过渡到上万元的消费，这使其只能依靠自身的储蓄以便在未来获得想要的消费。此外，随着教育体制的改革，子女教育费用在快速上涨，它在居民支出中占的比重越来越高，这就导致城镇居民预期未来子女教育费用会迅速上升。在贷学金制度尚未建立的情况下，父母必然会选择增加储蓄，以备子女教育之需。二是居民未来收入不确定性的增加。比如职工面临着工资减少、下岗和失业的风险，医疗保健制度改革和劳动保障制度改革等改革措施的不断出台，使城镇居民对未来收入的预期减少，而对未来支出的预期增加，从而更看中未来消费。这一时期城镇居民表现出的低消费和高储蓄现象可以用流动性约束理论和预防性储蓄理论进行较好的解释。预防性储蓄理论认为，由于未来不确定性的增加，就会刺激消费者采取比确定性更为谨慎的行为，增加储蓄，减少消费，把更多的财富转移到未来进行消费，以防范未来不确定的劳动收入所带来的冲击。

2018年，我国居民人均可支配收入为28 228元，比2017年名义增长8.7%，扣除价格因素，实际增长6.5%。其中，城镇居民人均可支配收入为39 251元，比2017年名义增长7.8%，扣除价格因素，实际增长5.6%；农村居民人均可支配收入为14 617元，比2017年名义增长8.8%，扣除价格因素，实际增长6.6%。

讨论： 居民食品消费支出占比高低与居民生活水平高低有何关联？

2. 投资函数理论

在总需求中，消费支出和投资支出是两个非常重要的部分。从上文的分析可知，消费支出占总需求的比重较大，但相对稳定，这种情况的可能性解释是人们很少愿意改变自己的消费习惯。投资支出占总需求的比重虽然小，但投资的波动性较大。

（1）投资的组成。

在分析总支出（或总需求）时，我们所讨论的投资支出包括以下三大类。

① 企业的固定投资，即企业用于厂房、机器和设备等的支出。

② 企业的存货投资，即企业用于购买原材料、半成品的支出或用在未销售出去的制成品上的支出。

③ 居民住房投资，即居民用于购买新住房的支出。

这里主要探讨企业的固定投资和存货投资。

（2）固定投资及投资函数。

企业用于厂房、机器和设备等的固定投资是由什么因素决定的呢？我们可以用一个微观的例子来解释投资决策过程，例如，某会计师事务所计划花10 000元购买一个新的财务软件，一年后这个软件将被废弃不用，该会计师事务所希望新财务软件可以为自己创造11 000元的收入。假定没有税收和其他支出存在，预期回报率或利润率为10%，并且假设该会计师事务所的资金是通过银行贷款获取的。如果贷款利率低于10%，事务所投资该项目将会盈利，那么该事务所将决定购买软件进行投资；反之，如果贷款利率高于10%，事务所投资该项目将会亏损，那么该事务所将不会购买软件进行投资。

由此可见，对企业投资来说，虽然影响投资的因素很多（如借贷资金是否便利、投资品的价格、投资者个人的资金状况、投资者对投资回报的预期等），但其中最重要的无疑是实际利率水平。为了决定是否投资，企业要比较预期利润率和实际利率。宏观经济学假定投资及其规模与一定时期的利率水平存在着稳定的函数关系，即**投资函数**。如果我们用 I 代表投资，用 r 代表利率，并且将该函数视为一个简单的线性函数，则投资函数的表达式为

$$I = \alpha - \beta r。$$

式中，α 为一个常数，称为自发性投资；βr 为引致性投资。其中 β 作为该函数的斜率，在宏观经济学中被称为投资系数，其数值的大小反映了利率水平的变化对投资影响的程度。在横轴为投资 I、纵轴为利率 r 的坐标中，投资函数 $I = \alpha - \beta r$ 的图形如图12-3所示。

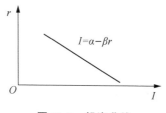

图12-3　投资曲线

利率水平的变化将使投资量沿着同一条投资曲线移动：利率上升，投资减少；利率下降，投资增加。

如果利率水平不变，由其他因素引起的投资量变动，在坐标系中则表现为投资曲线的平行移动（如图12-4所示）。其原因主要有以下几方面。

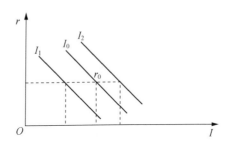

图 12-4 投资曲线的平行移动

① 厂商预期。厂商预期既包括他们对经济走势的预期，也包括他们对政府的支出和税收政策、人口增长及股市状况等不确定因素的预测。当对未来预期悲观时，厂商将降低他们在特定利率水平下的预期利润率，这种悲观情绪也会传染给其他厂商，使得投资曲线向左下方平移。

② 技术变革。技术进步包括新产品的发明及新技术的应用。个人电脑、传真机、手机、互联网、机器人及一些类似的新发明为厂商提供了更为经济的生产产品的途径。另外，新技术的创造会鼓励厂商购买最新的技术来提高他们的生产能力，这将使得投资曲线向右上方平移。

③ 政府政策。如果政府采取减税政策，则会增加预期利润，厂商投资将会增加，投资曲线将向右上方平移；反之，若政府采取减税政策，则会减少预期利润，厂商投资将会减少，投资曲线将向左下方平移。

（3）存货投资和投资的波动性。

存货投资的变动也是投资变动的一个重要内容。存货投资的变动又与投资和经济发展状况关系密切。

存货投资规模取决于企业对存货投资的收益与存货投资的成本之间的比较，如果收益大于成本，企业就会扩大其存货投资规模；反之，企业就会减小其存货投资规模。存货投资的规模还很大程度上取决于人们的心理预期。一般说来，经济繁荣时期，人们对未来充满乐观的预期，这会高估未来的投资收益，形成投资过度；在经济衰退时期，人们对未来充满悲观的预期，这会低估未来投资收益，形成投资不足。心理预期形成了投资的波动性和不确定性，并反过来加剧了经济的周期性波动。

12.2.2　总需求决定原理：NI-AE 模型

荷兰有个叫曼德维尔的医生，写过一个故事《蜜蜂的寓言》，描述了一个蜂群的兴衰史。最初，这群蜜蜂追求豪华的生活，大肆挥霍浪费，结果这个蜂群兴旺发达。后来它们改变了习惯，放弃了奢华的生活，崇尚节俭，结果整个蜂群萧条凋敝，最后被敌手打败而逃散。凯恩斯受这个故事的启迪，提出了在短期内国民收入（NI）是由总需求决定的原理。

总支出（Aggregate Expenditure，AE）也被称为总需求，包括消费、投资、政府购买和净出口。在短期中，国民收入水平主要是由总需求决定的，这就是总需求决定理论（NI-AE模型）。总需求分析是凯恩斯主义宏观经济学的中心。

1. 总支出与实际国内生产总值的决定

国内生产总值（GDP）可以从总支出、总产出和总收入三个不同的角度进行度量，总支出表示总需求方面的情况，而总产出和总收入描述生产方面（即总供给）的情况，从数量上说，用这三种方法度量出来的GDP数值应该是一致的，即

$$Y = GDP = 总产出 = 总支出 = 总收入。$$

我们不妨举个简单的例子加深对该公式的理解。在《鲁宾逊漂流记》中，主人公居住的孤岛可以定义为一个完整的"国民经济"。在这个经济体里边，假如鲁宾逊一年生产了10斗玉米，那么这10斗玉米既是该经济体的总产出，又是其总收入。如果有人问：为什么鲁宾逊用其有限的资源（劳动力、土地等）生产玉米，而不是其他工艺品呢？回答很简单，因为鲁宾逊需要玉米来维持生存（消费）并留作下一年的种子（投资）。因而，这10斗玉米又是该经济体的总需求。

在任何一种价格水平上的总支出正是在该价格水平时所需要的消费、投资、政府购买和净出口。我们也可以将这种需求作为经济中支出的四个部分，即居民用于消费品的支出、企业用于投资品的支出、政府用于公共物品和劳务的支出及外国人用于净出口的支出。总支出曲线表示在某一固定的价格水平时总支出和国民收入之间的关系，如图12-5所示。

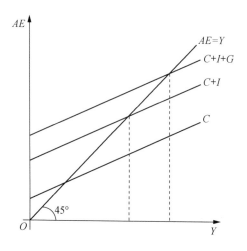

图12-5 总支出曲线

在图 12-5 中，横轴 Y 表示国民收入，也表示总产出，纵轴 AE 表示总支出。总支出曲线是向右上方倾斜的，这说明总支出随着国民收入的增加而增加。而且，总支出曲线比从原点出发的 45°线平坦，这说明总支出的增加幅度小于国民收入的增加幅度。另外，即使国民收入为零，总支出也为正，我们将国民收入为零时的总支出称为**自发性支出**。

从图 12-5 可以看出，在两部门经济当中，总支出由居民的消费支出和企业的投资支出组成（$C+I$）；在三部门经济中，总支出由居民的消费支出、企业的投资支出和政府购买支出组成（$C+I+G$），政府购买支出取决于政府政策。

均衡的国内生产总值是由总支出决定的，因此总支出的变动必然引起均衡的国内生产总值的变动。总支出水平的高低决定了均衡的国内生产总值的大小，而且两者是同方向的变动的，即总支出增加，均衡的国内生产总值也增加，总支出减少，均衡的国内生产总值也减少。

根据消费与均衡国民收入的关系，我们还可以研究储蓄与均衡国民收入之间的关系。在既定的收入中，消费与储蓄反向变动，消费增加时储蓄减少，消费减少时储蓄增加。消费是总支出的一个部分，储蓄增加，意味着消费减少，总需求减少，从而均衡国民收入减少；储蓄减少，意味着消费增加，总需求增加，从而均衡国民收入增加。因此，储蓄与均衡国民收入呈反向变动关系。

根据消费和储蓄对均衡国民收入的不同影响，凯恩斯提出了一个与古典经济学相矛盾的推论。按照传统的观念，勤俭持家、增加储蓄是一种美德；而奢侈浪费、减少储蓄是一种罪恶。但按照储蓄变动引起均衡国民收入反向变动的理论，增加储蓄会减少均衡国民收入，使经济衰退；而减少储蓄，会增加均衡国民收入，使经济繁荣。这种矛盾被称为"节俭的悖论"。

案例讨论

中国人应该花钱还是存钱

在中国人的传统观念中，有所谓勤俭持家的说法。有人说："大富靠天，小富靠俭。"这种勤俭就是美德的说法在中华儿女的心目中是根深蒂固的。事实上，对于每一个家庭而言，存在许多方面的不确定因素。储蓄是为了"积谷防荒"，为了家人有一个安稳的日子，节俭作为美德是有其道理的。但是如果每一个家庭都勤俭，这对于整个经济体来说并非好事。少数家庭减少消费对经济影响比较小，但是如果大家都减少消费，经济体的总需求减少，厂商产品无法销售出去，经济体系就会受到很大影响。

那么，中国人应该多花钱还是多存钱？从凯恩斯主义的观点来看，回答是"要看什么情形"。在高失业率和生产能力过剩时期，即总供给远远大于总需求的情况下，刺激总需求、鼓励人们消费的做法是正确的。但是当经济已经处于充分就业时期，即总供给等于甚至是小于总需求时，一味地增加总需求将导致需求拉动型通货膨胀。另外，在长期中，经济的增长必须依靠资本的积累，而资本的积累来自储蓄，所以在这种情况下，勤俭节约对经济是有利的。

讨论：在物质生活日益丰富的今天，我们还有"勤俭持家"的必要吗？

※※

2. 乘数

为什么投资增加会引起收入的成倍增加？为什么战时大量军事开支会导致 GDP 的快速增长？为什么 20 世纪 60 年代和 80 年代美国的减税引发了一场时间较长的经济扩张？这些问题可以通过乘数理论找到最简单的解释。

乘数是指自发总需求的变动所引起的均衡国民收入变动的倍数，或自发总支出的增加所引起的国内生产总值增加的倍数。原理建立在这样一个观点上：一个人的支出将成为另外一个人的收入。我们可以用一个简单的例子来说明其中的道理，假设一个小孩子打破了一家百货商店的一块大门玻璃后逃跑了，百货商店店主只好花 1000 元买一块新玻璃换上，并且假设边际消费倾向都为 0.8。玻璃店老板得到这 1000 元收入，他支出其中的 80%（即 800 元）用于购买衣服，服装店老板得到 800 元收入，并将这笔收入的 80%（即 640 元）用于购买食物，食品店老板得到 640 元收入，他又把这 640 元中的 80%（即 512 元）用于其他消费……一直循环下去，最初是百货商店老板支出 1000 元，但经过不同行业老板的收入与支出行为之后，……最后各部门收入增加之和为 5000 元。我们可以用表 12-1 来说明其过程。

表 12-1 投资和消费支出的乘数效应举例

企业名称	增加的国民收入(元)	增加的投资和消费支出(元)	边际消费倾向
百货商店	—	1000	0.8
玻璃店	1000	800	0.8
服装店	800	640	0.8
食品店	640	512	0.8
…	…	…	0.8
总计	5000	5000	0.8

从表 12-1 可以看出，最初的一笔 1000 元的投资支出经过几次周转后，最后使国民收入增加了 5000 元，即投资支出的增加引起国民收入的成倍增加，这就是**乘数效应**。乘数效应是凯恩斯理论中一个重要的内容，它为国家进行宏观调控提供了一个重要的理论依据。有了乘数效应，政府购买的一元钱可以引起总需求大于一元钱。当然，乘数效应不仅仅限于政府购买，GDP 组成部分的消费、投资和净出口都具有乘数效应。这样，国家可以根据经济形势，利用乘数效应的积极作用，对宏观经济进行适当的干预。例如，当某种因素（如国外居民收入增加、消费者对未来的收入增加持有乐观的预期或新的生产技术使企业更为乐观）使得经济的自发性支出增加时，增加的自发性支出经过乘数效应的放大以后，将引起就业的扩大和收入的快速增长。相应地，收入提高将带来额

外消费以及企业产品销售的大幅增加，企业的存货降低，并且对未来预期乐观，从而扩大产量并推进投资项目，使经济走向繁荣，失业将降到低水平。但是经济的快速增长不会无限期地持续下去，由于受到充分就业能力的限制，经济增长率将逐渐放慢，而放慢的经济增长率将减弱企业决策者的乐观情绪，企业存货增加，投资减少，工人被解雇，通过乘数效应引起产量锐减，经济走向衰退。乘数效应既有正面作用，也有负面作用。所以，经济学家形象地把乘数效应称为一把"双刃剑"。

3. 总需求分析的适用性和局限性

首先，凯恩斯主义经济学产生于经济的大萧条时期，其总需求决定原理只有在总供给大于总需求，即存在过剩生产能力的情况下才发生作用。也就是说，当经济中存在闲置的机器和工人时，一旦有对他们所生产的产品的需求，这些机器和工人就可以马上投入生产，因此，产量对总需求的变动是极为敏感的。在此前提下，总需求（总支出）的变动才可以单独地决定国民产出。相反，当经济在它的能力水平或接近该水平的情形下运行时，产量对于需求的变动并不敏感，需求的增加只会导致物价水平的上涨。所以，总需求分析只适用于短期的经济萧条时期。

其次，总需求分析不能解释通货膨胀和高失业率的同时出现，因为根据凯恩斯的分析，不是总支出太低带来经济的衰退，就是太高带来经济的通货膨胀，所以它不能解释美国20世纪70年代出现的高失业率和通货膨胀并存（滞胀）的情况。

最后，在凯恩斯的总需求模型中，没有考虑利率对投资的影响进而对总需求的影响，但在现实经济中，货币及利率对投资的影响也是非常重大的。所以，这一模型要扩展为IS-LM模型（将在本书第13章详细介绍）才是完整的总需求分析。

此外，在短期中，总供给也会变动，因此，总需求分析还应发展为包括总需求分析和总供给分析的AD-AS模型（将在本章后面介绍）。

案例讨论

日本增长"奇迹"结束的原因

20世纪80年代，日本开始出现替代美国成为世界经济领头羊的迹象，其汽车、电视机、摩托车、电子设备的产量已经超过美国。与美国4%的储蓄率相比，日本的储蓄率高达15%，这使得大量资源从消费转向投资。日本经济快速增长的同时，失业率非常低，这简直就是一个奇迹。但是，20世纪90年代，日本快速增长的步伐开始放慢直至停滞不前，并且陷入第二次世界大战后最严重的衰退时期。

这是为什么呢？虽然原因是多方面的，但主要原因仍然在于其高储蓄率。虽然日本战后的高储蓄率促进了长期的经济增长，但也带来了短期问题。由于房地产价格暴跌、金融体制的失灵和欧美投资机会的大量涌现，日本无法继续保持其吸收大量储蓄所需的高水平国内投资。由于总支出不足，因此，日本经济出现了衰退。

讨论：该案例对我国经济发展有何启示？

12.3 总供给模型：经济波动的基本模型

下面我们用熟悉的供求模型——经济学家工具箱里最常用的工具，来分析宏观经济。

12.3.1 总需求

经济学家用"总需求"来表示市场上所有买者的集体行为。**总需求**（AD）表示某一给定时期，在各种可能的价格下，所有的市场参与者愿意并且能够购买到的各种产出的数量之和。

总需求包括消费需求（C）、投资需求（I）、政府购买需求（G）和国外需求（NX）。总需求曲线反映的是在产品和资产市场同时处于均衡时价格水平和产量水平的组合。总需求函数是产量（收入）和价格水平（物价）之间的关系。

1. 总需求曲线的图像和经济含义

图 12-6 为总需求曲线，横轴（Y）代表的是实际产出（实际 GDP），即通过通货膨胀调整后的实际产出水平；纵轴（P）代表的是平均价格水平。

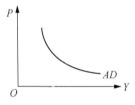

图 12-6　总需求曲线

总需求变动受多种因素影响，在此我们先研究总需求与物价水平之间的关系。总需求曲线是一条描述一个经济体总产出水平与价格水平之间关系的曲线。

总需求曲线表明实际产出 Y 与平均价格水平 P 之间存在着反方向变化的关系：价格上涨，总需求下降；价格下降，总需求上涨。

2. 为什么总需求曲线向右下方倾斜

为什么物价水平下降增加了物品和劳务的需求量？这可从 $Y = C + I + G + NX$ 这一公式来考察。

（1）物价水平与消费——财富效应。

人们的消费需求取决于收入和财产，收入或财产增加，消费也增加。人们的消费不是取决于名义财产,而是取决于实际财产。假设你在银行户头里所持有的货币,你的名义价值不变(金额不变),但是实际价值随着物价下降而增值。物价下降,消费者感觉更富裕,这会鼓励消费者增加消费支出,这就刺激了消费品的需求。因此,物价水平下降,意味着物品和劳务的需求量将更大。

(2) 物价水平与投资——利率效应。

影响投资的重要因素是利率,因为利率决定了投资的成本。根据凯恩斯的理论:物价下跌,而名义货币供给量不变,则实际货币供给量增加。公众有了多余的由投机动机引起的货币需求。他们用多余货币购买国债,国债价格上升,利率下跌,进而导致投资增加,刺激了国民收入提高。同时,利率变化也引起信贷消费的变化。

(3) 物价水平与净出口——开放替代效应。

本国物价下跌,国内商品的价格相对于国外商品更为低廉,外国对本国商品的需求增加,从而本国出口增加。同时,由于外国商品更加昂贵,本国的进口则会减少。一方面出口增加,另一方面进口减少,在两方面的作用下本国的国民收入将增加。

3. 为什么总需求曲线会平移

如果价格水平不变,自发总需求增减导致的总产出水平的变化可看作总需求曲线在坐标系内的水平移动(如图 12-7 所示)。总需求曲线水平移动的原因可能是消费、投资、政府购买、净出口等因素,也可能是政府的财政政策和货币政策。

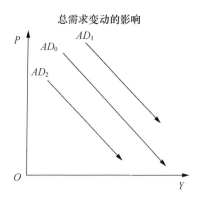

图 12-7 总需求曲线的水平移动

(1) 消费引起的总需求曲线的水平移动。

假设公民因更加关心退休后或失业后的生活而增加储蓄、减少即期消费,总需求曲线将左移;相反,假设股市高涨,人们感觉更富有,增加即期消费,总需求曲线将右移。

(2) 投资引起的总需求曲线的水平移动。

政府投资税收优惠政策和货币供给增加将引起投资增加,总需求曲线将右移;反之,则总需求曲线将左移。

(3) 政府购买引起总需求曲线的水平移动。

政府增加购买武器或建设更多的高速公路,总需求曲线将右移;反之,总需求曲线将左移。

(4) 净出口引起的总需求曲线的水平移动。

汇率或外贸伙伴购买力的变化都会使净出口发生变动,进而会使总需求曲线发生平移。

(5) 财政政策因素引起的总需求曲线的水平移动。

政府财政政策的变化也会引起总需求曲线的水平移动,如政府决定通过借债方式增加支出或者实行扩张性财政政策,将导致总需求曲线右移;政府减税,总需求曲线将右移;政府增税,总需求曲线将左移。

(6) 货币政策因素引起的总需求曲线的水平移动。

货币政策也是引起总需求曲线平移的一个因素,如政府增加货币供给量,会引起利率下降和投资需求上升,进而导致总需求曲线右移。

上述六点中,最后两点是由管理当局所掌握的因素,实际上是通过财政政策与货币政策调节总需求,这符合凯恩斯在《就业、利息和货币通论》中所讲的理论。

12.3.2 总供给

总供给(AS)是指经济社会在每一个价格水平上所愿意并且能够提供的商品和劳务的数量。总供给是经济社会的总产量,它取决于资源的利用情况。实际 GDP 的供给量取决于劳动量(L)、资本量(K)和技术状态(T)。

1. 总供给曲线的一般形状和经济含义

总供给曲线是一条描述总供给达到宏观均衡时,一个国家总供给(总产出)水平与价格水平之间关系的曲线。其一般形状如图 12-8 所示。

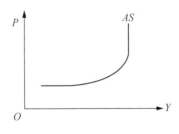

图 12-8 总供给曲线

在图 12-8 中,横轴(Y)表示总供给(总产出),纵轴(P)表示价格。总供给曲线反映总供给(总产出)Y 与价格 P 之间的关系,即实际工资供给影响就业水平,就业水平影响投资水平,投资水平影响产出水平或收入水平这样一个复杂而迂回的传导机制。

2. 不同性质的总供给曲线

经济学中把凯恩斯与古典经济学家的分歧视为短期与长期之分，如图12-9所示。

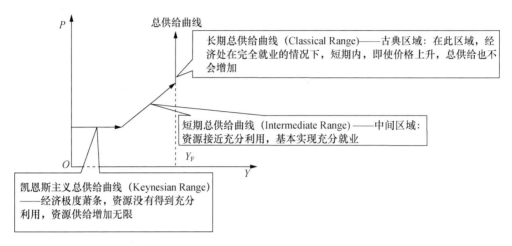

图12-9 凯恩斯与古典经济学家的分歧

（1）短期总供给曲线（SRAS）。

短期总供给曲线具有正斜率，即它是一条向右上方倾斜的曲线。它反映的是在短期中，当名义工资率、其他资源价格和潜在GDP保持不变的情况下，实际GDP供给量和物价水平之间同方向变动的关系。

（2）长期总供给曲线（LRAS）。

长期总供给曲线的斜率无穷大，即它是一条与纵轴平行的垂线。长期总供给曲线表示长期中，实际GDP等于潜在GDP时，实际GDP供给量和物价水平之间的关系。

向上倾斜的总供给曲线可以用上升的成本来解释。为了增加产出率，生产者必须获得更多的资源（如劳动力），并且要更充分地利用现有厂房和设备。生产能力的不断吃紧倾向于提高生产成本，因此，生产者必须通过制定较高的价格来弥补不断上升的成本。

3. 促使总供给曲线向右移动的因素

促使总供给曲线向右移动的因素包括进口原料资源降价、科学技术进步、工资降低、利率降低、更多的资本和适龄劳动力增加等。

12.3.3 总需求与总供给的均衡：AD-AS模型

1. 宏观均衡的决定

把总需求曲线与总供给曲线结合在一起就可以得出AD-AS模型，如图12-10所示。在图12-10中，E_0点表示一个经济社会既处于长期均衡又处于短期均衡的状态，它处于 LRAS、SRAS 及总需求曲线（AD）的交点处，E_0 对应的物价是 P_0，产出是充分就业产出 Y_F。一个经济社会无论最初是什么状态，长期内最终都会趋向于 E_0 点。对此经济学家并无太多的异议，问题在于在短期内的政策分歧。

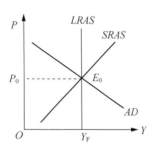

图 12-10　AD-AS 模型

2. 宏观均衡的变动：经济波动的原因

一个时期由于种种原因，总需求曲线和总供给曲线会向不同方向移动。这种移动会造成实际 GDP 的增减——商业循环或经济周期。总供给曲线右移将造成经济复苏，总供给曲线左移将造成经济衰退；总需求曲线右移将造成经济高涨，总需求曲线左移将造成经济低迷。

（1）总需求曲线的右移与通货膨胀。

在经济社会中，有可能出现使总需求增加的正向冲击——由于某些原因使得总需求曲线向右移动，如图 12-11 所示，总需求曲线会从 AD_1 处移动到 AD_2 和 AD_3 处。在这一过程中物价持续上升，产生通货膨胀，同时产出持续增长。一旦通货膨胀突破工人所能承受的最大限度，工资上涨就是必然的。通货膨胀会产生一个加速过程，同时产出还将下降。如果此时政府仍不采取任何对策，那么，通货膨胀将持续上升（因为名义工资率上升之后，会进一步刺激总需求）。所以当出现通货膨胀时，政府应采取紧缩政策。

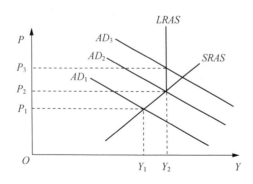

图 12-11　总需求曲线右移

例如，1965 年越南战争造成美国政府支出增加（军费开支增加），总需求曲线沿着总供给曲线向右移动（总供给不变），造成了需求拉动型的通货膨胀。

（2）总需求曲线的左移与经济衰退。

当由于一些原因经济遭受到负向冲击，使总需求减少时，总需求曲线就会左移，如图 12-12 所示，总需求曲线会从 AD_1 处移动到 AD_2 处。试想一下，如果股票市场第二天跳水，那么股民会做何反应？眼看积累的财富进一步缩水，他们可能减少消费。凯恩斯主义认为，当总需求下降时，由于在短期内名义工资存在刚性——短期内总供给曲线斜率为正，所以物价会持续下跌，产出将持续下降。凯恩斯同样也反对以任何外在力量降低名义工资，因为那样会激化社会矛盾。换句话说，不能依靠外在力量使总供给曲线向右移动，那么，唯一的选择就是刺激总需求，通过扩张性政策使总需求曲线回归，以消除失业，否则经济在短期内将处于就业不足的均衡状态。

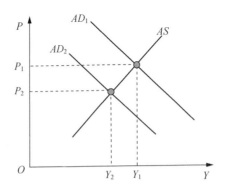

图 12-12　总需求曲线左移

（3）总供给曲线的右移与技术创新。

当因为技术进步或知识经济等因素，使总供给受到正向冲击时，总供给曲线将向右移动，如图 12-13 所示，总供给曲线会从 AS_1 处移动到 AS_2 处，表现为物价下跌、产出增加。20 世纪 90 年代是美国战后维持时间最长的经济持续增长时期，引起这种增长的根本原因就是技术进步和知识经济引起的总供给曲线的右移，即美国经济潜力的提高。这一事例告诉我们，经济潜力提高，长期总供给曲线向右移动，可以实现更高水平的充分就业均衡，而不会引起通货膨胀。从长远来看，提高经济潜力，使长期总供给曲线向右移动是至关重要的。除技术创新外，还有其他因素也会引起总供给曲线向右移动，如更为廉价的进口原料、更低的税收政策、更低的工资、更多的资本、更低的利率、劳动力人口的增多等。

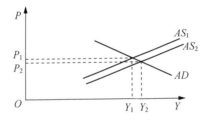

图 12-13　总供给曲线的右移

（4）总供给曲线的左移与滞胀。

1990年伊拉克入侵科威特时，石油价格飞涨，从而直接促使美国大范围的生产成本提高，此时总供给曲线左移，如图12-14所示总供给曲线将从AS_1处移动到AS_2处。在20世纪70年代末期和80年代早期，美国经济处于滞胀（高失业率、高通货膨胀率并存）状态，原因就在于OPEC大幅度提高石油价格造成了美国进口石油价格上涨，从而导致成本上升。所以成本推进的通货膨胀可以定义为：总需求曲线不变，因总供给曲线左移，使价格上涨，结果导致产出和就业下降。

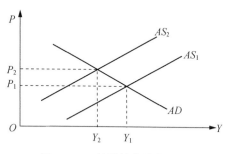

图12-14　总供给曲线的左移

复习与练习

【关键概念复习】

在B栏中寻找与A栏中术语相应的解释，并将序号填在术语前边。

A	B
消费函数	1. 是指消费增量与收入增量的比率，即随着国民收入的增长，每增加的一元钱收入中多大一部分用于消费
边际消费倾向	2. 消费与收入之间的依存关系（或函数关系）
持久性收入	3. 表示某一给定时期，在各种可能的价格下，所有的市场参与者愿意并且能够购买到的各种产出的数量之和
总支出	4. 自发总需求的变动所引起的均衡收入变动的倍数或自发总支出的增加所引起的国内生产总值增加的倍数
乘数	5. 用于消费、投资、政府购买及净出口支出的总和
总需求	6. 经济社会在每一个价格水平上所愿意并且能够提供的商品和劳务的数量，是经济社会的总产量，它取决于资源利用情况
总供给	7. 剔除临时变化影响后的家庭收入水平

【思考与练习】

（一）填空题

1. 消费函数是指消费与收入之间的依存关系。_____是指消费增量与收入增量的比率，即随着国民收入的增长，每增加的一元钱收入中有多大一部分用于消费。

2. 投资具体包括以下三大类。

（1）企业的_____投资，即企业用于厂房、机器和设备等的支出。

（2）企业的_____投资，即企业用于购买原材料、半成品的支出或用在未销售出去的制成品支出。

（3）居民_____投资。

3. _____是指用于消费、投资、政府购买以及净出口支出的总和。其曲线表示在某一固定的价格水平时总支出和国民收入之间的关系。

4. _____指自发总支出的增加所引起的国内生产总值增加的倍数。

5. _____的消费函数理论强调消费对现期可支配收入的依赖。弗里德曼的持久收入假说强调储蓄在稳定家庭高收入年份和低收入年份之间消费的作用。莫迪里安尼的储蓄的生命周期学说强调家庭为退休后的生活而储蓄的重要性。

（二）单项选择题

1. 经济学上的投资是指（   ）。
   A. 企业增加一笔存货　　　　　B. 建造一座住宅
   C. 企业购买一台计算机　　　　D. 以上都是

2. 边际消费倾向和边际储蓄倾向的关系为（   ）。
   A. 由于某些边际收入必然转化为边际消费支出，其余部分则转化为边际储蓄，因而它们之和必定等于1
   B. 由于可支配收入必定划分为收入和储蓄，因此它们之和必然表示现期收到的可支配收入的总和
   C. 它们之间的比例一定表示平均消费倾向
   D. 它们之和必定为零

3. 长期总供给曲线是（   ）的实际GDP水平。
   A. 总需求总是等于短期总供给时　　B. 实现充分就业时
   C. 高于充分就业时　　　　　　　　D. 价格一定上涨时

4. 总需求曲线表明：当物价水平下降时，（   ）。
   A. 实际GDP的需求量会增加　　　　B. 实际GDP的需求量会减少
   C. 总需求曲线会向右移动　　　　　D. 总需求曲线会向左移动

5. 下面哪种情况可以导致总需求曲线向右移动？（   ）

A. 预期的通货膨胀率上升   B. 税收增加
C. 物价水平下降   D. 物价水平上升

6. 持久性收入可以定义为（   ）。
   A. 家庭储蓄多年并且不能用于支出的钱
   B. 在缴纳全部税收之后的收入
   C. 常年的消费和储蓄之和
   D. 剔除临时变化影响后的家庭收入水平
7. 下面选项中，哪个不是总需求的组成部分？（   ）
   A. 消费支出   B. 政府支出   C. 净出口   D. 政府税收
8. 下列哪种情况可能会使总需求曲线向左移动？（   ）
   A. 政府支出增加   B. 净出口减少
   C. 劳动力减少   D. 采用改进的生产技术
9. 下列哪种情况可能会使总需求曲线向右移动？（   ）
   A. 政府支出增加   B. 净出口减少   C. 劳动力减少   D. 税收增加

（三）判断题

1. 总需求等于消费支出加投资加政府购买加出口再减去进口。（   ）
2. 如果总需求曲线和总供给曲线同时向右边移动，则实际 GDP 增加。（   ）
3. 如果总需求曲线和总供给曲线同时向右边移动，则物价水平上涨。（   ）
4. AD-AS 模型表明潜在 GDP 的增长会导致通货膨胀。（   ）
5. 购买一幢一年前建造的住房属于投资。（   ）
6. 购买一家新建公司的股票不属于投资。（   ）
7. 让一个承包商为你建造一座新住房属于投资。（   ）

（四）简答题

1. 试用总需求决定原理分析我国政府自 2015 年以来调控国内总需求的一些方法和措施，并说明其成效如何。
2. 凯恩斯的消费函数理论和弗里德曼的持久收入假说及莫迪里安尼的储蓄的生命周期学说之间存在怎样的差别？
3. 1990—1991 年，美国经济出现了衰退，当时的总统老布什宣布临时减少个人所得税，即推迟对个人所得税的缴纳时间半年。结果这种做法并没有达到刺激经济的作用。试分析其原因。
4. 投资的主要形式有哪些？投资的主要影响因素是什么？
5. 凯恩斯在《就业、利息和货币通论》中写道：当所得增加时，人们将增加其消费，但消费之增加不如其所得增加之甚。请问这如何用函数式表示？
6. 为什么古典的总供给曲线是垂直的，而凯恩斯主义的总供给曲线是向上平缓地倾斜的？请用图形配合文字具体说明。

7. 理论界有一规范性的命题为"富人的 1 元不等于穷人的 1 元",如何理解?

8. 如何理解"储蓄的生命周期学说"和"持久收入假说"?

9. 经济学家认为刺激消费的作用相当有限。从消费函数理论来看,这种观点对不对?为什么?

10. 什么因素可能导致总需求曲线右移?哪些因素可能导致总供给曲线右移?

11. 用总需求曲线和总供给曲线的互动,说明宏观经济中萧条、高涨(或过热)和滞胀的状态。

12. 试对微观经济学中的供求模型和宏观经济学中的 AD-AS 模型加以比较和分析,并说明两者的异同。

复习与练习
参考答案

第 13 章　货币与经济：IS-LM 模型

> **【导学】** 本章可能是学生感到最难的一章。前面我们讨论了商品市场的均衡条件，尽管我们使用了货币单位去度量消费、投资、政府购买和净出口等，但在此过程中，货币仅仅被用作度量单位。本章我们将介绍有哪些因素会对货币的供给产生影响，以及影响货币需求的因素。最后将会通过对 IS-LM 模型的介绍一起探讨：作为纽带，货币是如何将商品市场和货币市场紧密联系在一起，并对国民收入产生影响的。

万物的生长需要雨水的滋润，人类生命的延续需要血液的循环，同样，一个以信用为基础的经济体的维持发展也需要某种奇妙的润滑剂，这就是货币。

13.1　货币与货币市场

13.1.1　货币概述

1. 货币的概念

在经济学中，**货币**是指在商品、劳务贸易中或债务清偿时被广泛接受的交易媒介。流通中的货币又称通货。货币在其发展过程中出现过以下两种形式。

（1）实物货币。

实物货币又称为**商品货币**，即货币本身即是商品，具有一定的价值。比如，古代社会使用的金银币，金银即使不用于交换流通，也可以用于工业或制作首饰。

（2）信用货币。

信用货币本身不是商品，只是一种价值符号。比如，古代由某钱庄发行的银票、我们手中的纸币。它们除了是纸张之外，若是脱离流通，就别无价值。

一国货币通常是由该国的货币当局（中央银行）发行的，代表着该国政府的信用，由国家政府以法律形式保证其在市场上流通，故而称为**法定货币**（Fiat Money）。例如，我们手中持有的人民币就是由中国人民银行（中央银行）印制发行的法定流通的货币。

一个有趣的例子能帮助我们理解货币的概念。20世纪80年代末，苏联临近解体之时，出于对政府前景的担忧，在莫斯科，香烟取代卢布成为受欢迎的通货，即使是不吸烟的人也乐于在交换中接受香烟，因为香烟可以用来购买其他的物品和劳务，从某种意义上讲，当时的香烟就是货币。

2. 货币的职能

除了具有充当交换媒介（Medium of Exchange）这一基本职能外，货币还具有以下职能。

（1）计价单位职能。

计价单位职能（Unit of Account），即买卖双方同意表示物品和劳务价格的标准。例如，进入超市，我们会看到口香糖9元/盒，话梅18元/袋，方便面4.5元/碗，此时，"元"充当了计价单位的作用。但是我们从来不会用1袋话梅＝2盒口香糖或1盒口香糖＝2碗方便面进行标价。如果是这样的标价，人们一进入超市，就会被铺天盖地的价格标签搞得头昏眼花，因为出现的都是某某物品等于多少其他物品的标价。

（2）价值储藏功能（a Store of Value）。

货币代表着一定的购买力，实际生活中我们会把现期收入的一部分以货币形式存留至下一期使用，即将现期的购买力储存起来用作下期的购买。但需要注意的是，同样数量的货币在不同时期的购买力是不一样的。比如，1元钱在20世纪80年代可以买到很好的夏日冷饮，但现在只能勉强买到最普通的冷饮了。当然，货币不是唯一的价值储藏的手段，一个人持有股票、债券、房产、古董等都可以充当价值储藏的手段。

3. 宏观经济学中的货币

如果把货币仅仅定义为钞票，那就会漏掉很大一部分"钱"。因为企业和企业之间的大量交易是通过支票完成的。而居民常见的支付手段除了现金支付，目前还有支票支付、银行支付、信用卡支付和线上支付等。**流动性**是指一项资产能够迅速且不受损失地转化为购买力的容易程度，显然公众所持有的现钞（Currency）因为能直接作为商品、劳务交换的中介，其流动性最强，因此被视为货币组成的核心，称为 M_0。

尽管支票存款存于银行之中，但从流动性角度看等同于现钞。在经济学中，把现钞、银行支票存款合称为 M_1。M_1 代表的是现实的购买力，具有最强的流动性，对社会生活有着广泛的影响，所以各国都将 M_1 的数量作为政策调控的对象。

除 M_1 外，M_2 也常见于我们的各种宏观统计中。M_2 包括 M_1 和定期存款、储蓄存款、外币存款及短期信用工具，M_2 又称**准货币**。在发达的金融体系中，由于 M_2 能够相对容易地转化为现实货币 M_1，因此在金融体系发达的国家都出现了货币供应的管理从 M_1 向 M_2 转移的趋势。因此，宏观经济学中所说的货币可能是比日常生活的"钱"更为广义的概念。

13.1.2 金融资产

从宏观经济学的角度,我们可以将资产分为实物资产和金融资产两大类。实物资产是指机器、厂房、汽车、房屋、存货等有形产品。金融资产则包括货币、债券和股票等不同形式(一般为纸质)的资产。

发行债券(Bond)是政府或企业向公众进行借贷的一种方式。例如,中国政府每年发行的国库券就是典型的政府债券。持有国库券的人就是政府的债权人。人们购买债券的目的在于让渡暂时的消费,来换取未来的利息收入。利息率是金融市场最主要的变量之一。在成熟的市场经济中,中央银行正是通过不停地买进或卖出一种短期政府债券来调节利息率的。

股票(Stock)是联系企业与投资人的纽带。企业在市场上出售股票与向公众发行债券的目的一样,都是为了筹措资金、扩大生产。其区别在于,发行债券的实质在于企业向公众借贷;股票则代表了企业的产权份额,股票持有者实质上就是企业的所有者之一。股票价格受企业的经营状况、宏观经济状态的期望、市场供需和投机心理的变化所影响。因而,股票市场的供需关系很难用一般经济学理论去描述。

虽然金融资产包括货币、债券和股票三大类,但是宏观经济学一般着重讨论货币和与货币密切联系的政府债券,而把对股票的分析放到专门的课程里边去讲。所以,金融市场经常被直接称为货币市场,以此突出货币是我们讨论的主要对象。

13.2 货币的供给

在信用货币体系下,货币是如何创造出来的呢?它的供给总量受到哪些因素的影响呢?要了解这些问题,必须从银行体系入手进行分析。一般来讲,一个银行体系的组成分为两个层次:中央银行和商业银行。

13.2.1 中央银行与基础货币

中央银行是一国金融机构的中心,作为政府机构,它负责统筹管理全国金融活动,并实施货币政策以维持经济发展和物价水平的稳定。

中央银行在金融体系中的特殊地位源于其货币发行权。不管是我们手中所持有的现金,还是商业银行的存款准备金(以纸币或中央银行支票的形式存在),追溯其源头,都是由中央银行发行并进入流通的,其本质为中央银行对外的负债。公众持有的现金和商业银行的存款准备金合称为**基础货币**。

假定现有的基础货币总量为 1000 亿元,如果商业银行不从事任何贷款业务,而仅仅作为转账结算的中间者存在,那么只要中央银行不增加或减少其对外负债,基础货币的总量将始终是 1000 亿元。因为无论是存款人把现金存入银行或从银行取出,还是资金在不同的存款账户间转换或在不同的银行间流转,都是基础货币从一个口袋转移到另外一个口袋而已,在此过程中基础货币的总额不变。

可见影响基础货币量的只能是中央银行的资产负债的变化。例如,中央银行在公开市场上买卖证券,或者中央银行向商业银行提供或收回贷款,相应地就要投放或收回一定量的基础货币,此外,财政收支及国际收支的状况也会对基础货币量产生影响。总的来说,中央银行对基础货币量有着较强的控制力。

13.2.2 商业银行与货币创造

基础货币量是否就是货币的供给量呢?这个问题的回答取决于我们对商业银行的认识。

尽管目前商业银行的发展呈现多元化趋势,但商业银行是一种特殊的金融机构。与其他金融机构(如证券机构、保险公司)相比,商业银行最主要的特征是它可以吸收客户的存款,并以此为基础发放贷款,存贷款的利差为商业银行的营业收入。

在分析商业银行的存贷款业务时,我们需要解决两个问题:商业银行是否会将其吸收的存款全部用于发放贷款?商业银行在日常业务中,会不会产生现金的流出?

第一个问题的解决来源于我们对商业银行存款准备金制度的认识,第二个问题的解决来源于我们对银行非现金结算制度的了解。

1. 存款准备金制度

如果你在商业银行存入 1 万元现钞,银行将其全部贷出,且这些贷款被借款人从银行取出使用,当你向银行要求取出你的 1 万元存款时,若没有其他人向该银行存款,银行肯定没有这么多现钞满足你的需要,我们把银行不能够满足客户提取现金的情况称为**流动性不足**。

事实上,为了防止银行过度放贷而造成的风险,中央银行以法令的形式规定:商业银行每吸收一笔存款,就必须按照一定比率将其中一部分存入商业银行在中央银行的账户中,并不能作任何其他用途,这个比率称为**法定存款准备金率**。按照中央银行的要求,存入的金额称为**法定存款准备金**。例如,当法定存款准备金率是 10% 时,若商业银行吸收客户 100 元存款,就必须将其中的 10 元存入其在中央银行的账户中,这 10 元就是法定存款准备金,还剩的 90 元可以用于银行的贷款业务。

中央银行征收法定存款准备金的最初目的是:一旦发生商业银行流动性不足的情况,中央银行可以用法定存款准备金来确保商业银行的清偿能力。后来发现法定存款准备金率的高低可以直接影响商业银行的可利用资金,所以,中央银行也可以通过变动法定存款准备金率来控制商业银行的放贷能力,进而达到控制社会货币总量的目的。

除此之外,商业银行从自身营业安全角度考虑,也会保留一部分准备金,用以提防突发性事件或其他对现金的需要,这部分准备金称为**超额存款准备金**。它和法定存款准备金合称为**存款准备金**。三者的数量关系如下:

$$存款准备金 = 法定存款准备金 + 超额存款准备金$$
$$= 商业银行的库存现金 + 商业银行在中央银行的存款;$$
$$法定存款准备金 = 商业银行在中央银行的存款总额 \times 法定存款准备金率;$$
$$超额存款准备金 = 存款准备金 - 法定存款准备金。$$

而社会公众的现金与存款准备金就组成了我们之前提到的基础货币。

2. 非现金结算制度

商业银行的非现金结算制度是指商业银行在经营其业务时，很少会出现以现金的形式完成债权债务关系的清偿或其他的经济往来结算。例如，银行发放贷款时，会直接在借款人的账户上以记账的方式进行记录，而借款人则往往通过开设支票的方式来进行对外的支付，我们很少看到个人或企业到银行贷款时会准备几个麻袋用于装钱。又如，你想把一个银行账户上的钱转到另一个银行账户上去，转移的过程中往往并没有现金的流转，而仅仅是相关账户的数额变动而已。

我们不否认现实生活中很多交易会采用现金，但是，如果将整个银行体系视为一个整体，就会发现这些现金仍然会不同程度地流入到银行，而未流到整个银行体系之外。例如，我们到超市购买物品所支付的现金大部分会被超市存入银行，我们得到的收入也会有大部分存入银行。

非现金结算制度对商业银行来讲具有实质性的意义和影响，它意味着在绝大多数情况下，现金不会流出银行体系，银行体系的资金来源不会减少，这是银行发放贷款的基础。

3. 存贷款过程

若将银行体系视为一个整体，可以假设社会只存在一家银行。该银行的存款准备金率为20%，这里的20%是法定存款准备金率和超额存款准备金率的总和。除了保有存款准备金外，其余部分全用于向社会公众发放贷款，在贷款过程中，没有现金从银行漏出，即公众不从他们的存款账户上提取现金，或者提取现金用以支付之后，又立即存回，且公众的存款账户为支票存款账户。

我们假定某人在该银行的支票账户上存入1000元，从而使该银行的准备金资产和支票存款负债都增加1000元，这是该银行存款额的原始的增加。

根据假设，银行吸收这1000元存款后，要按比例保留200元的存款准备金，将剩余的800元全部用于发放贷款。这里假定银行将800元贷给了A，由于采用的是非现金结算方式，借款人A并没有得到800元的现钞，而是其支票存款账户上多了800元，这是银行支票存款的第一次增加。

A使用这800元用于对B的支付，B收到800元支票后，通过银行体系的结算会使得A的支票存款账户上的800元划入B的支票存款账户上去，这一过程称为**转账结算**。货币存款只是在不同账户内流转，其总额并无增加。

当银行吸收800元B的支票存款之后，可以以此为基础，按20%的比例保留160元的存款准备金,将剩余的 640 元用于发放贷款。这里假定银行将这 640 元贷给了 C,使得 C 的支票存款账户上多出 640 元,这是银行支票存款的第二次增加。

同理,这 640 元经过一番流转,仍会存入银行,银行保留存款准备金,发放贷款,形成银行支票存款的第三次增加。这一过程会一直继续下去,如表 13-1 所示。

显然,银行的存款增加额构成一个无穷递缩的等比数列,用等比数列的数学公式对该数列求和,可得支票存款总量为 $1000 \times 1/[1-(1-20\%)]$,即 5000 元。

表 13-1　支票存款的创造　　　　　　　　　　　　　（单位:元）

银　　行	支票存款增加额	贷款增加额	准备金增加额
原始增加额	1000	800	200
第一次派生额	800	640	160
第二次派生额	640	512	128
第三次派生额	512	409.6	102.4
第四次派生额	409.6	327.68	81.92
…	…	…	…

由此得出结论,当银行的存款准备金率为 r 时,银行每单位支票存款额的增加将派生出总量为 $1/r$ 倍的支票存款,所以 $1/r$ 称为**货币乘数**,货币乘数的计算公式是

$$k = (R_c + 1)/(R_d + R_e + R_c)。$$

其中,R_d、R_e、R_c 分别代表法定存款准备金率、超额存款准备金率和现金在存款中的比率。

支票存款是 M_1（我们通常指的货币）的一部分,所以存贷款这一过程是货币供给增加的过程,也称为**货币创造过程**。

需要说明的是,这一个派生过程只是一个理想的简单模型,在实际的派生过程中,会发生诸如现金从银行体系漏出、支票存款向定期存款或储蓄存款转化的情况,这些情况都会不同程度地降低货币供给的扩张能力。

13.2.3　货币的供给

1. 货币供给公式

基础货币是指公众持有的现金和商业银行存款准备金的总和。若没有商业银行的贷款业务,货币量就是基础货币量,不会发生变化。但若加入商业银行的贷款业务,则商业银行会以基础货币为基础派生出若干倍的货币供给。

刚才假设支票存款在进行支付时不会发生现金从银行体系的漏出,但在现实生活中,公众总会或多或少地从支票存款中取出一部分现金用于平时的流通。

假设 B 为基础货币,C 为公众持有现金,R 为商业银行的存款准备金（包括法定存

款准备金和超额存款准备金),则有公式
$$B = C + R。$$
若 M_1 为货币供给量,D 为支票存款总额,则有
$$M_1 = C + D。$$
若 k 为现金与支票存款的比率,r 为存款准备金率,则有
$$R = r \times D, \quad C = k \times D, \quad (0 < r, k < 1)$$
从而得到
$$B = k \times D + r \times D = (k + r)D,$$
$$M_1 = C + D = k \times D + D = (k + 1)D,$$
得到关系式
$$M_1 = B \times \frac{k+1}{k+r}。$$

一种特殊的情况为:如果没有现金外漏,即 k 为 0,则 $M_1 = B \times \frac{1}{r}$。

2. 货币供给影响因素分析

$1/r$ 就是刚才讨论过的货币乘数。由此看来,货币供给取决于三个因素:B、k 和 r。

B 代表中央银行的对外负债,中央银行可以利用公开市场业务以买卖证券的方式,释放或收回等值的基础货币,从而直接影响货币供给量。

例如,中央银行卖出 1 亿元债券,必然会向外收回 1 亿元的货币。同理,中央银行若是买进 1 亿元债券,必然会向外投放 1 亿元的货币。而 B 的增加或减少将会以乘数的方式去影响整个货币供给量。

同样,中央银行可以通过调整商业银行向中央银行借款时支付的利率(又称再贴现率),来影响商业银行的存款准备金,从而影响基础货币量和货币供应量。再贴现率提高,商业银行向中央银行借款的成本就会增加,商业银行对外的放贷意图和能力就会有所减少;相反,再贴现率降低,商业银行向中央银行借款的成本就会减少,商业银行对外的放贷意图和能力就会有所增加。

另外,r 的大小受中央银行法定存款准备金率大小的影响。如法定存款准备金率提高,相当于冻结了商业银行的一部分资金,从而降低了其放贷能力,货币的扩张能力下降,货币供应量将减少;法定存款准备金率降低,相当于商业银行原有一部分冻结资金得到释放,从而增加了其放贷能力,货币的扩张能力上升,货币供应量将增加。

当然,也不否认货币的供给会受到其他因素的影响。因得出的公式是一个理想状态下的最大货币供给量,而真实的货币供给量会取决于经济运行的实际情况,并远远小于这个理想值。

由于中央银行在货币供给上有着相当强的控制力,因此,在下面的讨论中我们假定货币的供给是外生变量,即中央银行可以通过公开市场业务、调整法定存款准备金率或再贴现率来增加或减少货币的供给量。

13.3 货币的需求

经济学里的货币需求需要满足两个条件：一是必须有得到或持有货币的愿望，二是必须有得到或持有货币的能力。也许每个人都希望自己富可敌国、腰缠万贯，然而在实际生活中形成的实际货币需求却是有限的。

为什么我们需要货币？货币需求的理论试图从某一个角度或某几个角度进行阐述，大体上分为两个方向：第一个方向是把货币作为一种交易媒介，对货币的需求取决于对交易媒介的需求；第二个方向是认为货币是财富的代表，对货币的需求是对货币作为财富储藏手段的需求，具体储藏多少货币，取决于货币和其他各种储藏资产之间流动性、安全性和营利性的比较。下面我们来看一下西方经济学中比较有影响力的几种货币需求理论。

13.3.1 凯恩斯的货币需求理论

凯恩斯认为，人们之所以需要持有货币，是因为人们存在流动性偏好，即人们愿意持有流动性最强的货币，而不愿意持有其他缺乏流动性的资产。按照人们的流动性偏好，货币需求被分为三种：交易性需求、预防性需求、投机性需求。

（1）交易性需求（Transaction Demand）。

货币的**交易性需求**是指企业或个人为了应付日常支付需要而产生的对货币的需要，其需求本质来源于货币的交换媒介职能。

由于收入的获得和支出的发生之间总会有一定的间隔，在这段间隔内，企业或个人固然可以把收入转换成货币以外的资产形式加以保存，但是为支付时的方便起见，仍必须持有一定量的货币。例如，当你在月初领到工资之后，不会把它都变成储蓄或定期存款，而总会留出一部分以货币（现金或支票存款）的形式保存着，以备日常的开销。凯恩斯认为，虽然货币的交易性需求也受其他一些次要因素（如价格上涨、支付频率）的影响，但它主要还是取决于收入的大小。

（2）预防性需求（Precautionary Demand）。

货币的**预防性需求**是指企业或个人为了应付突然发生的意外的支出需要而产生的对货币的需求。正如凯恩斯所一贯坚持的那样，未来是充满不确定性的，所以必须保留出一部分机动的货币，以备不时之需。就像有时候，我们去超市购物，明明只打算买块肥皂或一盒牙膏，但总会在口袋里多放上一笔钱，以防止东西涨价不够用或东西降价想多买点。满足预防性需求的货币实质上也是作为流通手段和支付手段的，故其也是同收入成正比的。

（3）投机性需求（Speculative Demand）。

凯恩斯货币需求理论的真正创新之处在于他跳出了货币仅仅是交换媒介的传统思路，还认为货币是一种储藏财富的手段。**投机动机**（Speculative Motive）是指由于未来利率的不确定性,人们为避免资产损失或增加资本收益,需及时调整资产结构,因而形成的对货币的需求动机。投机动机使人们想利用利率水平或有价证券价格水平的变化进行投机。在实际生活中,债券价格高低以反比例关系表现利率的高低。假定一张债券一年可获利息10元,而利率若为10%,则这张债券的市价就为100元;若市场利率为5%,则这张债券的市价就为200元,因为200元在利率为5%时,若存放在银行也可以得到10元。可见,债券价格随利率变动而变动。由于债券的市场价格是经常波动的,因此,凡是预计债券价格上涨的人,就会用货币买进债券,以备日后以更高的价格卖出;反之,预计债券价格下降的人,就会选择将货币保留在手中,以防购买债券后带来损失。预计价格会下跌而需要将货币保留在手中的情况就是货币的**投机性需求**。

凯恩斯认为,货币的投机性需求具有如下特征。

① 货币需求难以预测,它随着人们对未来情况的估计不同而不同。

② 货币主要充当储藏手段职能。凯恩斯假设经济体系中只有货币和债券两种金融资产,人们在对金融市场做出分析和判断的基础上,权衡这两种资产带来的收益后,才决定以何种方式保存自己的资产。

③ 它是现行利率的递减函数。当现行利率高,即债券价格过低时,人们估计未来利率会下降,债券价格会上升,就会抛出货币,买进债券,变为"多头",以备日后价格确实上涨时,再高价抛出。此时,货币的投机性需求减少。反之,当现行利率低,即债券价格过高时,人们估计未来利率会上升,债券价格会下降,就会抛出债券,持有货币,变为"空头"。此时,货币的投机性需求增加。

凯恩斯认为,货币的投机性需求还存在两种形式。

① 一种是利率高到一定程度时,货币的投机性需求为零。

② 另一种是当利率降低到某一不可能再低的点时,货币的投机性需求会变得无限大,即人们手边不管有多少货币,都不肯去买债券。因为利息太低,保留货币的机会成本太小,致使公众均愿持有货币而不愿持有债券,货币的需求趋于无限大。此时政府难以通过运用利率政策来调节经济,因为无论增加多大的货币供给量,都会被人们持有,这种现象被称为**流动性陷阱**(或凯恩斯陷阱)。对于这种情形是否真的存在,经济学家有着广泛的争论。

凯恩斯的货币需求理论若用公式表达,即为

$$M_d = L_1(Y) + L_2(r)。$$

式中,M_d 为货币需求,Y 为收入,r 为利率;L_1 为货币的交易性需求和预防性需求,这两种需求和收入紧密相关,表达为 Y 的函数;L_2 为货币的投机性需求,该需求和利率紧密相关,表达为 r 的函数。

收入的高低与货币需求量的大小是同方向对应的,收入越高,L_1 越大;收入越低,L_1 越小。而利率高低与货币需求量的大小是反方向对应的,利率越高,L_2 越小,利率越低,L_2 越大。

13.3.2　弗里德曼的货币需求理论

弗里德曼在凯恩斯的基础上继续扩大了财富的范围，不仅将货币同债券、股票、耐用消费品、房屋及机器等金融资产和实物资产视为财富，而且还将人力资本也划入财富中去。弗里德曼认为人们对货币的需求取决于其财富总量及构成财富总量的各种资产的结构搭配方式。

财富总量用持久性收入，即人们能在较长时间内取得的平均收入来衡量，这样可以避免短时期的经济波动的影响，稳定了货币需求函数的基本性因素。至于各种资产的搭配结构，则取决于货币、债券、股票、耐用消费品、房屋及机器等各种资产的收益性和流动性的均衡搭配，其分析方法和货币与债券之间的取舍一样。

这里介绍一下人力财富。**人力财富**主要是指个人的谋生能力。人力财富向非人力财富的转化往往因社会制度的转化而局限在很小的范围内，所以人力财富的流动性较低，不像债券、股票那样随时可以出售。因此，人力财富在财富总额中占较大比例的所有者将试图通过持有较多的货币来增加其资产的流动性，因为货币是一种流动性最高的资产。

13.3.3　凯恩斯主义者和货币主义者的区别

凯恩斯主义者将货币视为债券或其他金融资产的替代物；而货币主义者的替代物品的范围更广泛，他们将货币和实物资本、人力资本等都视为财富形式中的替代品。

凯恩斯的货币需求函数与弗里德曼的货币需求函数的区别主要有以下三个方面。

（1）二者强调的侧重点不同。

前者非常重视利率的主导作用，认为利率的变动直接影响就业和国民收入的变动，最终必然影响货币的需求量。后者强调持久性收入对货币需求的重要影响，认为利率对货币需求的影响是微不足道的。弗里德曼在《美国货币史》一书中，用一百多年美国经济发展的数据证明了货币需求由收入（实际 GDP）决定，而与利率没什么关系。

（2）二者在货币政策传导变量选择上有分歧。

前者认为货币政策传导变量应是利率，后者认为货币政策传导变量应是货币供应量。

（3）二者在货币需求的稳定性上观点不同。

前者认为货币需求受未来利率不确定性的影响，因而不稳定，货币政策应"相机行事"；而后者认为货币需求量是稳定的，是可以预测的，因而"单一规则"可行。

13.3.4　货币需求的影响因素

从上述的各种理论中，我们可以得出以下几个结论。

第一，在一定的利率水平下，更高的产出意味着交易数量的上升和货币需求的增加；而产出的减少意味着交易数量的下降和货币需求的减少。

第二，价格水平的上涨将使货币需求量增加，价格水平的下降将使货币需求量减少，尽管交易产品数量不变，但是用于这些交易的货币需求变化了。

第三，利率较高时，人们偏向资产更高的收益性，会选择持有较少的货币；利率较低时，人们偏向资产更高的流动性，会选择持有较多的货币。

第四，当预计利率上升时，人们会把债券换成货币；当预计利率减少时，人们会用货币购买债券。

*13.4　货币市场均衡和商品市场均衡与国民收入的决定

13.4.1　货币市场均衡：LM 曲线的由来

货币市场的均衡是指货币市场上货币需求等于货币供给时的状况。LM 曲线是描述货币市场均衡时，国内生产总值与利率之间同方向变动关系的曲线。

货币市场均衡时，$M_s = M_d$。M_d 为货币需求，以凯恩斯的 $M_d = L = L_1(Y) + L_2(r)$ 表示；M_s 为货币供给，是可以由中央银行改变的外在变量。货币供给和货币需求的关系决定了货币市场的均衡状态，同时也决定了货币的价格，即利率。

图 13-1 所示为简单的 LM 曲线，横轴为总产出 Y，纵轴为利率 r。曲线呈自左下方向右上方倾斜状，表明总产出与利率之间存在着同方向变化的关系。在货币供给量既定时，货币市场的均衡会确定一个总产出与利率的组合，且二者之间为正比例关系，即总产出越大，利率越大，总产出越小，利率越小。LM 曲线上的任何一点都是货币市场均衡时利率与总产出的组合，LM 曲线以外任何点上利率与国民收入的组合都是货币市场的失衡，通过货币市场的作用会最终达到均衡。

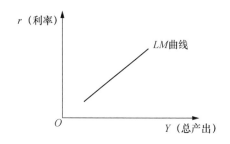

图 13-1　LM 曲线

当货币的供给大于需求时，利率会下降，使得货币的投机性需求增大，继而达到供求平衡；当货币的供给小于需求时，利率会上升，使得货币的投机性需求减少，继而达到供求平衡。总之，利率的变化总会使得货币在市场上的需求和供给达到平衡。

货币市场上，利率和国内生产总值同方向变动可以用凯恩斯的 $M_d = L = L_1(Y) + L_2(r)$ 理论来解释。根据这一理论，货币需求 L 由 L_1（货币的交易性需求和预防性需求）和 L_2（货币的投机性需求）组成。而 L_1 与国内生产总值同方向变动，记为 $L_1 = L_1(Y)$；

L_2 取决于利率，与利率反方向变动，记为 $L_2 = L_2(r)$。当货币供给既定时，如果 L_1 增加，为了保持货币市场均衡，则 L_2 必然减少。L_1 增加是国内生产总值增加的结果，而 L_2 的减少又是利率上升的结果。因此，货币市场上实现了均衡，国内生产总值与利率之间必然同方向变动。

货币供给量（M）变动会使得 LM 曲线发生平移，如图 13-2 所示。

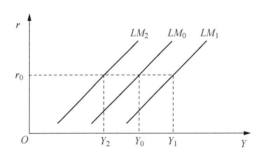

图 13-2　LM 曲线的平移

一方面，如果利率没有变化，由外生经济变量（货币供给）冲击导致总产出增加，可以视为原有的 LM 曲线向右平移，即在图 13-2 中，LM 曲线由 LM_0 处移至 LM_1 处。

另一方面，如果利率没有变化，由外生经济变量（货币供给）冲击导致总产出减少，可以视为原有的 LM 曲线向左平移，即在图 13-2 中，LM 曲线由 LM_0 处移至 LM_2 处。

需要注意的是，为了简化，本节中的 LM 曲线为一条直线，但实际上经济学家按照不同利率水平下货币的投机需求大小，将 LM 曲线划分为三个区域：凯恩斯区域、中间区域和古典区域。

13.4.2　商品市场均衡：IS 曲线的由来

所谓**商品市场均衡**，是指商品市场中总需求等于总供给时各经济变量的状态。在衡量国民收入时，有以下两种方法。

第一，**支出法**：一定时期内经济体所有最终的支出总和即为国民收入。

第二，**收入法**：一定时期内经济体所有最终的收入总和即为国民收入。

此两种算法最终应该相等，用公式表达即为

$$Y = C + I + G + (X - M) \quad \text{支出法};$$
$$Y = C + S + T \quad \text{收入法}。$$

其中，C 为消费，I 为投资，G 为政府购买，$(X-M)$ 为净出口，S 为储蓄，T 为政府税收收入。

现假设政府收支平衡（$T=G$），国际贸易收支平衡（$X-M=0$），则必有 $I=S$。

投资行为取决于投资收益率，当利率较高时，投资的资金成本将会变高，投资收益将会减少；当利率较低时，投资的资金成本将会减少，投资收益将会变高。所以，可以假定投资为利率的函数，二者呈反方向变动的关系。而储蓄的多少最主要的还是和国民收入有关，收入越高，储蓄越多；收入越低，储蓄越少。那么，将出现如下的对应关系：

$$\begin{cases} I = S & （均衡条件）； \\ I = I(r) & （投资函数）； \\ S = S(Y) & （储蓄函数）。 \end{cases}$$

显然，要使商品市场保持均衡，则均衡的国民收入与利率之间存在着反方向变动的关系，如图13-3所示。

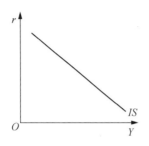

图 13-3 IS 曲线

图 13-3 为简单的 IS 曲线，横轴为总产出，纵轴为利率，曲线呈自左上方向右下方倾斜状，国民收入与利率之间存在着反方向变动的关系。IS 曲线上的任何一点都是商品市场均衡时利率与国民收入的组合，IS 曲线以外的任何点的利率与国民收入的组合都是商品市场的失衡，通过商品市场的作用会最终达到均衡。

当投资大于储蓄时，高投资会使得总产出变高，总产出变高，总收入也相应变高，进而使得储蓄变高，满足投资的需求；当投资小于储蓄时，低投资会使得总产出变低，总产出变低，总收入也相应变低，进而使得储蓄变低，满足投资的需求。

受一些因素的影响，IS 曲线会发生平移（如图13-4所示），这些因素主要包括：

① 如果利率没有变化，由外生经济变量（自主性消费支出、投资支出、政府购买支出、净出口及税收的变动）冲击导致的总产出增加，可以视为原有 IS 曲线向右平移，即 IS 曲线由 IS_0 处移至 IS_1 处。例如，增加政府支出会使 IS 曲线向右平移，IS 曲线移动的幅度等于增加的政府购买支出乘以乘数之积。

② 如果利率没有变化，由外生经济变量（自主性消费支出、投资支出、政府购买支出、净出口及税收的变动）冲击导致的总产出减少，可以视为原有 IS 曲线向左平移，即 IS 曲线由 IS_0 处移至 IS_2 处。例如，政府增加一笔税收，则会使 IS 曲线向左平移。

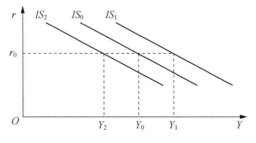

图 13-4 IS 曲线的平移

通常，政府实行扩张性财政政策就表现为 IS 曲线向右平移，政府实行紧缩性财政政策就表现 IS 曲线向左平移。由于增加政府购买支出和减税都属于增加总需求的扩张性财政政策，而减少政府购买支出和增税都属于减少总需求的紧缩性财政政策，因此，增加政府支出和减税会导致 IS 曲线向右平移，减少政府购买支出和增税会导致 IS 曲线向左平移。

在其他条件不变时，如果净出口额增加，其作用相当于增加了自主性消费支出，此时，IS 曲线将向右平移；反之，则向左平移。移动的距离为净出口额的变动量乘以相应的乘数。

13.4.3　商品市场与货币市场同时均衡：IS-LM 模型

1. 均衡国民收入和均衡利率

我们可把 IS 曲线与 LM 曲线结合在一起放入同一坐标系内得到 IS-LM 模型，如图 13-5 所示。IS 曲线满足商品市场均衡，LM 曲线满足货币市场均衡。在 IS-LM 模型中，只有 IS 曲线和 LM 曲线的交点 E 才满足商品市场与货币市场同时均衡。那么，E 点所对应的国民收入和利率为所确定的均衡国民收入和均衡利率。

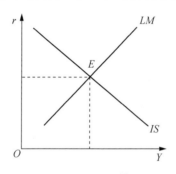

图 13-5　IS-LM 模型

2. 均衡国民收入和均衡利率的变动

正如我们所强调的那样，均衡利率与均衡国民收入是建立在 IS 曲线与 LM 曲线相关参数不变的基础上的，即储蓄函数、投资函数、货币供给函数及货币需求函数不变。一旦这些函数发生了改变，就会影响到均衡利率与均衡国民收入。

（1）LM 曲线不变，IS 曲线移动。

如前文所述，影响 IS 曲线移动的因素有自主性消费支出、投资支出、政府购买支出、净出口税收等。在这些因素中，管理当局能控制的只有政府购买支出及税收，这也是我们所应关注的。现假定政府采取了扩张性的财政政策，即增加政府购买支出或减税，那么，IS 曲线将向右平移，如图 13-6 所示。

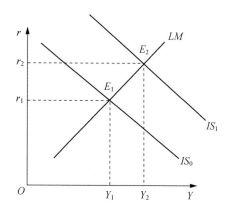

图 13-6　扩张性财政政策引起的 IS 曲线的平移

在图 13-6 中，IS_0 与 LM 的交点 E_1 代表原来的均衡点，其对应的均衡利率与均衡国民收入分别为 r_1 与 Y_1。现政府支出增加，这将推动 IS_0 向右平移至 IS_1，IS_1 与 LM 的交点为 E_2。与 E_1 相比，E_2 的均衡利率与均衡国民收入增加了，分别为 r_2 与 Y_2。显然，这不是由失衡趋向于均衡，而是由一种均衡趋向于另一种均衡。均衡国民收入增加是由于政府购买支出增加或减税所引起的，均衡利率上升则是因为国民收入增加引发了交易性动机和预防性动机的货币需求增加，而此时货币供给量并没有提高（假设 LM 曲线不变），那么公众只能抛售所持有的国债，从而使国债价格下跌。只要公众的预期不变，那么利率将上升。

相反，如果政府购买支出减少或增税，势必会导致 IS 曲线向左平移，当 LM 曲线保持不变时，均衡利率和均衡国民收入都将随之下降。

（2）IS 曲线不变，LM 曲线移动。

影响 LM 曲线移动的因素是货币供给量和货币需求函数。在这些因素中，管理当局能控制的只有货币供给量。现假定管理当局采取了扩张性的货币政策，即增加了货币供给，那么 LM 曲线将向右平移，如图 13-7 所示。

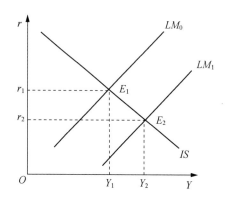

图 13-7　扩张性货币政策引起的 LM 曲线的平移

在图 13-7 中，IS 与 LM_0 的交点 E_1 代表原来的均衡点，其对应的均衡利率与均衡国民收入分别为 r_1 与 Y_1。现货币供给增加，这将推动 LM_0 向右平移至 LM_1。IS 与 LM_1 的交点为 E_2。与 E_1 相比，E_2 的均衡利率下降了，而均衡国民收入上升了，分别为 r_2 与 Y_2。均衡利率下降是因为货币供给量增加，使公众有了多余的投机动机的货币需求，那么公众会购买国债，从而使国债价格上升。只要公众的预期不变，那么利率将下降，这又将推动投资上升，进而使国民收入增加。相反，如果货币供给减少，势必会导致 LM 曲线向左平移，当 IS 曲线保持不变时，均衡利率将上升，均衡国民收入则会下降。

总之，IS-LM 模型分析了储蓄、投资、货币需求与货币供给对国民收入和利率的影响。这一模型不仅精练地概括了总需求分析，而且还可以用来分析财政政策和货币政策。因此，IS-LM 模型被称为凯恩斯主义宏观经济学的核心。

案例讨论

战争与利率

1959 年美国卷入了越南战争。越南人民英勇奋战，使美国士兵陷入热带丛林之中不能自拔，美国政府不得不增加兵力。从 1965 年年初到 1966 年年末，美国驻越南军队人数由不足 2.5 万急剧增到 35 万以上。军队人数增加使得军费开支扶摇直上，1965—1966 年，美国政府支出增加了 550 亿美元（按 1987 年美元计算）。与此同时，美国的货币供给量（M_1）几乎没有变动：1965 年为 5910 亿美元，1966 年为 5850 亿美元（均按 1987 年美元计算）。

我们可以利用 IS-LM 曲线分析越南战争对美国经济的影响，如图 13-8 所示。从图 13-8 可以看出，政府增加军费开支将使 IS 曲线由 IS_1 右移至 IS_2，如果货币供应（M_1）没有变动，那么通过 IS-LM 模型，可以预测经济将由点 E_1 移至点 E_2，结果 GDP 增加，利率上升。

这也正是 1965—1966 年美国经济的真实写照：GDP 从 24 710 亿美元增至 26 160 亿美元，三个月期国库券利率从 3.95% 升至 4.88%。

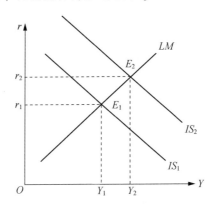

图 13-8 越南战争对美国利率的影响

当时，经济学家认为应提高税收，以免经济过热，并使 IS 曲线向左平移以降低利率。但是 1963 年上任的约翰逊总统 (Lyndon B. Johnson) 认为通过提高税收来支付越来越不受人们欢迎的战争，在政治上是行不通的。因此，直到 1968 年美国仍未提高税收。最终，过热的经济造成了通货膨胀和前所未有的高利率。

讨论：仅仅依靠提高税收能够避免经济过热吗？

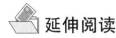

延伸阅读

IS-LM 模型的应用和局限

凯恩斯创立的宏观经济学有两个重大的创新。

（1）他认为宏观经济学存在失业等非均衡病态，需要政府进行干预。

（2）他研究了货币经济的基本特征，认为货币、利率和就业之间存在紧密的关系，从而为财政与货币政策干预经济波动奠定了理论基础。

凯恩斯本人并未提出具体的数学模型。凯恩斯思想的通俗化与图解化是由希克斯 (Hicks) 于 1937 年提出来的 IS-LM 模型，并被萨缪尔森称为新古典综合的基础。IS-LM 模型的优点是可以简单地比较古典经济学与凯恩斯经济学的政策主张，缺点是在思想上比凯恩斯落后。新古典综合把均衡理论作为一般框架，而把非均衡的"流动性陷阱"作为特例，大大减弱了凯恩斯对古典经济学挑战的革命性。

凯恩斯的基本思想可以用 IS-LM 模型来描述货币经济中三个基本变量（利率 r、产出 Y 与货币发行量 M）之间的关系。

货币理论通常区分两种不同的货币需求，交易需求的货币流通量（又称流动性偏好）与总产出 Y 成正比。在货币供应总量不变的条件下，Y 越大，对货币流通的需求越大，利率 r 就会增加，由此得到 LM 曲线。投机需求的货币量和利率水平有关。利率越低，人们越不愿意持有货币，越愿意投资，从而增加产出 Y，由此得到 IS 曲线。IS 曲线反映了储蓄、投资与产出的关系。

另一种看法认为 LM 曲线描写的是金融市场的运动，均衡交点描写的是金融市场与商品市场相互作用的结果。

IS-LM 模型可以方便地描写封闭经济（外贸和外资作用不大的国家）下的财政政策与货币政策的作用。例如，政府扩大开支或减税，IS 曲线将向右移动，从而使产出增加，政府也可以扩大货币发行，使 LM 曲线向右移动，从而使产出增加。

在固定汇率下的开放经济，假如资本可以完全流动，则国内利率必须等于国外（如美国）的利率。在浮动汇率下的开放经济，扩大政府开支使 IS 曲线右移，产出增加，利率增加，本国货币将升值，会减少对外出口；反之，政府紧缩货币会使 LM 曲线向左移动，使利率上升，产出下降，货币也将升值，使出口下降。

IS-LM 模型的重要应用之一是描述古典经济学与凯恩斯经济学的两种极端情形。

在 LM 曲线的右端，LM 曲线几乎垂直，移动 IS 曲线几乎不能增加产出，也即政府财政政策几乎不起作用，只有货币政策有些作用。这是古典经济学描述的情形。

在 LM 曲线的左端，利率下降到几乎为零。LM 曲线几乎水平，IS 曲线几乎垂直，此时称为流动陷阱或萧条后，货币政策几乎不起作用。萧条后又是凯恩斯经济学起作用的主要领域。

IS-LM 模型的缺点如下。

(1) 静态曲线难以描写动态效应。例如，IS 曲线预言，降低利率会增加投资，从而增加产出。但未说明产出增加的时间延迟，通常是 1~2 年。所以经济衰落时期，中央银行降低利率可能会使股市下跌而非上升，因为市场预期萧条还会持续，利率还有下降空间。所以 IS-LM 模型上均衡点的移动，不会导致经济周期波动的消失，经济很可能会持续波动，从而要求政府政策不断调整。

(2) IS-LM 模型反映了凯恩斯的观点，即失业或经济萧条主要是总需求不足造成的。用扩大政府开支或多发货币的办法可以刺激民间消费，从而增加产出与就业。这反映在 IS 曲线的斜率为负上，利率减少会增加社会的投资。这里凯恩斯低估了宏观供给方的金融风险。在萧条期，银行通常坏账增加，信用紧缩。利率下降进一步使银行的利润下降，造成银行惜贷，所以投资可能减少而非增加。动态 IS 曲线可能是复杂的螺旋运动而非简单曲线。可见宏观经济学的各派冲突，往往忽略了金融市场上借贷方的利益冲突，也就低估了宏观经济运动的复杂性。

(3) IS-LM 模型忽略了技术革新速度的影响。例如，20 世纪 90 年代末期，美国的电信与互联网产业迅速发展。经济增长率的提高，并未导致通货膨胀率的显著增加，因而美国联邦储备银行没有通过提高利率来抑制通货膨胀。结果，2001 年美国的股市市值蒸发了三分之一，导致严重经济衰退。与此相反，在 2002 年后美国经济衰退时美联储不断降低利率，虽然投资有所恢复，美国失业率却下降缓慢。原因是美国各大企业加快技术革新来替代工人，制造业和服务业都加速移往工资较低的中国与印度。因此，单纯的财政政策与货币政策只能缓解经济波动的"阵痛"，但是无力改变国家的国际竞争力。

复习与练习

【关键概念复习】

在 B 栏中寻找与 A 栏中术语相应的解释，并将序号填在术语前边。

A	B
货币	1. 由原始货币量衍生出更多货币的过程
基础货币	2. 银行为保证客户提取存款和资金清算需要而准备的资金

存款准备金　　　　　3. 买卖双方同意表示物品和劳务价格的标准

货币乘数　　　　　　4. 在商品、劳务贸易中或债务清偿时被广泛接受的交易媒介

货币创造　　　　　　5. 企业或个人为了应付日常支付需要而产生的对货币的需求

货币的预防性需求　　6. 企业或个人为了突然发生的意外的支出需要而产生的对货币的需求

货币的计价单位职能　7. 基础货币和货币供应量之间存在的倍数关系

货币的交易性需求　　8. 货币当局投放并为货币当局所能直接控制的那部分货币（即公众持有的现金和商业银行的存款准备金之和）

IS 曲线　　　　　　　9. 货币市场均衡时，反映国内生产总值与利率之间同方向变动关系的曲线

LM 曲线　　　　　　10. 商品市场均衡时，反映国民收入与利率之间反方向变动关系的曲线

【思考与练习】

（一）填空题

1. 货币是_____。
2. 货币的职能有_____、_____和_____。
3. 流动性是指_____。
4. 货币的需求可以分为_____、_____和_____。
5. 交易余额和预防余额主要取决于_____，投资余额主要取决于_____。
6. _____是指经济中的货币存量。
7. 流通中的货币（即通货）包括_____和_____。
8. 存款货币是指_____。
9. M_1 包括_____和_____，M_2 包括_____、_____、_____和_____。
10. 利率是由_____和_____决定的。
11. 货币供给量是由中央银行决定的，它不受利率的影响，因而货币供给曲线是一条_____线。
12. 在流动偏好不变的情况下，货币供给的增加在图像上表现为货币供给曲线_____移动，均衡利息率趋于_____。

(二) 单项选择题

1. 通货是指（　　）。
   A. 铸币、纸币　　B. 储蓄存款　　C. 活期存款　　D. 定期存款
2. 下列选项中，是 M_2 的一部分而不是 M_1 的一部分的是（　　）。
   A. 活期存款　　　　　　　　B. 储蓄存款
   C. 旅行支票　　　　　　　　D. 其他支票存款
3. 如果人们收入增加，则增加的将是（　　）。
   A. 货币的交易需求　　　　　B. 货币的谨慎需求
   C. 货币的投机需求　　　　　D. 以上任何一种
4. 当利率降得很低时，人们购买债券的风险将会（　　）。
   A. 变得很小　　B. 变得很大　　C. 不发生变化　　D. 难以确定
5. 人们在什么情况下倾向于减少手持现金？（　　）
   A. 债券价格趋于下降　　　　B. 债券价格趋于上升
   C. 债券价格不变　　　　　　D. 债券收益率不变
6. 如果流动性偏好接近水平状，这意味着（　　）。
   A. 利率稍有变动，货币需求就会大幅度变动
   B. 利率变动很大时，货币需求也不会有很多变动
   C. 货币需求不受利率变动影响
   D. 以上三种情况均可能存在
7. 货币乘数的大小与多个变量有关，这些变量是（　　）。
   A. 法定存款准备金率　　　　B. 现金存款准备金率
   C. 超额存款准备金率　　　　D. 以上都是
8. 按照凯恩斯的货币理论，货币供给增加将（　　）。
   A. 降低利率，从而减少投资
   B. 降低利率，从而增加投资
   C. 提高利率，从而减少投资
   D. 提高利率，从而增加投资
9. 当法定存款准备金率为 20%，商业银行最初所吸收的存款为 3000 货币单位时，银行所能创造的货币总量为（　　）。
   A. 20 000 货币单位　　　　　B. 80 000 货币单位
   C. 15 000 货币单位　　　　　D. 60 000 货币单位
10. 对利率变动反映最敏感的是（　　）。
    A. 货币的交易需求　　　　　B. 货币谨慎需求
    C. 货币的投机需求　　　　　D. 三种需求反应相同
11. IS 曲线上的每一点都表示（　　）。
    A. 投资等于储蓄的收入和利率的组合

B. 投资等于储蓄的均衡的货币量

C. 货币需求等于货币供给的均衡货币量

D. 产品市场和货币市场同时均衡的收入

12. IS 曲线表示（   ）。

A. 收入增加使利率下降　　　　B. 收入增加使利率上升

C. 利率下降使收入增加　　　　D. 利率下降使收入减少

13. 一般来说，位于 IS 曲线右方的收入和利率组合，都是（   ）。

A. 投资小于储蓄的非均衡组合

B. 投资大于储蓄的非均衡组合

C. 投资等于储蓄的均衡组合

D. 货币供给大于货币需求的非均衡组合

14. 政府购买支出的增加将使 IS 曲线（   ）。

A. 向左平移　　B. 向右平移　　C. 保持不动　　D. 斜率增大

15. 一般来说，IS 曲线左边的点，代表着商品市场的（   ）。

A. 过剩　　　　B. 短缺　　　　C. 均衡　　　　D. 过剩或短缺

（三）判断题

1. 法定货币是指所有的准货币。（   ）
2. 其他条件不变时，利息率越低，为满足交易需要的货币需求量越小。（   ）
3. 为持有金融资产的货币需求量与名义 GDP 呈负相关关系。（   ）
4. 家庭与企业在商业银行和其他金融机构的活期存款是货币供给 M_1 的组成部分。（   ）
5. 债券价格和利率之间是正方向变动关系。（   ）
6. 由银行持有的通货和硬币是货币供给 M_1 的组成部分。（   ）
7. 在准货币中，活期存款比定期存款的流动性更高。（   ）
8. 超额存款准备金是指法定存款准备金超过实际存款准备金的金额。（   ）
9. 当公众从中央银行购买政府证券时，货币供给增加。（   ）
10. 商业银行的存款准备金是商业银行的资产，也是保存该准备金的中央银行的负债。（   ）
11. 当商业银行收回已发放的贷款时，货币供给增加。（   ）
12. 实际存款准备金等于法定存款准备金加上超额存款准备金。（   ）
13. 整个银行系统可以提供数倍于其超额存款准备金的贷款是因为提供贷款对于整个银行系统来说不会引致存款准备金减少。（   ）
14. 法定存款准备金率的改变既会影响商业银行系统超额存款准备金的数量，也会影响商业银行系统运用超额存款准备金提供贷款的货币乘数值。（   ）
15. 如果货币供给量超过货币需求量，利率会下降。（   ）

（四）简答题

1. 中央银行的三种主要货币政策工具是什么？
2. 中央银行的两项主要负债是什么？
3. 持有货币的三种主要动机是什么？
4. 为什么当利率上升时，货币需求量会减少？
5. 简述 IS 曲线和 LM 曲线所描述的宏观经济含义。
6. 简述 IS-LM 模型。
7. 扩张性财政政策对经济萧条会产生怎样的影响？
8. 在凯恩斯陷阱区，为什么扩张性财政政策的产出效应最大？
9. 影响货币需求的因素有哪些？

第 14 章 宏观经济政策

> 【导学】宏观经济学的使命是要说明国家为什么必须干预经济，以及应该如何干预经济，即为国家干预经济提供理论基础和理论依据。正如美国著名经济学家、诺贝尔经济学奖获得者托宾所言："宏观经济学的重要任务之一就是表明如何能够运用中央政府的财政工具和货币工具来稳定经济。"

政府诸多宏观经济管理职能并非与生俱来。在很长一段时间内，政府的职能只是维护社会稳定与国家安全，并在此基础上实现收支平衡。那时，政府更像一个"守夜人"。市场经济本身固有的许多缺陷，使其在运行的进程中时常出现"市场失灵"，表现在微观与宏观两方面。特别是在产业革命以后，市场波动更是频繁不断，以 1923 年开始的世界范围的大萧条最为剧烈，其最显著的特征是大批银行与企业纷纷破产，失业率居高不下，而且持续时间较长。高失业率引起了社会乃至世界的动荡，市场机制对此似乎已无能为力。接着，美国开始了著名的"罗斯福新政"。罗斯福总统决定大量增加政府开支，旨在消灭社会头号"公敌"——失业。从此，市场经济国家拉开了国家干预经济的"序幕"。

14.1 宏观经济政策概况

14.1.1 宏观经济学流派

现代宏观经济学是混合的，它既包含古典经济学和凯恩斯主义经济学的分析方法，又吸收了一些来自经济学其他领域的独特观点。

凯恩斯主义经济学理论是需求方面的理论当中影响最为深远的，它对战后西方各国经济的恢复、增长和稳定起到了积极的作用。然而，进入 20 世纪 70 年代，尤其是两次石油危机后，凯恩斯倡导的国家干预经济的政策开始显现其弊端。由于政府过度使用"反周期"政策，形成了过高的财政赤字，通货膨胀持续高涨，并且出现了失业和通货膨胀并发的滞胀。正如传统经济理论无法解释 20 世纪 30 年代的经济大萧条一样，凯恩斯主义经济学理论也无法对 70 年代以后的滞胀现象做出令人满意的解释。在这种情形下，许多经济学家对凯恩斯主义经济学理论的内在合理性表示怀疑，并涌现出众多的经济学流派，其中以货币主义学派（Monetarists）、供应学派（Supply-side Economics）和理性预期学派（Rational Expectation）的影响为最大。他们的一个共同点是支持古典经济学派的主张，因而被称为新古典主义学派。但与此同时，那些仍信奉凯恩斯主义经济学理论的经济学家，则在吸纳古典理论中某些论点的同时，对凯恩斯主义经济学理论进行了改造和发展，形成了"新凯恩斯主义"（New Keynesian Economic）学派。总的来说，现代宏观经济学仍然是以凯恩斯主义经济学理论为基础的。

1. 需求方面的理论：货币主义理论

另一种需求方面的理论——货币主义理论强调了货币在总需求调节中的作用。货币主义理论以美国经济学家弗里德曼为代表，他提出了既区别于凯恩斯货币理论，又与传统货币数量论不同的"现代货币数量论"。他认为，财政政策由于存在挤出效应，因此是无效的，而货币政策，尤其是货币供应量的变化正是造成短期经济波动的原因。但从长期看，实际国民收入和就业水平是由实际变量决定的，与货币因素无关。因此，货币主义理论提倡"单一规则"的货币政策：因为利率、汇率和物价水平等因素是不可控制的，要实现经济稳定，只要保证货币供给量增长率与经济增长率相一致就可以了。可见，货币主义理论的政策主张的基调是经济自由，反对凯恩斯主义经济学理论的反周期政策，认为扩张性和收缩性的财政政策与货币政策是导致经济频繁波动和恶性通货膨胀的根源。

2. 供应方面的理论：供应学派理论

20世纪70年代中期兴起的供应学派理论也称供给经济学，其代表人物是欧根和拉弗。与凯恩斯主义经济学理论的需求管理相反，他们主张供给管理，即通过调节总供给来使总供给与总需求相适应，主要的政策手段是税收杠杆。供应学派的主要理论有"税收楔子模型"和"拉弗曲线"。

税收楔子模型指出，对工资收入征税，其实质是减少劳动者的实际工资收入或提高厂商雇用工人的成本，因而会导致劳动供给和劳动需求的同步减少；同样，对利润、利息征税会使资本的需求和供给同时减少。结果，增税政策会使劳动、资本等要素的投入减少，使总供给下降；减税政策则可使各种要素投入增加，使总供给上升。

拉弗曲线描述了税率与税收、税率与国民收入增长之间的函数关系。要使税收增加，使国民收入增长，税率不是越高越好，也不是越低越好，而是分别有一个恰当的比率。而且，能使国民收入增长最大化的税率往往要小于能带来政府收入最大化的税率，因此，政府要在两者之间做出选择。

3. 理性预期理论

理性预期理论也称为新古典宏观经济学，其代表人物是卢卡斯。所谓**理性预期理论**，就是各经济主体在掌握能够获得的有用信息的基础上，按理性原则处理它们所形成的预期。理性预期学派认为，凯恩斯主义经济学理论的政策会引起物价变动，但只有当价格水平的上涨率超过人们预期的价格上涨率时，就业和实际产出才会增加，即只有未被预期到的价格水平才对总供给有影响。但人们会从过去的经历中吸取经验，形成准确的预期，因此，宏观经济政策反复使用的结果是，政府的政策及其后果事先被人们预料到，人们会做出相应的对策从而使政策失效。如果说货币主义主张政府的任务是保持货币供应量的稳定，那么理性预期学派则进一步认为，任何形式的政府干预都是没有意义的。

目前，宏观经济学的争论主要集中在新古典主义学派和新凯恩斯主义学派之间，这实际上就是过去古典学派与凯恩斯学派之争的延续，争论的内容主要集中在以下两个方面。

（1）市场机制的有效性。

判断市场机制是否有效的核心是价格、工资是否具备充分的伸缩性。如果价格、工资具有充分的伸缩性，市场就会通过自我调节达到出清状态；如果工资和价格缺乏伸缩性，情况就会相反。

新古典学派从理性预期出发，认为人们的预期不是被动地重复过去，而是主动的、有理性的，人们能够利用现有的一切信息形成理性预期并指导自己的行动。由于理性预期的存在，价格、工资就具备充分的伸缩性，市场是能够出清的。新古典学派用实际商业周期模型解释经济波动，该模型认为，造成经济波动的原因在于技术进步。当技术进步发生时，生产力提高，进而工资提高，高工资吸引人们工作更长时间，从而带动产量和就业的增加；而当技术进步停滞时，经济衰退的情况就会出现。

新凯恩斯学派提出，即使理性预期存在，市场有时候也不会出清，因为信息问题和改变价格的成本使得某些价格具有刚性，这将导致宏观经济中产出和就业的波动。

（2）政府干预的必要性。

新古典学派认为价格、工资具有充分的伸缩性，市场能够自动出清，因此，政府干预经济是没有必要的。具体地讲，货币主义学派的基本观点是，在长期，实际国民收入和就业水平是由实际变量决定的，与货币因素无关；而在短期，货币决定着国民收入与就业水平的波动。因此，稳定货币是稳定经济的关键，政府的财政政策是无效的。而理性预期学派相信，由于理性预期的存在，政府的政策有可能事先被人们预料到，人们会做出相应的对策从而使政策失效。因此，货币主义学派和理性预期学派都不主张政府对经济进行干预。不过，货币主义学派主张政府的任务就是保持货币供应量的稳定，而理性预期学派则认为任何形式的政府干预都是没有意义的。新古典学派还认为，最好的政策工具不是"最优控制"，而是一种博弈。在博弈的情况下，政府要保持政策的连贯性，否则，良好的愿望可能导致灾难性的后果。

新凯恩斯学派则认为，由于市场机制本身存在缺陷，市场出清只是一种理想状态，因此，政府要担负起市场出清的任务，政府对经济进行干预是必要的。

由货币主义理论、供应学派理论和理性预期理论等涓流汇合而成的新古典宏观经济学，对20世纪70年代以后的宏观经济理论和政策产生了很大的影响，这些理论观点纠正了对凯恩斯主义经济学理论政策的滥用,提醒人们不能忽视市场机制的基础性作用。但这些流派都没能形成像凯恩斯主义经济学理论那样完整的理论体系。因此,在解决经济的周期性波动和萧条问题上,凯恩斯主义经济学理论至今依然是最核心的理论武器。

14.1.2　宏观经济政策的目标

宏观经济政策实行的主要目的是让经济能够稳定运行,进而减少经济波动带来的"阵痛"。在西方经济学体系中,这一目的是否达成可以从三个方面衡量:是否充分就业、物价是否稳定和经济是否增长,如果考虑到开放经济,那么还应该考虑国际收支是否平衡以及汇率是否稳定。

1. 充分就业

充分就业不是失业率为零。因为有些失业是在任何情况下都会存在的,如摩擦性失业,而且适度的失业率对经济是有益的,所以,失业率只能设法降低,但不能消除。例如,若没有失业的压力,就业者工作的效率就会降低,从这个角度来看,保持一定的失业率无疑是一种激励。那么,失业率应该为多少才与充分就业不矛盾呢?一般认为,一个经济社会的失业率仅为自然失业率时,该经济社会就可以被认为已达到充分就业。然而,确定自然失业率并非易事。例如,20世纪60年代,美国经济学家认为自然失业率的合理目标应为4%,事实证明这一水平太低,因为它引起了加速的通货膨胀。后来,经济学界对自然失业率估计值为6%,而20世纪90年代以来的事实表明,当失业率低于6%时,仍有可能保持物价稳定。

2. 物价稳定

国内的物价稳定是否指通货膨胀率为零,这也是一个有争议的问题。例如,弗里德曼认为最佳通货膨胀率是负数;而其他多数经济学家则认为最佳通货膨胀率应为正值,当然,这一数值有一定的界限,如果为2%~3%,对经济发展有利,一旦突破这一数值范围甚至达到10%以上,政府就必须介入加以干预。

3. 经济增长

经济增长可以促进国民收入的提高,但这并不意味着经济增长的幅度越高越好,当然也不是越低越好。那么,增长多少是合适的呢?一个基本的判断是,国民经济是否处于均衡状态,即总需求与总供给是否相一致。但当国民经济均衡时,并不一定是充分就业的,而充分就业时也许又会出现通货膨胀,三者难以求全。怎么办?一个合适的方法是力求使经济的实际增长率与潜在增长率相一致。潜在增长率也称为自然增长率,在理论上被定义为充分就业时的增长率,但在实际测算一国经济的潜在增长率时,往往用一个相当长时期的平均增长率来衡量。当经济的实际增长率超过潜在增长率时,经济有过热之嫌,反之,则是经济衰退。不同国家、同一国家的不同发展阶段,其经济的潜在增长率是不同的。因此，经济增长的目标要视具体情况而定。

4. 国际收支平衡与汇率稳定

在开放经济中，商品、劳务和资金在国家间流动，这种流动的价值表现就是国际收支。若一国在国际贸易中一直处于入超状态，则意味着最终需求的输出，本国货币就会贬值；反之，若一国在国际贸易中一直处于出超状态，则意味着最终需求的输入，本国货币就会升值。要维持本国货币的稳定性和国民经济的自主性，经济体就应该保持国际收支的基本平衡和汇率稳定。

政策调控的理想状态是：较低的失业率、较低的通货膨胀率和汇率相对稳定下的高经济增长率。但是，这些目标的充分实现往往是矛盾的。

这些目标的优先次序在不同国家和同一国家的不同历史时期各有不同。欧美国家在20世纪五六十年代的第一优先目标是充分就业与物价稳定；而在七八十年代，则偏重于稳定物价和四个目标的兼顾。至此，我们可以基本给出宏观经济政策的主要目标——充分就业且物价稳定。

案例讨论

如何刺激经济的增长：宏观经济政策的发展与演变

总供给和总需求曲线提供了三种可供政府选择的政策取向。而且在经济的历史发展过程中，这三种政策都被使用过。

1. 移动总需求曲线

总需求分析在短期中对宏观经济状况有着重要的影响，移动总需求曲线即找出并运用能刺激或紧缩总需求的政策工具。财政政策是20世纪60年代的主流，当时的经济由于减税和政府增加开支的刺激而异常繁荣。即使在今天，如果想增加内需，政府也要刺激企业的投资。

20世纪60年代末期的财政政策因为未能有效地控制通货膨胀而黯然失色。20世纪70年代，通货膨胀和失业共存——这一宏观失灵的现象（滞胀），使财政政策无能为力。

货币政策是20世纪70年代的主角。人们希望货币供给量的适度变化有助于宏观经济更加稳定。1996年5月1日—2004年10月29日，我国连续8次降息，利率越降越低，按理说，政府希望通过这种方式把民众的储蓄赶出来用以消费，但适得其反，个人储蓄却不断增加。根据前面的分析我们知道，影响消费的主要因素是家庭的实际可支配收入，所以，如果要刺激消费，应想办法提高家庭的实际可支配收入，而不是一味地降低利率。

2. 移动总供给曲线

移动总供给曲线，即找出并执行能降低生产成本或在每一个价格水平上刺激更多产出的政策杠杆。20世纪80年代,供应学派的政策变得重要起来。1980年的美国总统竞选中,里根就声称以减税为核心的供给方面的政策将降低通货膨胀和减少失业。尽管后来,里根当局采取的是财政、货币和供给学派的折中政策,但它最初对供给政策的强调却是与众不同的。

3. 什么也不做:自由放任的政策

自由放任思潮主张减少国家干预,加强市场机制的调节。例如,20世纪90年代,美国总统布什实行的就是减少干预的政策。当美国经济1990年滑向衰退时,布什总统仍然坚持其不干预政策。与古典经济学家一样,布什总统一直想让公众相信,经济会自动恢复到原来的状态。直到1992年大选,他才想到更积极的干预措施,但是为时已晚。选民被克林顿用财政政策来创造"工作,工作,工作"的许诺打动。1992年,美国总统克林顿上台后又强调了国家干预,希望依靠国家的力量振兴美国经济。

讨论:刺激内需和压缩产能分别属于何种政策?成效如何?

14.2 财 政 政 策

14.2.1 财政政策的概念

财政政策是指政府为了达到既定的经济目标,通过变动财政支出和财政收入(税收),以便影响总需求,进而影响就业和国民收入的政策。

财政政策可以调节国民经济中的总收入和总支出,抑制或刺激国民经济发展,此外,还具有调控宏观经济、调整经济结构、平衡地区经济、调节社会产品合理分配、防治环境污染等作用,是国家实现经济目标的工具之一。

1. 财政支出

财政支出又被称为公共支出,是指一国(或地区)为了完成其公共职能,对购买的所需商品和劳务进行的各种财政资金的支付活动,是政府必须向社会付出的成本。它可分为以下四类。

① 政府消费,包括政府支付给公共部门职工的工资,以及对经常性消费用的商品的消费。

② 政府投资,包括各种不同形式的资本支出,如道路、港口建设等。

③ 对私人部门的转移,包括退休养老金、失业保险金及其他福利支出等。

④ 公债利息。

有时为了简化,也可以把政府支出分为两大类:一是政府购买,包括政府消费与政府投资;二是转移支付,包括政府对私人部门的转移和公债利息。

2. 财政收入

财政收入是指政府为履行其职能、实施公共政策和提供公共物品与服务需要而筹集的一切资金的总和。财政收入的来源主要有税收、出售商品和劳务所得的利润、行政规费等。

（1）税收。

财政收入的最主要来源是各种税收。这些税收大致可分为以下三类。

① 所得税，包括个人所得税与企业所得税。所得税大多为累进税，收入越高，税率可累进地提高。通常情况下，所得税的纳税人无法把税收负担转嫁给他人，所以所得税又可称为直接税。

② 财产税，包括房产税、遗产税等。同样，财产税通常也无法转嫁，因而它也是直接税。

③ 货物税，即对生产、流通和消费等各个环节的货物征税，包括增值税、营业税、消费税、关税等。货物税可以由厂商转嫁给消费者，所以货物税是一种间接税。

各国税收收入结构极为不同，发达国家的直接税比重较大，而发展中国家的间接税比重较大，因此，发达国家所得税政策的变动对国民经济的影响要比发展中国家大。

（2）出售商品和劳务所得的利润。

政府收入的另一个来源是政府所有的企业出售商品和劳务所得的利润，这一收入的比重在各个国家中相差较大。例如，在美国，这一收入几乎不具有数量上的重要性，但它们在一些欧洲国家却比较显著，而在发展中国家，这一收入则常常十分显著。

（3）行政规费。

行政规费也是政府收入的一项来源。尽管它在政府收入中的份额较小，但在一些发展中国家，由于具体执行中的随意性，对于地方政府来说往往是不可或缺的。

当政府的财政收入不足以弥补财政支出时，就可以发行公债。发行公债，一方面可以增加财政收入，属于财政政策；另一方面会影响金融市场的扩张与收缩，进而影响货币供给与总需求，所以也是一种货币政策。

14.2.2 财政政策的分类

按照是否有人为的因素存在，我们可以将财政政策分为自动稳定的财政政策和相机抉择的财政政策。

1. 自动稳定的财政政策

某些财政政策由于其本身的特点，能随着经济周期性的变化而变化，使得政府的支出和税收能自动随经济的变化发生增减，从而对经济的波动有一种反方向的自动抵消作用。由于这种过程是一种非人为的自动调节过程，因此也称其为经济的"内在稳定器"。

具有"内在稳定器"作用的财政政策，主要是个人所得税、公司所得税及各种转移支付。

从税收角度考虑，若所得税采用的是累进税，则当经济衰退时，由于收入减少，税收也会自动减少，从而抑制了消费和投资的减少，有助于减轻经济萧条的程度；当经济繁荣时，由于收入增加，税收也会自动增加，从而也就抑制了消费和投资的增加，有助于减轻由于需求过大而引起的通货膨胀。

同样，从失业补助与其他福利支出的角度考虑，由于经济衰退时，失业人数和需要其他补助的人数增加，该类转移支出会自动增加，从而抑制了消费与投资的减少，有助于减轻经济萧条的程度；当经济繁荣时，失业人数和需要其他补助的人数减少，该类转移支出会自动减少，从而抑制了消费与投资的增加，有助于减轻由于需求过大而导致的通货膨胀。

"内在稳定器"一旦确立，便会自动发挥调节经济的作用，且具有时效短的特点。但是，这种"内在稳定器"调节经济的作用是十分有限的，它只能在一定的程度上减轻经济萧条或通货膨胀，并不能改变经济萧条或通货膨胀的总趋势。其作用就好比一个弹簧，能够承受的压力或拉力只能是一定的，一旦超过其承受范围，弹簧要么被压扁，要么被拉成线，失去自身的效用。所以当经济的波动比较剧烈时，仅仅靠"内在稳定器"来调节经济是远远不够的，这时就需要政府有意识地运用财政政策来调节经济。

2. 相机抉择的财政政策

相机抉择的财政政策是指政府根据不同时期的经济形势，相应地采取变动政府支出和税收的政策，是一种主动的人为调节政策。相机抉择的财政政策对经济的作用就好比驾驶汽车，汽车速度太快，就踩几下刹车，速度太慢，就加大油门，故而又常被称为"逆经济风向行事"。

根据对需求影响的方向不同，相机抉择的财政政策可以分为扩张性财政政策和紧缩性财政政策两种。

（1）扩张性财政政策。

扩张性财政政策在我国也称为积极财政政策，主要做法是扩大财政支出，降低税率，减少税种，以增加总需求。这类财政政策适用于总需求不足、经济不景气、失业增加的经济运行状态。

我国在1998年金融危机过后，经济运行状况特征为有效需求的不足，表现为个人和企业消费投资的疲软。为了扩大内需，我国在1998年发行了1000亿元长期建设国债投资，定向用于加快农林水利、交通、城市基础设施和环保、城乡电网建设与改造、中央直属储备粮库、经济适用房六个方面的建设。1999年、2000年又分别发行1100亿元和1500亿元的长期建设国债，在继续安排在建国债项目的同时，增加安排了重点行业技术改造、重大项目装备国产化和高技术产业化、环保与生态建设、教育基础设施等方面的建设。有数据表明，1998年国债项目投资带动经济增长了1.5个百分点，1999年带动了2个百分点，2000年带动了约1.7个百分点。

（2）紧缩性财政政策。

紧缩性财政政策即减少财政支出，提高税率，以控制总需求。这种财政政策适用于总需求过剩、通货膨胀较为严重时的经济运行状态。

例如，20 世纪 50 年代，法国为控制物价过快增长和需求过旺，提高了税率，如将电力、煤气、运输的税率提高了 15%。1993 年后，美国在较高的经济增长率条件下，实行了适度从紧的财政政策，加之失业率下降，失业救济支出也加速减少（"内在稳定器"作用），政府财政赤字也大大下降，美国出现了较长时期的高增长、低通货膨胀的良好局面。1975 年，澳大利亚经济陷入严重滞胀局面，财政赤字也迅速增加。为此，澳大利亚政府以治理通货膨胀为首要目标，采取紧缩性财政政策，取得了一定成效。

相机抉择的财政政策的主要内容是税收政策和政府支出的变化。与政府支出的作用相比，税收政策作为一个间接的手段，能够迅速地刺激投资从而作用于供给曲线，但是无法准确预期消费者的反应，因此效果是间接的；政府支出的变化能够明确特定行业和地区的目标，直接作用于总需求并发挥乘数作用，但是，在民主决策机制下又有所谓认识和决策的"时滞"（Time Lag）。

14.2.3 财政政策的效果

作为主要的宏观经济政策之一，财政政策调节经济运行的效果主要有如下几点。

1. 乘数效应

本书第 12 章讲过，财政支出的增减带来的国民收入的倍数变化的事实称为财政支出的乘数效应。其原理如下。

假设政府为了扩大需求，决定加大基础设施建设的力度，在基础设施建设上的支出增加了 100 亿元，那么很明显，这 100 亿元直接形成了当期的社会总需求。

这 100 亿元政府的支出又转化为相关企业和个人的收入，如基础设施建设单位和个人的收入。由于政府支出的增加，这些相关企业和个人的收入也随之增加，显然，收入的增加必然会带来企业投资和个人消费的增加，社会总需求又一次得以增加。

同理，这些企业投资和个人消费的增加作为支出又转化为其他企业和个人的收入，进而带动其他企业投资和个人消费的增加，使得社会总需求进一步增加。由此循环下去，政府最初增加的 100 亿元投资将导致社会总需求的倍数扩张。

显然，这种扩张的过程和效果主要取决于企业的投资意愿和公众的收入消费偏好，可以假定一个极端的情况，即在（2）中企业和个人将新增的收入全部存起，不用作任何消费和投资，那么，社会总需求的增加就是政府投入的增加，没有乘数效应。但是，如果社会公众将新增的收入全部用于消费，那么这个乘数效应将是无穷大。当政府支出减少时，则会出现总需求呈乘数缩小的过程。

2. 挤出效应

财政政策调节经济运行的另外一个效果是"挤出效应"（Crowding-out Effect）。

这是因为政府增加购买之后，引发利率上升，私人投资将会减少，相当于政府的购买"挤走"了私人的投资，所以称为**挤出效应**。政府支出的增加带来的是对商品和劳务需求量的增加。例如，基础建设需要筹措资金、购买原材料、雇用工人，但在一定情况下，这些资源是有限的，当社会本来没有多余的供给或供给不能满足政府需求增长时，政府对这些资源的需求必将造成资源价格的上涨，表现为原材料价格的上升、工人的紧缺，这些都将使得企业的生产成本增加、预期收益减少，在一定程度上会降低企业生产和投资的欲望。同样，物价的上升，也会在一定程度上减少消费者的购买行为，从而个人消费会相应减少。

所以，财政政策对需求的影响取决于财政政策的乘数效应和财政政策的挤出效应的力量对比，若是乘数效应高于挤出效应，则财政政策是有效的，反之，则是无效的。

此外，政府若是通过发行债券为财政支出筹资，那么其影响有以下两种情况。

第一，把债券卖给中央银行，称为**货币筹资**。这种方法的优点是政府不必还本付息，从而减轻了政府的债务负担；缺点是会增加货币供给量，从而引起通货膨胀。

第二，把债券卖给社会公众，称为**债务筹资**。这种筹资方法相当于向公众借钱，优点是不会增加货币量，也不会直接引发通货膨胀；缺点是政府必须还本付息，这就使政府背上了沉重的债务负担。

3. "时滞"和不确定性

所谓**时滞**，是指财政政策从制定到发挥作用需要的时间。首先，变动税率与决定预算方案应提交相关机构做集体讨论，所花费的时间称为**内部时滞**；其次，财政政策从实施到发挥作用也需要时间，称为**外部时滞**。前者是由各国政体决定的，后者取决于市场交易的周转速度。财政政策的时滞将对其效果产生较大影响。例如，有 A、B 两个经济社会的政府购买乘数同为 5，A 国在一年内即可使增加的国民收入达到 5 倍，B 国则需要 5 年时间才能达到这一效果，显然，即使 A、B 两国财政支出相同，效果也迥然不同。

所谓**不确定性**（Uncertainty），是指政府干预力度的效果因认识和执行的差距可能造成的调整过度（Overshoot）或调整不足（Undershoot）。因为"时滞""信息不完全"造成的不确定性，会造成总需求忽高忽低，反而使经济不稳定。

14.3 货币政策

14.3.1 货币政策和货币政策工具

1. 货币政策

货币政策主要是指一国的货币当局（通常是中央银行）通过对货币总量或利率进

行调节来影响社会总需求的一种方法。

2. 货币政策工具

在不同的经济形势下，中央银行要运用不同的货币政策来调节经济。我们把中央银行为实现货币政策目标所采用的政策手段称为**货币政策工具**。货币政策工具可分为一般性货币政策工具和选择性货币政策工具。

（1）一般性货币政策工具

一般性货币政策工具是指各国中央银行普遍运用的、对宏观经济整体产生影响的货币政策工具。一般性货币政策工具包括法定存款准备金率、再贴现和公开市场业务三种。

① 法定存款准备金率。本书第13章已经讲过，法定存款准备金是商业银行按照其吸收存款的一定比例向中央银行缴存的准备金，这个比例通常由中央银行决定，具有强制性，故被称为法定存款准备金率。提高法定存款准备金率时，商业银行可运用的资金减少，贷款能力下降，货币乘数变小，市场货币流通量便会相应减少。所以，在通货膨胀时，中央银行可提高法定存款准备金率；反之，则降低法定存款准备金率。由于通过货币乘数的作用，法定存款准备金率的作用效果十分明显，人们通常认为这一政策工具效果过于猛烈，它的调整会在很大程度上影响整个经济和社会心理预期，因此，中央银行对法定存款准备金率的调整都持谨慎态度。

② **再贴现**。**再贴现**是指中央银行通过将商业银行由于办理贴现业务而持有的未到期票据再次贴现，继而为商业银行提供融资的行为。当中央银行希望收缩信用量、减少货币市场供应量时，会提高对商业银行的再贴现率，增加商业银行借入资金的成本，进而影响商业银行对社会的信用量，从而达到收缩货币供给总量的目的；反之，则进行相反操作。

③ 公开市场业务。**公开市场业务**是指中央银行在金融市场上公开买卖有价证券（主要是政府债券），以此来调节市场货币供应量的政策行为。当中央银行认为应该增加货币供应量时，就会在金融市场上买进有价证券，释放出货币；反之，就会出售所持有的有价证券，回笼货币。

（2）选择性货币政策工具。

选择性货币政策工具是指中央银行针对个别部门、个别企业或某些特定用途的信贷所采用的货币政策工具。选择性货币政策工具主要分为两类：直接信用控制和间接信用指导。

① 直接信用控制。它是指中央银行以行政命令或其他方式，直接对金融机构，尤其是商业银行的信用活动进行控制。其具体手段包括规定利率限额、信用配额、信用条件限制、规定金融机构流动性比率和直接干预等。

② 间接信用指导。它是指中央银行通过道义劝告、窗口指导等办法来间接影响商业银行等金融机构的行为。

14.3.2 货币政策理论

根据对货币传导机制的不同解释，我们可以将货币政策理论分为两类：凯恩斯主义的货币政策和货币主义的货币政策。

1. 凯恩斯主义的货币政策

凯恩斯主义认为货币供给量变动影响利率，利率变动影响投资和总需求，从而影响社会总产量。

（1）凯恩斯主义货币政策的机制。

凯恩斯主义的货币政策是先通过对货币供给量的调节来调节利率，再通过利率的变动来影响投资和总需求的货币政策。其机制是

$$货币供给量\rightarrow 利率\rightarrow 投资\rightarrow 总需求。$$

在这种货币政策中，政策的直接目标是利率，利率的变动是通过调节货币供给量来实现的。所以，调节货币供给量是手段，调节利率是中间目的，通过利率的变动影响投资，进而影响总需求，总需求变动才是凯恩斯主义货币政策的最终目标。

（2）政策主张及应用。

在实践中，凯恩斯主义的货币政策根据不同的需要也分为扩张性的货币政策和紧缩性的货币政策。政府根据宏观经济形势的变化，相机调整货币政策。

在萧条时期，总需求小于总供给，为了刺激总需求，就要运用扩张性货币政策，其中包括在公开市场上买进有价证券、降低贴现率并放松贴现条件、降低法定存款准备金率等。这些政策可以增加货币供给量，降低利率，刺激总需求。

例如，20 世纪 80 年代后，美国主要用货币政策干预经济。1990 年 7 月—1991 年 3 月，美国经济陷入衰退，美联储 7 次调低贴现率，由原来的 7% 调减至 1992 年的 3%，促进了美国经济的复苏。在经历了 90 年代长达 108 个月的高增长、低通货膨胀局面后，美国经济于 2001 年年初陷入衰退状态，为此，美联储主席在一年之内 11 次采取降息行动，联邦基金利率从年初的 6.5% 降至年末的 1.75%。在货币政策的调节下，加之其他政策的配合，2002 年年初美国经济出现了复苏势头，经济增长加快。

在繁荣时期，总需求大于总供给，为了抑制总需求，就要运用紧缩性货币政策，其中包括在公开市场上卖出有价证券、提高贴现率并严控贴现条件、提高法定存款准备金率等。这些政策可以减少货币供给量，提高利率，抑制总需求。

例如，美国克林顿政府时期，经济出现了多年的高增长、低通货膨胀局面，其重要原因是运用了适当的货币政策。美联储根据经济形势的变化，灵活地多次小幅度地提高再贴现率，防止了经济过热。再如，20 世纪 70 年代初，为了抑制通货膨胀，法国中央银行多次提高贴现率，由 1972 年的 5.75% 提高到 1973 年的 11%，再提高到 1974 年的 13%，稳定了物价。

（3）凯恩斯主义的货币政策的分析。

在凯恩斯主义货币政策的传导机制中，货币供给量的变化能不能对最终需求产

生影响，取决于两个因素：货币供给量变化对利率的影响和利率的变化对投资的影响。

当利率已经很低时，不管增加多少货币供给量，人们都会选择持有货币，所以利率不会被有效地降低，本书第 13 章已经讲过，这种情况称为流动性陷阱。显然在这种情况下，凯恩斯主义的货币政策无效。

即使利率变化了，但是企业的投资对该利率的变化并不是很敏感时，凯恩斯主义的货币政策同样无效。比如，当经济处于飞速扩张时期，由于对未来的良好预期，即使货币供给量减少，利率变高，企业的投资欲望依然强烈。而当经济处于长久衰退时期，由于对未来的悲观失望，即使货币供给量增加，利率变低，企业的投资欲望依然处于低潮。

另外，即使这种传导机制有效，但是从货币的总量变动到利率变动，再到投资和消费的变动，其作用的过程也是比较长的，有一定的时滞。

2. 货币主义的货币政策

（1）主要思想。

货币主义者的理论基础是现代货币数量论，现代货币数量论重点分析货币的需求，其代表人物是弗里德曼。

货币需求函数是一个多元函数，货币需求取决于个人财产及各种形式资产（债券、股票等）的收益率，其中最重要的是个人财产。我们用个人的收入来代表个人财产，并用持久收入假说来解释个人收入的稳定性，从而可证明货币需求函数是一个稳定的函数。

在货币需求函数稳定的情况下，决定经济的就是货币供给量。在短期中，货币供给量的变动既影响价格，又影响产量（即影响名义国民收入）。但在长期中，货币供给量只影响物价水平，而不影响产量。在短期中，货币对个人财产量的影响不是通过对利率的影响来实现的，而是通过对不动产、债券、股票等众多形式的资产价格的影响来实现的。

货币主义者认为货币供给量的增加会引起支出增加，支出增加会使各种资产价格上升，进而使投资和收入增加。不过由于这种影响的机制很复杂，货币量变化是如何具体地影响总需求的很难表述清楚，因此，货币主义者的货币政策理论又被戏称为黑箱理论，就好比变魔术一样，一边货币供给量发生变化，另外一边需求量也相应地发生变化，但至于为什么会这样，就像一个黑箱一样充满了问号。

（2）政策主张。

货币主义者认为，在短期内利用货币政策来刺激经济可能是有效的，但在长期中，会埋下通货膨胀的隐患，从长久来看，货币量的增加只对物价水平产生影响，而不会对实际产出产生影响。故而货币主义者认为，货币政策不应该是一项刺激总需求的政策，而应该是稳定物价、为经济运行创造良好的环境的政策。因为只有物价稳定才会有经济的长期繁荣，所以货币主义者的政策主张是，无论经济处于繁荣还是衰退，货币供给量都应按一个固定的比例增加，不能为了刺激或抑制经济活动而改变货币供给量增加的比例，这也被称为**简单规则的货币政策**，或**单一规则**。

由于货币主义者认为货币供给量和物价之间存在着很强的关系，因此其货币政策的主要内容就是通过控制货币供给量来稳定物价。

（3）实际应用。

货币主义的货币政策在20世纪80年代受到各国重视并被广泛采用，最早采用这种政策的是英国。20世纪70年代末，撒切尔夫人担任首相后面临着通货膨胀和经济衰退的双重压力。由于撒切尔夫人信奉自由市场经济，于是大刀阔斧地实行私有化政策，同时，公开宣布采用货币主义的货币政策，严格控制货币发行量，以降低通货膨胀率。因此，英国被称为现代货币主义的"实验室"，结果是通过实施该政策，英国实现了物价稳定和经济复兴。

同样，1980年美国总统里根上台后，也采用了这种政策。当时的美联储主席沃尔克顶住了来自各方的压力，实行严格的货币紧缩政策，使美国短期内的通货膨胀率由两位数下降到3%左右，为当时美国经济的振兴创造了条件。

近年来，越来越多的国家采用了中性货币政策。这种政策与货币主义的货币政策相类似，目的不是刺激经济或抑制经济，而是把稳定物价作为货币政策的唯一目标。中性化就是使货币政策不直接影响经济活动，它与弗里德曼主张的货币政策单一规则的不同之处在于，该政策不是规定一个固定的货币增长比例保持不变，而是根据稳定物价的需要来调节货币供给量。这种政策不把通过利率来影响经济作为货币政策的目标，只是为市场机制正常发挥作用创造一个物价稳定的良好环境。

14.4　宏观经济政策选择

14.4.1　财政政策与货币政策的关系

财政政策与货币政策的运用是互为条件和相互补充的。这具体表现在以下几个方面。

① 在长期内，两种政策的目标一致，即防止通货膨胀，促进经济增长、充分就业和保持国际收支平衡。

② 两种政策的实现手段具有交叉性，财政政策能否顺利实施并取得成效与货币政策的配合密不可分。

③ 在作用机制上，两种政策都是通过调节社会资金来影响国民经济运行的。

但两者又各有特点。

① 财政政策更具控制性和时滞性，而货币政策更具灵活性。

② 财政政策实施作用大、速度快、预测性强，但决策时间比较长，必须经过立法和国会审批等程序，有时候其决策的时滞会使政策实施赶不上经济形势的变化；货币政

策则决策快、独立性强，受政治干扰小。

③ 财政政策作用的主要对象是消费支出，特别是税收政策主要影响消费；而货币政策作用的主要对象则是资本支出，影响主要体现在投资方面。

14.4.2 财政政策与货币政策的组合

财政政策与货币政策只有互相协调、相互配合，才能取长补短，才能实现预期的宏观调控目标。

财政政策与货币政策的组合存在一个问题，即财政政策与货币政策的目标并不总是一致的。虽然两者的长期目标一致，但是在短期内，两者的目标可能会不同。例如，当政府采取扩张性的财政政策时，经济开始上升且失业率下降，但会伴随着通货膨胀与利率上升，而且越接近于充分就业，通货膨胀越明显。此时，中央银行的目标应该是保持货币供给稳定、利率不变，还是应该确保收入稳定呢？此时，货币政策的目标不同，会产生不同的结果。

1. 扩张性的财政政策与紧缩性的货币政策

如图14-1所示，假定目前一个经济社会处于LM_0与IS_0的交点E_1处。政府认为此时失业率太高，欲采取扩张性的财政政策，以推动IS曲线向右移动至IS_1。如果中央银行以货币供给量不变为目标，则LM_0曲线不变，均衡点将由E_1点移动至E_2点，结果经济中利率上升，国民收入增加，但是伴随着经济增长，时常会出现通货膨胀。如果中央银行以控制通货膨胀为目标，就必须维持收入稳定。对此，中央银行可采用紧缩性的货币政策，使LM_0曲线向左移动至LM_1，使均衡点在E_3。从图14-1中可以明显地看出，E_3点的利率高于E_1点的利率，说明扩张性的财政政策与紧缩性的货币政策组合必定会导致利率上升。E_3点与E_1点的国民收入则相当接近，这是因为：一方面，扩张性的财政政策增加了支出，刺激了总需求；另一方面，中央银行降低货币供给量进一步提高了利率，抑制了私人投资。这两方面的作用正好抵消，使国民收入保持稳定，从而也控制了通货膨胀。

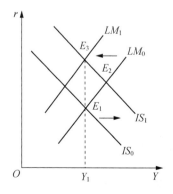

图14-1 扩张性的财政政策和紧缩性的货币政策

美国在卡特政府所处的时代中就曾出现这种政策组合，卡特政府使用的财政政策一直是扩张性的。在这种政策的作用下，1979年美国的失业率降至6%，接近于充分就业。伴随着失业率下降，美国的通货膨胀开始抬头，加之第二次石油危机使得通货膨胀进一步加剧。于是，美联储采取了紧缩性的货币政策，大幅削减了实际货币供给量。结果是美国国债利率开始节节攀升，实际利率从1980年的2%上升至1984年的5.2%。这一政策组合成功地降低了通货膨胀率，但是也带来了经济衰退。产生经济衰退不难理解，在图14-1中，从E_1点至E_2点是由扩张性的财政政策引起的经济增长，而从E_2点至E_3点是由紧缩性的货币政策引起的经济衰退。

2. 扩张性的财政政策与扩张性的货币政策

如果中央银行的目标是保持利率稳定，那么可能会出现不同的结果。如图14-2所示，政府采取扩张性的财政政策，推动IS_0曲线右移至IS_1，均衡点将由E_1点移动至E_2点。如果到了E_2点，经济仍未走出衰退，而政府的财政政策又受到了赤字的约束，已无力进一步扩张，那么，此时经济复苏的任务便由中央银行承担。中央银行可以采取扩张性的货币政策，以推动LM_0曲线向右移动至LM_1，均衡点将由E_2点移动至E_3点。从图14-2中可以看出，经过上述的移动后，国民收入将增加。从最终的结果来看，利率保持相对稳定。

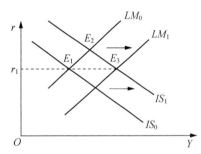

图14-2 扩张性的财政政策和扩张性的货币政策

需要指出的是，扩张性的财政政策与扩张性的货币政策的这种组合只有在经济深度衰退时才可使用，否则会引发剧烈的通货膨胀。类似于大萧条的经济深度衰退在当前社会中已不常见了，所以使用这一组合须十分小心。更多情况下，中央银行会采取介于紧缩性与扩张性中间的一种货币政策，让利率从E_2点缓慢下降至E_3点。例如，1990年，美联储采取了这一策略，一开始让利率缓慢下降，当预计由石油价格上升引起的通货膨胀是短期的时候，才开始大幅度削减利率，采取扩张性的货币政策。事实表明，这一策略是成功的。

3. 紧缩性的财政政策与扩张性的货币政策

这一政策组合如图14-3所示，经济社会原处于E_1点，在LM_0与IS_0交点处。假定政府开始增加所得税，实行紧缩性的财政政策，由此推动IS_0曲线左移至IS_1。

如果中央银行货币供给不变,均衡点将由 E_1 移动至 E_2,国民收入减少且利率下降。不过,一旦中央银行以稳定国民收入为目标,它就会采取扩张性的货币政策,从而推动 LM_0 向右移动至 LM_1,均衡点则由 E_2 移动至 E_3。一方面,较高的税收抑制了消费,另一方面,利率下降刺激了私人投资,两方面作用相互抵消,使国民收入得以稳定。尽管收入变化不大,但是资源配置发生了变化,公众对消费品的需求降低了,但对投资品的需求增加了。

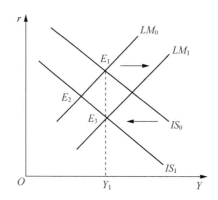

图 14-3 紧缩性的财政政策和扩张性的货币政策

4. 紧缩性的财政政策与紧缩性的货币政策

这一政策组合如图 14-4 所示,政府开始增加所得税,实行紧缩性的财政政策,首先利率下降,同时国民收入减少,均衡点由 E_1 移动至 E_2。如果中央银行以稳定利率为目标,它会同样采取紧缩性的货币政策,从而推动 LM_0 向左移动至 LM_1,使均衡点由 E_2 移动至 E_3,使利率稳定。

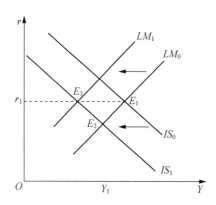

图 14-4 紧缩性的财政政策和紧缩性的货币政策

从前面的分析中,我们可以得知财政政策与货币政策会相互影响,因此,当分析一种政策的变动时,我们必须做出它对其他政策影响的假设。至此,也许会产生以下两个疑问。

第一,为何中央银行不能始终与政府保持一致?这是因为在一些国家中,中央银行相当独立。对此,有人赞同,也有人反对。赞同的人认为政府的束缚较之中央银行多,政府的行为更为短期化,中央银行的独立性可以使其有更长远的计划。有资料显示,一国中央银行的独立性越强,该国的通货膨胀率越低。

第二,如果中央银行独立,那么它究竟应保有何种目标,是保持利率稳定、货币供给量稳定,还是保持物价稳定?这取决于当时的情况,以及背后的政治考虑。从某种程度上来说,我们前面所分析的只是简单技术,相比之下,实际经济情况比我们的分析要复杂得多。目标的选择,以及政策的制定更像一门艺术。我们可以讲述技术,但无法传授艺术。

14.4.3　财政政策和货币政策的相对效果

如果是以 IS-LM 模型对财政政策和货币政策的效果进行分析,那么我们可以将各种政策效果的分析全部汇总到表 14-1 中。

表 14-1　财政政策和货币政策的效果分析

政策效果		财政政策（*IS* 曲线的移动）		货币政策（*LM* 曲线的移动）	
		一般情况	挤出效应	一般情况	利率
IS 曲线的斜率	垂直	完全	无挤出	无效	大
	↑	越明显	越来越小	越不明显	↑
	水平	小	大	完全	小
LM 曲线的斜率	垂直	无效	完全挤出	完全	大
	↓	越明显	越来越小	越不明显	↓
	水平	完全	无挤出	无效	小

从表 14-1 中可以看到,财政政策变动,即 *IS* 曲线移动时:*IS* 曲线本身的斜率越大,财政政策效果越显著;*LM* 的斜率越小,财政政策效果越显著。货币政策变动,即 *LM* 曲线移动时:*LM* 本身的斜率越大,货币政策效果越显著;*IS* 的斜率越小,货币政策效果越显著。

14.4.4　各种政策杠杆

表 14-2 对各种各样的宏观经济工具(政策杠杆)做了简要的总结。其中每一种政策手段都能明显地改变"生产什么、如何生产和为谁生产"这样的基本经济问题的答案。

表 14-2　各种政策杠杆

政策类型	政策工具
财政政策	减税和增税
	改变政府支出
货币政策	公开市场操作
	法定存款准备金率
	贴现率
供给学派的政策	投资和储蓄的税收激励
	解除管制
	教育和培训
	移民政策
	贸易政策

案例讨论

美国经济政策变迁

回顾1980年以来的历届美国总统执政时期，从里根时期（1981—1988）的供给侧改革，老布什时期（1989—1992）的海湾战争，克林顿时期（1993—2000）的"新经济"，到小布什时期（2001—2008）的地产泡沫和2009年以来奥巴马时期的持续QE政策，每一任总统任期内经济和政策方向都有明显的特征和变化。回顾历任总统任期内的政策方向和经济、市场变化，有利于我们更好地理解未来。

里根时期（1981—1988）：推行供给侧改革，经济见底回升

在1981年里根就任美国总统之初，美国经济面临严重的滞胀问题，此外经济还面临如政府开支过大、财政赤字、政府管制过多、税率过高等问题。因此里根政府采取了一系列措施对抗通货膨胀并刺激经济增长的措施，其中主要包括紧缩性的货币政策以抑制通货膨胀、减税、压缩政府开支、放开政府管制、减少国营事业等，这一系列政策措施也成为里根经济学的主要内容。紧缩性的货币政策导致里根上任初期（1981—1982）的经济快速下行。

幸运的是，1983年之后，供给侧改革即开始见效，美国经济开始见底回升。失业率从1982年11月最高的10.8%开始回落，至1984年里根总统参加第二轮选举时已经降至7.2%，同时美国GDP也快速从1982年第三季度最低的−2.6%回升至1984年第一季度最高的8.5%。在里根的第二个任期（1985—1988）内，美国经济持续繁荣，失业率较低，股市持续上涨。在1982年7月之后，通货膨胀降低，失业率下行，经济改善，股市同样见底反弹，从1982年7月至1988年证券市场表现为牛市，标普500指数累计涨幅160%。

老布什时期（1989—1992）：加强政府干预，1991年经济再次衰退

老布什上任初期，经济主要面临三大难题：财政赤字、贸易逆差、通货膨胀压力。

老布什总统上任后，政策上出现一系列变化：首先是1989—1990年采取紧缩性的货币政策，抑制通货膨胀；其次是为了降低财政赤字，大幅压缩军费开支；最后改变了里根时期减少政府干预经济的做法，提出加强政府经济调节的一系列政策措施。但实际上，削减财政赤字和加强政府干预的做法并未收到良好效果，美国经济在1991年再次陷入衰退。失业率从1990年6月的5.2%开始持续上升，在1992年6月达到最高的7.8%，GDP从1989年第一季度的4.3%回落至1991年第二季度的-0.5%。

由于任期内出现了经济衰退且失业率较高，老布什在1992年竞选中失利，败给了紧紧抓住经济议题的克林顿。在老布什在任期间，紧缩性的货币政策和经济衰退也引发了股票市场的大幅波动。1989年10月13日，标普500指数曾单日暴跌6%。1990年7月至1991年10月，标普500指数快速回落，从356点回落至298点，调整幅度达16%。

克林顿时期（1993—2000）：鼓励创新，迎来"新经济"时代

克林顿上台后，针对里根政府和布什政府遗留的两大难题——巨大的财政赤字和沉重的联邦债务，提出增税节支、削减财政赤字的具体办法，即对富人增税、对中产阶级减税、精简机构、削减政府开支，以及进行福利制度改革等。在刺激经济增长的政策方面，克林顿主张增加公共投资，提倡"公平贸易"，把开拓海外市场、扩大对外贸易置于对外战略的优先地位。产业政策方面，克林顿政府鼓励创新，扶持高科技产业发展，加大了对高科技产业的倾斜政策，大力倡导"信息高速公路"等高科技产业，推动了互联网产业的发展。

在克林顿任期之内，美国经济迎来高增长、低通货膨胀的新经济时代。这受益于克林顿政府"信息高速公路"等高科技产业扶持政策，该政策使美国互联网产业高速发展，并于1998年进入白热化状态。证券市场受益于技术进步，使经济持续繁荣，1997年亚洲金融危机引发的资金回流美国，最终导致1998—2000年互联网泡沫的产生。从1992年至2000年年初互联网泡沫破灭之前，标普500、道琼斯指数、纳斯达克最大涨幅分别达到280%、273%、790%。

小布什时期（2001—2008）：地产市场繁荣成为经济主要推动力

2000年小布什第一次成功竞选总统时期，美国经济正处于互联网泡沫破灭、经济快速下行时期。因此刺激经济发展成为小布什上任初期的首要任务，为刺激经济发展，小布什政府采取了扩张性的财政政策，即一方面大规模减税，另一方面扩大政府财政支出，并且重视社会保障和医疗改革。在对外贸易政策上，小布什主张通过刺激出口来促进经济回升和就业增长，推行自由贸易和公平贸易。在"9·11"事件之后，反恐和国家安全也成为政策重心，随后美国于2001—2003年先后发动阿富汗战争、伊拉克战争等一系列反恐战争，投入了巨额的军费开支。

2003—2007年，美国经济逐渐复苏，房地产市场繁荣成为经济复苏的重要推动力。2000—2005年，美国房地产市场持续繁荣，房价持续上涨，美国标普CS房价指数反映，美国2000—2005年10个大中城市房价涨幅平均在14%以上，住宅类固定资产投资在整体固定资产投资中占比从20%提高到30%。

2004年之后,为抑制潜在通货膨胀压力和房地产价格上涨,美联储采取了偏紧的货币政策,紧缩性的货币政策导致2005年后房地产市场快速降温,也成为引发2008年次贷危机的导火索。在小布什任期内,美国的证券市场大幅震荡。2000年3月到2002年10月,美国的股市持续下行,标普500指数最大调整幅度为53%。2002年10月后美国市场见底回升,证券市场持续上涨。从2002年10月至2007年10月次贷危机爆发前,标普500指数累计最大涨幅达91%。

奥巴马时期(2009—2016):QE时代

奥巴马在2008年次贷危机爆发时期参加总统竞选,因此,他上任初期政策以推动经济复苏、创造就业为目标。

从2008年至2012年年末,美联储共推出了4轮"QE计划"来刺激经济增长。除此之外,其他的刺激经济增长的政策还包括扩大政府开支、减税、实施大规模金融救援计划、房市救援计划等。在奥巴马第二任期内,由于经济得到缓慢改善,金融市场相对稳定,因此政策重心也有所改变,具体体现在两个方面:财政方面,削减财政支出,向富人增税,改革社会保障和医疗保健制度等;产业政策方面,重振制造业,宣布向制造业回归,大力发展先进制造业。此外促进商品和服务贸易出口、完善金融改革、鼓励清洁能源和多种能源共同发展等也是奥巴马第二任期内的政策重点。

自2009年以来,美国经济缓慢复苏。失业率从2009年7月最高的10%回落至2019年的3.6%,失业率已经降至历史低位。

讨论:如果一个经济体遭遇外需不振、内需不足的问题,你认为应该采用何种政策?

 延伸阅读

供给管理与供给理论

供给管理是要通过对总供给的调节,来达到一定的政策目标的宏观经济政策工具。供给管理包括控制工资与物价的收入政策、指数化政策、改善劳动力市场状况的人力政策,以及促进经济增长的增长政策。

和罗斯福与凯恩斯经济思想相比,里根和供给学派的关系恰恰与前者相反。就罗斯福与凯恩斯主义而言,是先有罗斯福的经济政策实践,后有凯恩斯的经济思想,而里根从竞选开始,在其竞选班子和竞选纲领中,就深深地打上了供给学派的烙印。也可以说,供给学派一开始就是作为一种经济政策主张而出现的。在这里,我们先探讨供给学派的理论,再按照其逻辑顺序介绍供给管理的实践和政策。

在一般人的印象中,美国把供给学派的理论变成政府的政策,是在里根当政的年代。其实，早在1962年，蒙德尔就针对美国政府出现的国际收支逆差，提出了减税的政策主张。他说："唯一正确的做法是减税，然后通过收紧银根来保护国际收支平衡。"当时美国政府也认为蒙德尔的理论是有道理的，但未将其变为政府的政策。20世纪70年代，蒙德尔在财政部关于如何走出滞胀的咨询会上，再一次提出提高利率以保护美元和减少税收以刺激经济的政策主张。然而，这一政策建议依然受到了大多数人的反对，他们担心减税会加重财政赤字。

后来的情况大致如此：先是拉弗在蒙德尔的帮助下，发展了供给学派的观点。后来，拉弗把他的观点介绍给《华尔街日报》主笔祖德·万尼斯基，后者成了拉弗观点的热情支持者。万尼斯基把供给学派的理论兜售给了华尔街日报的编辑，华尔街日报的编辑把这个观点当成了该报社论中讨论的固定主题。万尼斯基还撰写了一本题为《世界发展之路》的小册子，解释和支持拉弗的观点。拉弗的观点一旦流入共和党国会议员的血液中，便迅速地扩散开来。这就是说，供给学派的理论和政策主张，由蒙德尔开始，经过曲折的道路到拉弗那里，才引起了普遍的关注和政府的采纳。

拉弗介绍供给学派理论的杰作是"拉弗曲线"。这是拉弗在一次早餐时在餐巾上画出的。这条曲线描述了一个无可辩驳的真理，即超过某一点以后，提高税率将会强烈地抑制纳税者的经济活动，以致税收收入会减少。也就是说，税率太高，纳税者觉得不划算，因而不愿意生产，税收反而减少了；税率低到某一点，人们认为值得干，税收收入反而会更多。据此，供应学派试图通过减税给人们以更大的税后刺激，促使人们更努力地工作，更多地投资，更好地发明创造，更勇于承担风险。他们认为，人们的这些行为，会提高生产率、增强经济实力、降低通货膨胀。

可以说，供给理论从一开始就是一个着重于政策方面的经济学理论，这也就是里根竞选纲领的核心理论。因此，1981年里根当选为总统时就着重于需求管理的政策，大体内容如下：大幅度降低个人所得税——每年削减10%，共削减了3年。此外，里根政府还大幅度降低企业投资所得税；大力压缩计划中的非国防开支；减缓和稳住货币增长速度，促使通货膨胀率下降；大大减少政府管制；大力扩充国防开支；在几年内，使联邦预算达到平衡。

当然，这些经济政策实行起来是相当复杂的，如减税以后继续增加国防开支的经费问题。于是在后来的预算中，就包括了在降税的基础上小幅度增税，略微收缩联邦开支，把联邦收入稍稍高估一点和把联邦开支稍稍低估一些的变通做法。

现在看来，靠供给学派理论支持的供给管理，虽然没有取得他们在竞选时所承诺的美好结果，但在提高竞争力、促进美国经济健康发展方面却有明显成效。从长远来看，则如不少学者指出的那样，正是这种政策效应支持了美国自20世纪90年代以来所保持的经济长期繁荣。供给学派的先驱蒙德尔获得诺贝尔经济学奖，也可以作为支持这一判断的证明。

复习与练习

【关键概念复习】

在 B 栏中寻找与 A 栏中术语相应的解释,并将序号填在术语前边。

A	B
政策目标	1. 经济当事人对价格、利率、利润或收入等经济变量未来的变动做出符合理性的估计
政策工具	2. 为促进就业水平提高,减轻经济波动,防止通货膨胀,实现稳定增长而对政府支出、税收和借债水平所进行的选择
财政政策	3. 20 世纪 70 年代中期和 80 年代初期流行的学派,主要从供给的角度来分析问题
"内在稳定器"	4. 中央银行通过控制货币供给量,进而调节利率,以便影响投资和整个经济,以达到经济目标的行为
挤出效应	5. 按单一的规则控制货币供给量,其货币增长速度等于经济增长率加上通货膨胀率
货币政策	6. 指财政制度本身存在的一种会降低经济波动幅度的机制
单一原则	7. 扩张的财政政策带来个人消费和私人投资减少
政策时滞	8. 实施经济政策的目的
理性预期假设	9. 通过调节宏观经济的总需求来达到一定政策目标的宏观调控的方式
需求管理	10. 实施经济政策的手段
供给学派	11. 从政策在客观上需要实行到政策实行产生实际效果的时间

【思考与练习】

(一) 填空题

1. 宏观财政政策包括_____政策和_____政策。
2. 财政支出政策是指_____。
3. 按照社会保险制度,福利支出在萧条时期趋于_____,从而对国民收入起着_____作用。另外，它在繁荣时期趋于_____，从而对国民收入起着_____作用。

4. 如果政府只增加支出，而没有相应地增加税收，或者只减少税收，而没有相应地减少支出，政府的预算将出现_____。

5. 按照凯恩斯货币理论，货币供给量增加将使得利率_____、投资_____。

6. 在凯恩斯区域内，_____政策有效。

7. 在古典区域内，_____政策有效。

8. 按照凯恩斯的货币理论，如果利率上升，货币需求将_____。

9. 中央银行在公开的证券市场上买入政府债券会使货币供给量_____。

10. 紧缩性的货币政策有_____、_____、_____。

11. 提高法定存款准备金率，货币供给量将_____。

12. 通过借债来支持政府支出增加会导致利率上升，从而使投资支出下降，这称为_____。

13. 利用税收、支出和债务管理等政策来实现国民收入的预期水平，称为_____。

(二) 单项选择题

1. 宏观经济政策的目标是（   ）。
   A. 充分就业和物价稳定
   B. 物价稳定和经济增长
   C. 充分就业、物价稳定、经济增长和国际收支平衡
   D. 充分就业和公平

2. 不属于"内在稳定器"的是（   ）。
   A. 政府购买   B. 个人所得税
   C. 政府转移支付   D. 公司所得税

3. "内在稳定器"的作用效果是有限的，因为（   ）。
   A. 在经济衰退时内在稳定器会导致财政盈余出现
   B. 在通货膨胀时转移支付和补贴会增加，在经济衰退时会减少
   C. 其抵消经济波动的功能没有直接改变政府支出那么强
   D. 无论处于经济周期的哪个阶段都会使价格水平上升

4. 属于紧缩性财政工具的是（   ）。
   A. 减少政府支出和减少税收   B. 减少政府支出和增加税收
   C. 增加政府支出和减少税收   D. 增加政府支出和增加税收

5. 如果存在通货膨胀缺口，应采取的财政政策是（   ）。
   A. 增加税收   B. 减少税收
   C. 增加政府支付   D. 增加转移支付

6. 在经济处于严重衰退时，恰当的货币政策应当是（   ）。

A. 减少政府支出 B. 降低利率
C. 使本国货币升值 D. 提高利率

7. 经济中存在失业时，应采取的财政政策是（　　）。
   A. 增加政府支出 B. 提高个人所得税
   C. 提高公司所得税 D. 增加货币发行量

8. 经济过热时，政府应该采取的货币政策是（　　）。
   A. 减少财政支出 B. 增加财政支出
   C. 扩大财政赤字 D. 减少税收

9. 财政政策（　　）。
   A. 涉及政策支出和税收水平
   B. 包括创造工作岗位计划
   C. 包括最低工资安排，所有的工人至少可以得到一个公平的工资
   D. 包括失业保险计划

10. 如果经济陷于严重衰退，正确的货币政策和财政政策应该是（　　）。
    A. 卖出政府证券，提高法定存款准备金率，降低贴现率，出现财政盈余
    B. 购买政府证券，降低法定存款准备金率，降低贴现率，出现财政赤字
    C. 购买政府证券，降低法定存款准备金率，提高贴现率，出现财政盈余
    D. 购买政府证券，提高法定存款准备金率，提高贴现率，出现财政盈余

11. 如果经济中发生了严重的需求拉动型通货膨胀，正确的政策应包括（　　）。
    A. 在公开市场上购买证券，提高贴现率，提高法定存款准备金率，发生财政赤字
    B. 在公开市场上购买证券，降低贴现率，降低法定存款准备金率，发生财政盈余
    C. 在公开市场上卖出证券，提高贴现率，降低法定存款准备金率，发生财政赤字
    D. 在公开市场上卖出证券，提高贴现率，提高法定存款准备金率，发生财政盈余

12. 下列属于紧缩性的货币政策的是（　　）。
    A. 提高贴现率 B. 增加货币供给
    C. 降低法定存款准备金率 D. 中央银行买入政府债券

13. 紧缩性货币政策的运用会导致（　　）。
    A. 货币供给量减少，利率降低 B. 货币供给量增加，利率降低
    C. 货币供给量减少，利率提高 D. 货币供给量增加，利率提高

14. "双松政策"使国民收入（　　）。
    A. 增加较多 B. 增加较少 C. 减少较多 D. 减少较少

15. "双紧政策"使利率（　　）。
    A. 提高 B. 下降 C. 不变 D. 不确定

(三) 判断题

1. 扩张性财政政策的扩张性主要体现在会使货币供给量增加。（　）
2. 如果某经济的边际消费倾向为 0.75，政府通过减税 100 亿元即可使总需求曲线向右移动 300 亿元。（　）
3. 紧缩性财政政策使总需求曲线向左移动，可能使实际 GDP 减少，也可能使实际 GDP 不变。（　）
4. 当政府通过向公众借债而不是通过增发货币来弥补财政赤字时，减税的扩张作用最大。（　）
5. 需求拉动型通货膨胀可以通过增加政府支出和减税来加以抑制。（　）
6. "内在稳定器"与自动稳定的财政政策的作用效果是相同的。（　）
7. 当充分就业预算盈余时，实际预算可能存在赤字。（　）
8. 周期性赤字的增加会自动增加结构性或充分就业预算赤字。（　）
9. 挤出效应是指政府实施赤字财政以增加支出时，可能使人们预期将来承担更高的税收负担而增加储蓄。（　）
10. 如果财政政策导致利率提高，本国货币可能升值，并导致净出口下降。（　）
11. 如果在总供给曲线的水平阶段上总需求增加，一部分扩张性财政政策的效果将转化为通货膨胀。（　）
12. 货币主义者认为，在长期里，货币流通速度是不稳定的，并且货币供给量与经济活动水平之间不存在紧密的联系。（　）
13. 凯恩斯学派认为，通过政府举债来弥补赤字会提高利率，从而减少私人投资支出。（　）
14. 货币主义者认为，尽管货币政策是一种显著的稳定经济政策，但作为经济的稳定器，它远不及财政政策有效。（　）
15. 凯恩斯学派认为，货币供给的变化将导致货币流通速度向反方向变动。（　）

(四) 简答题

1. 宏观经济政策的目标是什么？为达到这些目标可采用的政策工具有哪些？
2. 财政政策与货币政策有什么区别？
3. 扩张性财政政策对经济萧条会产生怎样的影响？
4. 政府采取扩张性财政政策和扩张性货币政策对利率的影响有什么不同？
5. 政府自主决定的财政政策包括哪些内容？
6. 政府自主决定的财政政策会带来哪些后果？
7. 财政政策在实施过程中会遇到哪些困难？
8. 货币政策的内容包括哪些？
9. 货币政策的效果主要受哪些因素的影响？
10. 与财政政策相比，货币政策有哪些优势和劣势？

复习与练习
参考答案

参 考 文 献

[1] David Begg. Economics for Business [M]. New York: the McGraw-Hill companies, 2003.
[2] H. 范里安. 微观经济学——现代观点 [M]. 上海：上海三联书店，1992.
[3] 保罗·萨缪尔森,威廉·诺德豪斯. 经济学 [M]. 北京：华夏出版社，1993.
[4] 高鸿业. 西方经济学 [M]. 北京：中国经济出版社，1996.
[5] 顾建平,陈瑛. 宏观经济学 [M]. 北京：中国财政经济出版社，2004.
[6] 梁小民. 西方经济学基础教程 [M]. 北京：北京大学出版社，1991.
[7] 刘厚俊. 现代西方经济学 [M]. 南京：南京大学出版社，1996. [8] 罗宾·巴德,迈克尔·帕金. 经济学精要 [M]. 北京：中国人民大学出版社，2004.
[9] 迈克尔·帕金. 宏观经济学 [M]. 北京：人民邮电出版社，2003.
[10] 迈克尔·帕金. 微观经济学 [M]. 北京：人民邮电出版社，2003.
[11] 麦克南·布鲁伊. 经济学：原理问题与政策 [M]. 北京：中国财政经济出版社，2004.
[12] 曼昆. 经济学原理 [M]. 第 2 版. 北京：机械工业出版社，2001.
[13] 欧阳明，袁志刚. 宏观经济学 [M]. 上海：上海人民出版社，2003.
[14] 平狄克，鲁宾费尔德. 微观经济学 [M]. 第 2 版. 北京：中国人民大学出版社，2003.
[15] 平新乔. 微观经济学十八讲 [M]. 北京：北京大学出版社，2001.
[16] 斯蒂格利茨. 经济学 [M]. 第 2 版. 北京：中国人民大学出版社，2001.
[17] 谢识予. 经济博弈论 [M]. 上海：复旦大学出版社，2002.
[18] 尹伯成. 西方经济学简明教程 [M]. 第三版. 上海：上海人民出版社，2003.
[19] 约翰·斯罗曼. 经济学 [M]. 北京：经济科学出版社，2005.
[20] 詹姆斯·D. 格瓦特尼. 经济学：私人与公共选择 [M]. 北京：中信出版社，2004.
[21] 张维迎. 博弈论与信息经济学 [M]. 上海：上海人民出版社，1996.
[22] 周惠中. 微观经济学 [M]. 上海：上海人民出版社，1997.